유고(1880년 초~1881년 봄)

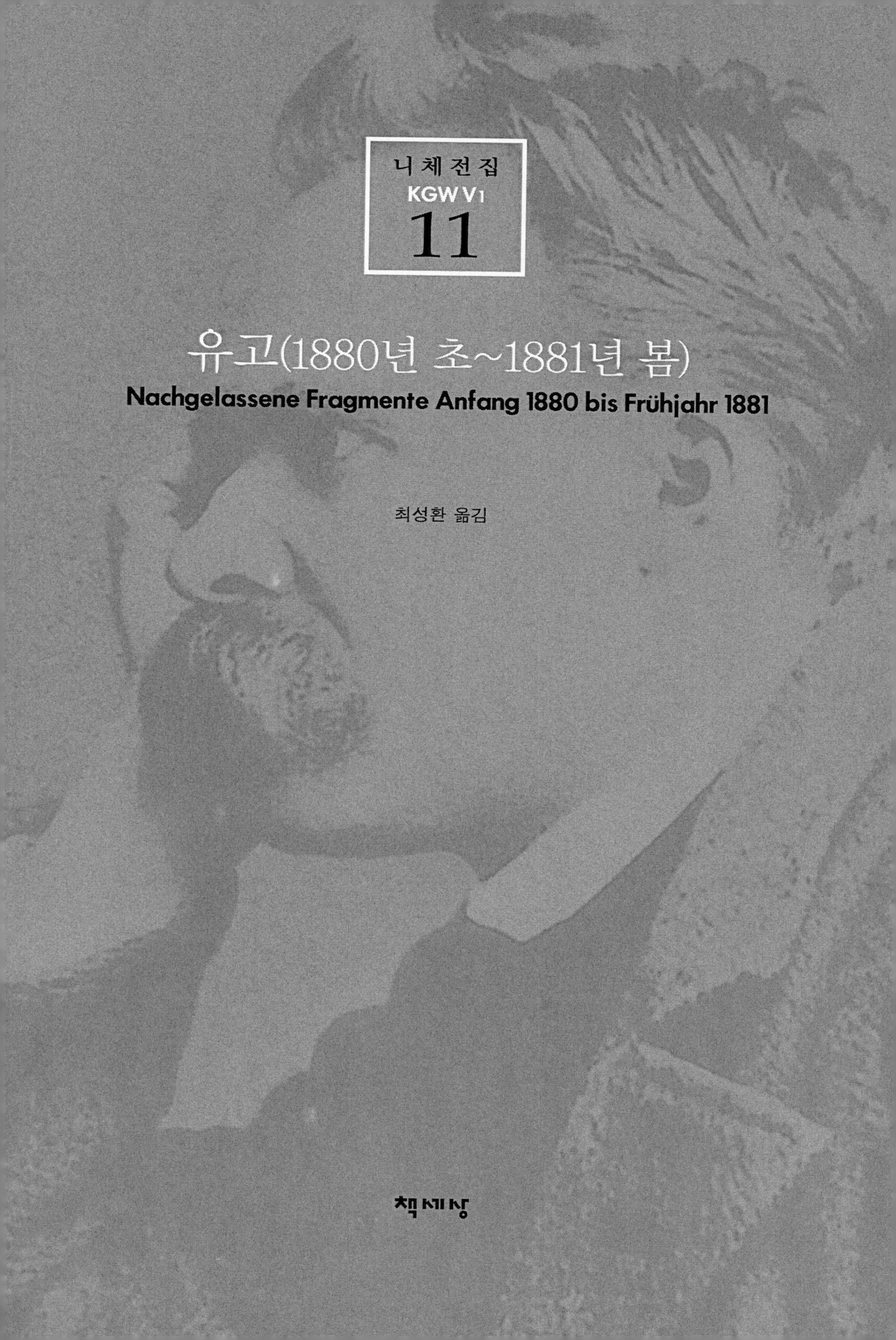

니체전집
KGW V1
11

유고(1880년 초~1881년 봄)

Nachgelassene Fragmente Anfang 1880 bis Frühjahr 1881

최성환 옮김

책세상

일러두기

1. 이 책은 독일에서 출간된 《니체전집*Nietzsche Werke, kritische Gesamtausgabe*》(Walter de Gruyter Verlag) 가운데 vol. V 1에 있는 "Nachgelassene Fragmente Anfang 1880 bis Frühjahr 1881"를 번역했다.
2. 주요 인명은 처음 1회에 한하여 원어를 병기했다.
3. 원서에서 자간을 벌린 형태로 강조된 단어는 고딕체로, 굵은 글자로 강조된 단어는 굵은 글자로 표시했다.
4. 단행본과 잡지는 《 》로, 논문이나 단편, 시, 음악, 미술 작품은 〈 〉로 표시했다.
5. 그리스어와 라틴어의 번역문은 이탤릭체로 표시했다.
6. 그침표(:), 머무름표(;), 말바꿈표(—) 등의 사용은 원서를 그대로 따랐다.
7. 맞춤법과 외래어 표기는 1989년 3월 1일부터 시행된 〈한글 맞춤법 규정〉과 《문교부 편수자료》를 따랐다.

차례

〔1 = N V 1. 1880년 초〕

1〔1〕

맹신에 관해.
칭찬과 불평에 관해.
허용된 거짓말에 관해.

1〔2〕

동정의 값어치(동정을 받는 사람의 측면에서)
일부일처제

1〔3〕

인간은 자신의 비도덕성 아니면 도덕성의 결과로서만 머물고 있는가?—또는 두 측면 모두와 다른 많은 것의 결과로서?

1〔4〕

인간은 어떻게 행동해야만 하는가? 개인이 가능한 한 명맥을 유지하기 위해? 또는 인종이 가능한 한 유지될 수 있도록 하기 위해? 또는 다른 종이 가능한 한 유지될 수 있도록 하기 위해(동물의 도덕성)? 또는 삶 일반이 유지될 수 있도록 하기 위해? 또는 삶의 최상의 부분이 유지될 수 있도록 하기 위해? 이런 상이한 영역의 관심들은 서로 분산된다. 그러나 무엇이 최상의 부분인가? 지성의 높음, 또는 재산과 힘이 결정적인 것인가? 행위와 관련해, 이러한 가장 일반적인 척도들에 대해 어떠한 숙고도 없는데, 하물며 의견의 일치가 있을 수 있겠는가?

1〔5〕

친절과 호의에 관련해 유럽은 정점에 서 있지 **않다** : 기독교에 불리하게 증언하고 있다.

1〔6〕

보편적 행운을 추구하는 것은 뻔뻔함이요, 우둔함이다.

1〔7〕

나쁜 인간, 병든 인간, 무지한 인간은 존속과 작용을 제한해야 하는 결과물이다.

1〔8〕

가장 치명적인 경향은 항상 타자를 생각하는 것(타자를 위해 행동하는 것은 그에 대항하는 것만큼 나쁜 것이며, 그것은 타자의 영역에 대한 침범이다. 일상적인 훈육, 아이의 영역에 대한 부모의 침범은 얼마나 잔인한 것인가!

1〔9〕

도덕성〔시가(詩歌)와 마찬가지로〕은 원시 민족들에게 가장 강하게 나타난다(풍습을 통한 그들의 결합). 가장 개화(開化)된 국가에서 풍습은 대부분 뒤떨어진 것으로, 자주 조롱거리가 된다. 이곳에서 가장 탁월한 인간은 항상 비도덕적이다.

1〔10〕

다른 사람을 위해 자신을 희생하는 것이 보다 높게 평가된다고 가정하면 사람들은 그렇게 행동한다 : 그러나 그 까닭은 그것이 평가되기 때문이다.

1〔11〕

악마 숭배 스펜서Herbert Spencer 31쪽.

1〔12〕

교육은 생식의 연속이다. 전체 인생은 낡은 것에 새로운 것이 적응하는 과정이다.

1〔13〕

나폴레옹의 당당한 동기 : "나는 모두를 능가하고자 한다." 참된 동기는 "나는 모두에게 우월하게 보이고자 한다".

1〔14〕

다가오는 시대의 가장 큰 문제는 도덕적 개념들의 철폐와, 교묘히 뒤섞인, 그리고 자주 우리가 힘들게 알아차릴 수 있는 도덕적 형식들과 색조들에 관한 우리의 표상의 정화다.

1〔15〕

우리가 비난하는 살인자는 하나의 유령이다 : "살인할 수 있는 인간." 그러나 우리 모두는 그런 인간이다.

1〔16〕

동일하게 존재하려는 욕망에서 즐거움의 능력이 움츠러든다.

1〔17〕

기독교에서 야만적인 것.

2) 악마 숭배의 잔재 등.

1〔18〕

만약 인간이 자신의 작품에 엄청난 만족감을 갖게 되고, 그로 인해 자만한다면 인간은 스스로를 정신의 위계 질서에서 낮은 위치에 자리 잡게 하는 것이다. 왜냐하면 다른 작품과 인간들에 대해 평가하는 것은 이제 대수롭지 않기 때문이다. 인간은 정의의 가혹한 시련을 견뎌내지 못했고, 재판관의 자리에 앉고자 해서는 안 된다.

1〔19〕

"살인하지 말라." 이것이 금지되지 않았다면—모든 시기에서 내적 감정은 살인에 대항해 아무런 이의도 제기해서는 안 된다.

1〔20〕

우정과 존경에도 불구하고 진리를 말해야 하는 고뇌를 겪어본 사람은 분명 새로운 것(관계)을 두려워하게 된다.

1〔21〕

아주 겁먹은 사람들이 있는데, 이들은 어떤 일에 대해 고집스럽게 눈을 감아버리게 되면 그 일이 더 이상 세상에 존재하지 않는다고 생각하는 것이다.

1〔22〕

자신이 아는 모든 사람을 특수한 방식의 행복을 관철하는 데 이용할 힘든 과정으로서 관찰하는 것보다 더 중요하고 더 유효한 어떤 것이 존재한다. 이 행복에 도달한 후에야 비로소 그와 우리 모두 사이에 평형이 이루어지게 된다. 이로써 그는 자신의 기쁨에 대해 알려주며, 타자의 영역을 침해하지 않는다. 그는 다른 나무들 중 더 강한 나무로서 황야의 자유 속에 서게 된다.

1〔23〕

주의하라! 미심쩍고 맹신적인 인간은 계몽된 인간과는 반대로 1)— — — 2)— — — 3)— — —을 믿는다.

1〔24〕

지성이 결여된 동정은 가장 불편하고 거추장스러운 것이다. 유감스럽게도 동정은, 쇼펜하우어Arthur Schopenhauer가 추구했던 것처럼, 그 자체로는 전혀 투명하지 않다.

1〔25〕

모든 인간이 서로가 하나같이, 또는 단지 똑같이 망상한다면, 이보다 더 미온적이고 더 무기력한 지각이란 있을 수 없을 것이다. 가장 열렬한 지각, 사랑의 열정은 바로 가장 커다란 차이의 감정에서 존재한다.

1〔26〕

기독교의 근절로 인해 우리의 청소년은 예의범절 없이 성장한다.

1〔27〕

사회는 항상 더 많은 진리를 견뎌내는 것을 배워야 한다.

1〔28〕

인간들에 대한 독심과 질투 앞에서 참고자 하는 인간은 동물에 대한 동정심을 설유(說諭)한다.

1〔29〕

하나의 새로운 문화—인간은 그것을 잘못 연출해서는 안 된다!

1〔30〕

통탄할 희극이 예술을 기독교와 화해시키기 위해 다시 상연되는 바로 지금 쇼펜하우어를 기억할지어다! 그는 결코 —하지 않았다는 점을 매우 높이 살 만하다.

1〔31〕

신은 항상 기독교인에게 우리를 괴롭히는 모든 것을 표현하려는 욕구가 지금 나타나게 한다 ; 더 거칠고 상상력이 부족한 인간들을 위해 교회는 자신의 대리자, 고해 신부를 만들었다. 왜 인간은 스스로를 표현하려 하는가? 그것은 우리의 고통을 듣고, 같이 받아들이고, 같이 견뎌내자고 요구하는 타자를 능욕하는 즐거움이 있기 때문이다—희생양으로서의 신은 또한 고해 신부여야 한다.

1〔32〕

나는, 자신이 가진 '자유'의 가느다란 미풍을 통해 하나의 당파에 속한다는 생각 때문에 식은땀을 흘리도록 잘못 길든 한 사람을 알고 있다—비록 그것이 자신의 고유한 당파라 하더라도!

1〔33〕

우리의 과제는 대립의 극복 이후 아주 많은 활력이 더욱 많이 현존한다는 믿음에서 문화를 정화하고 새로운 충동에게 새로운 생명을 제공하는 것이다.

1〔34〕

사회의 유익을 위해 한 인간을 죽일 수 있는가? 살인자는 안전을 방해하고 회의론자는 모든 영원성을 위한 영혼을 위협한다. 불평분자들은 안락함을 방해한다.

1〔35〕

비도덕적 행위들은 특정한 야만적 문화들의 도덕적 삶의 방식을 형성한다.—그것들은 아직 우리의 기관들에 현존한다. 우리는 살인하고 훔치며 속이고 스스로 위장한다 등. 스스로 최고의 위치에서.

1〔36〕

우리가 이후에 내리는 가치 평가는 짓기 시작한 집이 준공되는 것처럼 학습된 것의 유추에 따라 이루어진다. —즉— — —

1〔37〕

이 명제들이 그대들에게 역설적으로 들리는 한, 그대들은 그것을 이해하지 못했다 ; 이 명제들은 그대들에게 불필요하고 아주 명백한 것으로 보여야 한다.

인간이 그것에 대해 가볍게만 생각할 수는 없다.

1〔38〕

자유로운 사상가들은 삶의 다른 방식을 추구한다, 대단히 귀중한! 도덕적 인간들은 세계를 메마르게 만들 것이다. 인간성의 실험실

1〔39〕

놀랍게도 새로운 삶의 방식들과 유용성들의 실험실에서는 무의미하게 많은 고통을 감수하게 된다.—아무것도 도움이 되지 않는다 : 단지 타자만이 도울 것이다! 그들은 여기서 잘못된 실험을 위해 무엇이 만들어졌는지를 인식하기 때문이다.

1〔40〕

습관에 따라 행동하는 것은 가장 인접한 것과 손쉬운 것을 스스로 모방하는 것이다—예전 행위들의 동기가 다시 작용하지 않고.

1〔41〕

독창적인 정신은 시간적 여유를 가져야 하며, 규칙성에 너무 길들어서는 안 된다.

1〔42〕

우리는 육체적이고 정신적인 어떤 상태들에 의존하지 않고도 악마를 통해 신을 알아야 한다. 왜냐하면 신적인 상태들("우리 안에서 신이 작용한다", 신 안에서 악마가 미친 듯이 날뛴다 등)— —

1〔43〕

창작의 방해로서의 도덕성. 너무 게으른 독창적인 정신은 기계와 동물을 고안해낸다 ; 명예욕이 있는 사람은 국가를, 위선자는 연극을 고안한다 등. 이성적 인간은 독창적인 정신을 성취하며 살아간다.

목적과 수단이 허용되는 이성적 행위들은 행하는 것이 도덕적이다.

단지 도덕적인 것에서 : 거기서 인간성은 영락(零落)해지고, 아무것도 창조되지 못한다.

1〔44〕

흥분이 필요한 곳, 그곳에서는 목적 없는 힘의 범람이 더 이상 존재하지 않는다 ; 인간은 이것을 만들어내고자 한다—그러나 범람은?

1〔45〕

살아 있는 모든 것은 움직여야 하기 때문에 인간은 활동적이다—즐거움을 **위해서가** 아니라, 말하자면 목적 없이 : 비록 즐거움이 동반되더라도. 이 움직임은 합목적적인 운동의 모방이 아니며, 그것은 다른 것이다.

1〔46〕

과학을 통해 매우 많은 만족할 만한 표상들과 많은 편안한 게으름이 종말을 고했다고 상정하면, 그렇다면 과학은 불건전하게 작용하는 것이다. 그러나 이와 반대로 과학이 매우 많은 불만족, 즉 우리가 철저히 악한 존재이며 엄청난 대가를 치를 것이라는 모든 악한 철학과 종교들의 비참한 표상들을 해소하리라는 것을 예상할 수 있다.

1〔47〕

인간은 습관의 행위들을 단지 공공의 유용함의 관점에서 도덕적으로, 즉 최상의 인간적 평가와 함께 명명할 수 있었다—습관의 행위들은 그 자체로는 매우 빈약하고 거의 '동물 이하의 것' 이다.

1〔48〕

하나의 사태를 서술하는 것.

1〔49〕

비도덕적 인간들은 목적 없이 자유롭게 움직이는 사람이거나, 다른 목적을 갖고 오래된 길을 걷는 사람이다.

1〔50〕

지금까지 두 가지 중요 동기 때문에 고통에 대한 두려움이 즐거움에 대한 추구보다 아주 우월적으로 작용했다. 인간은 너무 적은 즐거움과 너무 많은 위험을 알았다. 여기서 전체적으로 인간의 뒤떨어짐이 드러난다. 두려움의 동기가 더 거칠게 순화되거나 퇴색되거나 즐거움의 동기에 의해 지나치게 빛을 발하거나 하는 데 따라서.

1〔51〕

두 단어 또는 한 단어와 한 광경의 어떤 우연적인 결합이 새로운 사고의 원천이다.

1〔52〕

인간들은 우연적인 것을 많이 가지며 기꺼이 방황하고, 다른 존재자는 단지 목적을 향해 잘 알려진 길을 간다.

1〔53〕

천재는 바다가재처럼 모든 방향으로 전진하며 건드리고, 경우에 따라 어떤 것을 포획하기도 한다 : 그러나 천재가 건드리는 것은 포획하기 위해서가 아니라, 그의 사지가 활발하게 움직여야 하기 때문이다.

1〔54〕

어떤 기대하지 않은 성과를 통해, 어떤 다른 목적을 위해 행위가 시도됨—예를 들어 어떤 동물이 먹이로서 자신의 알을 감시하다가 갑자기 그와 동일한 존재를 자신의 눈앞에서 바라보는 것.

1〔55〕

사람들은 화려한 도덕적 자세들을 취할 줄 아는 사람을 어릿광대, 수도승, 줄타기 곡예사, 불을 먹는 요술쟁이 그리고 다른 예능인 이하로 취급한다. 그들은 개연적이지 않은 것과 미친 것에 즐거움을 느끼는, 노동하는 민중들을 위해 현존한다 ; 나는 최상의 인간들이 최고의 행위를 할 때 항상 좀 부끄러워하고 숨이 가빠진다는 걸 알아차렸다. 이를 통해 모든 녀석들이 의심받도록 만들어진 일종의 도덕적인 혜안이 이미 있다. 스스로에 대한 부끄러움이 없는 덕은 교활함과 다를 바 없다.

1〔56〕

가치 평가의 변화, 예를 들어 미신들과 그 대상들에 대한 경멸.

1[57]

칭찬을 기대하지 않고 선하고 탁월하게 행동하는 것, 칭찬을 받는 것이 매우 자랑스러울 일임에도 불구하고 지나치게 뻔뻔스럽게 칭찬하는 사람을 경시하는 시각을 유지하는 것, 그리고 이러한 남성적 실천에 그 주위의 모든 사람이 익숙해지는 것 ; 하지만 칭찬을 받는다는 것은 여성적이고 미적인 본성을 인정하고 그것을 타당하게 하는 것이 된다. 이 인간들은 자랑스러움이 아니라 교만함에 근거해서 최선을 다하기 때문이다.—그것이 올바른 것이다! 만약 우리가 그것을 충만한 힘의 시간에서도 마찬가지로 올바른 것으로 받아들인다면, 이것은 그에 대한 확실한 어떤 반론을 의미하지는 않는다. 병들고 지친 사람을 위한 자극제와 마취제로 칭찬이 필요할 수도 있다.—나는 올바른 칭찬과 올바르지 못한 칭찬과 마찬가지로 올바른 불평과 올바르지 못한 불평 사이에 어떤 구별도 두지 않는다. 후자들을 우리는 단지 정당하게 간주할 뿐만 아니라 요구하고 고취해야 한다 ; 그것이 올바르든 올바르지 않든 간에, 광범위하고 항상 울려 퍼지는 불평에 힘입어 우리는 자신을 초월해 스스로를 고양한다. 우리는 이를 통해 우리를 나타나는 그대로, 즉 매혹되지 않은 눈으로 보기 때문이다.

1[58]

인간은 당당한 동기들을 배운다.

1[59]

아주 의식적인 이기주의는, 구상된 동기를 통해 성립하거나, 우리가 많은 것들 중에서 단지 하나의 동기만 보고자 하기 때문에 생기는 그러한 즐거움을 가질 수 없다.

1〔60〕

"모든 인간은 죄인이다"라는 말은 마치 의사들이 빠져 들기 쉬운 "모든 인간은 미치광이다"라는 말처럼 과장된 것이다. 여기에서는 등급의 차이가 고려되지 않았고, 비정상적이고 극단적인 등급이 고무했던 단어와 느낌이 중급과 저급의 모든 유사한 정신적 삶에 전이되었다. 인간은 인간성을 경악스럽게 만듦으로써 자신의 본성에 비정상성을 옮겨놓았다.

1〔61〕

창조적이고 합목적적으로 활동하는 본성들—반대의 경우.

1〔62〕

도덕적 행위들이 얼마나 적은 가치를 가지는지, 비도덕적 행위들이 얼마나 적은 무가치를 가지는지를 파악하는 것—이에 반해 그 행위들에서 지성적인 차이가 얼마나 큰지를 파악하는 것—행위의 동기들에 대한 해명을 획득하는 것은 최상의 놀라움을 야기한다.

1〔63〕

원칙 : 지금까지의 모든 인류사에는 어떤 목적도, 어떤 이성적이고 비밀스러운 지도도, 어떤 본능도 존재하지 않았으며, 단지 우연, 우연, 우연만이 존재했다—그리고 많은 유익한 것들. 이것을 분명

히 밝힐 수 있다. 우리는 어떠한 잘못된 신뢰도 가져서는 안 되며, 우리는 거의 우연에서 벗어날 수 없다. 우연은 대부분의 경우 무의미한 파괴자다.

1〔64〕

만약 어떤 민족이 특정한 도덕적 판단에 머물러 있으면, 이로 인해 제한되고 경직되며 고립되고 낡아지며 종국에는 파멸한다.

1〔65〕

도덕적 판단들은 한 번도 가장 확실하게 생각해본 적 없는 사람들에 의해 말해지고, 가장 불확실하게 인간을 알고 있는 사람들에 의해 말해진다. 그것은 칭찬할 것도 불평할 것도 아니다.

1〔66〕

고의적인 행위들은—그것은 원래 하나의 부정적인 개념이다—무의식적으로 진행되지 않고 자동적으로 진행되지도 않으며 목적 없이 진행되는 행위들이다. 그러한 행위 가운데서 우리가 받아들이는 긍정적인 것은 하나의 오류다. '무의식적' 이라는 단어는 분명히 하나의 긍정적 개념이다. 엄밀하게 말해 고의적인 행위들은 두 가지 무의식적인 행위들이다. 그 행위들은 시간적으로 서로 연결되며 실제적 작용이 없는 뇌의 운동과 이에 뒤따르는 근육 운동이다.

1〔67〕

인간의 존재—조건들의 가장 커다란 다양성을 올바로 유지하고,

도덕적 규범Codex을 통해 인간을 획일화하지 않는 것—이것이 유리한 우연을 준비하는 가장 보편적인 수단이다.—지금까지 인류는 그 자신이 전체로서 도달하려는 어떠한 목적도 설정하지 않았다.—아마 언젠가는 목적이 설정될 것이다. 지금까지는 목적이 없었기 때문에 목적을 위한 어떠한 수단도 인식할 수 없었다. 그러는 사이에 개인적인 건재함을 보유한 개인들로 이루어진, 가능한 한 가장 커다란 대중을 만들 수 있게 되었다.—서로를 제한하는 것—가장 보편적인 것.

1〔68〕

도덕은 자신의 주위 사람보다 더 영리하게 알았고, 그들을 위해 함께 생각했던 사람들의 입법이다. 사람들은 신의 의지를 취함으로써 자주 어려운 요구를 반대할 수 없게 만들었다.

1〔69〕

불평할 만한 가치를 지닌 행위들은 존재하지 않으며, 칭찬과 불평은 사물이 아니라 사람에 관계한다.

1〔70〕

생존하는 모든 것은 움직인다 ; 이 활동성은 특정한 목적을 위해 현존하는 것이 아니라, 그것이 바로 삶 자체다. 전체로서의 인간성은 그 자체의 운동에서 어떠한 목적도 목표도 갖지 않는다. 그러한 운동에는 애초부터 어떠한 의지도 없다 : 그러나 추측건대 인간이 언젠가 운동에 목적을 부여하는 것이 결코 불가능한 것은 아니다 :

동물들에게 확실히 본래는 아무런 목적이 없는 운동이 그들의 부양을 위해 쓸모 있게 되는 것처럼.

1〔71〕

전승 기념일에는 승리한 군대가 거의 괴멸하며, 승리자는 이날을 기억하고 싶지 않은 날로 표시하고, 일 년 내내 이 과로에서 회복하지 못한다—그러나 거리의 남녀노소들은 행복하다. 그러나 우리는 그들을 행복하게, 더욱이 아주 행복하게 만드는 값싼 수단이 '있다'는 것을 인정해야 한다.

1〔72〕

기독교가 세계 종교가 되고자 노력했을 때 기독교는 《구약 성서》의 수준에서 학교에 다녔다. 세계로부터 도피하는 기독교에는 더 이상 《구약 성서》가 필요하지 않았다.

1〔73〕

우리의 학교에서는 유대 민족의 역사가 성스러운 역사로 소개된다 : 우리에게 아브라함은 그리스적인 또는 독일적인 역사의 어떤 인물보다 더 중요하다 : 다윗의 시편에서 받아들이는 것과, 핀다로스Pindaros와 페트라르카Francesco Petrarca의 작품을 읽을 때 우리 내부에 자극을 일으키는 것은 타향과 고향이 다르듯이 다른 것이다. 아시아의, 매우 멀고 매우 특별한 종족의 창작물을 향한 흐름은 우리 현대 문화의 혼란함 한가운데서 교양과 비교양의 대립을 넘어 숭고하게 자리 잡은, 드물고도 확실한 현상들 중 하나다 : 민족이 아니라 인간에 의지하는 까닭에 어떠한 악의도 없는 기독교의 가장 강한 도덕적 영향은, 인도게르만 종족의 인간에게 유대 민족의 종교 경전을 위임한 것이다. 그러나 비유대적인 유럽이 이 낯설고 작은 유대 세계를 가슴 깊이 받아들이기 위해, 유대 세계 속의 어떠한 것에도 놀라지 않고 오히려 자기 자신에 대해, 그리고 자신의 낯설음에 대해 놀라기 위해 어떠한 노력을 기울였는지 생각해볼 때, 유럽은 다른 어떤 것에서도 유대 문헌에 대해 적응했던 것과 같은 극복의 모습을 보이지 못했다. 성서에 대한 작금의 유럽적인 감정은 종족의 제한과, 각 종족에게는 단지 그들의 조상들이 말하고 행한 것만이 가치 있다고 여기는 무지에 대한 가장 위대한 승리다. 이 감정은 너무나 강력해서 새삼 자유롭고 인식적인 시각에서 유대인의 역사를 대하려는 사람은 이미 형성된 너무나 큰 친근감과 신뢰에서 벗어나 유대적인 것을 다시금 낯선 것으로 받아들이기 위해 많은 노력이 필요했다. 왜냐하면 유럽은 스스로를 하나의 선한 부분으로 성서에 끼워 넣었고 대체로 볼 때 영국의 청교도가 행했던 것과 유사한 것을 행해야만 했기 때문이다. 영국의 청교도들은 그들의 잠언, 습관, 동료, 전쟁, 크고 작은 운명들이 유대인의 책에서 예언되었다고 생각했다.—그러나 다른 모든 고전보다 고대 유대의 책이 우선한다는 것에 관해 의문을 제기하는 이들에게 유럽인은 뭐라고 말하는가 : "그 안에는 더 많은 도덕이 있다." 그러나 그것은 다음을 뜻한다 : 그 안에는 지금 유럽에서 인정되는 것보다 더 많은 도덕에 관한 것이 있다. 이는 다음과 같이 말하는 것과 다를 바 없다 : 유럽은 유대의 도덕성을 받아들였고, 이 도덕성을 아랍과 그리스와 인도와 중국의 도덕성보다 더 낫거나 더 높으며 현대의 예절과 인식에 더 적합한 것으로 간주한다.—무엇이 이 도덕성의 특징인가? 과연 유럽인은 이 도덕적 성격에 힘입어 지구상에서 최고의 지배적인 인간이 되었는가? 그러나 무엇에 의거해 인간들이 상이한 도덕성들의 서열을 매기는가? 중국인과 같은 비유럽인은 유럽인이 도덕성을 통해 그들을 자신들보다 뛰어난 존재로 취급했다는 사실에 말문이 막힐 것이다. 유대적 도덕성의 본질에는 아마도 스스로 자신을 첫 번째, 그리고 최상의 도덕성으로 간주하는 것이 포함되지 않을 것이다 : 그것은 아마 하나의 상상일 것이다. 그리고 우리는 물을 수 있다 : 도대체 도덕성의 서열이 존재하는가? 모든 것을 관장하고, 도덕적인 것을 종족, 시대, 사정, 지식 정도를 고려하지 않고 정의하는 하나의 규준이 존재하는가? 또는 모든 도덕적인 것의 구성 성분과, 인식에 적응하는 정도가 혹 도덕적인 것의 서열을 가능하게 하는 바로 그것인가?

1〔74〕

애정을 가진 종파를 위해 희생할 때 얼마나 많이 행복할까, 등(사람들은 자신이 비하되고 병드는 것을 즐거워한다—어떻게 이런 일이 생겨나는가?

1〔75〕

종교의 유해한 측면은 자주 드러내 '졌다' , 나는 도덕의 유해한 측면을 처음으로 지적하고, 그것이 유용함의 의미라는 오류에 거역하고자 한다.

1[76]

실제로는 단지 연쇄만 있는 영역에서 그럴싸한 인과성들에 의해 도덕에 대한 많은 환상들이 발생된다.

1[77]

과학의 방식이 지금까지 고통을 주었기 때문에 과학을 저주하는 것은, 불에 덴 어린이나 하루살이가 불을 저주하는 것만큼 영리한 일일지도 모른다. 실제로 지금 단지 하루살이와 어린이만이 과학에 의해 화상을 입는다—내가 의미하는 것은 몽상가들이다.

1[78]

매우 근면하고 활동적인 시대의 삶의 가치에 대한 판단은 거의 절망적인 것처럼 들린다 : 사람들은 더 이상 일할 수 없고 지쳤을 때 삶에 대해 음미했다. 그리스인은 삶에 대해 좀 더 뛰어나게 숙고했으며, 이와 관련해 그들은 여유의 민족이었다 : 그들은 원래 나태함에서 회복하기 위해 일했고 그들의 음미는 신선한 힘에서 나왔다.

1[79]

"눈에 영혼이 담겨 있다" : 운동과 도처의 근육 수축의 일상적인 방식은 무엇을 위해 눈이 가장 많이 사용되는지를 가르쳐준다. 사색가는 온전히 맑은, 또는 관통하는 안광을 갖는다 ; 겁먹은 사람의 눈은 바로 보는 것을 두려워한다. 시기하는 사람은 삐딱하게 흘기며 어떤 것을 포착하려 한다. 또한 우리가 전혀 이러한 지각에 이끌려 바라보지 않으려 해도 눈의 자세는 습관을 드러낸다.

1[80]

독창적인 인간은 활동적인 인간과는 전혀 다르게 산다 ; 그들에게는, 목적 없고 불규칙적인 활동이 가능한 시간이 필요하며, 실험과 새로운 노정이 필요하다. 그들은 유용함을 위해 활동하는 사람들처럼 잘 알려진 길만 가는 사람들보다 더 많이 어떤 것을 찾아낸다.

1[81]

언젠가 예술가들의 예술은 인간의 축제에 대한 욕구에 몰두해야 할 것이다 : 은둔자 같은 예술가와, 자신의 작품을 전시하는 예술가는 사라지게 될 것이다 : 그러면 예술가들은 즐거움과 축제에 관련해 독창적인 사람들의 가장 앞선 위치를 차지하게 된다.

1[82]

쇼펜하우어는 현존의 윤리적 의미를 대변한 최후의 사람이다 : 그는 자신의 적절한 방책을 첨가하는데, 이 방책 없이는 그는 우리에게 아무것도 선물할 수 없으며, 어떤 종족이 볼 때는 독자들에 대한 그의 신뢰감을 감소시키고, 또 어떤 종족이 볼 때는 독자들에 대한 그의 신뢰감을 강화시킨다.

1[83]

몇몇 사람은 정신을 가리키며, 다른 사람은 그것을 증명하고, 또 다른 사람은 그것을 가리키나 증명하지 못한다. 그러나 많은 사람들은 이 두 가지 중에서 아무것도 수행하지 않으면서 그 두 가지를 다 수행한다고 믿는다.

1[84]

오늘날의 교육에서 교양인을 만족시키는 빈약한 한 줌의 지식은 이 협소하고 성직자 냄새가 나는 머리들에게는 이미 너무 많은 것처럼 보인다. 이 머리들은 겁에 질렸고 예술에 하나의 단절이 일어날 수 있다. 이 머리들은 아마도 더 이상 지금 일어나는 것처럼 그렇게 불투명하게 처신해선 안 될 것이다. — 과학이 폭력적인 불로 작용하는 그런 비범한 인간들에게 발생하는 절박한 상태들을, 그런 머리들은 정녕 입에 올려서는 안 된다.

1[85]

유해하다는 것을 알면서도 포도주를 마시는 사람에게서 우리는 두려움이라는 약점이 경멸할 만한 것임을 깨닫는다.

1[86]

도덕은 인식에 대한 욕구를 저지하는 한 인식을 저지하며, 행위에 대한 규칙을 제공하고, 인식이 당장 합목적적 행위에 도달하는 데 필요치 않다는 믿음을 일깨운다.

1[87]

철학자 중 상당한 수는 지나간 상태에, 상당한 수는 현재적 상태에, 상당한 수는 미래의 상태에 그리고 상당한 수는 비현실적인 상태에 상응한다.

1〔88〕

많은 시기에 개인은 더 높게 자리 잡았으며, 더 통례적이었다. 그 시기들은 더 악한 시대다. 사람들이 더욱더 과감히 행동하였고, 더욱더 많은 해악을 끼쳤으나, 거짓말은 더 적게 했다는 것이 더욱 분명해졌다.

1〔89〕

평가에 대한 상상(일반적 가치 평가)과 마찬가지로 잘못된 평가는 많은 비이기주의적 행위의 원천이다.

1〔90〕

도덕성, 하나의 **아시아적** 고안물. 우리는 **아시아**에 종속되어 있다.

1〔91〕

우연을 이용하고 인식한다는 것은 천재를 의미한다. 합목적적이고 잘 알려진 것을 이용하는 것—도덕성?

1〔92〕

기름칠한 하나의 열쇠 구멍처럼 그렇게 유익하면서도 불쾌한.

1〔93〕

공포심은 영혼을 해친다.

1〔94〕

우리의 가슴이 우리의 머리보다 더 대담하지 않을 때는 어떤 새로운 노정도 개척하지 말아야 할 것이다 : 그렇지 않으면 잡아먹는다— — —

1〔95〕

아무도 저 자신감 없는, 시적이고 민감한 영혼들보다 더 잔혹한 복수의 능력을 갖지 못한다. 이 영혼들은 계속해서 몰래 고통당하며, 두려움에 의해 안정되고 부드럽게 보인다—나는 예를 들어 라신Jean Racine을 생각한다.

1〔96〕

지나간 모든 시대는 공포의 시대다. 사람들은 사물들에 대해 다른 사람이 어떻게 생각하는지를 배우고, 그것들이 어떻게 평가되는지를 배우며, 수단에 대해서도 그렇게 한다. 사람들은 탈선과 남의 눈에 띄는 것을 두려워한다. 우리의 능력은 다른 사람들을 이용해 즐거움을 만드는 바로 그것이다.—우리의 가장 커다란 즐거움은 우리가 다른 사람의 맘에 드는 것이며, 우리의 끊임없는 두려움은 우리가 그들의 마음에 들지 않을 수 있다는 것이다. 이것이 고독한 동물성을 길들였다.

1〔97〕

지배적인 열정을 가진 사람은 예외적인 행위에서 양심의 가책을 느낀다. 예를 들어 사랑에 빠져 자신의 사업에서 팔찌를 사기 위한 돈을 착복하는 유대인(스탕달Stendhal에서), 또는 도량 넓은 행위를 지향하는 나폴레옹, 언젠가 진실했던 외교관 등.

1[98]

스펜서는 항상 '인간의 동일성'을 전제한다.

1[99]

또한 행동함에 있어서도 그렇게 독창적 · 지속적으로 시도하는 인간들이 있는데, 그들은 우연을 자신으로부터 추방하지 못한다(나폴레옹).

1[100]

숙련된 가치 평가는 즐거움을 감소시키고, 그 결과 삶의 능력을 감소시킨다. 획일성의 시대들은 생기가 없고 미래를 두려워하게 한다.

우리에 대한 낯선 판단에 대한 즐거움은 이제 거의 모든 즐거움 가운데서 가장 강력한 것이다.

1[101]

무엇이 습관인가?—연습.

1[102]

"아무도 눈치 채지 못한다"—그러나 아무도 네가 행하는 것을 네 밖으로 옮기지 않기 때문에 은폐와 간직이라는 너의 습관이 자라나고, 사람들은 마침내 네게서 이 둘을 바라본다.

1〔103〕

지금 지구상에 있는 약간의 과학이 그들을 겁나고 근심스럽게 만들기 때문에 불길함을 알리는 소리가 커진다. 그리고 이 유해한 과학적 교육!

1〔104〕

은폐된 행위, 즉 가장 빈번한 행위들이 마침내 우리로 하여금 강제로 가시적이고 드문 행위를 하게 한다. 그런데 우리는 강제에 대해 생각하지 못한다.

1〔105〕

야만족에서 나타날 수 있는 모든 표상들이 여전히 기독교인들을 지배한다—비교. 스펜서 52쪽과 로스코프Roskoff를 참조하라.

1〔106〕

스펜서는 "어떻게 행위가 이루어져야 하는가?" 하는 도덕의 체계들을 도덕의 발생과 혼동한다. 인과성에 대한 통찰의 결여는 후자와 관련해 중요하다.

1〔107〕

명령하고 금지하는, 두려움을 주입하는 권력이 있는 곳이면 어디서나 그러한 권력이 원하는 대로, 위험에서 벗어났다는 안도감이 바로 뒤따르는, 습관적으로 행동하고 습관을 허용하는 도덕성이 생겨난다 : 그 반대의 경우에는 양심의 흥분, 다가오는 것에 대한 두려움의 예감, 행한 일에 대한 혐오감 등. 영주들, 장군들, 우두머리와 같은 인격적인 권력들이 존재하고, 그 다음으로 국가, 사회 같은 추상적인 권력이, 그리고 마지막으로 신, 덕, 정언명법 등과 같은 상상적인 권력이 존재한다.

1〔108〕

비극적인 어릿광대들.

1〔109〕

각각의 행위에는 1) 침묵되는 실제적인 동기 2) 드러내 보일 수 있는 실토된 동기가 있다. 후자는 우리 자신과 우리의 즐거움과 우리의 개성에서 출발한다. 우리는 이를 통해 우리를 개성적으로 나타낸다. 그러나 전자는 다른 사람들이 생각하는 것을 고려한다. 우리는 모든 사람이 행하는 것처럼 행동하고, 우리를 개성으로서 드러내 보이지만, 유적(類的) 본질로서 행동한다. 웃기는 일이다! 예를 들어 나는 하나의 직분을 찾고 있다. 2) "나를 사용한 것에 대해 나는 책임이 있다" 1) "나는 내 직분 때문에 다른 사람들에게서 존경받기를 원한다."

1〔110〕

후손들을 생산하는 것은 이타주의적인 일이 아니다. 이런 행위에서 동물들 각각은 종종 파멸로 이끄는 쾌락을 따른다. 새끼를 위한 희생은 자기와 가장 가까운 사람과 생산 등을 위한 희생이지, 불합리하게도 아직 이타주의는 아니다.

1〔111〕

같은 일들이 되풀이해서 이루어진다. 그러나 인간은 항상 새로운 사고와 함께 이 일을 잣고 감는다(가치 평가).

1〔112〕

동기와 메커니즘을 구별하는 것—이때 동기라는 표현은 미혹과도 같다. 동기는 움직이지 않는다—오히려 동기가 움직일 때 메커니즘의 변화가 나타난다.

1〔113〕

신을 모독하는 자의 불행, 즉 그는 나쁜 결과에 대한 두려움이나 메스꺼움, 넌더리 등을 느끼지만 양심의 가책은 느끼지 않는다.

1〔114〕

인간은 자신의 올바르고 만족할 만한 감각을 사용하기 위해 인간들과의 가장 작은 접촉도 이용해야 한다.

1〔115〕

우리가 특정한 생리적 상태에 도달하면, 과거에 그 상태에 있었을 때 우리가 마지막으로 사유했던 것이 우리의 기억 속에 들어온다. 틀림없이 각각의 상태에 대한 뇌의 작용이 있다.

1〔116〕

흔하지 않은 사고(思考)를 온 세상에 분노를 나타내는 방식으로밖에 전달할 수 없는 인간들이 있다. 그것은 그들의 의견들을 좀 더 비싸게 팔아먹는 것을 의미한다. 그러나 자주 그런 이상한 사람들이 존재하면, 모든 흔치 않은 의견들에는 필연적으로 싸움, 역정, 중상, 불평, 비열이 따르기 마련이라는 선입견이 생겨나게 된다.

1〔117〕

습관에 의한 행위들은 (경우에 따라서는 '도덕적'이라 불리는) 무의식적인 기제이며, 태엽이 감겨진 음악 시계의 주제처럼 거의 도덕적이지 않다. '자유로운' 희생을 통한 것도, '의식적인 희생'을 통한 것도 아니며 '타자를 위한' 것도 아니다—그러나 편하고 유익한 까닭에 최상의 술어로 형용된다.

1〔118〕

개별적인 각각의 인간 앞에서 우리는 백 가지의 동기들로 가득 차 있다 : 그러나 사람들이 글을 쓸 때, 나는 왜 사람들이 그때 그의 진실함의 가장 외적인 경계까지 나아가지 못하는지를 이해하지 못하겠다. 그것이 바로 휴식인데!

1〔119〕

대체로 항상 매우 도덕적인 인간들만이 도덕을 고양하려는 의도에서 대부분의 염려를 했다. 비도덕적이고 평균적인 인간들이 그 경우에 거의 알려지지 않고 머물렀다는 게 뭐 놀라운 일이겠는가!

도덕적인 인간들은 도덕에 대해 상상하였고 누차 그들의 상상을 사람들로 하여금 믿게 했다.

1〔120〕

탈(脫)도덕적인 세계 고찰에 대한 기획이 예전에는 너무나 쉽게 나에 의해 시도되었다—하나의 미학적 (천재의 숭배—) 세계 고찰

1〔121〕

그렇게 행하는 사람은 맹신적이다 등.

그렇게 행하는 사람은 맹신적이다

그 모든 것을 행하는 사람은 기독교인이다.

1〔122〕

쇼펜하우어의 이론은 심리학적이지 않다. 큰 고통을 받는, 또는 근심 어린 인간들은 동정심이 없다. 인류로 하여금 고통을 받게 한 지나간 모든 비참함을 반추할 때, 우리는 병들고 약해진다. 사람들은 시선을 돌려야 한다. 단지 행복한 인간들만이 역사에 적합하다.

1〔123〕

오늘날의 천재에 대한 잘못된 개념 : 사람들은 야성적인 지성을 숭배하고 길든 지성을 경멸한다. 즉 사람들은 도덕성에 지쳐 있다.

도덕성의 귀결은 한갓 모래에 불과하다. 미래에서의 도덕성의 결과를 제시함으로써 지금까지의 도덕성에 대해 비판.

반도덕적인 이론들의 필연성.

1〔124〕

비록 가시적인 사물들의 인상을 모방한 것이기는 하지만, 사람들이 들을 수 있는 모든 사람들에게 그것을 둘러보도록 추천할 수 있는 음악이 있다.

1〔125〕

의욕, 즉 나는 한 행위의 성과를 표상한다.

이 성과는 내게 이런저런 가치가 있다

이 가치 평가는 이런저런 원인이 있다

성과는 이런저런 행동을 제한한다 (내 경험에서 잘 알려진 수단으로서,

그리고 내가 의식할 수 없는 많은 다른 것

그래서 내가 의도하는 것은

의도 : 왜 내가 의도하는가

동기 : 무엇이 나를 이러한 평가로 몰아세우는가?

의도는 우리에게 가치를 지닌 어떤 것을 향한다.

어떻게 나는 목표에 도달하는가?

동기는 가치 평가의 원인이다.

1〔126〕

우리는 항상 가장 본질적인 것을 망각한다. 왜냐하면 그것이 가장 가깝게 놓여 있기 때문이다. 예를 들면 놀이에 있어서 자발성, 운동의 지속적인 만짐과 더듬음. 운동의 결과들이 우리를 가르친다.

단어들이 끊임없이 우리 머리에 떠오름으로써 사고가 형성되며,

눈에는 셀 수 없는 수많은 형상들이 지속적으로———

1〔127〕

목적에 따라 일어나는 **행위**는 거의 없고, 대부분의 행위는 단지 그 안에서 힘이 방출되는 **활동**이며, 운동일 뿐이다. 그것의 노정의 종착점에서 생겨나는 결과들은 자주 되풀이되는 반복 속에서 우리를 원인과 결과의 사고로 이끈다. 즉 우리는 어떤 것을 의도적으로 행하며, 어떤 것이 일어나기를 기대한다—우리는 임의적으로 어떤 표상과 그것의 가치 평가를 산출한다. 그리고 이 과정에서, 우리의 의지에 상응하는 결과로 이어지는 그런 메커니즘이 자기도 모르게 운동을 시작한다.

1〔128〕

정치가나 문화를 정초하는 도덕적 예언가들(부인들, 시녀들 등)의 역할을 수행하는 훨씬 격이 높은 배우들이 있다 : 사람들이 그 진상을 알게 되면 그들에 대해 화를 내기를 그만두고 배우들을 더욱 많이 향유할 것이다.

1〔129〕

도덕적인 것은 매우 섬세한 방식의 **쾌락** 감각을 만들어냈다. 비도덕성도 도덕적인 것만큼 **유용하다**.

1〔130〕

동양

유럽은 비도덕적이다.

불교의 성자에 대한 쇼펜하우어의 나쁜 취향—브라만들이 더 낫다.

스토아주의는 유대적이다

유럽은 도덕적으로 빈약하다

〔2 = N V 2. 1880년 봄〕

2〔1〕

정신의 예속에 대하여(우리는 정치적 지배와 예속의 과정을 정신 영역에 전파한다.

2〔2〕

슬퍼하는 사람은 같이 슬퍼하기를 바란다. 그래서 그는 지배하고 즐거워한다.

2〔3〕

도덕적으로 살며, 이 과정에서 스스로를 고통스럽게 만드는 것도 좋을 수 있다. 그러나 그렇게 여겨지는 것처럼 항상 삶이 철저히 하나의 도덕적 의미만을 가져야 한다는 요구가 생겨난다면 사람들은 화를 내고 말 것이다. 만약 그렇다면 그것은 가장 커다란 뻔뻔함의 원천이기 때문이다.

2〔4〕

많은 사람들이 행위에 대한 어떤 이론을 만들고, 끊임없이 그에 대해 지껄이지만, 결코 그 이론에 따라 행동하지는 않는다. 그것은 도덕 앞에서 하는 충성 서약이며 타협이다(영국인). 그렇게 가톨릭 사제들은 신과 타협하며, 그들의 헌신은 그들의 삶이 타락하면 타락할수록 그만큼 커진다. 그렇게 할 때 그들은 비로소 편안함을 느낀다.—또한 다른 사람들에게도 항변할 것이 있지만, 그렇게 할 때 그들은 불편한 상태에 빠진다. 다른 사람들은 — — — 가진다.

2〔5〕

강하게 감각적인 인간들은 그들 신경의 침체가 회복될 때 비로소 지적인 힘을 얻는다 : 그것이 그들의 작품에 우울한 성격을 부여한다.

2〔6〕

이웃에 대한 사랑은 이웃에 대한 우리의 표상에 대한 사랑이다. 우리가 우리를 알고 있기 때문에 우리는 단지 우리 자신을 사랑할 수 있다. 이타주의의 도덕은 불가능하다.

2〔7〕

바흐Johann Sebastian Bach에게 여성적인 것이란 종교적인 사로잡힘과 함께 거의 수녀 같은 것으로 보인다. 예를 들어 나는 어떤 수녀의 비탄처럼 베일을 쓰고 수줍게 비탄에 잠긴 많은 여자들을 생각한다 (바흐의 서곡)

2〔8〕

오직 우리가 원래 무엇을 할 수 있는지를 알지 못할 때만 우리는 '의지' 에 대해 말한다. 완전한 통찰은 단지 강제에 대해 말한다.

우리는 항상 어떤 활동에 필요한 몇몇의 힘들을 간과한다.

모든 활동(의지 행위)은 우리의 판단이 (의미와 관련해) 올바른지의 여부에 대한 하나의 실험이다.

2〔9〕

대부분의 철학은, 궁지를 세상에서 꼭 필요한 것으로 생각하도록 사람들의 지각을 바꾸기 위해 고안된 것이다.—이에 반해 언짢음과 곤경은 덧없는 것이다!

철학은 고통에 대항하는 투쟁이고, 그래서 분명히 파멸되어야 한다!

2〔10〕

단 한 사람에게는 세계의 실재성이 개연적이지 않고 확실한 것일 것이다. 그러나 두 명의 사람에게는 세계의 실재성이 개연적이다. 다른 사람은 이른바 우리에 대한 상상, 온전히 우리의 '의지', 온전한 우리의 '표상'이다 : 그리고 우리는 다시금 그의 내부와 똑같은 입장이 된다. 그러나 우리는 그가 필시 우리에 대해 잘못 생각하고, 그가 우리에 관해 머릿속에 환영을 그림에도 불구하고 우리가 하나의 실재성이라는 것을 알고 있다. 그래서 우리는 그에 대한 우리의 상상에도 불구하고 그 역시 하나의 실재성이라고 추론한다 : 간략히 말해 우리 외부에 실재성이 존재한다고 추론한다.

2〔11〕

상상된 세계(우리는 실재성들, 인간들이 아니라 상상들을 사랑하고 증오한다).

2〔12〕

인식을 위한 혼인의 묘사 — 밀 John Stuart Mill(콩트 Auguste Comte)

2〔13〕

세계 — 음울함의 법칙

2〔14〕

(식물에서 시작한) 생명 있는 세계에서는 가능한 한 많은 개인주의의 전개가 시도된다. 개인주의는 전체적으로 볼 때 그 어느 때보다 지금 더 크다.

2〔15〕

이기심의 결여 때문에 인류가 신음한다.

2〔16〕

도덕적 인간들만이 양심의 가책을 느낀다 : 비도덕적인 것의 비참함은 하나의 허구다.

2〔17〕

주의, 개인들의 다름에 대한 즐거움! 국가와 민족의 이질성에 대한 즐거움은 그것으로 향하는 ('낭만주의적인 것' —) 한 걸음이다.

최초의 우화 속의 인류는 마치 머릿속에 떠오르기라도 하듯이 획일적이며, 실제적 인간들을 획일적으로 만든다 (각각이 자신의 형상에 따라) 이 '우화'를 제거하기!

2〔18〕

조형 예술과 소설은 올바른 길을 가고 있다!

2〔19〕

더 많은 도덕성이 존재한다(잠재적인)

욕정에서 도덕적 인간들은 끝에서 두 번째 단계의 도덕성과 효과가 확실한 도덕성을 긍정한다. 이것이 너무 과대평가된다.

2〔20〕

우리의 삶은 더 위태롭게 될 것임에 틀림없다.

2〔21〕

어떻게 현대적 인간이 사면(赦免)의 유익함을 만들고, 양심의 가책을 그치게 할 수 있는가? 예전에는 "신은 자비롭다"고 말했다 : 그것은 아무런 도움이 되지 못한다. 지금은 인간이 그래야만 한다!

2〔22〕

죽은 자를 위한 비통함—그들은 불행하지 않다! 따라서 이기주의적

2〔23〕

내가 인식과 이성을 더 많이 소유할수록 그만큼 자유에 대한 믿음

은 줄어든다. 우리에게는 선택의 폭이 넓지 않다.

2[24]

과학의 도움을 통해 각각의 인간은 자신의 원형성을 진보시킬 수 있다.

2[25]

비통함을 제어하지 못하는 것은 사랑을 제어하지 못하는 것처럼 정신의 일반적인 성질이다.

2[26]

러시아에서는 절대주의

독일에서 사람들은 리슐리외Richelieu가 프랑스를 위해 한 것을 찾는다.

프랑스에서는 사람들이 25개 헌법 형식을 백 년 동안 시험한다.

2[27]

문화로의 진행과 진입!

2[28]

코르시카 섬의 한 사람(나폴레옹을 가리킴—옮긴이주)은 구걸을 부도덕하게 여기지만, 산적으로 사는 것에 대해서는 부도덕하지 않다고 생각한다 : 심지어 복수의 죽음들마저 도덕적이다. 자랑스럽다! 척도로서.

2〔29〕

백 개의 깊은 고독이 도시 베네치아를 형성한다—이것이 그 도시의 매력이다. 미래의 인간을 위한 모습.

2〔30〕

극적인 음악은 흥분이나 욕정의 고조를 위한 수단이다 : 이 음악은 전문가와 애호가를 위한 음악(실내악)과 같이 음악 자체에 대한 즐거움을 주려 하지는 않는다.

이 음악은 음악 밖에 놓여 있는 어떤 것을 설득하려 하기 때문에 수사학에 속한다.

2〔31〕

우리 주위를 떠도는 단어들을 통해 우리는 사고에 이른다.

2〔32〕

누가 그것을 읽고자 원하게 되겠는가? 신도 모르고, 나도 모른다.

2〔33〕

남국의 음악. 하이든Franz Joseph Haydn은 이탈리아 오페라에서, 아마 쇼팽이 이탈리아 바르카롤에서 느낀 바로 그것을 느꼈을 것이다! 이 두 사람은 실제적인 이탈리아 음악의 적용을 통해 동경(憧憬)의 음악을 만들었다.

2〔34〕

예를 들어 노인이 젊은이들에게 그러는 것처럼 누군가가 공공연히 자신에게 알랑거리게 만드는 것은 왜 우리에게 경멸적으로 보이는가? 그가 수치심을 느끼기 때문이다 : 수치심이 원하는 것은, 알랑거림에 대한 욕구와 같은 그런 커다란 욕구가 전혀 충족되지 않거나 단지 남이 눈치 채지 못하게만 충족될 수 있는 것이다 : 너무 지나친 어리석음은 보편적인 인간의 이성에게 수치가 된다.

2〔35〕

고통에 대한 지식을 통해 사람들은 고통을 경감시킬 수 있다. 원래의 동정은 바로 괴로움만 배가시키며, 아마도 그 자체가 도움을 주지 못하는 무능력의 원천일 것이다(의사의 경우). — 그러나 정통한 사람은 무엇 때문에 돕는가? 사람들이 막을 수 있는 불행을 막지 못하는 것은 거의 불행을 행하는 것만큼 나쁜 것이다.

2〔36〕

"그림같이 아름다운 도덕성"

결과의 도덕은 폭력적이며, 그렇게 많이 축적된 부도덕함(예를 들어 정의롭지 못한 주인에 대한 비굴한 굴종 등)을 격퇴해야 하는 하나의 폭발이다. 사소한 점에서, 그러나 끊임없이 정의롭지 못한 사람을 억제하는 것은 타자를 위해, 그리고 우리 자신을 위해 덜 격한 것이다. 마찬가지로 절대적인 금욕이 상대적인 작은 절제보다 더 효과가 크다.

2〔37〕

하나의 절제된 규칙이 주어졌는데, 우리는 이에 의거해 행동하지 않는다 : 비도덕적이다(왜냐하면 비이성적이기 때문이고, 스스로에게 해를 끼치기 때문이다). 그러나 "사람들은 자신에게 해를 끼치려 하지 않는다" : 그것은 하나의 환상이다 : 자해(自害)

그래서 우리는 해를 끼치려 하지 않는다—어째서 우리는 해를 끼치려 하지 않는가?—현재의 습관 때문에—근원적으로는 두려움 때문에.

2〔38〕

아이를 낳을 때 자신이 무엇을 하는지 제대로 아는 사람은 없다 ; 가장 현명한 사람에게 그것은 복권 추첨의 일종이다. 그리고 자신의 현존을 이성-행위에 의지하지 않는 자! 그 사람은 자유로워야 할 것이다!

2〔39〕

괴로움에 대해 함께 앎—

사람들이 정말로 동정 때문에 괴로워할 경우 괴로움은 줄어든다. 인간이 동정에 대해 알면서도 괴로워하지 않을 때 사람들은 의사처럼 이웃을 위한 행위를 할 수 있다.

이런 것을 알고 그리고 즐거워하는 그런 사람들(식인종들과 고행자들의 신들)

2[40]

왕자 같은 웃음이 무엇인지 아는 사람이 아직도 많이 있기를 기대한다 : 이 웃음은 누군가가 다른 사람이 자신의 취향을 공유하지 못한다는 사실에 대해 안도했을 때 생겨난다.

2[41]

한 방울의 피도 볼 수 없음—그것이 도덕적인가?

2[42]

스스로 고통에 몰두하는 것은 하나의 즐거움이다(나폴레옹)

2[43]

공적인 강연자
(식당과 언론에 대항해)
극장의 몰락
어떻게 그리스풍으로 배울 수 있는가?
저녁에 영혼은 혼란스러워진다.
윤리적 교육의 결핍, 대낮에 대한 어떠한 설명도 없음.

2[44]

두 번째 노년기, 저승에서의 삶, 또한 늙은 사람이 갖고 있는 것과 같은 삶에 대한 품위 없는 열망과 함께.

2〔45〕

인간이 탈(脫)동물화된 동물이라면 어떻게 탈인간화된 인간이 생각될 수 있는가?

2〔46〕

불안정한 균형의 인간들, 윤리적인 것과 건강한 것에 있는 그들의 사소하지만 위험한 것들.

2〔47〕

도덕성 : 우리는 우리의 행위들에 하나의 상상적 가치를 부여한다(결과에 종속된) 더 이상 노예가 아니다! 모든 것에 있어서 그것이 승리를 추구한다! 새로운 자유의. 노예가 그가 원하는 것을 행할 수 있을 때 변화에 대한 강한 느낌

2〔48〕

권태는 피할 수 없다—그래서 편안하다!

왜 언짢음은 괴롭고, 위험한가?

2〔49〕

도덕성, 만약 그것이 필연적인 책임이라면, 그것은 단지 가장 분명한 분별력에서 생겨난 행위들, 우리가 그 동기를 알 수 있는 가장 피상적인 행위들이다. "왜 이것을 내가 행했는가?" 마음에서 우러나온 행위들에 책임을 묻기란 불가능하다. 왜냐하면 우리는 그 동기를 알 수 없기 때문이다. 그럴 경우, 도덕적으로 행동하는 것은

항상 단지 피상적으로, 열정-활력 없이 행동하는 것을 말하는가? 책임이란 하나의 허풍이다. 우리가 느끼는 곳에서 우리는 책임을 질 수 없다, 즉 '비도덕적' 이다. 자유에 대한 믿음이 도덕성을 만족시킨다 : 환상.

2〔50〕

우리가 최고로 숭배하는 것의 마음에 들지 않는 어떤 것을 행하는 것은 어렵다, 우리가 행위를 억제했을 경우, 단지 그것의 약점만을 숭배하게 된다고 하더라도 역시 그러하다.

2〔51〕

이 망할 모든 정당들! 그들은 우정, 가장 순수한 충성, 가장 강한 진리에 대한 사랑을 기만한다.—그들의 지속적인 활동은 위조 지폐다. 가장 탁월한 인간도 그가 하나의 정당을 만들고자 할 경우 그는 무뢰한이나 중상자와 다를 바 없다.

2〔52〕

이타주의자는 개별적인 타인들이 아니라 상상적인 동일한 존재들에게 타당하다. 개인을 돕는 것은 불가능하다. 사람들은 개인을 인식할 수 없기 때문이다. 인식할 수 없는 것—그것은 이웃이다.

2〔53〕

독일에서 유대인에게 부여하는 평가, 즉 가장 호감이 안 가는 사람이라는 평가는, 외국인들에게서 들을 수 있는 평가와 다르다는 사실을 알 수 있다.

2〔54〕

신경의 쇠퇴와 그 철학.

2〔55〕

육체적 기능들에 종사하는 도덕.

2〔56〕

'외적인 작용의 가능성, 제약될 수 있음' 은 바로 '자유' 가 아니라 '제약성' 을 전제한다.

서로를 제약하지 않는 두 가지 사물은 서로 작용할 수 없다.

2〔57〕

완전한 지식은 '자유' 라는 개념이 생기지 않게 했을 것이고, 그렇게 행위가 도덕적으로 경시되는 것을 방해한다. 만약 어떠한 비도덕적 행위들도 없다면, 또한 어떠한 도덕도 존재하지 않을 것이다.

2〔58〕

인간들은 일상적으로 분노를 느낄 수밖에 없다.

2〔59〕

더 이상 지각하지 못하는 (그리고 몸짓, 악센트 등이 다르기 때문에 자부심이 있는 인간과는 다른) 이전의 습관에 기인하는 불손한

인간들

2[60]

상당한 수의 사람들은 불손하다고 간주되기를 원한다. 그것이 궁지에 몰린 불쌍한 악마로 간주되는 것보다 낫기 때문이다.

2[61]

우리는 다른 사람의 습관과 의견을 알게 되는 것이지 개인들을 알게 되는 것은 아니다. 그래서 우리는 나중의 삶에서 역시 개인과 씨름하는 것이 아니다. 즉 우리는 우리 스스로를 개인들처럼 다루지 않는다.

2[62]

짐꾼, 뱃사공, 농부의 노동처럼 힘든 육체적 노동은 그 대가를 제대로 받지 못하며, 그러한 노동을 하는 사람은 과소평가된다. 상인은 자신의 이윤을 정신에게 너무 많이 지불한다 ; 유대 민족과 같은 보다 고차원적인 종족들은 또한 비참한 상태에 빠진다. 그러나 스스로를 육체적 기계로 대여해야 하는 가장 극단적인 곤란에는 쉽게 빠지지 않는다.

2[63]

감동은 하나의 생리적 저항력이다.

2〔64〕

어떤 것에 동감하는 사람은 그것을 더 높이 평가한다. 그리하여 그는 그것을 재생산했다고 주장한다, 예를 들어 종교적인 것(F. 슐레겔Friedrich von Schlegel)

2〔65〕

어떠한 길을 통해서도 덕에 도달되지 않는다는 것이 문제다. 성과가 있다면 그것은 행운일 따름이다 : 어려운 역학을 마치 하나의 놀이처럼 가볍게 배우는 것이 관건이다.

2〔66〕

각각의 행위, 사고, 감동은 너의 미래의 행운이나 불운을 형성한다 ; 그것들은 너의 마음, 습관을 형성한다. 무관심한 어떤 것도 존재하지 않는다. 너의 논리적 경솔함은 보상받을 수 있게 된다. 마음은 커다란 저장소이며, 맑은 의식은 마침내 맑은 마음을 지니는 수단이다—그러나 아마 세 번째 세대에 가서야 비로소.

2〔67〕

도덕적 행위들은 사람들이 그 목적을 놓쳐버린, 그리고 그 자체에 도달하는 것이 지금 이미 하나의 즐거움이 되어버린 수단이다.

2〔68〕

'기억'의 고유한 기관은 존재하지 않는다 : 모든 신경들이, 예를 들어 다리에서 이전의 경험들을 생각한다. 각각의 단어, 각각의 수는 물리적 과정의 결과이며 신경의 어느 곳에서 굳어져버렸다. 신경에게 무기화(無機化)된 모든 것은 그 안에서 지속적으로 생존한다. 흥분의 높은 파도가 있고, 거기에 생존하고 있는 것이 의식으로 들어오며, 우리는 기억한다.

2〔69〕

지금 기독교에 대해 모호한 입장을 취하는 사람은 자신이 즉시 최상의 보다 엄숙하고 고귀한 사회로부터 버림받았음을 안다.

2〔70〕

개별적 개인에게 의식된 경험은 너무 짧은 하나의 속박이고, 그의 종말에 이르기까지는 평가되지 않는다.

2〔71〕

허영에 빠진 사람은 목적을 위한 수단에 몰입하며, 그것을 기꺼이 획득한다. 그래서 그는 목적을 망각한다.

2〔72〕

독립적인 계층에는 너무나 많은 불필요한 혐오, 괴로움 그리고 비참함이 있다. 왜냐하면 그들의 영향을 받는 이들 중 극소수만이 즐거워할 수 있기 때문이다—잘못된 생활 태도, 잘못된 직업에 의한 결과, 즉 불필요한 종속의 결과로.

2〔73〕

메스껍다! 누군가가 우리를 찬사와 함께 환대한다. 이와 함께 그는 우리의 마음을 사로잡으려 한다. 즉 그는 우리에 대한 소유권을 얻고자 한다. 왜냐하면 그는 우리가 자기를 칭찬해주는 사람에게 행동의 자유를 허락한다고 믿기 때문이다. 그러나 칭찬하는 사람은 자신을 우리보다 높게 평가하며, 우리를 소유하고자 한다—그는 우리의 적이다.

2〔74〕

이웃에 대한 사랑

2〔75〕

나는 주제에 대한 좋은 생각이 모두 다 이미 존재하는 것은 아니라는 사실이 유쾌하다는 것을 고백한다.

2〔76〕

어머니와 어린이에게는 더 이상 의식적 사고가 없다.

2〔77〕

임시 방편의faut⟨e⟩-de-mieux 남자 뒤링Eugen Dühring

〔3 = M II 1. 1880년 봄〕

베네치아의 그림자L'Ombra di Venezia

3〔1〕

서문

예전에 쓰고는 잊어버렸던 문장을 최근 다시 읽어보려 했을 때, 나는 그들 문장에 공통적인 특징이 있다는 사실에 놀랐다. 이 문장들은 광신의 언어를 말하고 있다. 생각을 달리하는 사람들에 대해 말할 때는 거의 언제나 피를 흘리는 듯한 방식과 악의에 찬 열광을 볼 수 있다. 이것이 광신의 징후가 아니라면 무엇이겠는가,—끔찍한 징후다. 저자를 좀 더 잘 알지 못했더라면 나는 마지막까지 다 읽지 못했을 것이다. 광신은 성격과 취미를, 그리고 마침내 건강마저 해친다. 이 세 가지를 재건하려는 사람은 긴 요양을 각오해야 할 것이다.

나에 관해 이 정도만, 그것도 아름답지 않은 것을 말해두면—서문이라는 습관은 이런 것을 추천하지는 않겠지만 허용은 할 것이다—내가 이 책에서 서술하는 최근의 내 생각이 적어도 신중함 없이 읽히는 일은 없을 것이라고 기대할 수는 있으리라.

3〔2〕

1. 우리는 우리의 약점보다는 우리의 강점 때문에 더 쉽게 몰락한다. 그것은 우리가 약점과 연관해서는 이성적으로 생활하지만, 강점과 연관해서는 그렇지 않기 때문이다.

3〔3〕

2. 우리의 머릿속에서는 세계에 관한 어떤 고찰 방식이 끝남과 동시에 다른 방식이 시작된다 : 그것은, 우리가 받은 불명료한 교육이 우리에게 여러 가지 고찰 방식을 동시에 소개하고, 모든 방식이 우리의 지반 위에서 성장하는 것을 시도하기 때문이다.

3〔4〕

3. 타인이 '진리'라고 생각하는 것을 우리가 어떻게 다룰 것인가 하는 것에서, 진리에 대한 우리의 사랑이 가장 분명히 나타난다. 여기서 우리가 정말 진리를 사랑하는 것인지 아니면 단지 우리 자신만을 사랑하고 있는 것인지가 밝혀진다.

3〔5〕

5. 동정이 감소하는 정도는 다음과 같다. 첫째, 자신의 것(자식, 생산물, 소유물, 여자, 시종)과 관련된 동정. 둘째, 우리가 소유하기를 원하는 것과 관련된 동정. 셋째, 우리와 닮은 것과 관련된 동정. 넷째, 우리에게 알려진 것과 관련된 동정. 동정을 고통과 구별해주는 표시는 우리의 소유물이나 소유물 비슷한 것이 괴로움을 겪는다는 분노다. 우리에게 적대적인 사람이 고통을 받는 것은 적대하는 힘의 감소의 징후로서, 우리에게는 유쾌하다 : 우리와 이질적인 것, 우리와 닮지 않은 것의 경우에도, 유쾌함에 가깝다고 할 수 있다. 이것들 역시 거의 우리와 적대적인 것으로 생각되기 때문이다. 마치 닮은 것이나 알려진 것이, 소유물에 대해 느끼는 것과 유사한 감정을 우리에게 불러일으키듯이.

3〔6〕

8. 다채로운 시대라고 우리가 부르고자 하는, 인생의 다양한 실험을 해야 하는 다가오는 시대의 특징은 다음과 같다. 첫째, 최종적인 결정에 관한 절제(우리가 이른바 최종적인 결정이라고 부르는 것이 무엇을 통해 지금까지 그것의 엄청난 과대 평가를 획득했는지를 인식하자마자 최종적 결정은 우리에게서 중요성을 잃는다). 둘째, 모든 풍습과, 풍습의 방식에 따라 구속하는 모든 것을 적대하는 편견. 셋째, 모든 나쁜 특성을 속속들이 드러내버린다는 점에서 보다 큰 정직함.

3〔7〕

10. 합목적적인 식사가 인간에게 자연스러운 것이고, 처음부터 편안한 것이었다는 것은 편견이다. 곤궁이 먹도록 권했던 많은 것들은, 아마도 처음에는 맛없고 '부자연스러운' 것이었을 것이다 ; 익숙해지는 과정에서 매력과 즐거움이 생겨났던 것이다. 음식과 관계없는 많은 경우에도 사정은 변하지 않는다 : 최초에 있었던 것은 강제였다 : 그것들의 기쁨은 추후에 생겨난 것이며, 종종 늦게 생겨난 것이다.

3〔8〕

11. 불손한 사람은 자존심을 가장한다. 그러나 자존심이야말로 (허영과 달리) 위장에서 자유로운 것이다 ; 이런 경우에 불손함은 위장하지 않는 방식의 위선이며, 그것이 교묘히 이루어지는 경우에는 자존심과 혼동된다.

3[9]

12. 언제까지나 모든 즐거움을 추구하는 것이 좋다. 그러나 불쾌와 피로를 필연적으로 동반하는 즐거움에는 조심하는 것이 좋다 ; 이런 즐거움들은 사람의 부류에 따라 열광이나 동정, 망아, 화, 복수, 알코올, 아편, 성의 쾌락 등이다. 결국 사람들은 최고도 아니고 가장 약한 것도 아닌 중용의 즐거움을 가장 가치 있는 것이라고 명명하고 추구한다 : 즉 영속성이 있고 불쾌를 동반하지 않는 가장 약한 즐거움보다 밀도 높은 즐거움이 이것이다. 이 경우 인식의 즐거움을 가장 바람직한 것으로 보았던 플라톤이나 아리스토텔레스는 옳았다—전제된 것은 그들이 보편적인 경험이 아니라 개인적인 경험을 말하고자 했다는 사실이다 : 왜냐하면 인간들 대부분에게서 인식의 즐거움은 가장 약한 즐거움에 속하며 식사의 즐거움보다도 하위에 있기 때문이다.

3[10]

13. 생리적인 상태들을 생리적으로 이해하는 것을 배우기 전까지, 인간들은 그것이 도덕적 상태들과 연관된다고 생각했다. 따라서 도덕적인 것의 영역은 매우 축소되었으며—계속해서 더욱더 축소되었다 : 종교가 가톨릭교도의 생활에서보다 그리스인의 생활에서 더 광범위하게 자리 잡고 있었고, 프로테스탄트가 종교의 범위를 다시 한번 더욱 축소했던 것과 같이.

3[11]

18. 본성은 악하다고 기독교는 말한다 ; 그렇다면 기독교는 본성

에 반하는 어떤 것이 아닌가? 그렇지 않으면 기독교는 자신의 고유한 판단에 의해 악한 어떤 것이 된다.

3〔12〕

21. 인간의 정념 안에서 동물이 다시 눈을 뜬다 ; 측정 불가능한 영역을 향한 이 회귀만큼 인간에게 흥미로운 것은 없다. 그것은 마치 인간이 이성을 너무 따분하게 생각하는 것과 같다.

3〔13〕

22. 인간은, 자신이 소유한 것을 아끼고 돌보면서 대변한다 ; 자신이 사랑하는 것, 자신이 바라는 것, 즉 소유하고 싶다고 생각하는 것을 인간은 더 강하게 대변한다. 소유가 아직은 환멸을 느끼게도, 질리게도 하지 않기 때문이다. 사랑의 감정은 소유물을 위한 감정을 전제한다.

3〔14〕

25. 우리는 이웃을 종류(환자, 포로, 거지, 예술가, 아이)별로 구분한 뒤 폄하함으로써 이웃을 항상 도울 수 있다 ; 개인을 돕는 것은 불가능하다.

3〔15〕

26. (달마치야의) 리자노에서는 순결을 잃은 소녀를 돌을 던져 죽였다 ; 1802년이 되어서야 오스트리아인이 드디어 이런 행위를 금지했지만, 당시는 아버지가 사람들의 맨 앞에서 돌을 쥐었던 때

였다. 사하라의 마을 비스크라에서는 한때, 근방의 모든 종족의 딸들이 모두 부유해지기 위해 매춘으로 생활했다 ; 번 돈은 부모에게 고스란히 바쳤다. 누군가가 이런 방법으로 경의를 표하지 않을 경우 그것은 부도덕한 일로, 아니 용서받기 어려운 일로 생각되었을 것이다.

3〔16〕

27. 동정은 세계에 있는 개별적인 고통을 두 배로, 아니 백배, 천배로 만들기 때문에 식인종이나 고행자들이 숭배하는 신들의 눈에는 아마 최고의 덕으로 비쳤을 것이다.

3〔17〕

30. 불평하는 사람은 우리와 경계를 짓는다 ; 그는 우리에게 받아들여지지 않고, 우리를 받아들이려 하지 않는다 : 그들은 우리를 자유롭게 둔다. 이에 반해 칭찬하는 사람은 우리를 소유하고자 한다. 스스로를 알고자 하면서, 그러나—독립적으로 머물고자 하는 사람은 이 점을 주의하라.

3〔18〕

32. 우리 마음속에 있는 이웃의 이미지는 해방을 욕망하는 충만함의 산물이거나 충만함을 열망하는 공허다—그 이미지는 항상, 우리가 그것을 표현할 어떤 고유하고 독특한 언어를 갖지 못하는, 생리적 상태를 나타낸다.

3〔19〕

33. 철학에 대한 우리의 현재 입장에서 새로운 점은 어떠한 시대도 갖지 않았던 확신 : 즉 우리가 진리를 갖고 있지 않다는 확신이다. 이전의 인간들은 모두 '진리를 갖고 있었다' : 회의론자들조차.

3〔20〕

34. 기독교의 역사에서, 기독교의 모태가 된 마음이 가난한 사람들에게 마침내, 또한 정신이 풍부한 사람들이, 그러니까 정신의 제국 자체를 넘겨준 것이 어떻게 가능했을까? 기독교는 로마 제국의 위대한 하층민의 운동이었으며, 악한 자, 교양 없는 자, 억압받는 자, 병든 자, 제대로 된 정신을 갖지 않은 자, 가난한 자, 노예, 노파, 나약한 사내들, 한마디로 말해서 자살할 이유를 충분히 갖고도 자살할 용기가 없는 자들의 봉기였다 ; 그들은 열렬히 그들의 생명을 유지하고 유지할 가치가 있다고 생각할 수단을 찾았고, 그것을 찾아냈다. 그리고 세계에 행복에 대한 그들의 새로운 방식을 제공했다. 그러한 원천적인 행복은 고대의 최대의 역설이었다 ; 당시의 교양은 행복을 너무 매력적으로 생각하지 않기 위해 역설을 선호했다. "구원은 유대인한테서 온다", ―이 명제는 정신이 풍부한 어떤 노인도 그에 대항해 자신의 태도를 지속적으로 주장하지 않았던 명제다. "유대인에게 기회를 줘보자" ―그렇게 이 내적인 목소리가 울리고, 그 목소리를 통해 정신이 이 위대한 운동의 편으로 부름을 받은 것이다.

3〔21〕

35. 우리 이웃들은 우리의 육체적이고 정신적인 기능의 순환 과정에서 우리에게 필요한 생리적 과정을 돕기 위해 기회의 원인을 부여한다.

3〔22〕

37. 한 사람이 하품을 하면—그러나 이것은 조금 불쾌한 것이다—다른 사람이 함께 하품을 하는 것은 동정에 대한 단순한 일례가 된다. 그러나 정말로 그 과정에서 *개별화의 원리*principium individuationis가 깨진 것일까?

3〔23〕

38. 누구에게나 가장 엄격하게 요구되고 존중되며 신성화되는 도덕은 사회 생활의 기반이다 ; 인간끼리 서로 두려움 없이 살아가기 위해 필요한 위장(僞裝)으로서의 그 도덕은 도대체 무엇인가? (그래서 개개인은 자신이 타인과 같다는 것을 표명하고 타인을 이용하는 것과 함께 자신도 이용하게 하는 것이다.) 이 위장의 가장 큰 부분이 이미 우리의 골육이 되어 있기 때문에 우리는 이것을 이제 더 이상 위장이라고 느끼지 않는다. 그것은 마치 우리가 인사말이나 은근한 얼굴 표정을 위장이라고 느끼지 않는 것과 같다 ; 그럼에도 불구하고 이것 역시 위장인 것이다. 위장의 가장 흔한 종류는, 첫째, 자신을 자기 주위 사람처럼 보이게 하는 것, 말하자면 주위 사람에게 자신의 모습을 감추는 것, 둘째, 명성과 성공을 손에 넣은 다른 사람을 모방하고 자신을 보통 사람보다 더 높게 보이게 하는 것이

다. 첫 번째 경우에는 관습을 따라 '인륜적' 으로 변하고, 두 번째 경우에는 권위를 따라 '맹신적' 으로 변한다 : 어떤 상황에서든 우리는 더 이상 두려워하지 않는다—왜냐하면 우리에게는 이제 많은 '우리의 동지' 가 있기 때문이다.

3〔24〕

43. 우리는 타인의 요구나 의견을 우리 자신의 요구나 의견보다도 오히려 잘 알고 있다 ; 타인의 요구나 의견은 오랫동안의 훈련에 의해 우리에게 스며든다. 우리는 나중에 더 자립적이 되어도 우리의 모든 의식적인 행위나 판단을 항상 우리에게 스며든 기초와 연관시킨다. 비교하거나 저항하면서, 그에 대해 화를 내거나 또는 유화적인 태도를 취하면서.

3〔25〕

45. 도덕과 문명은 '보다 적은 고통' 을 구하지만, '보다 많은 행복' 을 구하지는 않는다.

3〔26〕

46. 용기와 좋은 기분으로 가득 찬 마음은 때때로 위험한 것을 필요로 한다. 그렇지 않으면 세계는 그것을 견디기 어렵게 된다.

3〔27〕

48. 극적인 음악가는 시인뿐 아니라 음악가, 또한 연기자, 철두철미하게 연기자여야만 한다. 이것은 그를 본래의 음악가나 본래의

시인한테서 가차 없이 떼어놓는다 ; 그는 그들 중 누구와 비교해도 더 열등한 족속이다. 그러나 연기자로서 그는 음악가나 시인의 천재성, 그들과 동등한 지위로까지 자기를 높일 수 있다.

3〔28〕

53. 어떤 사람은 마지막에 일종의 해석을 통해 자기의 행위에 외람된 성격을 부여하고, 또 어떤 사람은 처음부터 외람되게 행동한다. 마음대로 행동해놓고 행위의 마지막에 타인에게 눈을 돌리는 전자는 후자보다 더 많은 긍지를 갖지만, 긍지의 본질을 아는 점과 관련해서는 후자에 미치지 못한다.

3〔29〕

56. 모르는 것을 사랑하는 것은 불가능하다. 그렇지 않다면 사람들은 뭔가 다른 것, 즉 환영(幻影)을 사랑하는 것이 되고, 이것이 보통이다. 사랑은 인식의 수단과는 확실히 아주 다른 것이다.

3〔30〕

67. 쇼펜하우어와 같이 그렇게 동정에 관해서 몽상하기 위해서는 우리는 경험에서 동정을 알아서는 안 된다. 어떤 인간의 결함이 드러나는 곳에서 그의 이상들이 몽상적으로 변한다.

3〔31〕

68. 독일은 프랑스에 세 번 영향을 끼쳤다 ; 3세기에는 야생의 풍습과 야만적인 무지를 가져다주었고 ; 몽테뉴 시대에는 나중에 태

어난 제2의 중세와 종교 전쟁을 가져다주었고, 금세기에는 독일 철학과 낭만주의 그리고 맥주를 가져다주었다.

3〔32〕

70. 그의 명석한 두뇌는 그를 종종 고독한 길로 데려가 인간들로부터 해방시켰다 ; 그러나 그의 심장은 그렇게 하기에는 너무나 약했고, 견디기 어려울 정도로 갈비뼈를 쳤다. 마음에 양보하면 그는 다시 인간들 속에 섞여 있었고, 이제 그의 머리는 비참한 상태에 처했다.

3〔33〕

74. 우리가 우리를 위해 하는 모든 일은 타인 때문에 하는 것이다 ; 그러나 이것이 '이타주의'는 아니다!

3〔34〕

75. 흉내 내는 것, 원숭이 같은 것은 고유하면서도 가장 오래된 인간적인 것이다.—우리는 타인이 맛있다고 하는 것을 먹는 데까지 이르렀다.—인간만큼 원숭이에 가까운 동물은 없다.—아마도 인간의 동정 역시 그것이 무의식적이고 내적인 흉내 내기인 한, 여기에 속할 것이다.

3〔35〕

77. 가장 내성적인 소녀조차 유행이 시키면 반라로 사람들 앞에 선다. 그리고 얼굴이 수척해진 늙은 여자들 역시 보통 때의 그녀들

이 얼마나 재기발랄하고 선량하든지 간에 굳이 이 명령에 저항하려 하지 않는다.

3〔36〕

78. 몇몇의 인간과 문화가 다른 사람과 문화보다 더 높게 갖고 있는 욕구의 힘은, 사람들이 대략 같은 수의 습득된 내적인 메커니즘과 가치 평가를 가진다는 점을 통해 성립한다 : 따라서 단지 가치 평가가 이루어진 어떤 것이 표상되는 즉시 거기에 속하는 메커니즘이 작동한다. 다른 인간이나 시대들에는 메커니즘과 가치 평가에 대한 그러한 수의 일치가 없다. 여기서는 보통 '효력'이 있다고 불리고 아무것도 생기지 않는 훨씬 더 많은 가치 평가가 만들어진다. 이때 항상 잊으면 안 되는 것은 가치 평가가 결코 행위의 원인이 아니라는 점이다 ; 오히려 가치 평가가 이루어진 표상이 뇌리에 스치면 메커니즘이 오래된 연상 작용에 의해 자동적으로 움직이기 시작한다. 이것은 규칙적인 연쇄이지, 원인과 결과가 아니다. 그것은 우리에게 소리로 나타나는 단어가 개념의 원인이 아닌 것과 같다.—지금까지 욕구의 세기에는 항상 사상이 모자랐다. 그러나 이것이 필수적이지는 않다.

3〔37〕

79. 개인에게 나타나는 그럴 수 있는 것과 확고한 것의 외관, 임의적인 행위들의 외관, 행위의 절대적인 성격이라는 외관, 어떤 행위들의 절대적 가치(즉 제한 없는 최고의 가치)의 외관,—이 네 가지의 오류가 도덕의 계속적인 발전에 가장 크게 기여했다.

3〔38〕

80. 무엇 때문에 종교적 믿음이 이제 더 이상 제대로 성립될 수 없는지에 대해서는 자주 제시되었다. : 그러나 여전히 왜 도덕에 대한 믿음이 불신에 빠졌는지에 대해서는 아무도 제시하지 않았다.

3〔39〕

81. 결혼은 상이한 인간 유형들이 상이한 방식의 도덕적 영웅주의로 전환하는 계기를 제공한다 : 그 안에서 인간의 최고 가치가 구해질 수 없는 것인지 모르겠다. 교회가 축복을 거부하면 가장 사랑하는 사람과도 결혼하지 않겠다는 사람도 있고, 반대로 결혼이 교회의 축복에 달려 있다면 결혼을 포기하겠다고 말하는 사람도 있다 ; 또 어떤 사람은 한번 이루어진 결혼은 취소할 수 없다는 생각에서 영웅주의로 나아갈 기회를 발견한다. 그에 반해 조르주 상드George Sand는 부부간의 육체적 결합이 서로의 정신적인 열광과 연결되어 있는 한에서만 결혼이 지속되어야 한다고 요구함으로써 그녀의 가장 엄격하고 도덕적인 기분을 절절히 나타냈다.

3〔40〕

82. 교회의 면죄(그리고 종종 국가의 형벌)의 과오는, 여기서 한 번도 행해진 적이 없는 일로 되어야 한다는 점에 의해 성립한다. 죄에 대한 기억이 더 이상 괴로움을 만들지 않으면 그것을 통해 습득된 내적 메커니즘이 훨씬 가볍게 작용하며, 오래된 노래를 새롭게 부르는 것에 아무런 장애도 없다. 그러므로 가톨릭교도 사이에서는 매일 죄를 짓고 매일 면죄를 받는, 신심 깊은 바람둥이 아내가 희귀

하지 않다.

3[41]

83. 사람들이 그들의 작품에서 얻는 기쁨과 정신적 고양을 대략 계산한다면, 우리는 생산적인 인간이 너무나 자주 퍼뜨리는 형언할 수 없는 불쾌를 서로 견주어보아야 한다. 그들에게 스스로를 억제하는 능력이 없다는 것, 그들의 질투심, 그들 성격의 고약함과 불안정함은 그들이 다른 점에서 인류에게 행복을 가져다줄 수 있는 만큼 그들을 인류의 가해자로 만들어버린다. 구체적으로 말해 천재들 서로의 태도는 역사에 드리워진 가장 어두운 한 페이지다. 천재 숭배는 종종 무의식적인 악령 숭배였다. 천재의 주위에 있었던 얼마나 많은 사람들이 자신의 성격이나 취미를 쓸모없는 것으로 만들었는지 계산해보는 것이 좋다. 작품을 만들지 않는 위대한 인간이야말로 그만큼의 인간의 혼을 대가로 지불하지 않으면 안 되었던 작품보다 더욱 필요한 것인지도 모른다. 그러나 사람들은 당분간 위대한 작품을 만들지 않는 위대한 인간이 무엇인지 결코 이해하지 못할 것이다.

3[42]

84. 쇼펜하우어는 지나치게 일찍부터 자신의 명성을 확고히 했고, 스스로 표명한 원칙들에 반해 자신을 더 발전시킬 자신감을 갖지 못했다. 그는 자신의 명성을 걱정했고 자신을 수치스럽게 거역하기보다는 균형 잡힌 비생산성을 더 선호했던 것이다.

3〔43〕

87. 사람들은 칭찬을 받을지, 비난을 받을지에 대해 두려움을 갖고 있다. 불평을 통해 우리는 우리를 두렵게 여기도록 만들며, 칭찬을 통해 우리는 타자를 내밀하게 받아들인다. 타자를 우리와 화해시키든지, 우리를 우리가 두려워하는 그 권력의 편으로 만들든지.—그러나 진심에서 우러나오는 칭찬과 비난은 매우 드물다. 바꾸어 말하면 단순히 어떤 인물에 대한 우리의 두려움을 표현한 것이다. 대부분의 경우 우리는 제2의 인물에 대한 두려움 때문에 다른 사람에 대한 두려움을 우리가 느끼는 것과 다르게 표현한다. 칭찬이나 비난은 보통 두려움에 의해 방해된 두려움이다.

3〔44〕

91. 남성의 도덕성은 살아가면서 줄어든다 ; 우리는 어린 시절에 가장 도덕적이다. 아이들은 두려움 없이 사랑에 둘러싸여 있고 불손함과 거리가 멀기 때문이다. 아이와 비슷한 모든 관계에서 한평생 살고 있는 여성의 도덕성은 해가 가면서 감소하지 않고 오히려 증대한다.

3〔45〕

93. 우리는 우리가 기대하는 것을 정당하고 바른 것이라고 부른다. 우리를 놀라게 하는 것, 경탄할 만한 것으로 생각되는 것을 우리는 칭찬하기도 하고 비난하기도 한다. 경탄에 대한 최초의 기분은 두려움이다 : 칭찬이나 비난은 두려움의 산물이다. 이에 반해 올바른 것, 정당한 것은 우리를 만족시키고 느낌과 관련해 중립적이

며, 건강하다.—각각의 상황에서 모든 사람이 자신이나 타인에게 기대하는 것, 즉 어떤 문화 전체에서 습관적인 것이 다른 문화에서는 습관적인 것이 아니라 놀라움을 안겨줌으로써 비난과 칭찬을 불러일으키고 어떤 경우든 강하게 느껴진다. 문화는 다른 문화에서 건강한 것에 속하는 것을 이해하지 않는다. 기대하는 것, 습관적인 것, 건강한 것, 감각에서 중립적인 것은 문화가 도덕적이라고 부르는 것의 가장 큰 부분을 이룬다.

3〔46〕

94. 우리가 나쁜 어떤 것이나 불쾌한 놀람을 항상 예상한다는 것을 전제하면 우리는 늘 적의에 찬 긴장 속에서 살게 되고, 타인의 입장에서 보면 견딜 수 없으며, 스스로 건강 때문에 고통을 받는다 : 그러한 본성을 가진 사람들은 멸종한다. 전체적으로 보면 더 큰 만족을 느끼며 희망을 갖는 인종만이 살아남았다.—항상 나쁜 일만 예상하는 인간은 악해진다. 즉 적의에 차게 되고 나쁜 의심이 깊어지고 불안정해진다. 이것이 비관적인 사고 방식의 영향이다.

3〔47〕

95. 칭찬과 비난을 지양하려는 학문은 놀라움을 제거하려 하며, 인간이 언제라도 바르고 정당한 것을 기대하도록 인간을 이끌고자 한다 ; 궁극적으로는 화산이 폭발했을 때 역시 인간은 자신에게 다음과 같이 말해야 한다 : 이것은 정당하고 올바른 일이다. 화산이기 때문에 폭발할 수밖에 없지 않은가 ; 거기서 무엇이 놀랄 일인가?

3[48]

96. 어떤 일을 하면서 힘이 남아 있다고 느낄 때, 우리는 스스로 자유롭다고 느낀다 ; 행위 그 자체가 우리를 기쁘게 하며 기쁜 목적을 위해 행위가 이루어지지 않을 때, 의지의 자유라는 감정이 생긴다 : 우리는 분명 목적을 갖고 있지만, 목적이 우리를 완전히 지배하지는 않는다. 목적은 우리의 힘이 우리와 함께 작용하는 기회를 제공할 뿐이다. 우리는 이러한 기회가 아직 많이 있다는 것을 알고 있다 ; 우리가 목적을 약간 임의적이고 사소한 것으로 평가하기 때문에 우리는 자신을 목적의 노예라고 느끼지는 않는다. 즉 우리 자신을 이 목적과 관련해 욕구하는 존재라고 느끼지만, 이 목적 앞에서 자유로운 존재라고도 느끼는 것이다.

3[49]

99. 안에서든 밖에서든 돌발적인 사건과 많이 마주하는 인간에게 평안하게 예상될 수 있는 것은 모두 인간답게 만드는 효과가 있다 ; 예를 들어 인간 또는 인간의 사회를 지배하는 각각의 습관이 그것이다 : 그도 그럴 것이, 습관적인 것에는 조급한 긴장이나 민첩한 처리가 필요하지 않기 때문이다. 갑작스럽고 격렬한 행동은 흥분에서 갑작스럽게 벗어나는 것처럼 거의 야만적이다 ; 그러한 상태에서 도덕적인 것은 습관적인 사람, 차분한 사람, 기다리는 사람, 사려 깊은 사람한테서 성립한다. 이에 반해 바로 이러한 모든 특성이 과도하게 존재하는 듯한 시대에는 열정이나 격렬한 행동이 보다 도덕적인 것처럼 보인다 ; 여기서 인간의 본성에 대한 로망이 이 시대의 사람들에게 기꺼이 허락해준 것처럼 인간은 더욱 자유로워지고 대담해지

며 흥분된 기분을 느끼게 된다. 그들은 이전의 사람들이 반대의 것에 대해 그렇게 생각했듯이 돌발적인 사건이 인간답게 만드는 요소라고 생각한다.

3〔50〕

101. 정념을 경탄하고 분별을 경멸하고 도덕적인 가치 평가를 '소홀히' 하는 인간이 존재할까? 행동하는 인간 중에는 분명히 그런 인간이 존재하지 않을 것이다 ; 그러나 예술가는 분별이나 도덕성을 회화적으로 충분히 발견하지 못할 것이다 : 그렇기 때문에 예술가는 두드러진 차이를 보이는 인간을 희구한다.

3〔51〕

102. 도덕적인 판단들은 우리의 정념을 몸짓이나 행동을 통해서가 아니라 지적인 방법으로 방출하기 위한 수단이다. 때리거나 침을 뱉는 것보다 차라리 욕설이 낫다 ; 아부하는 편이 쓰다듬거나 키스하는 것보다 낫다 ; 저주는 동물이 직접 적에게 맞서 행하는 복수를 신이나 귀신에게 맡기는 것이다. 도덕적인 판단으로 인해 인간의 기분은 가벼워지고 정념은 방출된다. 이성 형식들의 사용이 이미 신경과 근육의 진정을 함께 가져온다 ; 도덕적 판단은, 정념이 부담스러운 것으로, 몸짓이 너무 조야한 기분 완화로 느껴지는 시대에 생긴다.

3〔52〕

103. 갑작스러운 정념은 인간을 지속적으로 추하게 만든다. 기독

교는 갑작스러운 정념을 폭발적으로 불러일으켰다. 따라서—

3〔53〕

106. 가톨릭의 하층민은 자발적인 절제에 대해서는 아무것도 모르지만, 강제적인 절제에 대해서는 실로 많은 것을 알고 있다—이 때문에 그들은 생활의 즐거움을 숭상한다—, 그들은 보통의 행동 양식과 정반대의 것을 성자한테서 보지만, 무엇 하나 이해할 수 없다 : 그들이 성자를 믿는 것은 *납득이 안 되기 때문이다*quia absurdus est. 우리 신교 국가들도 도덕적인 교육이 전혀 없거나 아무 생각 없이 행해지고 있는 상황이기 때문에 성자는 거의 가톨릭 국가들에서처럼 존경을 받는다 ; 사람들은 금욕을 무엇인가 초인적인 것처럼 생각하며, 그러는 중에 고대의 모든 도덕, 심지어 에피쿠로스적인 도덕에도 금욕이 속했다는 사실을 잊고 있다.

3〔54〕

107. 사람들은 사물이나 인간에 관한 통찰보다는 그것에 대한 가치 판단을 제일 먼저 배운다 ; 이것이 참된 인식으로 다가가는 것을 방해한다. 자유로운 길을 얻기 위해 사람들은 가치에 대한 근원적인 회의를 통해 우선 언젠가 한번은 모든 가치 판단을 전복하지 않으면 안 될 것이다.

3〔55〕

108. 루이 14세 치하에서 세련된 궁정 문화에는 많은 점에서 금욕주의가 필요했다 ; 많은 느낌의 폭풍을 마음속에 담아두지 않으

면 안 되었고 많은 피로를 감추지 않으면 안 되었으며 많은 고통을 쾌활함으로 포장하지 않으면 안 되었다. 우리 시대의 안이한 인간들에게 이러한 생활은 너무 엄격하리라.

3〔56〕

109. 타인과의 관계에서 자신의 기회를 이용하는 유대적인 방법이란, 타인과의 경계의 아슬아슬한 곳까지 접근해서 자신들이 그 경계를 알고 있다는 사실을 다른 사람들로 하여금 눈치 채게 하는 것이다. 이것이 그들을 뻔뻔스럽게 만든다 ; 우리 모두는 근접하기 어렵고 한계가 없는 사람으로 보이고 싶어 한다 ; 유대인들은 개인들과 국가들에 있어서의 이러한 환상적인 불가해한 존재이고자 함에 반해 행동하기 때문에 끔찍이 미움을 받는 것이다.

3〔57〕

110. 인식론은 충분히 배우지 못한 날카로운 두뇌들의 사랑 놀음이다. 그들은 여기서 누구나 처음부터 시작할 수 있으며 '자기 관찰'이 충족된다고 잘못 생각한다.

3〔58〕

113. 우리가 소유의 덕택으로 돌리는 선을 조망하려는 모든 노력에도 불구하고 더 이상 선을 조망할 수 없을 때 사랑이 생긴다 : 무제한적인 어떤 것에 대해 넘쳐남 ; 사랑에는 어떤 일이나 인물의 가치 전체에 대한 지식이 없다. '그 가치'를 측정하기에 충분한 크기의 저울이 없기 때문이다. 사람들은 자신이 아는 한 모든 최고의 것

을 비교를 위한 예로 인용한다 ; 사랑한다면 우리는 끊임없이 모든 종류의 최고의 것을 생각한다. 그리고 그것이 항상 사랑의 대상과 함께 '우리에게' 떠오르기 때문에 우리는 또한 그것을 사랑의 대상과 혼동한다.

3〔59〕

114. 우리는 다른 사람들이 우리를 있는 그대로 알아주기를 바라는 대신, 그들이 우리를 가능한 한 좋게 생각해주기를 바란다. 즉 우리는 타인이 우리에게 속기를 바라는 것이다 : 바꿔 말해 우리는 자신의 유일성을 자랑으로 생각하고 있지 않다.

3〔60〕

115. 많은 인간에게 나타나는 발육 부진의 원인은 그들이 타인의 머리로 자신의 존재를 항상 생각하고 있다는 점, 즉 작용의 결과만을 진지하게 받아들이고 작용한다는 점, 즉 자기 자신을 진지하게 받아들이지 않는다는 점에 있다. 그러나 우리의 작용의 결과는 작용되어야 하는 것에 따르는 것이지, 우리 마음대로 할 수 있는 것이 아니다. 따라서 그렇게 많은 불안과 불만이 생긴다.

3〔61〕

116. 우울하고 고통스러운 사상은 생리적인 원인이 아니고서는 있을 수 없다. 시대 또는 전체 삶의 위대한 고발자가 되기 위해서는 우리의 간(肝)이 그것을 위해 준비되어 있어야 한다.

3[62]

117. 청소년기에 우리 인생의 나룻배의 방향을 잡아주는 결정, 즉 찬성이나 반대에 대한 우리의 최초의 열정적인 결정은 보통 나쁜 교육, 미성숙한 취미, 그리고 그때까지 우리가 그 속에서 살아왔던 사려의 부족에 대한 증거다.

3[63]

121. 습관적으로 많은 것을 한꺼번에 알아차리려 하는 사람은 커다랗고 온전히 열린 눈을 갖고 있다. 이른바 종종 놀라는 아이, 자신의 행복 모두를 자신의 조망을 통해 포괄하려는 사랑하는 사람, 중요한 많은 일을 목전에 두고 이것들에 질서를 잡으려는 사상가가 그렇다 ; 작은 일에 대해 많은 것을 생각하는 사람들은 작고 예리한 눈을 갖고 있으며 마치 곤충의 움직임을 추적하듯이 모든 것을 가능한 한 정확히 보려 한다. 의심이 깊은 사람 역시 그렇다. 공포는 큰 눈을 더 크게 뜨게 만든다. 여기에 놀람이 있기 때문이다. 두려움은 시선이 예리하고 방향을 매우 빠르게 바꾸며, 어디서 위험이 올지 불안에 떤다.

3[64]

122. 우리의 가치 평가가 우리의 생활 양식(주거지, 직업, 교제 등)을 결정하고, 우리의 생활 양식은 어떤 고통이나 쾌락을 우리가 얼마나 많이 또는 적게 감수하는지 결정한다. 그것은 단순히 세련되고 고도로 정신적인 일에만 그치지 않고 가장 육체적인 일에 이르기까지 그렇게 결정한다. 가치 평가를 변경하는 사람은 간접적으

로 인간의 쾌와 불쾌의 종류나 정도 역시 변경한다.

3[65]

123. 열정적이고 제어되지 않는 성격의 사람들을 위한 위로의 수단 중 하나가 비극이다 ; 비극은 안식과 내적 자유를 단지 세계의 피안에서만 구하도록 충고한다 —이를 통해 비극은 이러한 사람들이 자신에 대해 느끼는 도덕적인 불만을 일시적으로 제거한다. 비극은 다음과 같이 말하는 것처럼 보이기 때문이다 : 불가능한 일을 할 수 없다는 사실은 어떤 걱정도 만들지 않는다.

3[66]

125. 현재 부도덕하다고 불리는 모든 것은 언젠가, 그리고 어디선가 한번은 도덕적이었다. 그것이 다시 한번 그 이름을 바꾸지 않으리라고 어떻게 보증하겠는가?

3[67]

128. 희극적인 것에 관한 희극적인 정의가 있다. 그것은, 비네 Alexandre-Rodolphe Vinet에 따르면, 죄의 소박함이다.

3[68]

129. 사회 전체에 장해가 되지 않도록 상당한 수의 범죄를 감수할 수 있을 만큼 사회는 스스로를 신뢰해야 한다 ; 마찬가지로 국가는 신하의 많은 실책이나 우둔함이 국가에 본질적으로 해를 입히지 않을 정도로 영리하고 영속적으로 기초를 세워야 한다.

3[69]

130. 인간이나 사건에 대한 도덕적 평가는 고통받는 사람, 억압받는 사람, 내적으로 혼란스러운 사람을 위한 위로의 수단이다 : 일종의 복수를 취함이다.

3[70]

131. 가장 자유로운 사상가에게도 비종교적인 사고 방식을 떠올리는 것은 천 년이라는 긴 세월 동안 불가능했다 ; 현재 우리는 이러한 사고 방식을 갖고 있지만 도덕을 벗어난 사고 방식을 떠올리는 것에는 다시금 무능력하다 ; 후세의 인간은 아마 이 사고 방식 역시 갖게 될 것이다.

3[71]

132. 학문은 끊임없이 명령을 내린다. 예를 들어, 건강이나 교육을 위해 : 학문은 그 명령에 토대를 세우기 위해 이것들을 소홀히 한 경우에 생기는 유해한 결과를 제시한다 : 이전에도 도덕의 입법자는 그들의 명령에 이와 똑같이 토대를 세웠다. 다만 그것을 소홀히 했을 때의 결과가 자연적인 원인이 가져온 결과가 아니라 신의 자의적인 처벌 행위라는 점이 달랐다. 대중적인 도덕은 행위의 결과에 대한 자연의 인과율은 모른 채 기적만 안다.

3[72]

133. 세간에 만연한 편견이 역설적으로 들리기 시작하지 않는 사람은 아직 충분히 음미한 사람이 아니다.

3〔73〕

134. 예수 그리스도가 더 오래 살지 못한 것은 유감이다. 그는 아마도 그의 생각을 부정하는 최초의 사람이 되었을 것이며, 더 나아가 웃는 것도 배웠을 것이고 우는 일도 드물어졌을 것이다.

3〔74〕

135. 거지나 노예가 생각해내는 위로의 수단은 불량한 영양 상태와 피로에서, 또는 신경과민의 두뇌에서 생기는 생각일 뿐이다 ; 이것에 따라 기독교나 사회주의적 공상이 평가될 수 있다.

3〔75〕

136. 첫째 : 세상에서 벌을 제거하는 일 ; 둘째 : 세상에서 죄를 제거하는 일 ; 셋째 : 세상에서 도덕적인 측정이나 계량을 제거하는 일.

3〔76〕

137. 염세적인 사고의 방법이 생겨난 것과 동일한 힘에 의해 많은 범죄가 생기는 것처럼 보인다 ; 범죄는 이 힘을 행위로 방출하는 것이다.

3〔77〕

138. 얼마나 많은 병이 이미 존재하는가! 과도한 노력에 따라 얼마나 많은 탈진이 존재하는가! 얼마나 많은 나쁜 지루함이 존재하는가!—그리고 이러한 상황에서 사람은 자신에 대해, 이웃에 대해,

모든 현존의 가치에 대해 사고하고 판단한다. 따라서 : 얼마나 많은 염세주의가 존재해야 하는가!

3[78]

139. 뭐라고? 진리가 단순한 것이라고?—진실한 인간은 단순하지만 진리는 매우, 매우 복잡하다.

3[79]

140. 비일상적인 상태에 있을 때 인간은 진리에 근접했다고 믿는다. 극도의 흥분 속에 있을 때 인간은 자신에게 초인적인 능력을 부여한다—이러한 상태나 흥분은 사태를 인식하는 일에는 가장 부적격하다. 아마 인간이 거기서 보는 것은 환영이자 유령이고 천국이자 지옥의 심연일 것이다. 여기서 종교도 형이상학도 생겨난다—. 그런데 이 반(半)광란 상태의 산물과 학문이 화해해야 할 필요가 있다는 말인가!

3[80]

141.우리는 야수들을 망각했다 : 인간들이 자나 깨나 그것들을 생각했던 수천 년이 있었다.

3[81]

143. 미래에는 다음과 같은 일이 존재할 것이다. 1. 정신의 요양을 위해 사람들이 잠시 머물러야 하는 무수한 시설 ; 여기서는 노여움이, 저기서는 관능성 등이 퇴치된다. 2. 지루함을 대체하기 위한

무수한 수단 ; 언제나 강연을 들을 수 있게 된다, 등. 3. 개개의 많은 창작들이 축제의 전체적인 목적을 위해 통합되는 축제. 그도 그럴 것이 어떤 축제를 즐기는 사람이 축제를 함께 고안했어야 하기 때문이다. 4. 개인도 집단 전체도 법정의 도움을 결코 빌리지 않을 것을 맹세하게 된다.

3〔82〕

145. 불행을 극복하기 위해서 인간이 사용한 정신의 총계는 기쁨을 만들어내기에는 부족했다 ; 이 때문에 지금껏 인류는 전체적으로 그것을 위로 수단 이상으로 가져가지 못했다 ; 마침내 학문이 괴물 퇴치에 성공할지도 모르며, 최후의 순간에는 학문이 위로의 수단인 학문을 없애야 될 것이다. 위로의 수단은 오랫동안 존재하면서 스스로 괴물이 되어버렸다.

3〔83〕

146. 염세적인 표상은 몸짓의 표현을 제지하고 위장을 권한다. 말하자면 무서운 왜곡이라는 위장을 (두렵게 하려고). 염세적인 표상이란 흥분된 영혼이 언어에서 들리지 않게 하는 것이며, 축약하면 이 표상은 인간의 태도와 음성을 추하게 만든다.—경멸 역시 두려움과 마찬가지로 인간을 추하게 한다.

3〔84〕

148. 우리 감정의 움직임을 드러내지 말라는 현재 교양의 요구는 두려움의 오랜 결과다 : 우리 마음속에서 일어나고 있는 일을 사람

들에게 보여서는 안 된다는 것은 그것이 항상 무언가 나쁜 것이라는 사실을, 또는 그 일로 인해 우리가 적에게 좋은 기회를 제공한다는 사실을 전제한다. 궁궐같이 번지르르한 위장, 단정하고 얌전한 몸짓에서 금욕주의는 이웃에 대한 나쁜 전제를 출발점으로 삼는다 : 그들이 우리를 알아서는 안 되며, 만약 그렇다면 그것은 우리의 손해다.

3[85]

149. 종을 유지하는 본능, 아이에 대한 부모의 태도를 이른바 비이기적이라는 동기들로 이루어진 하나의 완전하고 새로운 연쇄라고 오해하지 않기 위해 다음과 같은 가설을 생각해보면 좋을 것이다 : 종을 유지하는 본능의 가장 하급의 형태는 어떤 종의 어류가 알을 지키고 적을 방어하는 것으로 나타난다. 여기서 내가 추측하건대, 동물 세계의 다른 경우들처럼 부모는 알과 아이를 보존하고 지켜야 하는 식량이라고 생각하고 있을 것이다 ; 많은 경우들에서 동물들은 이런 방식으로 살아간다. 이런 종류의 식량을 가장 강하게 배려하고 지킨 종은 번식할 최상의 희망을 갖는다. 그리고 알과 아이를 배려하는 습관이 점점 강하게 유전되어 최종적으로는 그 자체로 가장 강한 본능이 됨과 동시에 최초의 동기는 잊혀진다.

3[86]

150. 공감은 기쁜 감정들이 그것의 우세한 결과물일 경우에는 증대하고, 기쁨보다 고통이 많아지면 감소한다. 고통받는 사람을 계속 보고 있으면 동정은 계속 감퇴하지만, 함께 기뻐하는 일이 많을

수록 더욱더 타인의 고통에 민감해진다.—가장 동정적인 인간이란 내적인 기쁨을 많이 갖고 있는 인간이며, 그들에게 모순적인 모든 것은 아픔이 된다 ; 불행과 전쟁 속에서 자란 인간은 거칠다.

3〔87〕

151. 세계를 이렇게 색칠한 사람은, 이렇게 불타는 빛 속에 잠기게 한 사람은 누구인가? 그들은 정신적인 경련을, 극도의 공포와 황홀을, 가장 깊은 패배감을 가진 사람들이다 : 의사, 비극 시인, 성자 등이다 ; 사람들은 그들 앞에서 두려움을 느꼈다 ; 사람들은 그들을 신뢰했다 : 그들이 무서운 사람이었고 그것을 원했기 때문이다.

3〔88〕

152. 같은 종에 속하는 동물은 여러 가지 점에서 서로를 아껴주는데, 이것은 공감이라는 놀라운 본능 때문이 아니라, 서로에게 같은 힘이 있다고 가정하고 서로를 불안전한 노획물로 생각하고 있기 때문이다 ; 그들은 다른 종류의 동물을 먹고 살고자 하며 그들에게서 자신을 보존하려 한다. 이러한 점에서 서로 도외시하는 습관, 마침내 서로 접근하는 습관이 생긴다. 암컷이나 수컷을 유혹하려는 의도는 이미 동물들이 같은 종에게 자신이 무서운 것이 아니라 무해한 것으로 보이도록 결정할 수 있게 해준다. 기사 시대에는 다른 남자에 비해 더 긍지 높고 두려운 사람일수록 여자들에게 예의 바르고 상냥하게 행동했다 ; 그렇게 해야만 암컷을 유혹할 수 있었다.

3〔89〕

153. 우리가 가장 기묘한 행위들을 평가하기 위해 사용한 방종하고 황당무계한 열정은 우리가 드러나지 않는 일상적인 행위를 향해 보인 바보 같은 냉담함과 경멸을 통해 대가를 지불하게 된다. 우리는 희귀한 것에 홀린 어리석은 자였고, 이를 통해 일상의 양식을 낮게 평가했다.

3〔90〕

154. 인간들 대부분은 전투적인 기분이 들 때에만, 즉 공격이나 공포, 방어나 복수와 관련해서만 판단력을 갖는다 ; 그리고 이 상황이 느슨해지면 즉시 무감각해진다. 안락한 삶에서 판단력의 여분을 갖는 것이 정신에 아주 많이 필요하다.

3〔91〕

155. 현존하는 것은 현존을 원할 수 없다. : 현존하지 않는다는 것 역시 마찬가지다. 그러므로 현존에 대한 의지는 없다. 현존에 대한 의지란 하나의 옳지 않은, 그리고 모순된 말의 조합이다. 아마도 보다 길고 보다 높은, 혹은 다른 현존에 대한 의지라고 이해해야 할 것이다.—의지란 가치가 평가된 대상의 표상과, 우리가 그것을 획득할 것이라는 기대가 묶인 것이다. '생존을 위한 투쟁'?

3〔92〕

156. *동해복수법(同害復讐法)*jus talionis이라는 오래된 규범이 아직 살아 있지 않다면, 사람들은 분명 곧바로 살인자를 처형하지 않

을 것이다. 오히려 명예가 목숨보다 중요한 것이라는 원칙에 따라 강간범, 중상자가 훨씬 먼저 처형될 것이다. 마찬가지로 고통스러운 불구와 그와 유사한 것이 죽음보다 무거운 고통일 것이다 ; 따라서 처형해야 할 것은 살인자가 아니라 잔혹한 자이며, 양심 없는 의사나 산파 등이다. 마지막으로 살인자보다 더 많은 죽음의 근원적인 원인인 더 치유할 수 없는 모든 군주, 대신, 대중 선동자, 신문 기자가 처형되어야 한다. 그들은 전쟁을 일으키고 전쟁에 찬성하기 때문이다 ; 내가 의미하는 것은 부당한 전쟁인데, 그렇다면 사람들은 부당한 전쟁 따위는 존재하지 않는다고 내게 말할 것이다.

3[93]

157. 도덕적인 규정들은 자연이나 민족 또는 인간이 현재보다 훨씬 덜 알려졌던 시대의 산물이다. 무지나 틀린 전제가 도덕이 살아 있는 곳인 엄숙한 불가침성을 통해 함께 신성화되어버렸다.

3[94]

158. 이것은 유익하고 저것은 유해하다고 말할 때, 이런 명제는 그 결과에서 증명되어야 한다. 즉 이 명제는 계속 검증되고 경우에 따라 다듬어지거나 배척되어야 한다. 이와 반대로 이것은 도덕적이라고 말할 때는—그 결과에서 증명될 필요가 없다고, 아니 증명될 수 없다고 말한 것으로 사람들은 믿는다. 그렇기 때문에 '도덕적'이라는 표제 아래 유해한 것이 오랫동안 계속 존재할 수 있었던 것이다.

3[95]

159. 너무나 소심한 정치가들은 그들이 원하는 것을 할 수는 있으나 항상 그들에게 어떤 오점이 남아 있다 : 마치 스스로를 더럽히지 않고서는 알을 깰 수 없는 많은 것들처럼.

3[96]

160. 장래를 위한 생활—이것은 생활의 전부, 즉 모든 현재적 계기의 총계가 어리석은 행동, 사냥, 불편함이 되어버리는 도덕의 결과다. 타인을 위한 생활—이것은 타인을 자의적으로 규제하는, 그리고 인간이 좋은 목적을 위해 모든 판단과 마음의 약함에 생각 없이 따르는 도덕의 결과다.

3[97]

161. 어떤 점에서 도덕이 유해했던가? 도덕은 의무, 용기, 근면, 충실 등의 금욕주의에서 육체를 경멸하는 한 유해하다. 즉 스스로 기쁨을 야기하는 것은 신에게 불쾌하며, 스스로-고통을-야기하는 것이 신에게 즐거움이 된다는, 종교와 굳게 결합된 저 규범과 관련해 유해하다. 기꺼이 고통을 받도록 교육되었고, 즐기는 것은 못 하도록 충고를 받아왔다—모든 도덕에서(에피쿠로스의 도덕은 예외지만). 즉 도덕은 현재에 이르기까지 인간의 생리적 기초의 발달을 막기 위한 수단이었다—이 기초가 파괴되지 않았던 것은 도덕이 약했기 때문이다 ; 도덕이란 거대한 주사위 놀이의 무서운 주사위였다.—우리는 양심을 배운 것처럼 양심을 잊어버려야 한다.—전체로서 보면 도덕에 비해 계속 우위를 지켜오도록 만든 큰 힘은 그

들이 악이라고 불렀던 것, 즉 가르침에는 상관없이 자기를 주장하며 쾌(快)를 느끼고 즐거움을 구하며 더 인접한 욕구를 먼 욕구에 종속시키는 개별성의 추구였다. 이에 반해 도덕은 더 인접한 욕구를 높은 욕구와 낮은 욕구로 나눌 뿐만 아니라, 낮은 욕구(소위 관능적 쾌락)를 경멸하고 단죄하는 것을 가르쳤던 것이다.

3[98]

162. 이웃과의 일체감이 우세하면 우세할수록, 인간은 점점 획일적으로 변하고 서로 다름을 점점 더 엄격하게 부도덕으로 느끼게 될 것이다. 이렇게 해서 필연적으로 인류라고 하는 모래가 생긴다 : 모든 인간이 매우 많이 닮아가고 매우 작아지며 매우 둥글게 되고 매우 협조적으로 되며 매우 지루해진다. 기독교와 민주주의가 인류를 오늘날에 이르기까지 모래를 향한 길로 가장 널리 이끌어왔다. 작고 약하며 희미한 쾌감이 모든 사람들 위에 똑같이 펼쳐진다. 개량된, 그리고 최고로 치솟은 중국 정신, 이것이 인류가 제공할 수 있는 최후의 상(像)인가? 오늘날까지 나타난 도덕 감정의 궤도 위에서 이 일은 불가피할 것이다. 지금이야말로 위대한 숙고가 필요하다. 어쩌면 인류는 자신의 과거에 종지부를 찍어야 할지도 모르고, 혹은 개개인 모두에게 새로운 규범을 제시해야 할지도 모른다 : 다른 모든 사람들과 다른 방법을 써라. 누구나 타자와 다르다면 기뻐할지어다 ; 종래 도덕의 지배를 통해 가장 조야한 야수가 퇴치되었다—이것이 도덕의 과제였다. 우리는 더 이상 야수에 대한 공포의 지배를 받으며 아무 생각 없이 살아가고 싶지 않다. 오랫동안, 너무 오랫동안 들어왔다 : 모두와 같은 개인, 모두를 위한 개인이 되라고.

3〔99〕

163. 일어나는 모든 일에서 그것이 내게 유익하지 않았다면 신이 허용하지 않았을 것이라고 말해진다—이 신묘한 유치함 때문에 인류는 이미 몇 번이나 멸망할 수도 있었을 것이다. 그러나 다행히도 그렇게 어린아이처럼 안심을 하기에 충분할 만큼 기독교적이지 않은 인간이 항상 존재했다.

3〔100〕

164. 보편적 행복이 각 행위의 목적이라고 한다면, 개개인은 인생에서 어느 하나의 행위도 실제로 행하는 것을 단념해야 할 것이다 : 그는 스스로의 계획이 현재 및 장래 인간의 최고의 행복에 진정 상응하는지 아닌지를 생각하느라 일생을 소비할 것이다. 기독교는, 이웃을 우리 행위의 목표점으로 하고 누가 우리의 이웃이 되어야 하는지를 결정하는 일을 신에게 맡겼다 ; 이러한 종교적인 해결책이 열려 있지 않은 사람에게 다음과 같이 말해야 할 것이다 : 나는 내가 하는 행위와 관련해 이웃의 어떤 누구라도 대상으로 정하지 않으려 하며, 나의 행위에 가장 걸맞은 사람들을, 나의 행위가 실로 도움이 될 수 있는 사람들을 찾으려 한다. 이를 위해 당연히 이웃을 자기처럼 잘 알아야 하는데, 그러기 위해서는 다시금 평생이 소비될 것이다.

3〔101〕

165. 어떻게 행동해야 하는가에 대한 규정은, 행동하는 사람의 통찰력이 규정하는 사람의 통찰력에 미치지 않을수록 논의하기 어

려워진다. 행위에서 어떤 결과를 기대하는가는, 그것을 규정하는 사람 이외에는 아무도 정확히 알 수 없으므로, 규정에서 실제로 나타나는 결과 역시 논의하기 어려워진다. 이것이 신의 명령에 대한, 그리고 도덕적 인간의 도덕적 규범에 대한 종교적 인간의 태도다—이것은 한 명의 수장(首長)과, 그에게서 자신들의 이성을 보았고 수장 없이는 어떠한 이성도 갖지 못했던 맹목적인 신봉자가 존재했던 시대의 유물이다.

3〔102〕

166. 즐거움과 안전에서 벗어나 불행과 고통에 최고의 가치를—즉 인생의 무가치를 밝히기 위한 최고의 가치를—인정하는 형이상학적 염세주의자가, 타인이 고통을 받고 있을 때 어떻게 동정심을 가질 수 있는가? 그는 오히려 타인이 고통을 받고 있는 것에 기뻐해야 할 것이다. 자신이 궁지에 몰렸을 경우에도 마찬가지로 타인의 동정을 거부해야 하는 것처럼 ; 한편 그는 타인이 기쁨 속에 있는 것을 보면, 그를 측은하게 여기고 그의 기쁨을 쓴 것으로 만들기 위해 노력하지 않으면 안 된다,—쇼펜하우어의 실천 도덕은 그렇게 들려야 마땅했다. 쇼펜하우어가 묘사하는 동정은 쇼펜하우어 자신의 관점에서 볼 때도 분명한 왜곡이며, 있을 수 있는 모든 어리석음들 가운데 가장 근본적인 것이다.

3〔103〕

168. 왜 유대인이 모든 민족에 앞서서 도덕적인 숭고함을 이론적으로도 실천적으로도 최고의 경지까지 이르게 했는지 나는 설명할

방법이 없다. 단지 그들에게만 나사렛 예수가 성공하였다 ; 단지 그들에게만 성스러운 신, 성스러운 신에 대한 죄 역시 이루어졌다. 게다가 예언자도 구원자도 속한다—이것들은 그들의 발명이다.

3[104]

169. 로마인이 유대인에게서 혐오했던 것은 인종이 아니라 그들이 의심했던 종류의 미신과, 특히 그 신앙의 에너지였다(로마인은 남쪽 국가의 민족이 모두 그렇듯이 신앙이라는 점과 관련해서는 칠칠치 못하고 회의적이었으며, 관습만을 엄격히 취했다). 그들이 유대인에게서 마음에 들지 않았던 점은 기독교인에게서 마음에 들지 않았던 점과 같다 : 신의 형상들의 결핍, 그들 종교의 이른바 정신성, 보게 할 수 없는 신과 함께하는 빛을 두려워하는 종교, 이런 것이 그릇된 추측의 원인이 되었다. 더 나아가 부활제의 어린 양이나, 살을 먹고 피를 마시는 것 등에 관한 소문 등이 있다.—요컨대 : 당시의 교양 있는 사람들은 유대인과 기독교인을 은연중에 식인종이라고 생각하고 있었다. 그러고 나서 그들은 유대인과 기독교인이 진정으로 미쳤다고 간주했다. 믿음이라는 점에서 유대적이거나 기독교적인 척도는 로마인에게는 경멸할 만한 일이었다 ; 무엇보다도 신앙을 요구했던 사람들이 바로 그리스도를 믿는 유대인들이었던 것이다. 온갖 철학 체계의 항쟁을 눈앞에서 보았던 당시의 식자들은 이러한 신앙을 요구받는 일을 참을 수 없었다. "*유대인 아펠라로 하여금 이것을 믿게 하라*Credat Judaeus Apella"(호라티우스).

3[105]

170. 기독교는 1. 인간을 근본적으로 개선하는 일이 인간의 지식과 인간의 사회적 상태의 개선 없이 가능하다고 생각한다. 2. 기독교는 세계의 진흥을 바라지 않고 절제를 바란다. 3. 고통과 불행을 우선시하고 행복에 대한 불신을 고무한다. 4. 지식보다는 신앙을, 이해보다는 불가해한 것을 우선시하고 이성을 의심한다. 5. 성별, 신분, 지위를 존중하지 않는다. 이러한 구별이 기독교에서는 비본질적이다 : 그러나 이러한 구별이 위기와 결부되었을 경우에 기독교는 이 구별의 계속적인 유지가 위기와 그것의 구체적 작용 때문에 바람직하다고 생각한다. 6. 기독교는 모든 사물과 인간의 심한 타락을 전제하고 세계의 타락이 눈앞에 있다고 생각한다 ; 이 몰락을 멈추려고 생각하지 않고 오히려 세계 그 자체를 가능한 한 고통스럽게 만들고자 한다.—만약 우리가 기독교를 지배적인 것으로서 보고 기독교 전체의 강점을 파악해 생각한다면, 어떠한 힘도 기독교에 대항할 수 없다고 생각한다면, 머지않아 기독교는 인류의 몰락을 초래할 수도 있을 것이다 : 기독교는 인간한테서 건강과 기쁨과 신뢰와 세계의 미래를 위한 의도들(즉 활동)을 빼앗는다. 이러한 결과는 몇몇 교부들이 인정하는 것이다 : 그러나 그들은 이것이 비난할 일도 항변할 일도 아니라고 생각한다.

3[106]

172. 기독교적인 동정은 인도인들의 동정이나 그들의 제자인 쇼펜하우어의 동정과는 완전히 다르며, 타인이 받은 영겁의 저주와 신의 노여움, 신앙의 부족과 세속적인 것에 대한 기쁨, 또 비기독교

인들, 이를테면 세례를 받지 않은 야만인을 의식하지 못하도록 휘감고 있는 악마의 갖가지 거짓된 술수에 대한 견지에서 성립한다 : 이것은 행복의 겉모습이나 타인이 불행을 한탄할 때의 잘못에 대한 연민이며 무지와 오류에 대한 동정이지, 고통에 대한 것은 아니다 —따라서 함께 고통을 경험한다Mit-Leid는 의미의 동정은 아니다.

3〔107〕

173. 교회나 사원이 서 있는, 혹은 서 있었던 곳 거의 어디서나 한때 기적이 일어났었다. 즉 신심 깊은 인간이 사소한 잘못과 맞닥뜨린 곳 어디서든, 종교 건축의 버섯이 돋아났던 것이다. 일찍이 사람들이 어떤 인간에게 위대한 진리가 처음으로 비춰진 장소에 건축물을 세운 적이 있었던가? 아마도 없을 것이다 ; 그러한 진리는 숭배되지 않고 비판되었기 때문이다.

3〔108〕

175. 시인은 자연과 인간적인 사물에 관한 새롭고 보다 나은 인식으로 통하는 길을 계속 열고 있는 것처럼 보인다 : 여기서 그렇게 자극적으로 유혹하는 것이 도깨비불에 지나지 않는다는 것이 분명히 파악되기도 전에, 이미 다음의 것이 우리의 감관을 홀린다. 시인의 비교나 비유는 결코 시인에 의해 철저하게 그러한 것으로서 주어진 것이 아니라, 새롭고 지금까지 들어본 적도 없는 정체성들로 제시된 것이며, 이 정체성에 의해 인식의 영역이 스스로 열리는 것처럼 보인다. 자연에서 무엇이 실제로 진리이며 또한 증명되었는지가 분명하지 않을수록 시인의 영향력은 더 강해지고, 자연을 탐구

하는 사람을 잠시 대표한다는 그의 연기술은 더 위대한 것이 된다. 시인이 말하는 것이 어디까지 진짜인가 하는 물음은 현학적인 물음이다. 그것의 모든 가치는 바로 그것이 일순간만이라도 진리로 보인다는 점에 있다. 그리고 이 사실은 그의 비유, 그의 등장 인물, 그의 이야기 등뿐 아니라 그의 세계관 전체, 그의 도덕적인 질서, 그의 도덕적인 격언에도 마찬가지로 타당하다. 하나의 학문에 속하는 진실한 의견을 어떤 비극 시인이 같은 것을 말했다는 것을 통해 강변하려 하는 것은 어리석은 일이다 : 예술가는 인식의 영역에서는 항상 틀린다. 그는 예술가로서 기만하기를 바라며, 가장 높은 진리에 대한 노력을 전혀 이해하지 못하기 때문이다 ; 그가 우연히 약간의 진리만 말한다 할지라도 그의 권위는 신용보다는 오히려 불신을 불러일으키기에 알맞다. 인식에 대한 충동도 때로는 자기 자신과 노닥거리며, 하나의 작은 가지에서 다른 가지로 날아가, 매력적인 목소리와 다채로운 깃털로 꾸민다는 그러한 정도의 즐거움이다—그리고 우리는 어리석기 때문에 새가 노래하며 지저귈 때 신탁을 기대하게 되는 것이다!

3[109]

176. 여기서는 이런 행위가 평가된다. 행위자에게 그것이 어렵기 때문에 저기서는 다른 행위가 평가된다. 그것이 행위자에게 간단하게 보이기 때문이다. 저기서 하나의 행위가 평가된다. 희귀하기 때문에, 또는 규칙을 따르고 있기 때문에, 또는 판단하는 사람이 자신이 그 행위를 하는 것은 불가능하다고 생각하기 때문에, 또는 일반적으로 불가능하다고 생각하기 때문에(기적), 또는 유익하다고 생

각되기 때문에, 또는 유익함 따위는 도외시하기 때문에, 또는 인간이 그렇게 최선의 구원을 배려하기 때문에, 또는 거기서 자신을 배려하지 않기 때문에, 그것이 의무이기 때문에, 또는 성벽(性癖)이기 때문에, 또는 성벽 없이 행해졌기 때문에, 또는 그것은 본능이기 때문에, 또는 명석한 이성이기 때문에—그리고 이것들 모두는 때에 따라 도덕적이라고 불린다! 가장 상이한 문화의 척도들이 동시에 사용되고, 이것을 통해 거의 모든 일이 사람들이 원하는 것처럼, 즉 이웃과 우리 자신에 대한 우리의 선하거나 혹은 악한 의지에 따라 도덕적 혹은 부도덕적이라고 평가된다 ; 도덕은 지금 칭찬과 비난을 위한 커다란 논제다.—그러나 왜, 항상 칭찬하거나 비난해야 하는가? 사람들이 만약 이것을 벗어날 수 있다면 커다란 논제가 더 이상 필요하지 않을 것이다.

3〔110〕

177. 불투명한 진실함, 긴장과 두려움은 모든 열정에 공통된다 : 열정에는 생명의 과잉이 있는 것이 아니라 생명이 충분히 존재하지 않는 것처럼 보인다.

3〔111〕

179. 오늘날 사람들은 무엇보다 우선해 생명을 유지하는 데 애를 쓴다 : 이 일이 우리의 문화에서 비겁함의 징후와 장수에 대한 노인의 집착과 같은 색깔을 띠게 한다 ; 생명을 지금보다 훨씬 더 우연히 잃을 수 있었던 과거 시대에는 생명을 간단히 던져버리는 것과, 생명보다 가치 있는 일이 많다고 여기는 것이 덕의 본질에 속했다.

3〔112〕

180. 현대적 삶은 가능한 한 많이 위험으로부터 보호받고자 한다 : 그러나 위험과 함께하는 많은 활발함과 자유분방함 그리고 자극은 상실되었다. 우리의 조야한 교정은 혁명과 전쟁뿐이다.

3〔113〕

181. 인간은 자선을 통해 자선의 동기가 되는 상황을 유지한다. 자선은 동정 때문에 하는 일이 아니다. 동정이라면 그러한 상황을 유지할 생각은 하지도 않을 테니까.

3〔114〕

182. 힘의 과잉은 투쟁을 요구하고 거기서 악이 나온다 ; 그러나 악하다는 것은 여기서 수단(힘의 발산이라는 목적을 위한)이며, 그렇기 때문에 고통을 주고자 악한 약자의 경우보다 해롭지 않다.

3〔115〕

183. 게르만 민족이 기독교를 위해 예시되고 예정되었다고 주장하는 사람이 있다면, 그 사람은 뻔뻔한 인간임에 틀림없다. 그도 그럴 것이 그 반대야말로 진실일 뿐만 아니라 명명백백하기 때문이다. 예수와 사울이라는, 어쩌면 존재했을지도 모를 뛰어난 두 유대인, 가장 유대인적으로 보이는 두 유대인을 고안해낸 것이 도대체 왜 다른 민족보다 게르만 민족에게 더 친근감을 품게 했을까? (예수와 사울의 생각은, 과거의 것이든 미래의 것이든 모든 인간과 시대의 운명이 지구나 태양, 별의 운명과 함께 유대인들의 사건에 달

려 있다는 것이다. 이 신앙은 유대적인 것의 극치다.) 빈둥빈둥 노는 자의 근성이 아니라 랍비의 오성에 의해 세련된 성스러운 신과 신에 대한 죄를 생각해내는 데 처음으로 성공한, 저 최고도의 도덕적 세련과 무한히 강한 명예욕을 지닌 민족에게 부자유와 예속의 감정, 구원자와 모든 희망의 완성자에 대한 전망, 승려적인 계층 구조, 민중적인 금욕주의, 곰이 있는 숲이 아니라 황야가 가깝게 느껴지는 곳,—이런 모든 것이 나태하고 전투적이며 약탈을 좋아하는 게르만 민족과, 감각적으로 냉혹한 사냥꾼이자 맥주를 마시는 자와 어떻게 조화될 수 있는가? 게르만 민족은 종교적으로는 올바른 그리고 나쁜 인디언 종교보다 더 높은 경지에 이르지 못했고, 인간을 희생대 위에서 죽이는 일을 천 년 전까지도 버리지 못했던 민족이다.

3〔116〕

184. 도덕의 퇴폐가 아니라—이것은 거대한 제국의 도시 다섯 개에서 열 개에 한정되었기 때문에—, 문화와 국가의 모든 형식과 관련된 목표에 도달했다고 믿었기 때문에 도처에 나타난 피로가 고대 세계를 기독교의 덫에 빠뜨려버렸다 ; 인간은 종착점에 있다는 의식보다는 오히려 몰락을 바라는 것이다. 살아남는 일만이 인생의 유일한 목적이라는 생각은 그들에게 견디기 어려운 것이었다 ; 사람들은 자기 자신과 세상에 지쳐버렸다 : 기독교는 모든 가치 판단을 역전시켜 만물의 종언의 배후에 법정을 둠으로써 모든 것을 다시 흥미롭게 만든다.

3〔117〕

185. 기독교는 역병과 같은 공포로 나타났다 ; 얼마 안 가 대지가 몰락할 것이라고 예언되었다. 이 무서운 위험의 사상 주변에 인접한 사상이 따라붙었다.—몰락이라니 왜? 우리의 죄 때문인가? 그렇다면 아마 재판이 있겠지? 변호사는 어디에 있지? 등. 최선책이라고 최후에 보이는 것은, 익숙한 고대적인 방법으로, 즉 생각할 수 있는 한 가장 참담하고 가장 동정을 끌 것 같은 상태로 법정에 나타나는 것이었다. 훗날 은자(隱者)들이 이 고대 피고인의 상을 고수한다.—그들은 어떠한 순간에도 준비되고자 하며, 돌연히 일어나는 재판의 표상이 그들로 하여금 인간을 참담하게 보이기 위한 모든 일을 생각하게 했다 ; 그렇게 위축되고 엄청나게 고통받고 있는 이런 인간을 죄인으로 취급하는 것은, 로마의 대법관의 경우처럼, 신에게도 정말 견디기 힘든 일이었을 것이다. 기독교는 위엄 없는 죄인만 알고 있다.

3〔118〕

187. 시인은 인식하고자 하는 충동으로 하여금 유희하게 하고, 음악가는 휴식하게 한다.—양자가 병존하는 일이 정말로 가능할까? 우리가 음악에 완전히 심취했을 때, 우리의 머리에는 어떤 말도 존재하지 않는다.—이것은 위대한 안도다 ; 말이 귀에 들어와 우리가 추리를 시작하자마자, 즉 우리가 가사를 이해하자마자 음악에 대한 우리의 감상법은 피상적으로 변해버린다 : 우리는 음악을 개념과 연결하기도 하고 감정과 비교하기도 하면서 상징적인 이해의 훈련을 한다.—분명 이것은 매우 재미있다. 그러나 우리의 사고에 안식

을 준 저 깊고 기묘한 마력, 정신의 빛을 꺼버린 저 아름다운 석양은 끝나버린 것이다.—그러나 말의 의미를 다시 이해할 수 없어지면 모든 것은 다시 원래 상태로 된다 : 그리고 운 좋게도 이것은 규칙이다 ; 어쨌든 나쁜 가사를 좋은 가사보다 우선시하게 하는 것은 옳다. 나쁜 가사는 자신에게 관심을 끌지 않게 하고 흘려듣게 하기 때문이다.—오페라는 눈도 함께 즐겁게 하려 한다. 그리고 대중은 귀보다 눈이 더 크기 때문에, 이것은 의미심장한 것인데, 오페라의 음악은 눈으로 향하고, 뭔가 새로운 것이 보이는 즉시 특징적인 팡파르가 울리는 것으로 만족해버린다.—야만의 시작이다.

3〔119〕

189. 이제 이 여자한테서 평생 떨어지지 않겠다고 남자가 증인들 앞에서 엄숙히 맹세하지 않은 상태에서 순결을 잃은 소녀는 영리하지 못할 뿐만 아니라 부도덕하게 여겨진다. 그녀는 도덕을 따르지 않았다. 그녀는 영리하지 못할 뿐만 아니라 복종하지 않았던 것이다. 왜냐하면 그녀는 도덕이 무엇을 명령하고 있는지를 알지 못했기 때문이다. 도덕이 그와 같은 명령을 내리지 않는 곳이라면 소녀의 그러한 행위가 부도덕하다고 일컬어지지는 않는다. 아니, 순결을 결혼 전에 잃는 일이 도덕적이라고 불리는 지역도 있다.—따라서 비난의 본질은 불복종에 있으며 그것이야말로 실로 부도덕한 것이다 ; 그러나 그뿐일까? 그런 소녀는 경멸당해 마땅하다고 여겨진다.—그러나 어떤 종류의 불복종이 경멸당하는 것일까? (영리하지 않음을 경멸하지는 않는다.) 그녀에 관해서는 다음과 같이 이야기된다 : 그녀는 자제할 수 없었기 때문에 도덕에 복종하지 못했던 것

이다 ; 따라서 경멸당하는 것은 욕망의 맹목성, 소녀 안의 야성이다. 이러한 한에서 또한 그녀는 음탕하다고도 이야기된다—그도 그럴 것이 그녀는, 음탕하다고 이야기되지 않는, 정식으로 결혼한 아내가 행하는 것과 같은 일을 행한 것이 아니기 때문이다.—따라서 도덕이 요구하는 것은 충족되지 않은 욕구의 불쾌를 견뎌야 한다는 것과, 욕망은 기다릴 수 있어야 한다는 것이다. 부도덕하다는 것은 여기서 명령하는 힘을 알면서도 불쾌를 견딜 수 없다는 것을 뜻한다. 사고에 의해 감정이 억제되어야 한다는 것이다. 더 정확히 말하면 : 두려움에 대한 사고에 의해 (이것이 성스러운 도덕에 대한 두려움이든 도덕이 위협하는 벌이나 치욕에 대한 두려움이든). 욕구가 곧바로 충족된다는 것 그 자체는 불평할 일이 아니며, 자연스럽고도 정당한 일이다 ; 그러고 보면 그 소녀와 관련해 본래 경멸받아야 할 것은 그녀에게 두려움이 별로 없다는 것이다. 도덕적이라는 건 : 두려움에 대해 극도로 민감한 것이다 ; 두려움이란 공동체를 유지하는 힘이다.—다른 측면에서 다음을 고려해보면, 즉 모든 근원적인 공동체들이 또 다른 부분에서 바로 이 성원들이 두려워하지 않는 것을 최고로 필요로 한다는 것을 고려해보면, 도덕의 경우 완전히 두려움의 대상이 되는 것은 최고도로 두려움을 강요하는 것이어야 한다. 이 때문에 도덕은 도처에서 신의 의지로 소개되고 신들과 악마적인 형벌 수단의 무서움 아래로 숨었던 것이다 : 그러므로 부도덕이란 제약 없이 무서운 것을 두려워하지 않는 것을 의미했던 것이다.—신들을 부정하는 인간은 무슨 일을 할지 모른다고 여겨지며 어떠한 공동체에서도 용인할 수 없는 가장 무서운 인간이 되었다 : 이것은 그 위에 공동체가 성장하는 두려움의 뿌리를 그가 뽑

아버렸기 때문이다. 사람들은 그러한 인간에게서는 통제할 수 없는 욕망이 지배한다고 가정한다 : 사람들은 두려움 없는 이런 인간들을 무조건 악하다고 간주한다.—그러나 이제 온전히 두려워하지 않음은 상상력의 부족으로 환원된다 ; 악한 사람은 이런 의미에서 항상 상상력 없는 인간이 된다. 선한 사람의 상상력은 두려움의 상상력이었으며 나쁜 상상력이다.—다른 것은 아직 알려지지 않았다. 나쁜 상상력이 나쁜 욕망을 억눌러야 한다는 것이 오랜 도덕률이었다 ; 두려움이 계속 욕망을 지배함으로써 도덕적 인간이 만들어진다. 이로부터 도덕적인 것의 표시로서 금욕이 생겨난다 : 견딜 수 있는 것, 기다릴 수 있는 것, 침묵할 수 있는 것, 굶을 수 있는 것—이것이 예를 들면 인디언의 도덕이다.—절실한 욕구를 즉시 충족시키는 것을 삼가게 할 수 있는 불쾌한 이미지를 강하게, 그리고 자주 영혼 앞에 제시하는 능력에서 공동체의 적절한 안전성이 나타난다. 이것은 벌이나 치욕의 이미지이며 무엇보다도 우선 신들이나 유령들이 내리는 더 불특정하고 더 불길한 벌이었다 : 반면에 세속적인 정의를 위한 벌의 경우에는 처음부터 무서운 작용이 생각될 수 없다(이 경우에서 최초로 문제시된 것은 손해를 충당하기 위한 벌금이다). 세속적 정의를 위한 벌 중에서 가장 고통에 찬 것에 대한 조망과 고문을 동반하는 죽음이나 그것과 비슷한 것의 조망마저 조야한 시대에는 신들이나 영혼의 벌에 대한 조망만큼의 효과가 없었다 : 당시 죽음은 지금보다 훨씬 조금밖에 두렵지 않았으며 고문을 견디는 일에 대해서는 훈련도 되어 있었고, 긍지도 있었다 ; 이 때문에 복수욕이나 약탈욕이나 관능을 제한하는 일이 남자다운 일이라고는 거의 생각되지 않았으리라 ; 광기나 복수의 여신이나 발진이나 백발이나 갑자기 늙는 것이나 밤의 공포에 떠는 일이라면 이야기는 달랐다 : 이런 벌의 위협은 효과가 있었다. 간단히 말해, 예전의 도덕이 의지했던 두려움은 미신적인 두려움이었다 : 부도덕이라고 하는 것은 미신적인 두려움을 갖지 않는 것이었다. —공동체의 상황이 평화적으로 변할수록 시민은 겁쟁이가 되고, 고통을 견디는 습관이 없어질수록 위협의 수단은 세속적인 형벌로 충분하게 되며, 그럴수록 더 빠른 속도로 종교적인 위협이 지나친 것으로 증명된다. 그러므로 평화는 종교를 배제한다. 상상력에 호소하는 불특정한 불안의 수단은 이미 불필요해진다 ; 국가의 잘 알려진 처벌과 시민의 존경에 대한 두려움이 이제 충분히 크기 때문이다. 고도의 문화를 소유한 민족에서는 벌 그 자체도 완전히 불필요한 위협 수단이 되어버릴지도 모른다 ; 치욕에 대한 두려움이나 허영심의 전율이 그것을 목표로 해서 부도덕한 행위가 나타나지 않을 만큼 지속적으로 영향력을 가진다. —도덕의 세련은 두려움의 세련과 함께 증가한다. 지금은 타인의 불쾌한 감정에 대한 두려움이 우리의 불쾌한 감정 안에서 가장 강한 것이다. 사람들은 타인에게 기분 좋은 감정을 주는 것 이외에 아무것도 행하지 않으며 이 조건을 충족시키지 않는 일에 스스로 즐거움을 느끼지 않게 살아가는 것을 전혀 원하지 않는다.

3〔120〕

190. 우리는 각각의 행위를 구성하는 가장 작은 부분들을 파악한다. 그런데 이때 엄밀히 서로 관련되는 신경과 근육 작용의 연쇄는, 우리에게는 완전히 미지인 채로 남아 있다. 그래서 참으로 우리는

히브리의 한 시인이 신의 의지에 대해 말하는 것처럼 행위를 의지의 현재적인 작용으로 생각한다 : 즉 신이 명령하면 그곳에 그것이 있었다. 즉 우리는 이를 통해 마술을 행하며 마술가로서 우리는 자유라고 느낀다. 우리의 무지가 우리의 긍지를 지켜준다고 우리에게 편안하게 장난질한다. 우리가 바라는 일이 잘 되지 않는 경우에 이것은 왠지 적대적인 존재 때문이라는 식이 되고 이 존재가 다시금 마술을 통해 우리의 의지와 행위 사이에 장애를 만드는 것이다. 선을 바라면서 반대의 일을 하는 것—이것을 어떤 사람은 악마의 탓으로 돌리고 어떤 사람은 우리가 저지른 죄의 탓으로 돌리고 또 어떤 사람은 거기서 우리가 전생에 저지른 죄에 대한 벌을 본다 : 이들 모두의 해석은 도덕이나 악마와 관계된다. 한마디로 자연의 규칙으로서의 기적에 대한 야만적인 신앙을 포기한 후에 그와 같은 신앙이 우리의 심리적 과정들과 연관되어 정착되었다 ; 여기서도 변함없이 기적이 규칙이다. 사실 무엇인가를 원하는 것은 우리가 할 수 있는 것을 경험하기 위해 실험하는 것에 지나지 않는다 ; 단지 성공이나 실패만이 우리에게 이것을 가르칠 수 있을 뿐이다.

3〔121〕

191. 몇몇 사람은 정신을 드러내 보이고, 또 다른 사람은 정신을 감추고 그것을 증명한다.

3〔122〕

192. 보편적인 행복 또는 보편적인 이웃 사랑이라고 하는 것은, 도덕성의 지속적인 성장에 의해 어쩌면 도달될 수 있을지도 모르는

(어쩌면 도달할 수 없을지도 모르는!) 결과들이다. 인류가 획득한 어떠한 것도 소홀히 하지 않는 것, 인간성 각각의 높이를 지키는 것, 이것이 아마도 일반적인 도덕성이 지닌 하나의 효과일 것이다 ; 그러나 인간을 도덕적 행위로 몰고 가는 것, 지금 몰고 가고 있는 것은 그 결과가 아니며, 그 효과도 물론 아니고, 또한 근원적으로 도덕적인 술어들에 대한 인정에서 생겨난 것과도 다른 것이다. 도덕의 원천이 도덕적인 것 안에 있을 리 없다. 따라서 우리가 혼동해서는 안 되는 것은 다음과 같다 : 첫째 도덕의 결과, 둘째 도덕의 효과, 셋째 도덕적 행위의 동기, 넷째 도덕적 개념이 성립되는 동기. 그럼에도 불구하고 지금까지의 도덕과 관련해서는 하나의 훌륭한 것, 즉 '원리'가 그렇게 다양한 일들을 충족시켜야 했다.

3〔123〕

193. 우리는 이해할 수 없는 것을 숭배한다. 예를 들어 옛 풍습과 엄숙한 어조로 말해지는 단어들에 있어서, 기타 등등. 그러나 우리는 이해할 수 없는 것에 대해 우리의 판단을 삼가야 할 것이다. 이를 통해 핵심 없이 퇴적된 숭배가 더 이상 지상에 쌓이지 않기 위해 : 그러나 우리의 정신 세계는 아직도 심하게 이집트적으로 보인다. 사막과 거대한 피라미드가 있다—그리고 피라미드의 안에는 대부분 범접할 수 없는 끔찍한 시체가 있다.

3〔124〕

195. 플라톤은 그의 이데아의 가르침이 그보다 더 명석하고 더 포괄적인 정신에 의해 논박되는 것을 경험했어야 했다 : 그리고 반

박하는 사람은 바로 최근까지 그의 제자였던 사람이었다. 사상가가 자기의 인식을 자기의 생산물이라고 생각하는 한, 저 우스운 부친의 허영심이 그의 안에서 미친 듯 날뛰고 있는 한, 논박은 철학자의 가시관이 된다—그리고 얼마나 많은 사람이 이것을 써야만 했던가! —그러나 진리의 벗은, 즉 기만되는 것의 적은, 즉 독립적인 벗은 논박에서 소리 높여 외쳐야만 했다 : 나는 크나큰 위험을 피했다. 하마터면 나는 나 자신의 덫에 걸릴 뻔했다. 쇼펜하우어가 그랬던 것처럼 그렇게 원망하는, 지배욕이 강한 인간에게 사람들은 그의 철학의 승리가 얼마나 짧은 것이었는지, 그가 발명한 우수한 작품 모두가 착각에 불과한 것으로서 얼마나 빨리 인식될 것인지 그 자신이 추측하지 못했던 것에 관해 축하할 수 있다.

3[125]

196. 하늘과 땅 사이에는 우리가 떠올리는 것보다 더 많은 것들이 있다 ; 그러나 하나의 진리가 인식될 때는 그런 사물의 수는 줄고 별이라고 불리는 것의 수는 없어진다. 물론 즉시 그렇게 된다는 것은 아니다! 이미 소멸된 지 오래된 후에야 비로소 그 빛이 우리에게 도달하는 별에 대해 말하는 것처럼, 오류들 역시 논박된 후에도 오랫동안 그 빛을 잃지 않는다. 인생의 짧음을 생각한다면, 많은 세대의 삶을 완전히 밝혀주기 위해서는 하나의 오류로 충분할 것이다 ; 마침내 그들의 광채가 바래고 죽게 되면 그들은 오래전에 사라져서 무릇 존재할 수 있는 것 중에서 가장 괴로운 일, 즉 별의 소멸을 보는 것을 경험하지 않게 된다.

3〔126〕

197. 막을 수 있는 화를 막지 않고 방치하는 것은 그것을 행하는 것과 같다. 그 까닭에 우리는 놀다가 뚜껑이 열린 우물을 향해 달려가는 아이를 구하고, 미끄러운 길에 떨어진 돌을 치우고, 넘어질 것 같은 의자를 바로 둔다, ―이것 모두는 동정이 아니라 손해를 야기하는 것에서 우리를 보호하기 위해서다. 우리는 이런 것에 습관이 들어 있다 ; 이 습관의 동기가 어떤 것이든, 지금 우리는 습관에 따라 행동하는 것이며, 더 이상 그 동기에 따라 행동하지 않는다.

3〔127〕

199. 우리는 어떤 외국어의 많은 단어들을 발음하지 못할 수 있다. 심지어 한 번도 제대로 들을 수 없는 단어가 있다 ; 우리가 그 부분을 보는 것을 배우지 않았다면 우리가 볼 수 없는 것도 많다. 말하고 듣고 보는 것도 배우지 않으면 할 수 없다 ; 그러나 배우는 과정을 정확하게 관찰하고 있지 않기 때문에 우리는 이 세 가지 중 어느 경우에도 의지만 있으면 충분하다고 생각하고 이를 할 수 없는 젊은 사람들에게 악의가 있다고 믿는다. 무능력을 의지의 탓으로 돌리는 일을 통해 우리는 인간을 얼마나 나쁘게 만들었던가.

3〔128〕

201. 유럽은 유대인이 생각해냈고 또 철저히 느꼈던 것과 같이 동방의 과도한 도덕성을 자신 안에 번성하게 했다. 사람들이 그와 같은 방식으로 도덕적인 것에서 방종하고, 도덕적인 것을 신적인 것, 그리고 인간에게는 불가능한 것으로 옮겨놓는다면 사람들은 가장

행복하고 가장 생각이 깊은 민족이 되지 않는다. 그들은 매우 사로잡히고 예속되었다. 그들은 자신들의 신앙을 고수하기 위해 동방적인 경멸을 배웠다. 그들은 신앙에 대해, 아시아의 민족들이 그들의 영주들에 대해 그랬던 것처럼, 굴복하며 엄청난 공포를 느꼈지만, 또한 독립적이고 싶다는 욕구에서 자유롭지 못하게 처신했다 : 그렇게 그들은 불안정하고 간절하며 무해하게 몰래 유지하는 상상력을 얻었다. 이것이 저 호소하는 듯한 도덕성과, 그들의 대장으로서의 신에 대한 헌신과 마찬가지로 자기 자신에 대한 경멸에서 나타나는 저 야만스러운 영웅주의의 온상이 되었다. 기독교가 그 유대인적 특성에 힘입어 유럽인에게 부여한 것은, 자기 자신에 대한 저 유대인적 불만이며, 내적 불안이 인간적으로 정상이라는 생각이다 : 이로부터 유럽인의 자기 자신으로부터의 도주, 이 전대미문의 활동성이 생겨난다 ; 그들은 어디든지 목과 손을 깊숙이 찔러 넣는다. 게다가 기독교는 순수하게 동방적인 것과는 정반대의 전형인 은자와 수도승을 '보다 고차원적인 생활'의 대표자로서 유럽에 등장시키는 데 성공했다 ; 이를 통해 기독교는 다른 모든 생활에 대한 잘못된 비판을 표명하고 그리스적인 것을 유럽에서 불가능하게 만들었다. 아테네 사람들은 자신들이 가장 불안정한 그리스인이라고 스스로 느끼고 있었다 : 그러나 우리 옆에서 그들은 얼마나 안정되고, 스스로에 의해, 그리고 다른 좋은 일에 의해 충족되는 듯이 보이는가! 그들은 자기의 상위에 있는 어떤 사람도 모르며 자기 자신을 경멸할 필요도 없었다.

3〔129〕

202. 상상력이란 무엇인가? 조잡하고 불순한 이성—비교하고 분류하면서 커다란 잘못을 저지르며, 템포에 차분함이 없고 욕정에 의해 여기저기 끌려 다니는 이성이다 : 조야하고 회화적인 종류의 이성이며, 외관만의 지식과 '갑작스러운 영감'의 어머니다(여기서는 착상의 빛남이 진리의 빛과 혼동된다) ; 이성과 상상력, 이 둘은 자식을 낳기도 한다. 그러나 후자는 수태하기 쉽고 오히려 기형이나 바보를 만들어낸다. 이성이란 손해에 의해, 차차 나아지는 시력과 청력과 기억력에 힘입어 현명해진 상상력이다.

3〔130〕

203. 모든 관습과 도덕의 보편적인 명령이라는 것은, 심사숙고하라, 두려워하라, 스스로를 제어하고 위장하라.

3〔131〕

204. 현재까지 가시화된 세계의 음울함은 다음과 같은 계기를 제공한다. 첫째, 많은 추함이 생겨나는 문화의 혼합 ; 추한 것을 지속적으로 바라보면 음울해진다 : 둘째, 기독교의 도덕적인 환상이 인간의 행위를 나쁘게만 묘사하고 삶과 인간과 행위를 찬미하는 것을 불가능하게 만들고자 했다 ; 찬미가 전혀 허용되지 않으면 음울해진다 ; 셋째, 야만스러운 것과 동물적인 것. 우리는 시간적으로 이것들에서 아직 충분히 떨어져 있다고 말할 수 없다 ; 넷째, 개인들에 대한 불안과 개인들의 의심. 이것은 사회가 스스로에 대해 더 이상 자신이 없기 때문이다 ; 다섯째, 자연스러운 것에 대한 불안. 이

것은 자연에 대한 예전의 불안의 위치에 들어섰다 ; 여섯째, 기독교나 시인이 말하는 공상적인 행복과 생활을 비교하는 것 ; 일곱째, 모든 무관심하고 사소하고 무해한 일을 제거하고, 어떤 경우에도 비방에 견딜 수 있도록 행동했다고 알려지기를 바라는 과장된 책임감.

3〔132〕

205. 도덕이 인간에게 정말 보다 많은 행복이나 불행을 가져다주었을까? 행복이란 말을 '고통이 덜함, 적은 고통'과 바꿔 말한다 해도 여전히 의문이 남을 것이다 ; 도덕이란 판결과 행위를 통해 타인에게 고통을 부여하는 일이, 그것들을 통해 타인에게 기쁨을 주는 것보다 더 많은 만족을 가져다주었던 시대의 산물이다 : 나쁜 신들을 믿었던 시대의 산물이다. 도덕적 판결을 통해 고통을 부여하는 일의 기쁨은 유해하고 잔혹한 행위에 대한 경향을 강하게 만들고 끝내는 도덕적 판결이 할 수 있는 이상의 고통을 만드는 원인이 되었다.

3〔133〕

206. 도덕적 판단과 종교적 판단의 공통점은 : 첫째, 인간의 본성과 인간의 내면에 대한 인식을 가지고 있다는 믿음 ; 둘째, 양자 모두 지역적이고 상대적인 가치라는 것을 긍정하지 않는다 : 둘은 그저 나타나기만 해도 절대적이며, 어느 시대에도 공통되는 판단인 것처럼 행동한다 ; 셋째, 둘 다 과학이 알고 있는 인식과는 다른 종류의 인식으로 통하는 길을 가지고 있다고 믿고 있다 ; 넷째, 둘 다

존재하지 않는 존재를 공상한다. 종교적 판단은 신들을, 도덕적 판단은 선인과 악인 등을 공상한다 ; 다섯째, 둘 다 탐구를 싫어하고 있는 그대로 자신들을 보려고 하면 철면피라든지 혹은 더 나쁜 말을 한다 ; 여섯째, 둘은 서로 공통적이다. 둘은 서로 떠받치기 위해 서로 연결되어 있으며 둘을 분리하려 해도 결코 완전하게 분리할 수는 없다 : 한쪽은 다른 쪽 안에서 계속 살아간다.

3〔134〕

207. 예의 바르다(귀엽다), 우아하다, 고귀하다, 고상하다, 귀족적이다, 관대하다, 정중하다, 신사—이것들은 최고의 카스트에서 지각되고 모방되는 특성이다 ; 그렇다면 도덕성의 좋은 부분은 아마도, 이 계급의 본능에서, 개인적인 긍지와 영예를 부여해주는 우두머리에 대한 복종의 기쁨에서 생겨났을 것이다 ; 그들은 아래를 향해서는 경멸하고, 위와 자신과 동등한 사람들에게는 경의를 표한다. 그러나 그들 자신은 모든 세계(상류 세계, 중류 세계, 하류 세계)로부터 존경을 요구하고, 스스로를 인류의 보다 좋은 쪽의 반쪽이라는 식으로 처신한다. 이에 반해 독일어에서 소박한 사람은 예전에 나쁜 사람을 의미했다 : 좋은 사회의 더 기교적인 몸짓이나 표현을 갖지 않은 사람에 대한 불신은 이 정도에 달했다.

3〔135〕

208. 기독교는(가톨릭 교회만이 아니라), 모든 것을 요구하는 듯한 시늉을 계속하고 있지만, 실제로는 단지 무언가를 얻을 때에만 매우 만족하고 감사한다. 이러한 절제에서는 가장 착한 기독교인마

저 오늘날에는 기독교인의 척도로 잰다 하더라도 이교도보다 나쁜 사람이 된다 ; 그는 신앙을 위해 살려고 생각하지도, 신앙과 함께 죽겠다고 생각하지도 않는다 ; 사람들이 그들에게 자선을 베풀면 그들은 만족한다.

3〔136〕

209. 강하게 느끼는 것, 강한 감정을 오래 지속시키게 할 수 있고, 하나의 현으로 많은 멜로디를 연주할 수 있는 것—이것이 위대한 저술가 중에서 비장한 인간을 만들며 여기에 쇼펜하우어도 속한다 : 그들은 철학자와는 구별된다. 비록 쇼펜하우어가 철학자로 분류되었을지언정 : 어떠한 희생을 치르더라도 그들이 바라는 일은 인식하는 일이 아니라 자신의 노래를 부르는 일이다.

3〔137〕

210. 기독교는 다른 것이 아니라 유대교에서 야기된 것이다. 그러나 기독교는 로마 세계 안에서 성장해 유대적이고 동시에 로마적인 성과들을 낳았다. 이렇게 교배된 기독교는 가톨릭에서 로마적인 요소가 우위를 점하는 형식을 발견했다 : 프로테스탄트에서는 유대적인 요소가 지배적인 다른 형식이 선보였다 ; 그러나 이것은 프로테스탄트적 신념의 소유자인 게르만 민족이 유대인에게 친화감을 더 많이 갖고 있기 때문이 아니라 오히려 그들이 남부 유럽의 가톨릭 주민보다 로마인에게서 더 멀리 떨어져 있기 때문이다.

3〔138〕

211. 도덕적인 관념은 기호(嗜好)의 수단 또는 양념이며, 이것 때문에 우리는 꼭 필요한 행위를 보다 쉽게 할 수 있다 ; 이것이 없으면 이러한 행위는 우리에게 지겨운 것이 되든지 따분한 것이 된다.

3〔139〕

212. 타인을 생각하지 않는 것, 모든 것을 엄격하게 자기 자신만을 위해 하는 것, 그것도 높은 도덕이다. 인간이 타인을 위해 무언가를 할 경우 항상 행위가 소홀해지는 만큼 자기를 위해 많이 행해야만 한다. 타인을 위해 너무 많은 일이 행해지기 때문에 바로 세계가 이만큼 불완전한 양상을 띠는 것이다.

3〔140〕

213. 우리가 멋대로 사고하는 것을, 평형을 유지할 수 없는 과장되고 일면적인 행위라고 파악할 수 없는 것인가? 예술가도 종종 예술적 창작에 의해 자신의 중심에서 벗어나지 않는가? 자기를 숨기는 것, 자기를 잊는 것, 자기를 부정하는 것이 생산적인 고독자의 위험은 아닐까?

3〔141〕

214. 명성을 얻은 사람이 바로 그 일로 인해 겁쟁이가 되고 어리석게 되는 일은 드물다 ; 군중으로서 추종자는 그의 약점과 과장된 행동을 추종하고, 여기서 그의 덕, 그의 사명이 파악될 수 있다고 그를 설득하는 단순한 유희를 행한다. 위대한 인물이 그의 위대함

의 근거가 되는 것과 관련해 동시대인한테서 인정받은 적이 언제 있었는가? 유명한 인간이 그의 추종자의 적인 때가 언제 있었는가? — 쇼펜하우어는 명성을 얻기 전에 자신의 명성에 미친 사람이 되어버렸다.

3[142]

218. 최대의 악은 육체적인 활력의 대용물로서 우월감을 (타인을 괴롭히는 일을 통해) 얻기 위해 약함과 병으로부터 행해졌다. 약함과 병은 대부분의 경우 그 근원을 모른다.

3[143]

219. 타인의 기쁨이 우리를 괴롭힐 때, 예를 들어 우리가 깊은 슬픔에 빠져 있을 때, 우리는 타인의 기쁨을 방해하며, 예를 들어 우리는 아이들이 웃는 것을 금지한다. 이에 반해 우리가 즐거운 기분에 빠져 있을 때 타인의 고통은 우리한테 싫은 일이다. 도대체 동정심은 무엇인가?

3[144]

220. 평등은 개개인의 행복을 감소시키지만 만인의 고통을 제거하는 길을 연다. 목표가 달성되었을 때 고통이 없는 상태와 행복이 없는 상태가 서로 이웃하게 될 것이다.

3[145]

221. 평등을 만들어내기 위해 공동체 안에서 육성된 거짓과 위선

이 끝내는 자유로운 잉여를 만들고 시인이나 배우의 작품이 된 채 방출된다. 공동체가 과장이나 욕, 마술과 같은 원초적인 예술에 대해 얼마나 즐거워할지 생각해보는 것이 좋다.

3〔146〕

226. 조국이 불행하기를 멈추면 조국애는 감소한다.

3〔147〕

227. 광신자는 도덕적인 양심의 가책은 아닐지라도 지적인 양심의 가책은 느낀다 ; 그들이 생각을 달리하는 사람 모두에게 복수하는 것은, 그들 자신이 근저에서는 몰래, 그리고 음침한 고통에 시달리며—달리 생각하기 때문이다.

3〔148〕

228. 자연은 하반신의 기능을 쉽게 하기 위해 뇌를 사용한다. 반대도 그렇다.

3〔149〕

229. 죽음에 대한 직접적이고 본능적인 두려움이란 없다 ; 사람들은 죽음의 문턱에 서 있는 고통을 통해 죽음이 인도하고 죽음 그 자체이기도 한 미지의 것에서 벗어난다 ; 사람들은 여전히 자주 즐거워하려 한다. 이 때문에 사람들은 살고자 하며 고통도 참고 견디는 것이다. 자기 보존의 본능이라는 것도 일종의 신화다.

3〔150〕

231. 여기에 모든 세계를 음악을 통해 취하게 만들고자 하며 그 뒤에 문화가 온다고 잘못 생각하는 인간들이 있다 ; 그러나 지금까지 음주에는 항상 문화와는 다른 것이 따라왔다.

3〔151〕

232. 행복은 독창성의 증가에 있기 때문에 우리의 시대와는 다른 시대에 보다 많은 행복이 있었을 것이다. —학문은 독창성에 대한 교육이 필연적임을 증명하는 수단이다.—구습과 여자란 다 그런 것이다così fan tutti라는 것이 도덕성을 이룬다면, 도덕성은 행복의 모든 동기다.—도덕이 생활의 고통을 없애기 위한 좋은 수단이라는 가르침은 매우 고통스러운 시대의 산물이었음에 틀림없다.—독창성이 폭군이 된다면, 독창성은 자기 자신의 생명 원리에 해를 끼치는 것이 된다.—타인의 독창성을 그것의 모방자가 되지 않고 기뻐하는 것이 아마도 언젠가는 새로운 문화의 특징이 될지도 모른다.

3〔152〕

233. 혼이 육체에 예속되어 있다고 이야기하는 신화만큼 유해한 결과를 야기하는 신화도 없다.

3〔153〕

237. 도덕성이 오랫동안 부도덕성에 의해 막혀 있는 경우, 도덕성은 회화적(繪畵的)으로 작용한다.

3〔154〕

238. 현대 인간의 지성은, 혼돈에서 질서를 갖추게 된 태양계를 만들어내기에 충분하다. 다만 어쩌면 그에 필요한 시간이 없고, 특히 혼돈 그 자체가 없을지도 모른다 ; 인간의 지성이 우연 대신에 자기 마음대로 행해도 되었다면 세계는 훨씬 넓어졌을 것이며 수백만 년을 절약할 수 있었을 것이다.

3〔155〕

240. 행동 양식의 근거로서 지금 관습을 제시하는 사람은 거의 다음과 같이 말한 것이 된다 : 나는 미신적이다, 혹은 나는 관용적이다,—그러나 예전에 말한 것은 : 나는 현명하고 선량하다.

3〔156〕

241. 기독교적인 도덕의 목적은 이 세상의 행복이 아니라 이 세상의 불행이다. 세계 안에 있는 실천적인 기독교인의 목적은 세상의 성공이 아니라 오히려 더 이상 행동하지 말아야 함이거나 심지어 좌절이기까지 하다. 그 불행과 이 좌절은 탈세계화의 수단이자 단계다. 기독교는 여전히 존재하는 것일까? 기독교는 이미 탈세계화의 목적을 이룬 것처럼, 즉 세계를 넘어선 것처럼 보인다. 그러나 기독교는 떠나기 전 벽에 문자를 남기고 갔다. 그리고 이 문자는 아직 지워지지 않았다 : 세계는 경멸할 만한 것이고 악이며 타락이다.

3〔157〕

242. 도덕 감정의 축소가 이루어지고 있다 : 이 감정의 모든 요소

들, 즉 상상력에 기인하는, 대상이 없는 경의에 기인하는, 비판의 결여 때문에 누적된 존중에 기인하는, 종교에 인접한 황혼에 기인하는 모든 요소들이 — 그러나 이것들 모두는 점차 사상(捨象)될 것이며 그 결과는 어리석은 자들에 대해서도 도덕의 구속력이 감소하는 것이다. 이로부터 모든 힘을 다해 어리석은 자들을 줄이기 위해 노력해야 하는 과제가 생겨난다.

3〔158〕

243. 현재 우리의 교양은 분명 실로 참담한 것이다. 썩은 냄새를 풍기는 접시에 도무지 식욕을 불러일으키지 않는 찌꺼기가 덕지덕지 붙어 있는 것과 같다. 기독교의 찌꺼기, 지식과 예술의 찌꺼기, 이런 것으로는 개라도 배불리 먹을 기분이 나지 않을 것이다. 그러나 이 교양에 대항하는 수단 역시 이것에 뒤지지 않는 참담한 것이다. 거의 두 발로 설 수도 없는 사람들에 의한 기독교의 광신, 학문의 광신, 예술의 광신. 이것으로 마치 결함을 악덕으로 보충하려는 것과 같은 것은 아닌가. 그러나 오늘날의 교양이 참담하게 보이는 것은 사실 교양의 지평에 커다란 과제가, 즉 모든 가치 평가의 개정이 드러나고 있기 때문이다 ; 그러나 이를 위해서는 모든 것들을 다시 측정하는 것이, 즉 저울 그 자체가 요구된다 — 내가 말하는 것은 최고도의 정당성을 갖춘 최고도의 지성이다. 이 지성은 광신에서 불구대천의 적을, 그리고 현재의 '각 방면의 교양'에서 그들의 모방자와 춤 선생을 갖는다.

3〔159〕

245. 기독교인이 그들의 신이 영향을 미친다고 생각하는 모든 곳에 신 대신에 우연을 두어보면, 그들이 얼마나 대단하게 자신들의 행동의 전체에서 세계를 탈정신화하고 세계를 다시 우연에 내어주는지 바라볼 수 있다 (예를 들어 그는 병이 나도 의사를 거부한다). 종교는 우연의 영역을 연장했다. 즉 정신에게 시간과 힘을 제한했다.—그렇게 오랫동안 우리는 도덕적으로 행동하고 있다. 그리고 우리가 이 땅에 태어났고 우리 주위에 이런 인간들을 두고 있다는 우연이 우리에 대한 법칙이 되도록 했으며, 우리를 단지 개인적인 최선을 추구하는 정신에서 벗어나게 한다.

3〔160〕

246. 하루살이 같은 우리는 우리의 사상을 너무 위험하고 너무 불안하게 생각하는 것을 바라지 않는다 ; 사상을 가지고 사람들은 타인의 영혼을—중세가 믿었던—영원한 위험으로 몰고 가는 일을 더 이상 할 수 없다. 사상과 언론의 자유라는 원칙은 영혼의 불멸성에 관한 불신에 기반을 둔다.

3〔161〕

247. 도덕의 단계나 사회의 상태나 인식의 정도가 어떠하든 개인에게는 언제나 일종의 행복한 생활이 가능하다.—이것을 종교와 도덕은 개인에게 정확히 보여주고 권장하고자 한다. 행복의 감정과, 고통과 행복이 혼합되지 않는 것이 정말 인식의 증가, 사회적 상태의 개선, 삶의 안도의 증가와 더불어 성장하는 것인지 의심해볼 필

요가 있다. 이러한 성장에서는 항상 예전에 행복감의 주된 원천이었던 힘들이 사라지거나 약해지기 때문이다 : 우리의 현대 세계가 이것이야말로 성과라고 과장해 말하는 생명의 안전과 연장은 행복감의 증가보다는 오히려 행복감의 감소를 대가로 사들인 것이다. 개개인의 행복을 위한 문화를 증진하는 것—이것은 어찌 보면 의심스럽고 어쩌면 바보 같은 일일지도 모른다!—그러나 우리가 한번 어떻게 해서 행복한 상태에 있게 된다면 우리는 문화를 증진하는 것 이외의 일은 할 수 없을 것이다. 우리 자신에 대한 새롭고 높은 신뢰, 우리의 힘에 대한 만족, 타인에 대한 두려움의 상실, 타인에게 근접하라는 요구, 선의를 두고 행하는 그들과의 경쟁, 우리가 의식하게 되는 재산, 도구, 아이, 하인의 잉여,—요약해서 말하자면 : 모든 종류의 행복감은 보다 높은 문화의 궤도로 우리를 몰아가고, 이 궤도 안에서 전진하게 한다. 이에 반해 곤경은 우리를 퇴보시키고 방어적으로 만들며 남을 잘 의심하게 만들고 관습과 관련해 미신적으로, 그리고 지나치게 엄격하게 만든다. 문화란 무수한 개개인의 행복의 점차적인 결과이지 개개인의 의도가 아니다! —개개인이 개별적일수록 행복은 설령 그것이 낮은 문화 단계의 행복보다 짧게 지속되고 그 강도가 더 미미하고 약하다고 할지라도 문화를 위해서는 생산적일 것이다. 일반적인 사람들의 행복을 높게 유지하기 위해, 행복한 자들에게 문화의 증진을 거절하는 것은 누에의 행복을 위해 누에가 실을 잣는 일을 금지하는 것처럼 어리석은 짓이다. 바로 행복으로 최상의 문화를 위한 무언가를 해야 한다는 것이 아니라면 우리는 도대체 모든 종류의 행복에서 무엇을 갖는가?—행복의 필연적인 자기 표출을 금한다면 행복을 높은 상태로도 낮은 상태로도 유지시킬 수 없다. 따라서 문화란 행복의 자기 표출이다.

3〔162〕

248. 정언명법의 성립은 전혀 특별한 일이 아니다. 사람들 대부분은 절대적인 명령이나 규범을 조건적인 것보다 선호한다 : 절대적인 것은 그들에게 지성과 관계하지 않는 것을 허용하며 그들의 나태함에도 더 적합하기 때문이다 ; 또한 절대적인 것은 종종 완고함을 향한 성향에 호응하고 자신의 성격을 자랑하는 사람들의 마음에 든다. 일반적으로 절대적인 것은 군주가 인간에게 훈육한 바와 같은 그런 군사적이고 맹목적인 복종의 영역에 속한다 : 그들은 한 사람이 절대적으로 지배하고 다른 사람들이 절대적으로 복종하면 질서와 안전이 더 확보된다고 믿는다. 그렇기 때문에 사람들은 도덕적인 명령이 정언적일 것을 요구한다. 이것은 정언명법이 도덕에 가장 도움이 된다고 생각되기 때문이다. 정언적 명령이 요구된다는 것은, 자기 자신을 두려워하고 서로에 대해서도 두려워하는 다수의 의지에 의해 절대적인 지배자가 만들어져야 한다는 것을 의미한다 : 그리고 그가 도덕적인 독재를 행하는 것이다. 그런 종류의 두려움이 없었다면 그런 지배자도 필요 없었을 것이다.

3〔163〕

249. 독일 천재들의 작품은 외국에서는 오래가지 못한다 : 그것은 이탈리아의 와인과 마찬가지로 그 자리에서 마시지 않으면 소용이 없다.

3〔164〕

250. 드높고도 고급스러운 도덕적 이미지를 자아낸 뒤 그 이미지를 통해 자신의 행위를 뒤돌아보면 굴욕감을 느낀다는 것이 유럽적 방식의 도덕적 이상주의다. 이런 종류의 이상주의는 이익을 추구하고 가차 없으며 야심적인 생활과 매우 잘 들어맞는다. 겸손의 순간들은, 이상주의와 관계없는 삶의 대가를 분할해 지불하고 있는 것에 지나지 않는다.

3〔165〕

251. 세계를 극복한 사람들의 행복에 관해 철학자들이 상상의 날개를 얼마나 많이 펼쳤는가! 인간이 자신의 성에 대해 더 이상 고민하지 않는 그런 상태에 관해 쇼펜하우어가 어떤 기적을 믿도록 설득했던가.

3〔166〕

253. 침착함 : 이것은 스스로의 말과 행위를 상황의 지도에 따라 허용하는 능력이다. 즉 거짓말을 하고 위선을 행하는 능력이다.

3〔167〕

254. 거짓말이 우리의 성격에 맞을 때 우리는 거짓말을 가장 잘 한다.

3〔168〕

257. 불행을 바랐던 신들도, 불행에서 지켜준 신들도, 이에 덧붙

여 불행에 위로를 준 신들도 또한 있었다.

3〔169〕

259. 도덕성이 가장 큰 곳에서 지성은 몰락한다. 이웃이 우리를 속일 수 있는 것에서 우리를 속일지도 모른다는 전제는 우리의 머리를 긴장시킨다. 게다가 그 긴장은 이탈리아의 모든 도시에서처럼 이웃을 원망하는 일 없이 못된 짓을 통해 생겨날 수 있다.

3〔170〕

260. 정직함이 요구하는 것은, 통례적인 것처럼 고상하게 들리는 분명하지 않은 도덕적인 언사 대신에 인식이 가능한 혼합물 안에서 지배적인 요소를 지칭하는 것이다. 불완전성의 오류에도 불구하고, 그리고 이 지배적 요소가 지금까지 나쁜 영향을 끼쳤음에도 불구하고 : 그러나 적어도 그렇게 하면 가짜 신성함을 파괴할 수 있을 것이다. 대상을 *더 중요한 관점에서 판단해*a potiori 명명해야지 *의미 없는 것에 근거해*a nihilo 명명해서는 안 된다.

3〔171〕

261. 어떻게 행동해야 할까? 개개인이 가능한 한 보존되도록? 또는 민족이 가능한 한 보존되도록? 또는 우리 민족을 통해 다른 민족이 가능한 한 보존되도록? 또는 가능한 한 많은 생명이 보존되도록? 또는 생명의 최고 종족이 보존되도록 행동해야 하는 것일까?

3〔172〕

262. 완전한 도덕성이란 모든 것에 자신의 몫을 나눠주며 보답도 벌도 칭찬도 비난도 모르는 정의의 도덕성이다. 각각의 전체적 인식에서 이 도덕성이 수행되고, 인식의 훈련은 도덕성의 훈련이며, 인식이 도덕적 행위에 위험한 비판을 가하는 경우에조차 인식이 도덕적 행위를 전복하는 일은 있을 수 없다. 어떤 인식이 바로 서는 순간에, 인식하는 사람은 도덕적으로 절대 완전하다. 결함이 있는 인식의 경우에는 보통 도덕적 잘못이 동반된다. 인내 없음, 부당함, 질투심, 거만함과 같이. — 그러나 우리는 인식에 불완전한 인식밖에 없다는 것을 은폐하지 않는다!

〔4 = N V 3. 1880년 여름〕

4[1]

263. 극장을 방문하는 습관이 있는 민중, 혹은 더 올바르게 말하자면 그러한 습관이 있는 약간의 사람들은 극장에서 행해지는 것을 꾸며낸 이야기로 받아들이면서 그것이 신화보다 못하지 않으며 모든 것이 진지함이고 철학적 비밀이 없지 않다고 말한다.

4[2]

264. 사람들은 음악이 황당무계하고 기묘하며 불가해하기를 요구한다 : 과거 시대에는 이런 것에 관해 상상조차 하지 못했다. 정말이지 축제적이었고 유쾌했으며 사교적이었고 내면적이었으며 장엄했다!) 그러나———

4[3]

265. 어느 시대에도 천일 야화의 이야기꾼은 있다. 우리 시대의 이야기꾼은 바로 바그너다 ; 그것은 어느 누구도 믿지 않고 가능하다고 생각지도 않는 일들이다.—그러나 극장에서는 실로 아주 기꺼이 마치 진실인 것처럼 이것을 본다.

4[4]

도덕적 편견.

4[5]

버려져야 할 것.

4[6]

2. 개인들의 모든 진보는 결혼이라는 우연에 의해 또다시 쓸모없는 일이 된다. 그러므로 인류를 통해서는 아무것도 이루어지지 않는다. 그러면서 신이 혼인을 한다고 말한다!

4[7]

7. 환상은 인간에게서 진리를 충족시킬 수 없는 욕구들을 길러냈다.

4[8]

바이런George Gordon Byron은 "콜리지Samuel T. Coleridge가 그의 훌륭한 재능을 초월철학과 독일의 형이상학으로 못쓰게 하지 않았다면 그는 당대 최고의 시인이 됐을 것이다"라고 말한다.

4[9]

10. 교양이 증가한 시대에는 도덕적 규칙이 점점 더 불분명해진다. 마찬가지로 신의 표상 역시 점점 희미해진다. 도덕에서 점점 더 많은 영역이 빠져나오게 된 것이다(결과의 검증이 가능하고 인식이 등장하는 곳 어디서나 도덕적 기준은 소멸한다). 이렇게 되면 도덕은 '이상Ideale'으로 달아나버린다, 등.

4〔10〕

11. 쾌적한 삶을 위해 인간에게 어느 정도의 환상이 필요한 것인가!

4〔11〕

12. 이해가 못 미치는 곳에서 인간은 엄숙해진다. 이것이 도덕에 유익하게 작용한다.

4〔12〕

어떤 식으로 행동해야 하는가? 무엇을 위해 행동해야 하는가? 높은 영역에 들어가면 들어갈수록 결정은 자의적으로 변한다 : 그럴수록 더욱더 결정은 인위적으로 권위 있게 내려져야만 하고, 목적과 수단은 그 자체가 분명하지 않을수록 장중하게 만들어야 한다.

4〔13〕

21. 풍습을 증명하는 것은 그것의 결과가 아니라 공동체가 조우하는 우연에 있다. 불행이 닥치면 공동체는 풍습을 위반했다고 생각하거나 새로운 풍습에 익숙해져야 한다고 생각한다.

4〔14〕

23. 공동체에서 벗어나 있는 사람에게 풍습은 존재하지 않는다. 여기서는 개인에 대한 공포, 개인에 대한 동정이 등장한다. 공동체 내부에서 고통을 받는 사람은 동정의 대상이 아니라 불신의 대상이다. 그는 아마도 죄를 범했을 것이다. 질병은 악마의 짓이다.—두

려워하지 않는 자로서 적에 대항하여 동정이 경멸이라는 기반 위에 생겨난다.

4[15]

24. 불교의 덕은 그대의 고통에다 타인의 고통을 더하는 것이다(한편 모두가 완전히 고통이다). 그리스도의 덕은 죄의 벌을 스스로 받아들이는 것이다. 기독교인들의 덕은 그들의 모범에 따라(동정이 아니다—) 자발적으로 고통을 받아들이는 것이다. 이것들은 개인적인 결과를 목적으로 하는 도덕의 시원이 된다. 이것이 진보다. 죄는 고통을 통해 근절된다는 미신—하나의 신비적인 진행 과정, 협박도 보복도 아닌, 더러움으로부터의 정화.

4[16]

25. 새로운 모든 도덕은 공동체나 국가가 더 이상 적을 두려워하며 생활하지 않고, 관습이 느슨해져 개인, 즉 비도덕적인 것이 등장했을 때 시작된다. 이제 개인적인 결과가 중요한 사항으로 등장하게 되고, 미신적인 결과가 선두에 선다.

4[17]

28. 개인들의 두 가지 도덕 a) 공동체가 상정한 유형에 완전히 동일해지기 위해 사는 것('그들의 아버지처럼', 스파르타인의 격언) 또는 b) 동료들 가운데서 돋보이게 사는 것. 첫 번째 경우에서 유형과 다르다는 것은 결점이라고 느낄 수 있는 어떤 것이다. 이 목표가 달성되기는 어렵다. 두 번째 경우에서는 동일성이 쉽게 달성될 수

있을 것이라고 생각되었으나 거기에는 아직 어떤 명예도 주어지지 않았다.

4〔18〕

29. 독일에서는 사람들이 성숙하지 못한, 또는 야생의 재능에 대해 엄청난 존경심을 부여하며 그것을 '천재' 라고 부른다. 정신의 회화적 효과에 대한 감수성이 상당히 강한데, 그것은 거친 낭만적인 것에 대한 취미다. 정신의 완성이나 기품 그리고 자유는 '향유되지' 않는다. 그럴 경우 사람들은 에스프리esprit 등에 대해 말한다.

4〔19〕

30. 익살꾼으로서 미친 사람, 무기력한 사람. 돈 키호테의 끔찍한 예. 올림포스의 헤파이스토스.

4〔20〕

32. 어떤 물건의 가치가 상승하는 것은 존경이 누적되었을 때다. 즉 사람들이 개인과 관련해 어떤 물건의 유용함을 더 이상 고려하지 않고 얼마나 많은 개인들이 그것을 이미 이용하였는지(혹은 도움이 되는 것처럼 보이는지)만을 중요하게 생각할 때다. 사람들은 이제 그 물건에서 더 많은 힘을 기대한다.

4〔21〕

33. 독일 사람에게 있어서 소박함! 이에 반해 이 모든 야생의 재능은 그를 통해 가장된 행동을 꾸며냈다. 소박함은 프랑스에서는

궁정에 의해 몰락했고, 독일의 경우 천재에 의해 몰락했다(베토벤 자신도).

4[22]

그리스 비극의 시대의 문제는 행위자가 영웅이며 범죄자가 아님에도 불구하고 왜 두려운 일이 일어날 수 있었는가 하는 것이다. 이것은 아테네의 심리학자들에게 큰 과제였다.

4[23]

잔악한 테마에 대한 경향. 강간, 근친상간 등.—어디를 향해?

4[24]

예를 들어 "겉치레로 인사하지 마세요"라고 가장 깊은 속마음에서 말하려고 할 때 거부하는 서툰 태도나 언어 사용은 모욕으로 받아들여질 수 있다.

4[25]

어린아이를 죽인 여자는 치욕에 대한 두려움 때문에 행동한 것이고 그 행동의 가장 큰 희생양이 된다. 사회가 경멸하거나 치욕을 뒤집어씌우지 않았더라면 아이는 생존할 수 있었을 것이다. 애덤 비드 Adam Bede.

4[26]

범행을 은폐하는 것은 근원적으로 도덕적이다—그것은 사회에서 추방되어야 한다. 범인을 숨기는 것도 마찬가지다.

4〔27〕

도덕성의 가치를 결정할 수 있으려면 그것을 무언가로, 예를 들어 효용(또는 행복)으로 측정하지 않으면 안 된다—항상 상관 관계들을—절대적인 가치라고 하는 것은 무의미하다.

4〔28〕

도덕적 감정의 원인으로서의 이성—그리고 이성의 발전에 끼치는 도덕적 감정의 영향!

4〔29〕

'선생님' 이라는 호칭은 아첨하는 것이 모든 인간을 얼마나 기분 좋게 해주는가와, 저마다 무엇보다도 얼마나 자랑스럽고 지배적으로 생각되기를 바라는가를 나타낸다.

4〔30〕

쇼펜하우어는, 부정(否定)에 관한 한, 부정을 결코 가장하지도 장식하지도 않을 만큼 정직했다 ; 이것이 바로 명예심 강한 예술가들이 부정을 통해 우위를 얻을 수 있기를 바랐기 때문에 즉시 행한 것이다. 금욕적이고 기적적인 소재로 만든 연극 따위는 이미 한 편(篇)의 개인적인 위선에 불과하다.

4〔31〕

수사학은 건축과 같이 하나의 예술이다. 우선 효용이 제일의 규범이므로 (예술로 의식되자마자 수사학이 자신의 효용이라는 효과를 지양하거나 효과를 의심할 수 있다. 또는 그 반대인가?) 우리는 거기서 효용을 생각해서는 안 된다. 그렇지만 우리는 우리에게 이익이 되는 방향으로 부지불식간에 이끌리지 않을 수 없다.

아니! 수사학자와 배우는 서로 비교할 수 있다 : 1) 효과를 노린다 2) 효과를 표현한다.

4〔32〕

셰익스피어와 아이스킬로스Aeschylos. 다양한 것을 다루는 극작가들은 한결같고 고귀한 인간들, 즉 그들 시대의 시인 앞에 몸을 구부린다. 괴테는 극작가가 **아니라** 루소의 추종자로서의 셰익스피어에게, 그에게 있는 무한한 본성에 몸을 구부린다. 이것은 시대의 취미였다.

4〔33〕

아아, 인간의 지성이라는 것은! 아아, '천재'라는 것은! 〈파우스트Faust〉나 쇼펜하우어의 철학이나 〈영웅 교향곡Eroica〉을 만든 사람은 그렇게 많지 않다!

4〔34〕

정의로운 것—없다! 모든 것은 유동적이다! 단지 **보기** 위해 우리에게 필요한 것은 표면들, 한정된 것들이다.

4〔35〕

영원의 흐름은 분명한 사실이다. 국가는 시민으로부터 영속적인 성격을 가진 어떤 것을 만들고자 노력한다, 모든 개인에게서의 도덕은 견고한 어떤 것이다―기억은 외관상 견고함의 기초가 된다. (날마다, 세대를 이어서) 변화에 대한 경멸을 훈육한다.

4〔36〕

장님 두더지는 눈이 좋은 두더지에서 파생되었다―시신경에 대한 어둠의 영향.

4〔37〕

도덕과 관련해 아직 가설의 시대조차 없었다 : 지금이야말로 가설의 시대라고 불릴 수 있다 ; 도덕성이 생겨날 법한 가능성들의 범위가 이제 상상력에 의해 충분히 논해질 수 있다. 내가 먼저 시작할 것이다 ; 상당히 회의적이로다!

4〔38〕

언젠가 한번쯤 '유전'은 바로 불명확함이나 신화의 은신처로서도 간주되게 될 것이다 : 당분간 그것은 여전히 어떤 의미를 가진다.

4〔39〕

인간이 정신적으로 동포에게 의존하는 방식은 상당히 역설적이고 전혀 납득할 수 없다.

4[40]

볼테르Voltaire의 자연 개념에 반대하는 입장을 취하는 것이 얼마나 어려운 일인가를 괴테는 다소 득의양양하게 말한다.—이것은 잘못된 것이다. 그리고 그것은 반작용을 나타낸다.

4[41]

쇼펜하우어의 경우, 천재가 호의에 경의를 표하는 것은 아름다운 자세였다.

4[42]

인간은 어쩔 수 없는 경우에만 놀랄 만큼 무서워하면서 새로운 것을 추구한다. 이것이 잘 진행되면 이것이 관습이 될 때까지 반복한 뒤 신성하다고 선언한다.

4[43]

관조에 관해 활동적인 사람들은 필연적으로 잘못 이해하는 것이 아닌가? 역사에 관련해 활동적인 사람한테서 많은 인식을 기대할 수 있는가? 그러나 돌아온 활동적인 사람들이 있다 : 그들에게는 이것이 관건이다.

4[44]

플라톤과 아리스토텔레스가 인식한 최고의 행복은 직관적인 인식(쇼펜하우어의 천재성)에 있지 않다. 오히려 활동적이고 변증법적인 사유야말로 이 행복의 원천이다—그런데 여기에 최대의 행복이 있다는 것은 물론 주관적인 판단이다—그러나 이러한 주관에 대해 나는 감사를 표한다.

4[45]

고독 속에 살고 있는 인간은 종종 놀랄 정도로 자신의 성격에 대해 고민한다 : 그러나 그들을 번민하게 하는 것은 사실 성격이 아니라 고독이라는 것이다. 이것을 감수하지 못하는 사람은 '자신의 성격을 형성하는' 세계라는 흐름 속으로 돌아갈지어다 : 이에 반해 고독은 그를 소모시킬 뿐이다.—사람들은 죽은 자들과의 교제에 익숙하다고 한다 : 이것이 성격을 유지한다. 아니, 인간은 도야된 성격과 함께 먼저 고독으로 나아가야만 한다—너무 빨라서는 안 된다!

4[46]

세계를 알지 못한 채 수녀처럼 세계를 포기하는 것—불모의 고독을 만든다. 아마도 우울하고 체념적인 고독을—그러나 *관조적 생활* vita contemplativa은 어떠한 체념도 포함하지 않고 오히려 *실천적 생활* vita practica이 그들에게 하나의 체념, 즉 자기 자신에 관한 체념인 것 같은 사람들에 의해 선택되어야만 한다, 스스로에 의한 체념.

특히 관조적 생활은 고독할 필요가 없다 : 부부로서도 가능하다.

4[47]

강한 커피를 마신 사람은 거울에 비추어 보면 더 생기 있게 보일 뿐만 아니라 거울에 비친 자신의 모습을 더 생기 있게 본다(그렇지 않은 경우보다 많은 것을 본다).

4[48]

신 앞에 몸을 내던지는 것, 신의 은총에 완전히 몸을 맡기는 것, 신이 베푼 것에 대해 감읍(感泣)하는 것, 개처럼 신의 주변을 빙빙 도는 것—이것이 인간의 지고(至高)의 과제였던 것이다! 그로 인해 도덕 원리로서의 사랑은 모든 시대에 걸쳐 어느 정도 의심을 받게 되었다. 일찍이 신에게 부여된 것이 지금은 단 한 사람의 천재나 단 한 사람의 군주에게, 단 한 사람의 여자에게 주어진다!

4[49]

리하르트 바그너는, 내가 보면—너무 많은 가짜 다이아몬드를 몸에 걸치고 있다.

4[50]

(망각을 통해) 유전에서 생겨난 것은 비이기적인 행위가 아니라, 우리 행위의 척도인 끊임없는 타자에 대한 생각이다.

4[51]

우리는 타인을 위해 너무나 많은 것을 한다. 아니, 거의 모든 것을 한다. 그러므로 우리가 우리의 것만 생각하는 것은 예외적이다. 이기주의자는 가장 예외적이라고 할 수 있다.

4[52]

공손함이라는 (중국의) 도덕 역시 다음과 같은 생각의 산물이다 : 즉 나는 타인에게 잘한다, 왜냐하면 그것이 내게 득이 되기 때문이다—그럼에도 이렇게 이 왜냐하면이라는 것은 잊혀졌다. 그렇지만 이처럼 위에서 언급한 망각이라는 방법을 통해 친절이 성립하는 것은 아니다—그러나 공손함이라면 이런 일에 상당히 친근성이 있다. 중국인은 가족 감정(부모에 대한 자식들의)을 실천했고, 로마 사람은 오히려 가족에 대한 부친의 가족 감정을 실천했다(의무

4〔53〕

실용적인 것이 참된 것보다 더 유용하다 **κρεῖττον τ'ἀγαθὸν ἀληθείας** 고 신플라톤주의자들은 말한다. 즉 유용함은 진리보다 유용하다—당연하다. 행복의 유지와 촉진이 최종적인 과제라고 말한다면 진리는 자신이 어떻게 오류와 싸워서 이길 수 있는지를 관망할 수도 있다. 그러나 최종적으로 인류는 자연에 순응하는 것과 마찬가지로 진리에 순응하지 않으면 안 될 것이다. 예를 들어 사랑에 충만한 힘의 편재가 더 쾌적한 믿음이 될 수 있다손 치더라도. 진리에 순응할 때에는 기만적인 희망이나 그것에 따른 환멸이 훨씬 적어지고, 위로하게 될 계기도 지금보다 더 드물게 될 것이다.

4〔54〕

철학자는 지금 과학의 장식 예술가다. 그들은 자연을 효과적으로 배치한다.

4〔55〕

근본 원리 : 자연에는 목적이 없다. 정신이 있는 것은 인간과 인간을 닮은 존재의 경우뿐이다. 기적도, 신의 섭리도, 창조주도, 입

법자도, 죄도, 벌도 없다.

4[56]

'성자들의 유명한 정신적 업적'을 신이 기쁘게 받아들이는 것을 루터는 부인했다—이것은 어느 정도 심술궂다. 단 십계만을 기쁘게 받아들이는 것이라고 그는 말했다.

4[57]

(바우만Julius Baumann 243) 루터 : 모든 것과 관련해 인간의 마음이 신뢰할 수 있는 어떤 것, 즉 신을 갖는 것. 토마스 아퀴나스Thomas Aquinas에 따르면, 인간은 자기가 느끼는 결함 때문에 그가 종속되고 그를 돕고 그를 인도하는 보다 높은 사람, 즉 신을 필요로 한다.—양자의 주장에 따르면 신이 존재하는 것은 인간에게 신이 필요하기 때문이다. 마이젠부크Malwida von Meysenbug 양도 이와 같이 말했다. 모든 것이 최종적으로는 육체적인 의미밖에 갖지 않는다면 인생은 더 이상 버틸 수 없었을 것이라고. 그러나 진상은 그 반대다 : 신과 인생의 윤리적 의미를 믿는 것이 습관이기 때문에 사람들은 그것이 필요하다고, 그것 없이 살아갈 수 없다고 생각하게 되었다. 또한 이로부터 기껏해야 '필연적인 표상'이 생겨났을 것이고—비로소 이를 통해 신 또는 인생의 윤리적 의미가 필요하게 되었을 것이다.

4[58]

관조적 인간들 중에서, 1) 종교적 인간들이 실천적 인간의 삶을 곤란하게 하는 데 가장 강하게 영향을 끼쳤다 2) 예술가는 보통 인간으로서는 견디기 힘든 사람들이다. 이 점은 그들의 작품으로부터 얻은 것에서 감해야만 한다 3) 철학자는 이 양자가 결합된 종류이고 게다가 변증법적인 것이 뒤섞여 있다. 이것들을 통해 철학자는 실천적인 사람들에게 따분한 존재가 된다 4) 사상가는———

4〔59〕

루터는 수도승 생활에 실패한 자신이 성인이 될 수 없다고 느낀 이후에 관조적 삶에 대해 분노를 터뜨렸다. 그리고 그 자신의 성격대로 복수심과 독선에 사로잡혀 실천적 삶의 편, 농부와 대장장이의 편이 되었다.

4〔60〕

나는 우리 중 많은 사람들이 그들의 조심스럽고 절도 있는 온순한 관습, 그리고 법에 대한 그들의 감각과 함께 6~10세기의 반(半)야만성으로 옮겨 간다면 성인으로 추대될 수도 있을 것이라고 믿는다.

4〔61〕

아! 깊은 굴욕감이 나를 억누른다. 온천에서 떠드는 것을 들을 때, 젊은 사람들이 모여 있는 식당에 들어설 때, 또는 신문을 읽으려 할 때.

4[62]

우수한 의사가 미개인이 있는 곳으로 가서 마법사를 승인한다고 가정해보자. 그는 대략 어느 정도까지 모든 마법사를 능가할 수 있을까! 우수한 역사가와 예언가의 관계도 이와 다르지 않다!

4[63]

목적이란 대부분 우리가 원하지 않았던 것들이다. 그러나 그것을 통해 우리가 우리의 행위를 이성 앞에서 추후에 정당화하는 상당히 바람직한 성과다.

4[64]

훨씬 전부터 존재했던 것을 몰락시키지 않는 것—신중한 실천, 왜냐하면 모든 성장은 그렇게 천천히 진행되고 대지조차 식물에게 유리한 것은 드물기 때문이다. 존재하는 힘들은 다른 작용들을 향해 방향을 바꾼다!

4[65]

연극 같은 음악(—'극적인 음악'이 아니라)은 음악의 취미를 파괴한다. 연극이 시의 기쁨을 침해하는 것과 마찬가지로(우리 주위에 고독, 자연, 실제적인 삶은 없다. 그것은 사치이고 한가한 사람들의 모임이며 정취가 없다.

4[66]

이것저것 뒤섞인 불순한 예술가의 성격 : 명예심이 강하며, 배려가 없고, 명망 있는 모든 것에 대해, 아니 유능하고 존경의 가치가 있는 모든 것에 대해 맹렬한 적개심을 불태우며, 수단을 가리지 않고, 중상모략하고, 음험하다—바로 나폴레옹. 그러나 나폴레옹에게서 사람들은 정직한 분위기를 느낀다. 그는 자신이 무엇을 원하는지를 알며, 자기를 속이려 하지 않기 때문이다. 민중, 그리고 모든 종류의 광신자들에 대한 사변, 정신과 도덕주의적 학문에 대한 이 두려움(나폴레옹은 드 트라시Destutt de Tracy와 카바니스Pierre-Jean-Georges Cabanis가 무슨 의미인가에 대해 떠드는 것에 신음하지 않는다)—최고의 신봉자나 광신자의 본능을 해칠 수 있는 모든 것이 명확히 감지되고 비난받으며 다시 한번 예술의 주제에서 증오 자체의 대상으로 낙인찍힌다. 그리고 역으로 : 광신주의, 죽도록 광신적인 사랑이 예술을 통해 축복받는다. 사람들은 자신의 고유한 삶에서 아주 편안하게 가장 극단적이고 광적인 덕성들을 신봉함을 고백한다(정결, 신성, 절대적인 복종과 같이)—그렇게 모든 것이 광신, 예술, 확신들, 신봉자의 학파가 된다.

4[67]

모든 도덕과 법률은 습관을 육성하는 것을 목표로 한다. 즉 아주 많은 행위에서 '왜?' 라는 질문을 지양하겠다는 목표다. 그래서 이 행위들은 본능적으로 행해진다. 이것은 장기적으로는 하나의 커다란 이성의 침해다. 그 다음 '습관으로 행해지는 행위' 는 편안함에서 나오는 행위고, 가장 친밀한 충동에 관한 행위인 동시에 습관적이지 않은 것, 타인이 행동하는 것에 대한 두려움이 된다. 이것은 개성의 침해다. 강인한 본능을 가진 종족을 키우는 것—이것이 도덕이 원하는 것이다.

4[68]

'도덕적 감정' 이라고 독일인은 말하고, '도덕 판단' 이라고 영국인은 말한다. '동정' 은 예를 들어 존 스튜어트 밀에게는 도덕적 현상이 아니라 '친절함' 에 속한 '공감' 의 문제다 ; 그리고 위대한 금욕주의자들은 공감을 심지어 부도덕한 것으로 형용했다. 감정과 관련해 "너는 …… 이어야만 한다"는 것은 존재하지 않고 단지 "나는 …… 해야만 한다"만 존재한다 : 그러나 인간들이 "나는 이것을 행해야만 한다. 내가 그것을 해야 하든 하지 말아야 하든 상관없이", "나는 다르게 행동할 수 없다"라고 말한다면 의무에서 무엇이 나오겠는가. 독일 사람들은 예를 들어 루터한테서 이런 점을 경탄한다 : 어떻게 한 인간을 어떤 율법 아래 강제하거나 굽히게 하는지가 아니라, 어떻게 한 사람이 모든 계율과 금지에도 불구하고 자신에게 충실한지에 경탄한다. 바꿔 말해, 독일에서는 사람들이 개인적인 행위에 경탄한다. 이것은 어쩌면 겁 많고 순종적인 독일인에게는 아주 드문 일이기 때문일 것이다.

4[69]

"나는 이 사람을 좋아한다. 나는 이 사람에게 공감하고 있다"고 만약 내가 말한다면, 그것은 쇼펜하우어에 따르면 도덕적인 것이다! 그리고 다시 반감은 부도덕적인 것이다—마치 한 사람이 이 사람에게는 공감을, 다른 사람에게는 반감을 느끼는 것이 같은 근거에서 이루어지지 않는 것처럼! 그렇다면 도덕적 인간은 필연적으로 비도덕적으로 되는 것이다! — 오히려 사람들은 공감과 반감을 결코 도덕적인 것으로 산정하지 않았다. 이것은 취향의 문제일 것이다 — 그렇다면 쇼펜하우어는 우리가 살아 있는 모든 것에 대해 취향을 가지고 있다고 말하는 것인가? 무엇에든 만족하는 취향이라는 것은 매우 거칠고 조야한 탐욕적인 기호에 지나지 않는다.

4〔70〕

실천하는 이상주의자가 태생적인 회의주의자가 아니라면, 그들은 그만 허영심에 휘둘려 마침내 자신을 신의 아들이라고 생각해버린다.

4〔71〕

자신의 사욕에서 멀어져 보편적인 최선을 위해 희생하는 것을 가능한 한 고귀한 단어로 명명하는 것이 인간의 관심사다 ; 적은 희생을 감수하는 사람들은 가장 엄격하게 도덕적 미사여구를 고집한다. 오히려 당연히 그렇게 할 만한 사람이 원하는 것은 자신의 희생에 관해 가능한 한 정말로 보잘것없게 단순히 언급되는 것이다 : 그렇게 다른 사람의 이목을 끌지 않고 조용히 희생이 행해질 수 있다. 아주 선량한 사람들은 도덕적 언사의 가치를 적게 하는 것에 관심이 있다.

숭고한 도덕적 자태가 필요한 사람들이 있다. 즉 그 반(半)배우들. 그들의 가치는 그들이 어떤 사람인지가 아니라 그들이 무엇을 의미하는지에 놓여 있다.

4〔72〕

간통과 음탕으로 뒤덮인 일생을 보낸 사람이 순결을 찬미한다면 그는 거기에 대해 온갖 이유를 갖고 있는 셈이다 : 왜냐하면 순결을 통해 그의 생애가 훨씬 가치 있는 것이 될 수도 있었을 것이기 때문이다 ; 그는 에로스를 거칠고 채울 수 없이 황폐한 유령으로밖에 알지 못한다. 에로스가 다른 의미를 갖는 사람(예를 들어 아나크레온 Anacreon)에게 순결은 그렇게 존경할 만한 가치 그 자체가 아니다.

4〔73〕

자연이 목적에 따라 진행되지 않는 것처럼 사상가도 목적에 따라 생각하지 않는 것이 바람직하다. 즉 아무것도 시도하지 말고 아무것도 증명하거나 논박하려 하지 말아야 한다. 그러나 오히려 음악의 경우에서처럼 귀 기울여 들어야 할 것이다 : 얼마나 많이 혹은 얼마나 적게 들었는가에 따라 그는 음악에 대한 인상을 얻는다. 이 인상은 이전에 음악에서 얻은 인상과의 비교를 통해 생겨난다. 이런 종류의 언어를 이해하지 않으면 안 된다. 그리고 이해가 세련되면 세련될수록 그 과정에서 쾌와 불쾌도 더 커지게 된다. 마음이 천박한 인간은 인생을 모든 종류의 음악처럼, 즉 본질적으로 향유와 즐거움으로서 즐긴다.—더 세련된 예술적 향유나 세련된 인식을 얻기 위해서는 비싼 대가를 지불하지 않으면 안 된다. 즉 매우 자주 환멸을 통해 신음해야만 한다—음악을 즐기는 양과 빈도는 취미의 세련을 통해 감소한다—이것이 음악의 발전과 육성에 반대하는 이유인가? 모든 것에서, 또한 인식에서도 그렇지 않은가? 아이들은 어떤 일에서나 인식의 기쁨을 느낀다. 그것도 아주 큰 기쁨을!

4〔74〕

누가 다음과 같이 가르친다고 해서 놀라서는 안 된다 : 지금까지 어떤 인간도 자신의 행위의 동기를 알지 못했다. 인류가 시작된 이래 실제적인 동기 사이에 학습된 가짜 동기가 놓여 있었기 때문이다. 이런 사실에 대해 우리는 눈도 귀도 그렇게 멀고 그렇게 그릇되게 믿어왔다.

4〔75〕

교양 있는 계급들의 많은 걱정거리와 성화, 그러니까 고상한 정신의—

4〔76〕

경멸적인 충동과 대립되는 것은 더 고귀한 충동이라고 형용된다. 그러나 경멸의 대상이 되는 것은 공포가 엄습하지 않는 것, 하층민에게서 볼 수 있는 것 등이다.—고상한 인간에게 속한다고 생각되는 것은 각양각색이며, 또한 그것과 정반대의 것일 것이다.

4〔77〕

개개인의 행복을 생각하는 것이 아니라 오히려 이것을 두려워하고 억누르려 하는 도덕(그리스인이 말하는 '절도')은 공동체의 입장에서이긴 하지만 개인의 일생을 넘어서는 것을, 즉 수세대에 걸친 연대를 원한다 : 개인은 '국가'나 인류 등의 집합체의 희생양이 된다. "단지 전체로서만 우리는 유지될 수 있다"는 것이 근본적인 생각이다. 옛날 사람이나 군주들은 그렇게 생각했다. 그들은 공동체를 안심할 수 있는 형태로 다음 세대에 물려주고 싶어 했다. '덕' 이란 여기서는 어떤 탁월한 것이 아니라 어떤 칭찬도 수확하지 못하는 요구된 규칙이다(군대 조직의 경우처럼). 개인적 탁월함은 그리스에서 가장 먼저 창안되었다. 아시아에서는 군주와 입법자밖에 없었다. 공동체와 규칙에도 불구하고 개인의 도덕은 소크라테스와 더불어 시작되었다.

4〔78〕

도덕이 용기, 충실, 절제를 혼인 관계에서 제외해 규정한다면, 그것은 목적으로서의 개개인의 행복과 개개인의 정신적 · 육체적 건강을 생각하는 것이 아니다 : 도덕은 오히려 이것을 전체의 행복을 위해 희생시킨다. 도덕을 위해서는 어떤 집단의 보잘것없는 인간성이 가치를 지니며, 도덕은 그 가치를 개개인의 보다 높은 인간성을 통해 지불하는 데 주저함이 없다 : 건강과 행복과 관련해서도 마찬가지다. 이 과정에서 도덕은 대중의 행복, 건강, 영속을 달성하기 위한 수단에 관해 상당히 비문학적인 전제에서 출발한다 : 그리고 아주 빈번히 틀리기도 한다. 도덕의 변경은, 잘못 생각했고 그것을 느낀다는 사실에 대한 증거다.

4〔79〕

종래의 모든 도덕은, 인간이 무엇을 위해 존재하는지 안다는 : 그러니까 인간의 이상을 안다는 전제에서 출발한다. 그러나 오늘날 많은 이상이 존재한다는 사실을 사람들은 알고 있다. 결론은 이상의 개인주의이자 보편적 도덕의 부정이다.

4[80]

많은 인간은 단지 아주 작은 행복을 얻을 수 있는 능력만 갖고 있다 : 도덕이 인간에 이 이상의 행복을 가져다줄 수 없는 것은 도덕에 대한 항변이 아니며, 이것은 많은 인간들이 치료될 수 없고 영원히 병들어 있다는 것이 의술에 대한 항변일 수 없는 것과 같다.—행복에 대한 우리의 최고의 척도가 도달되는 인생관을 선택해야만 한다 : 이것 역시 상당히 작은 것에 지나지 않을 수 있다.

4[81]

귀족 계층이 어느 시대에나 그렇게 잘 유지될 수 있었던 이유는 무엇인가? 그것은 청년이 무엇보다 성적 만족을 위해 결혼하지 않았다는 것에서 찾을 수 있다. 그 결과 충고를 받아들일 수 있게 되었고, 어울리지 않는 결혼을 하고자 열정적인 사랑amour passion이나 육체적 사랑amour physique에 마음을 빼앗기지 않았다. 첫째, 사랑에 대한 경험을 쌓았던 청년들만이 결혼한다 : 그리고 그 다음으로 체면을, 즉 자기 자신보다 자신의 가문을 생각해야만 했다. 도덕적인 귀족을 재차 육성하고 결혼 이외에는 어느 정도 자유를 인정하는 것에 나는 찬성한다.

4[82]

한 나라에서 국민이 도덕으로 간주하는 것에 대한 고려 없이 그 자체로 도덕적이라 할 행위나 사고 방식이라는 것은 있을 수 없다. 어떤 철학자가 한 나라의 인간에게 그것을 다르게 느끼도록, 즉 '그 자체로 도덕적인 것' 을 믿도록 설득하는 일은 가능할 수도 있을 것이다. 이를 통해 이제 이 사고 방식(도덕적인 것에 대한 믿음)이 도덕이 되었다 : 즉 하나의 오류가 여기서 도덕적인 명령으로 타당하다.

4〔83〕

간계, 사기, 위약, 살인, 잔혹함은 공동체의 적과 관련해 볼 때— 미덕이 된다 : 적에 대한 〔—〕한 취급은 영예와 칭찬에 해당한다.

4〔84〕

개인의 영원한 존재를 가정할 경우 개인주의는 극단적으로 변한다. 이러한 주의는 현재의 공동체를 고려하지 않는다. 영원과의 관계에서 모든 고려는 무의미할 것이다 : 이 점에 관해서는 어떠한 양보도 어떠한 관대함도 없이 한 발짝도 물러서려 하지 않는다. 이 경우 개인주의의 광신은 정점에 달한다 : 이에 반해 우리는 일흔 살이 되면 더 관대해져도 좋다. 이것은 결국 일흔 살 된 사람이 괴로워할지 어떨지에 달려 있다!

4〔85〕

하나의 이상을 서문으로 제시하고 앞서 배치한다면? 영원한 평정 속에서 고요히 능동적인 간섭을 통해 작용하는 것이 아니라, 모범을 통해 자신이 드러날 수 있게 하고, 오래 사는 게 아니라 개성적으로 살고자 하며, 어떤 미덕에 의한 영예를 노리지 않고, 어떠한 도덕에도 친숙하지 않고, 조국을 갖지 않고, 욕구에 가볍게 휩싸이고, 불평하지 않고, 중상하지 않고, 그러나 인식하고 인정할 때 늘 용감할 것, 따라서 유화적으로 행동하며, 의도를 갖지 않고, 호언장담이나 도덕적 단죄를 싫어하고, 이런 생각의 많은 것들을 너무 불유쾌해하고 그래서 우리와 동행하려 하지 않는 사람들을 미워하지 말지어다—아마 그들이 더 세련된 사람들일 것이다. 용감함이란 덕이 아니라 기질의 문제다—

4[86]

역사는 반동적인 힘으로서 혁명 후에 등장했다 (콜리지에 대한 스튜어트 밀의 의견을 보라) 그리고 현재는?—

4[87]

도덕에 가장 강하게 거역하는 본성을 가진 사람들(이른바 개인!)은 그럼에도 불구하고 영예를 획득해야만 한다. 우리는 지금까지 진보를 단지 다른 측면에서만 알았다.

4[88]

이 고찰은 —를 위해 쓴 것이 아니다. 이것은 충고 때문에 부담을 주게 되는 일 없이 인간적인 문제에 대해 진심으로, 그리고 세련되게 참여하는 것이다.

4[89]

'구제'의 모든 작용은 상상력을 발휘한다 : 하나의 표상이 인간에게 천부적이고 불가피한 본성에 대한 승리를 제공하고 인간을 의기양양하게 만드는 것은 충분한 작용이다.

4〔90〕

어쨌든 우리는 인간을 그들 각자에게 가능한 행복 수준이 얼마나 높은지에 따라 평가할 수도 있을 것이다 : 다시 말해, 그가 얼마나 많이 행복에 참여할 수 있는지, 얼마나 많이 불안과 불운에 연루되는지 등에 따라서.

4〔91〕

인간은 행복하기보다는 일을 하려 한다. 따라서 그를 고용하는 모든 사람은 자선가다. 지루함으로부터의 탈출! 동양에서 지혜는 지루함과 타협할 수 있다. 이 재주는 유럽 사람에게는 지혜를 불가능한 것으로 의심할 정도로 힘겨운 것이다.

4〔92〕

신경질적인 남자와 여자들에 대한 음악의 작용은 작곡가의 공적과는 관계없이 대단할 수 있다. 바그너의 음악은 종종 이러한 기초적 작용을 수반한다. 음악에서 순수한 기초적인 것의 한계는 아직 인식되지 않고 있다(산속의 공기, 아름다움)

4〔93〕

본질적으로 불쾌한 감정을 생산하는 한 양심은 인류의 병에 속한다.

4〔94〕

갑작스럽게 내리는 비가 여러 사람들에게 어떻게 영향을 미치는

지 생각해보는 것이 좋다 : 이 사건에 관한 해석은 기분과 기질에 따라 모두 다르다. 우리 고통의 감각은 우리의 몸이라는 유기체의 약함에 지나지 않는 것처럼 보인다 : 같은 자극이 쾌감이 될 수도 있다. 그 자체로 불행한 것은 없다.

4〔95〕

"눈은 결코 보는 것에 의해 생겨난 것일 수 없다" 젬퍼Semper. 주의할 것. "하나의 색은 결코 도태나 적응을 통해 파생될 수 없다. 여기에서 파생된 것은 단지 색조이자 색깔의 배합인 것이다." 젬퍼.

4〔96〕

높이 평가된 모든 사건이나 상태를 더 높은 원인으로 환원하는 경향이 지금도 지배적이다 : 그 결과 고상한 사건의 세계는 이른바 그것보다 더 고상한 세계의 잔광이 될 것이다. 그래서 인간에게는 어떤 특성의 감소가 자연스럽게 하나의 고양으로 보인다 : "완전한 것은 생성할 수 없고 사라질 따름이다"는 아주 오래된 가설이다. 이전보다 더 나은 세계(전생)에 대한 기억이나 태초의 낙원 또는 사물의 원인으로서의 신—이 모든 것은 동일한 가설을 전제한다. '생성하는 신'은 참된 과정들에 대한 신화적인 표현이다.

4〔97〕

'발 속의 뇌', 부분적으로는 연체동물이 그러할 것이다 : 엉덩이에 귀, 갑각류가 그러하다.

4[98]

도덕에서 탈감각화와 신성에 대한 칭송은 그리스적 절제의 요청보다 낮은 등급이다. 동양적인 정신의 빈약함은 달리 도울 방법을 모른다. 세계를 부정하는 것은 그러한 본성이 하는 망상의 귀결일 것이다.—지배하는 것 대신 단념하는 것, 그래서 더 이상 지배할 것이 없게 된다 : 극도로 위험한 수단.

4[99]

위대한 정신의 소유자들이 사건과 인간과 관련해 본질적으로 모두 같은 판단을 내릴 것이라고 생각하는 것은 완전히 잘못되었다 : 판단이 모두 같다는 것을 증명하려고 사람들은, 천재들이 세계의 본질에 보다 가까운 곳에 있으며, 그러한 한 그들이 보다 올바르게, 즉 세계가 무엇인가를 한결같이 말해줄 것임에 틀림없다는 믿음에서 출발한다. 그러나 천재들은 항상 개성적인 견해를 가지고 있었으며—그리고 스스로를 사건 속에 몰아넣었다 : 그것은 그들이 극도로 반대 입장을 표하고, 타인을 모두 멸해야만 한다고 믿기 때문이다.

4[100]

지금 실로 많은 도덕이 존재한다 : 개개인은 자기도 모르는 사이에 자신에게 가장 유용한 도덕을 선택한다(즉 그는 자신을 두려워한다). 다시 말해 그는 자신이 위험한 동물이라는 사실에 따라 오류를 받아들이지 않으면 안 된다.—일찍이 사람들이 한 종족으로 같았을 때는 단 하나의 도덕으로 족했다.

지금 인간은 서로 매우 동등하지 않다! 그 어느 때보다 훨씬 많은 개인이 있다. 이 점을 잘못 생각해서는 안 된다! 개인은 이전처럼 회화적으로, 그리고 대충 볼 수 있는 게 아니다.

4[101]

개인적인 척도가 그 어느 때보다 많아졌기 때문에 부정의(不正義) 역시 그 어느 때보다 많아졌다. —역사적 의미는 도덕적 대항력이다. 단죄를 통해 사람을 고통스럽게 하는 것은 여전히 존재하는 최대의 잔인성이다. 일반적인 도덕은 더 이상 존재하지 않는다 ; 적어도 그것은 점점 쇠약해지고 있다. 사상가들 사이에 존재하는 일반적인 도덕에 대한 믿음도 그러하다. 도덕 없이 살아가는 인간 역시 충분히 많다. 그것은 그들에게 더 이상 도덕이 필요하지 않기 때문이다(그것은 의사도 약도 귀찮은 조치도 없이 살아가는 사람들과 같다. 그들은 건강하고 적절한 습관을 갖고 있기 때문에 그러하다).

도덕적인 의식을 지니고 살아가는 것—이것은 불완전성과 그것의 중압감과 귀결을 전제로 한다. 즉 우리 스스로 존재 조건을 아직 세우지 못한 채, 새삼스레 이것을 찾고 있다.

사상가가 아닌 한 개인에게 있어서 도덕은 제한된 관심밖에 갖고 있지 않다 : 안락하지 않고 불규칙적인 기분이 드는 한 그는 원인을 찾고 도덕적인 것을 찾아낸다. 다른 것은 제대로 배우지 못한 사람인 그에게 낯설기 때문이다. 자신의 체질이나 성격의 결함을 도덕성으로 미루거나, 자신의 병에 책임을 돌리려 하는 것은—도덕적이다!

4[102]

어떤 사람이 주위 사람을 견디고 주위 사람이 그를 견디는 도덕을 확립했다면 그는 도덕적이다. 혼란스러운 상태여서 누구도 그에게 안심하지 못하는 한 그는 아직 도덕적이지 못하다. '도덕적'인 사람은 '측정 가능하게' 된다. 예를 들어 정치인으로서 : 그래서 비도덕적인 것에 대한 많은 증오가 발생.

4〔103〕

일이 제대로 진행되지 않을 때, 루터의 위안은 '세계의 몰락'이다. 허무주의자들은 쇼펜하우어를 철학자로서 받아들였다. 극단적으로 행동하는 사람들은 모두 자신의 의지가 실현되는 것이 불가능하다고 생각되면 세계를 산산조각 내고 싶어 한다(오딘)

4〔104〕

우리는 우리 자신에게만 진실해야 한다 : 타인에 대해 진실하려는 것은 희생이다. 그리고 단지 우리 내면에 타인에 대한 자연적인 성향이 있는 경우에만, 타인을 향한 진실은 충족되기 원하는 인간 본성의 명령이다.—우리 자신에 대해 진실하려는 것은 자기 보존이다. 예를 들어, 우리는 우리의 육체적 힘을 올바르게 생각해야만 한다. 우리가 따라잡을 수 없는 비약을 정신적인 것에서, 또한 도덕에서 시도하는 것은, 골절상과 가장 힘든 고통의 원인이 된다 ; 우리의 도덕성은 자신의 이념성의 척도를 우리가 쓸 수 있는 힘의 척도에서 갖는다. 우리가 이 힘에 올라설 수 있다는 사실이 전제된다. 모든 성장은 점진적으로 이루어져야지 비약적으로 일어나서는 안 된다.—자신에게 불가능한 도덕적 척도를 부과함으로써 얼마나 많은 불행이 세상에 존재하는가! 마라톤 선수처럼 뛸 수 없다고 해도 사람들은 부끄러워하지 않는다 : 그러나 도덕적인 일에 있어서 우리는 자연적인 조건의 결여를 죄와 치욕으로 산정할 만큼 유치하다! 마치 우리를 창조한 것이 우리 자신인 것처럼! 실제로 이런 가설 위에서 그러한 수치감 또한 성장한다.

4[105]

고등 동물과 하등 동물의 구별처럼 고귀한 인간들은 저속한 인간들에 비해 기관이 복잡하고 복잡한 기관을 많이 갖고 있다는 점에서 구별된다. 단순함을 동경하는 것—즉 그것을 더 쉽게 가지려 하는 것!

지금도 여전히 특히 예술가들에 의해 반야만인이 미화되고 있다 : 힘, 감정, 무지, 자연스러운 몸짓, 본능—이것은 "이런 유(類)는 좋게 보인다"는 회화적인 관점이다—이제 너무나 많은 기관들이 병들고 부분적으로 퇴화될 위험이 크다.

4[106]

추격되거나 추격하는 것이 이제 좋은 느낌을 준다 : 예술가들조차 불만의 정신을 그들을 매료하는 뮤즈로 선택한다. 휴식하고 있는 그들을 보면, 그들은 텅텅 비어 있고 낭비할 힘을 가지고 있지 않으며 가장 진부한 것을 선호한다(훌륭한 학자들마저). 이런 것을 통해 시대를 판단하는 것은 부적절할 것이다 : 시대가 즐기고 휴식하는 것에 온전히 몰입하지 못하는데, 하물며 그것의 가장 좋은 부분을 인식할 수 있겠는가. 그렇게 사람들은 시대의 예술에 관용적이며, 시대에 맞지 않는 훌륭한 예술가를 동정하려 할 것이다. 시대가 그들에게 어울리지 않기 때문에 그런 것은 정말 아닐 것이다! 사람들은 젊은 시절에는 이러한 것을 잘못 판단한다.

4〔107〕

도덕주의자들은 민중의 존경을 받는 도덕을 신성시해 도덕이 진실하다고 인식했으며 도덕을 단지 체계화하려 했다. 즉 도덕을 학문의 옷으로 에워쌌다. 어떤 도덕주의자도 도덕의 원천을 찾는 일에는 감히 손댈 수 없었다 : 그러한 것을 한다면 신과 그의 사자를 건드리게 될 것이다! 사람들은 도덕이 민중의 입에서 왜곡된 채 지탱되며, 민중에게 도덕의 '순화'가 필요한 것처럼 가정했다.—

4〔108〕

사고에 있어서 도덕의 속박을 파괴한 사람들은 존경을 받는다. 그러나 행위를 통해 파괴한 사람들은 비방을 당하고, 행여 나쁜 동기를 갖고 있지는 않은지 의심을 받게 마련이다. 이것은 부당한 일이다. 그렇다면 적어도 자유로운 이상주의자한테서도 같은 정도의 나쁜 동기를 의심해야만 할 것이다.—범죄자에게서 상당히 많은 용기와 정신의 원본성과 자립심이 증명될 수 있다는 점은 은폐된다. '폭군'은 어쩌면 자유롭고 용감한 정신을 소유하고 있으며 그의 본성은 겁쟁이의 본성보다 나쁘지 않으며, 종종 더 나은 경우도 있다. 그것은 그가 정직하기 때문이다. 오늘날 사람들은 일반적으로 러시아의 허무주의자들이 러시아의 관료보다 부도덕한가 하는 물음에 대해 허무주의자들에게 유리하게 답할 것이다.—무수한 도덕들이 자유 사상가와 자유 행위자의 공격에 희생되었다 : 현재 우리의 개인적 사고 방식은 단지 도덕성에 반하는 범죄의 결과일 뿐이다. 기존의 것을 공격하는 사람은 누구든지 '나쁜 인간' 이었다 : 역사는 단지 이러한 나쁜 인간만을 논하고 있다!

4〔109〕

자유 행위자는 자유 사상가에 비해 불리하다. 그들의 이기주의적 동기가 후자의 경우보다 더 명백하게 드러나기 때문이다. 그러나 후자는 종종 금지된 일을 입 밖에 내는 것만으로도 그들의 이기주의적인 동기를 만족시킨다 : 그렇게 부도덕한 것은 무해하기 때문에 사람들은 불평하지 않는다. 근원이라는 견지에서 볼 때는 모두가 같다 : 나폴레옹과 예수.

4〔110〕

그리스인은, 아리스토텔레스에 따르면 종종 동정의 과잉에 시달렸다 : 그러므로 비극의 분출구가 필요하게 되었다. 우리는 이 성향이 그리스인들에게 얼마나 의심스럽게 여겨졌는지 알고 있다. 동정은 국가에 위협적이며, 필요한 엄격함과 완고함을 취하고, 영웅들이 울부짖는 여자들처럼 행동하도록 만든다 등—오늘날 인간은 비극을 통해 동정을 강화하려 한다—틀림없이 그렇게 될 것이다! 그러나 동정이 이전에도 이후에도 현존한다는 것에 대해 사람들은 알아차리지 못한다.

4〔111〕

사람들은 노예나 약자로서 복종하든지, 또는 함께 명령한다 : 후자는 자부심이 강한 사람들에게 출구가 된다. 즉 그들은 모든 의무를 그들이 자신과 타인에게 부과한 율법으로 해석한다 : 그것이 동시에 외부에서 그들에게 부과된 것이든 어떻든 간에. 이것이야말로 도덕에 있어 커다란 거만함이다— "내가 원하는 것을 내가 행해야만 한다"라는 것이 그것의 공식이다.

4〔112〕

루소 이래 감정의 직접성이, 즉 누군가에게 안기거나 침을 뱉듯 자신의 노여움을 뱉어내는 것 등이 찬미되어왔다. 그러나 기묘한 것은 도덕의 위대한 현자들 모두 이것과 반대되는 것을 요구해왔다는 점이다! 감정을 억제하는 것—이로부터 도덕적 인간으로서의 행동거지에서 나타나는 품위. 이것이 잘 어울리는 매력적이고 완전한 영혼이 있다. 그것은 그러한 영혼이 넘쳐나지 않기 때문이다 : 그러나 모차르트에 의거해 하나의 법칙을 만든다는 것은 오히려 — — —를 의미한다 ; 우리는 노래하는 작은 새가 아니다. 훌륭하고 본받을 만한 감정도 지나치게, 그리고 직접적으로 표현되면 스스로에 대한 혐오감을 일으킨다 : 그래서 모두가 한번은 아마도 멈추지 않는 동정을 저주했을 것이다.

4〔113〕

도덕적인 언어를 남길 필요가 있겠는가? 연금술의 용어가 화학에서 어떤 의미를 가질 수 있는가?

4〔114〕

1) 편견 : 사람들이 나중에 신성시된 도덕 규칙을 칭찬한 결과는 다른 규칙의 결과일 수도 있다 : 그러나 사람들은 하나만이 홀로 특권을 가진다고 생각한다. 2) 결과는 실제로는 결과가 아니라 빈번한 어떤 시간적인 선후 관계일 뿐이다. 3) 결과라는 것은 실제로 간과되는 수반 현상의 결과다 등.

4〔115〕

어떤 것이라도 다소 오래되면 위엄을 갖기를 원하기 때문에 우리는 바그너의 예술 역시 그렇게 위엄을 부여해줄 능력이 있는 모든 것을 향해 손을 뻗치는 것을 보게 된다. 기독교, 영주의 총애, 귀족의 총애 등등. 심지어 이 바그너의 예술은 매우 기꺼이 어떤 영광을 원하지만 이러한 것을 줄 수 있는 권력들이 과연 어디에 있겠는가!

4〔116〕

우리는 지속적으로 애정을 갖고자 하는 것들을 그것의 참된 가치 아래에서 평가해야만 한다 : 그것이 무엇인지 완전히 알 수는 없다. 도를 넘은 사람에게 화가 있을 것이다! 그는 모든 보물을 잃게 된다 : 그가 이른바 지나침의 기분에서 반대의 기분으로 빠질 경우.

4〔117〕

도덕에서 극한까지 이를 필요는 없다 : 그렇지 않으면 도덕에 대한 혐오감에 빠질 것이다.

4[118]

자신의 힘에 관한 지혜, 그 힘의 서열과 발현의 법칙, 어떤 힘은 너무 많이, 다른 힘은 너무 적게 사용하지 않는 힘의 배분, 불쾌한 표시는 어떤 오류나 과잉 등이 행해지는 것에 대한 틀림없는 신호다—목표와 관련된 모든 것 : 이 개인적 학문이 얼마나 어려운 것인가! 그리고 이 학문이 결여될 때 사람들은, 도덕이라는 민간 미신에 손을 내민다 : 그것은 여기에 처방이 이미 준비되었기 때문이다. 그러나 성과를 보는 것이 좋다—우리는 이 미신적 의학의 희생자다. 이 처방으로 유지되어야만 하는 것은 개인이 아니라 공동체다!

4[119]

최초의 민족들의 가치 평가를 형성하는 것은 어떤 상상력을 통해 추측될 수 없으며 단지 경험을 통해 인지할 수밖에 없다. 특정한 습관들과 그것에 결속된 사고의 범위는 구성될 수 없다 ; 인간의 자연적 욕구나 충동만을 문제시하는 것은 사건의 본질을 너무 간단히 취급해버리는 것이다 : 예를 들어 지적 욕구는 가장 기묘하게 충족되었다.

4[120]

한 사람이 자신의 힘과 덕을 느끼는 곳에서 다른 사람은 공허함을 갖게 될 정도로 도덕성이 전혀 맞지 않는 두 사람이 만나는 경우가 종종 있다 ; 이들은 서로를 '부도덕하다'고 부른다.

4〔121〕

생리적 욕구를 넘어선 것을, 즉 불필요한 것을, 예를 들어 화장(化粧) 등을 **높게** 평가하는 것은 오래된 본능이다 : 유기체나 생명을 구성하는 것에 대한 어떤 특정한 경멸이다. 그리스인의 *미* **Καλόν**, 로마인의 *명예* honestum, 기묘한 일이다—매우 특별하다! 이상하다! 도덕은 인간의 행위에 의미를 부여하고자 한다. 이것은 신성에 대한 모든 관계와 마찬가지로 화장이고 이질적인 매력이다—**지적인** 욕구는 생명이 흥미롭게 파악되어야 한다는 입장을 취한다. 그리고 생리적 욕구에 속하는 모든 것을 최고도로 흥미롭게 만들었던 학문이 나타나기 전에 사람들은 인간을 흥미롭게 발견하기 위해 생리적 욕구를 극복해야 한다고 믿었다. 인간에게는 신비적이고 파괴적인 적은 힘이 잠재되어 있다는 것 등을 가정하는 것도 이 때문이다(특히 자연적인 욕구가 토지의 비옥함 등에 의해 간단하게 충족되면 될수록 '자연적인 것'에 대한 경시가 빠르게 나타났다).

4〔122〕

자연에 있어서 규칙적인 것, 즉 측정이 가능한 것은 사람들이 사용할 수 있게 되고, 그래서 그것은 무해하거나 심지어 유용하게 된다 : 그렇게 규칙이 지배하는 곳에서 사람들은 모두 선하고 고마운 힘들이 존재한다고 믿었다(혼동에 의한 것). 악한 것, 예를 들어 번개는 예측이 불가능하다. 인간은 도덕에 근거해 예측할 수 있으며, 이런 점에서 인간은 선하다. 이민족은 예측이 불가능하며, 따라서 악하다. 이방의 도덕은 악한 것으로 고찰된다. 우리에게 선한 것을 이제 선하다고 불리는 대상으로 전이(轉移)하는 것은—

4〔123〕

공감이라는 감정은 그와 정반대의 것에서 생겨났을지도 모른다 : 낯설고 이질적인 것에 대한 두려움과 반감은 자연스러운 것이다. 그러나 이 감정이 어떤 두려움도 없이 침묵하는 경우가 나타난다 : 우리는 이것을 우리 자신처럼 취급하기 시작한다.

4〔124〕

인간은, 동물계에 존재하는 모든 것을 공감하는 감정의 상속자가 아니다.

4〔125〕

양성이 서로 추구하고 서로 유혹하는 경우 반감과 정반대의 것이 태어나게 된다 : 여기에 공감적인 감동으로서 도덕의 고향이 있다. '함께 즐기는 것'—서로를 먹어치우기 위해서가 아니라 서로를 요구하는 것.—동물의 동정적인 몸짓으로서 도덕성은 그 동물의 관능성에 비례한다.—인간의 경우 역시 그러한가? 동정과 사랑이라는 것을 가장 높이 평가했던 종교는 매우 감성적인 민족에서 생겨났다. 이것은 감성적인 민족들이 관능성에 관해 금욕적인 이상을 내건 사실을 통해 이미 증명되었다 : 이것은 그들이 이 점에 있어서 자제를 모른 채 자유분방하게 느꼈다는 것에 대한 증거다(인도인과 유대인).

4〔126〕

연기로 표현된 연극보다 소설 쪽이 더 강한 인상을 주는 것은, 후자가 자신을 역사와 동격에 놓기 때문이다 ; 이에 반해 연극은 계속 해서 환상을 파괴한다 ; 만약 어떤 배우가 이것을 야기한다면 다른 배우가 이것을 파괴하고, 어느 경우든 극장과 우리 주위의 인간들이 파괴한다. 메리메Prosper Mérimée의 돈 후안에 비해 모차르트의 돈 후안은 얼마나 단조롭고 설득력이 부족한가! 그래서 우리는 바라보는 것보다 이야기를 듣는 것에서 더 많이 활동적이다. 전자는 비판적인 성향을 상당히 자주 만들어낸다. 음악은 지속적인 반주로서 어떠한 경우에도 산만하게 움직여 방해가 된다. 최고의 음악조차 너무 자주 지루하다.

4〔127〕

타인에 대한 공감이란, 즉 그를 두려워하지 않고 그한테서 기쁨을 기대하는 것이다. 이것이 이기주의적이지 않아야 한다!

4〔128〕

타인이(혹은 어떤 동물이) 어떤 기분인지를 이해하는 것은, 더불어 느끼는 것과는 다른 것이다. 예를 들어 의사가 알고 있는 것과 병을 앓고 있는 아이의 엄마가 알고 있는 것의 차이같이—그러나 전제는? 이 특정한 고통의 감정을 재구성하는 일이 결코 아니며, 누군가가 고통을 느끼는 것에 신음하는 것이다. 이에 반해 지식은 어느 특정한 종류의 고통에 관계한다. 자신도 비슷한 경험을 했기 때문에 "타인의 고통을 추체험한다"는 것은 고통에 대한 의사의 지식의 종류이며—특정한 고통과 함께하는 것도 아니고 일반적으로 어떤 사람의 고통을 함께 느끼는 고유한 동정도 아니다. 우리가 사랑하며 우리의 보호나 힘 안에 있는 사람이 고통스럽다는 감정은 아주 개인적인 것이며, 보통은 우리의 무력함에 대한 분노에 묶여 있다(동정에서는 고통의 종류를 생각하는 능력이 상당히 작은 것일 수도 있다).

4[129]

동정심에서 친구를 친절하게 대하는 것은 연약함으로 생각되며 덕과 정반대의 것이다. 공동체에 유익한 조치가 타당한 경우 덕은 자기에 대한 엄격함을 요구한다.

4[130]

인도에서 가장 높은 것은 명상이고 다음이 카스트의 규칙에 따라 생활하는 것이다—

4[131]

열정은 스토아주의자들에 따르면 '잘못된 판단들' 이다.

4[132]

초기의 기독교는 임박한 종말에 앞서 가르침을 지상의 끝까지 전파하기 위해 전도를 가능하게 하는 특성들을 가장 높이 평가했다(독신과 재산을 돌보지 않는 것)—세계로부터의 탈출은 그리스 · 로마적인 삶을 같이 영위하지 않는 것이다. 이런 삶은 철저하게 이교도의 문화에 기인한 것이었기 때문이다. 우리가 보다 고귀한 삶을 살아야 한다는 신플라톤주의의 근본 가정을 따를 때, 세상은 너무 저속하게 보이며 문화 또한 그렇게 보인다. 이 소박한 자부심! "대지를 탈출해 대지를 초월하는 것, 감정에서 최고의 세계 근거와의 만남"—일종의 플라톤적 인식—그것들 모두 환상이었다. 신플라톤주의의 견해가 기독교와 융합되었고 그 융합된 것은 종교인, 보다 높은 인간들이다. 종교 개혁은 더 높은 이 존재들을 거부하고 도덕적이고 종교적인 이상의 충족을 부정했으며 관조적 생활에 대해 많은 악의와 반대를 표시했다.

4〔133〕

도덕에서 각자에게 가장 엄격한 이론이 요구된다.

4〔134〕

이론적인 삶에게는 피상성이 잘 어울릴 수 있다 : 실천적 생활은 탄탄하고 모든 필요한 수단을 이용해 목표로 이끈다. 그렇지 않으면 목표는 달성될 수 없다. 이에 반해 사상가는 자주 자칭 그의 목표에 도달하고 잘못된 길과 비약을 피상적인 것으로 인식하지 않는다 : 그는 아주 종종, 아주 간단하게 성취감을 맛본다.

4〔135〕

순결은 단지 미성년과 소녀의 연령층에 있어서만 하나의 덕목이다 : 그 자체로는 종족을 멸망시키는 것이기 때문에 도착증이다. 타인의 관심에 대한 개인적인 조처로서는 하나의 예외다. 이른바 완전한 단념만이 인간을 구원할 수 있는 경우에 그러하다.

4[136]

새로운 세기의 인류는 자연을 지배함으로써 자연을 소비하는 것보다 훨씬 많은 힘을 획득하고, 그렇게 되면 인간들 사이에 현재 우리가 생각할 수 없는 사치스러운 어떤 것이 등장할 것이다. 인간의 이상주의가 그 목표에 머물지 않을 것이라고 가정하면, 지금은 우리가 꿈도 꾸지 못하는 것과 같은 위대한 시도가 성취될 수 있으리라. 비행만 하더라도 우리의 문화 개념 모두를 허물어뜨린다. 예술작품을 창조하는 대신, 예를 들어 알프스를 미의 성향과 동기에서 완전성으로 고양하기 위해 수세기의 노동을 통해 자연을 엄청난 규모로 더 아름답게 만들 것이다. 그렇다면 이전의 문학은 모두 소도시들의 협소함 같은 것을 풍기게 될 것이다. 건축의 시대가 온 뒤 다시 로마인처럼 영원을 위해 건축물을 세울 것이다. 아시아나 아프리카 등의 후진 민족이 노동자로 일하게 되며, 지상의 인구들은 뒤섞이기 시작할 것이다. 과거를 되돌아보면 우리는 과거의 음울한 우울과 활기 없는 안일함을 상기하게 될 것이다 : 열정과 힘의 넘침이 건강한 생활 양식의 결과가 될 것이다. 이러한 미래를 준비하기 위해 우리는 우울증의 인간, 까다로운 인간, 불평하는 인간, 염세주의자를 격리해 절멸시켜야 한다. 중용의 지성이 정치를 충분히 충족시키고 누구나 다 매일 그것에 대해 알 필요는 없을 정도로 정치의 질서가 잡힌다. 이와 똑같이 경제적인 관계들 역시 살 것인가 죽을 것인가에 대한 욕망 없이 질서가 잡힌다. 축제의 시대.

4[137]

사실을 충분히 경험한 정신, 논리적으로도 달인의 경지에 오른 정신이 지성의 커다란 자극에서 전대미문의 많은 결론을 연이어 도출하고, 그런 방식으로 모든 세대의 탐구자들이 비로소 따라잡을 정도의 결과에 도달하는 것이 불가능하지 않다고 나는 생각한다 : 그것은 또한 공상하는 것이고—그는 그 값을 치르게 될 것이다.

4〔138〕

현재 우리의 귀납적 연구가에게 통찰과 예견은 본래 철학자의 경우보다 더 재기가 넘치고 더 독창적이다(또한 상상력도 풍부할 것이다).

4〔139〕

독자적으로 판단하기 위해서는 어떤 높은 지위, 어떤 권력을 나타내지 않으면 안 된다는 편견, 하층민은 사상에 있어서도 자유로워서는 안 된다는 편견. "그들은 불평하려 하며, 견해를 가지려 한다 등", ———그의 의견에 따르면, 사람들이 너무 오랫동안 생각에 대해———

4〔140〕

탄식하는 영혼이나 의기소침한 사람들이 너무 많이 번식했다!

4〔141〕

명령에 복종하는 사람들의 행복(특히 군 관료들) : 스스로의 활동 방향에 관해 온전하지 못한 책임, 경솔함과 천진난만함, 엄격한 의무 이행의 요구(이것은 복종에 붙이는 아름다운 이름이며 그 품위다). 현명한 기독교인 역시 이런 경솔함을 갖고 있다. 학문도 그렇게 짐을 가볍게 던다(무책임성).

4[142]

현실에 연연하지 않으려 하는 것, 진실한 현실을 세상을 등진 감정 속에서 찾으려 하는 것, 궤도를 벗어나 있는 것 그리고 삶에 대한 이해가 없는 것. 이전의 '학문'은 이러한 것을 위한 공식을 지니고 있었다. 이것은 일찍이 학문에 있어서 하나의 이성적 경향이었다. 그것은 학문이 배후 세계를 믿었기 때문이다. '가능한' 세계에서 멋진 멍청함을 이야기하는 시인에게는 이것이 허용된다 : 그가 스스로 우리의 세계를 경멸한다고 하더라도 그는 작품으로 이 과소평가의 대가를 치른다. 그러나 우리를 "세계 너머로 고양하고", 즉 행위를 공상에 잠기게 하고 한가한 시간의 기분 좋은 거짓말을 삶의 심판관으로 삼게 미혹한다면 그에게 재앙이 있을지어다! 이 점에 관해 현재 우리는 엄격하다.

4[143]

이제 '숭고한 감정'은 의심스러운 것이 되지 않았는가. 왜냐하면 오래전부터 이 감정에는 그릇된 몽상자들의 철학이 너무도 가까이 있어서 숭고한 감정의 곁에는 거의 항상 일그러진 사상이나 무리한 관점이 싹텄기 때문이다! 탄식할 일이다. 게다가 미학적인 고려는 공상적 사고를 엄밀하고 적절한 사고보다 더 매력적으로 생각한다. 그리고 모든 예술에는 어쩌면 지적 우쭐함과 숭고한 감정이 함께 존재하며 그것은 소멸하는 독단 위에서 성립한다. 공상 없는 고양이 존재한다는 것을 제발 날마다 그리고 시시각각 증명해주길 바란다! 친구여!

4〔144〕

하나의 도덕적 감정을 더듬어가면, 모방을 통한 그 감정의 진행에 뒤이어 마침내 그 근거를 어떤 이론에 두고 있는 어떤 사항이나 어떤 행위에 대한 매우 강한 가치 평가를 발견하게 된다. 따라서 개념이 인간을 설득하기 위해 억누르고 인간이 개념에 의거해 무언가를 측정하는 경우, 그 실천적 결과로서 욕구나 구토가 생겨난다. 이것은, 그에 속하는 동기 부여 없이, 그리고 종종 나중에는 잠재된 새로운 동기를 동반한 채 직접적으로 계속 번져간다. 도덕 감정이 존재하는 곳에서는 개념이 제2의 천성이 되거나 감정이 모방되었다.

4〔145〕

누구든지 스스로의 신분을 올바로 유지하는 것을 도덕적이라고 생각한다. 어머니는 자신의 명망을 높이는 것을, 정치가는 자신의 당파에 도움이 되는 것을, 예술가는 자신의 예술 작품을 영구화하는 자격을 갖는 것을 : 그리고 정신과 지식의 정도에 따라 어떤 사람이 이런 이익을 어디까지 추구하는지가 결정된다. 즉 그가 전체 세계의 개혁, 그러니까 세계의 몰락 자체를 도덕적 목표라고 설명하든지 그렇지 않든지. 이를 통해 그는 신분의 이익 등을 최고도로 이용하게 될 것이다. 영주와 귀족은 인망가(人望家)와 함께 하나의 도덕을 지니고 있지만, 서로가 상대방의 수단을 부도덕하다고 칭한다. "도덕은 우리의 곁에 있다" ; 그러나 '우리 곁에 있음' 을 어디까지 확대하는지가 문제다.

4[146]

근친상간, 간통, 강간, 성적인 광란. 낭만주의적 취미의 프랑스 연극뿐만 아니라 독일의 오페라 작곡가들도 이러한 것에 손을 뻗친다—이것은 어떤 징후일까? 그리스인들이 시달렸던 신비적인 공포를 향한 이 성향은 어쨌든 악취미다 : 철학으로 하여금 스스로의 명제들을 믿게 만들기 위해 이것이 필요하다면 매우 좋지 않은 것이다.

4[147]

우리는 타인이 원하는 것을 파악할 수 없기 때문에 우리와 그를 화나게 만든다 : 가족 내의 무서운 비극이 그 이유이며, 그중 대부분 스스로 화를 내는 사람은 선한 사람들이다. 그것은 그들이 이해할 수 없는 것을 이질적으로 느끼고, 그래서 악한 것으로 느끼기 때문이다.

4[148]

도덕적 판단과 감정이 많은 불행, 이른바 양심의 가책을 초래했기 때문에 다음과 같은 질문을 던질 수 있다 : 이것은 더 큰 선을 통해 상쇄되었는가? "도덕적 판단이나 감정을 통해 인류가 존재한다"는 말은 의심스럽다 : 동물들은 이것들 없이 생존한다. 많은 종족들은 도덕적인 차이 때문에 이웃 종족에 대해 그러한 파괴욕을 갖는다.

4〔149〕

가장 특수한 종류의 학문들에서 사람들은 가장 규정적인 어법을 구사한다 : 각각의 개념은 정확히 윤곽이 잡혀 있다. 가장 불확실한 것은 아마 도덕과 관련된 것일 것이다. 모두가 각각의 단어에서 기분에 따라 어떤 다른 것을 지각한다. 이 부분에서 교육이 소홀했고, 모든 단어는 때로는 넓게 때로는 좁게 적용되는 영향권을 갖는다.

4〔150〕

인간적인 것에 대한 권태는 마치 한 편의 오래된 희극처럼 가능한 일이다. 인식하는 인간에게 있어서 항상 인간으로서 인식해야 한다는 것은 하나의 두려운 제한이다. 인간에 대한 지적인 구토가 있을 수 있다.

4〔151〕

명예를 획득하는 영역, 예를 들어 전술(戰術), 천문학, 의학의 영역으로 가는 길이 폐쇄된 매우 야심만만한 인간들은 그들이 이런 것들과 그것의 대표자들을 경시하거나 조소함으로써 복수한다고 망상하거나, 그들 자신에게 바로 핵심에 도달하는 특별한 '왕도' 가 있다고 망상한다. 이러한 때에 인간들은 바로 예언적인 힘을 그려낸다.

4〔152〕

"이것이야말로 진리다"라는 뜨겁게 불타는 환희의 감정, 공상의 지배를 받는 인간이 진리라는 이것을 손으로 잡은 채 눈으로 보는 것, 새로운 다른 세계를 찾는 것—이것은 지성의 병이지 인식으로 가는 길은 아니다.

4[153]

제1의 근본 원리 : 실현할 수 있고 근접한 이상 : 즉 개인적인 이상!

4[154]

"그대들은 단지 순교자가 되면 된다. 그러면 그대들은 그대들의 일에 확신을 가질 수 있을 것이다!"—도덕의 요청에 대해 승전가를 울리는 유혹의 목소리는 그렇게 들린다. 이를 뽑을 때 같은 결심!

4[155]

육체적인 완전함이 없는 정신적 또는 도덕적 완전성이 과연 가능한 것인가?—아픈 상태에서 나타나는 어떤 견해가, 그리고 얼마나 걸러내는 행위가 필요한가. 그렇다고 하더라도 다시 건강하게 된다는 것은 아마도 그의 인식이 뭔가 의심하지 않으면 안 될 정도로 너무 많이 건강에 도취하는 것일지도 모른다.

4[156]

육지를 보며, 육지에 있는 것을 매우 높게 평가할 사람, 그러나 미끄러질 수 없는 난파된 사람—육지로 가기를 원하는 것이 그에게 왜 유익한가? 우리가 적게 획득했을 때 그것은 우리 의지 탓이 아니라 힘의 탓이자 연습이 부족한 탓이다 : 무엇보다도 우리 힘에 대

한 지식의 탓이다 : 그렇지 않다면 우리는 많은 것을 전혀 원하지 않을 것이다.

4〔157〕

정신, 즉 "인간 내부에 있는 인간" 필로Philon〔그에게 모든 진정한 존재는 현실과 동떨어진 것이며 영기(靈氣)의 계시에 은총을 입은 사람만이 이 진정한 존재에 참여할 수 있다〕

4〔158〕

유대인은 세속적인 것을 하늘의 숭고한 자, 옥좌에 있는 자에 비해 약한 것, 무상한 것으로 생각했다. — '가장 굴종적인 복종' 에서

순수한 정신적 존재란 그리스인의 산물이지 유대인의 산물이 아니다. 그러나 하늘나라와 세속적인 세계는 유대적이다.

유대인은 실현할 수 없는 이상을 믿지 않는다. '하늘의 율법' (플라톤의 이데아와 닮은)은 완전히 실현되고, 하늘의 지혜는 율법의 형태에서 적합한 것으로 나타난다. 플라톤의 경우는 다르다.

4〔159〕

그리스적 : 계시를 위해 고기와 술을 삼가는 방식으로 접근이 가능하다. 유대인에게 그러한 조건은 필요 없다.

4〔160〕

에센파를 통해 그리스적인 것이 파고들어 왔다.

4〔161〕

육체의 부활은 유대인의 교의다. 죽은 자에게도 육체와 피가 남아 있다. 양자는 지복의 생활에 참여한다. 순교자는 잡아 뺀 내장을 부활할 때 돌려받을 수 있다고 믿고 있다(《마카베오 2서》).

4〔162〕

"육체는 정신에 반해, 정신은 육체에 반해 *강렬한*πν〈εῦμα〉 욕망을 느낀다." 바울로. "내 육체에 죄가 머물고 있으며" 육체는 정신과 마음에, 즉 내부의 인간에 작용한다.

죽음과 죄의 결합! 모두가 죽기 때문에 모두가 죄를 지었음에 틀림없다.

4〔163〕

필로에 따르면, 최근의 인간은 최고도의 완전함을 갖추고 있으며, 아주 현명하다 : 이 인간은 성적 욕구에 굴복함으로써 전적으로 자유 의지로 타락한 것이다.

4〔164〕

유대적이며 또한 바울로적인 것 : 지식과 의욕이 없는, 종교적으로 고착되어 있는 죄가 있다.

율법에 반해 행동하는 것이 죄의 근거가 되고, 이 죄는 속죄될 수 있다(순수한 것과 불순한 것에 관한 〈레위기〉의 규정)

필로에 따르면 죄란 : 육체적인 것의 악한 성질에 이성이 의식적으로 자신을 바치는 것—이것은 그리스적이다.

"육체는 제거되어야 한다." 바울로. 내적인 인간의 저항은 단지 율법에 대한 지식과 기쁨만으로는 충분하지 않다. 온전히 무력하다. (바울로는 지식과 가치 평가가 효율적인 의지에 충분하다고 생각하지 않았다.)

바울로에게 증명이란 다마스쿠스의 현시였다 : 그리스도의 얼굴에 비친 신의 빛.

그는 인간이 죄가 있는 육체를 가지고 있다고 가정했다 ; 인간의 죄의 육체. 이것이 *죄* ἁμαρτία 다 : 율법의 출현 이전에는 그것이 *인간의 정신* πνεῦμα ἀν⟨θρώπου⟩을 율법에 대한 지식 없이 지배했고 율법의 출현 이후에는 그것에 대한 지식과 더불어 지배했으며 *위반* παράβασις 을 만들어냈다. 그리스도에게는 *죄*를 속박된 상태에 붙잡아두는 *신의 정신* πνεῦμα Θεοῦ 이 있다. 신은 그리스도의 *육체*를 죽여 없앰으로써 *죄* σάρξ 에 사형을 선고하고 멸했다. 육체의 극복은 그리스도의 지상의 생활을 통해서가 아니라 그의 육체의 죽음을 통해서 이루어졌다.—세례를 통해, 그리스도에게 일어난 것이 세례받은 사람에게 함께 일어난다. 효과는 즉각적이다. 그의 *육체*가 죽으면 그는 죄에서 자유로워진다. 죄의 근원적인 제거! 인간은 그리스도와 '생명을 만들어낸 정신'과 하나가 되었다—따라서 불멸하며 그리스도가 부활했던 것과 같이 부활한다.

정신 πνεῦμα 으로 충만한 인간은 의롭고 신성하다. 그리고 루터는? 육체는 계속 존재하지 않는다—그렇지만 죽는다.

바울로가 경고하는 상황은 *육체*의 몰락을 증명한다. *육체*의 사멸이 중단될 수는 없다.

테라포이트파와 에센파, 이후에 에비온파는 개개인에게 관능성을 죽이는 것을 맡겼다.

그리스도의 재림 때까지 기독교인은 육체 그 자체를 갖고 있을 것이다.

바울로는 1) 육체의 부활도 2) 구원받지 못하는 사람의 부활도 알지 못한다.

4〔165〕

죄의 감정과 영겁의 죄를 짓는다는 감정은 상상이기 때문에 이것들의 감정을 없앨 수 있는 방법 또한 존재한다. 신과 합일했다는 반대의 생각에서 나타나는 끊임없는 삶. 대체로 선교에 충실하며 죽음을 두려워하지 않는 순교자적인 강한 실존이 도덕적인 절망에 대항하는 수단이다 : 즉 엄청난 교만의 재건, 밑에서 높은 곳으로의 비약. "의롭고 신성하다"는 것은 전혀 불가능한가 아니면 단숨에 그런 것인가! 향상되는 것 대신 완전성의 기적이 자리한다.

4〔166〕

종교적으로 생산적인 본능을 가진 사람들 모두 환각과 황홀감을 느낀다. 이것은 종교적인 것이 건강하다는 사실의 반대를 증명한다.

4〔167〕

예수의 우주적 위치. 만유의 구원자. 종종 표현할 길 없는, 완결에 대한 동경, 한숨. 육체의 잔재는 완전히 제거될 것이다. 우리는 '신의 자식'이 된다—부활에서.

4〔168〕

도덕은 편견의 합계라는 이유로, 또한 하나의 편견을 통해 없어질 수 있다.

4〔169〕

아주 선해진 감정도, 아주 타락했던 감정도 똑같이 만들어낼 수 있다. 이것은 해석과 적응의 문제다.

4〔170〕

광신은 구토 그 자체에 대한 대항 수단이다. 바울로의 양심을 힘들게 하는 것은 무엇인가? 육체가 그를 불순, 우상 숭배, 마술, 적개심, 살인, 음주, 술자리로 인도한다. 모든 것은 권력의 감정을 위한 수단이다.

4〔171〕

그리스도의 죽음을 통해 율법이 온전히 시행되었다면 사람들은 율법으로부터의 해방감을 느낄 수도 있다. 신에게 적대적인 원리는 그리스도의 육체가 몰락함으로써 파멸한다 : 하나의 죄가 제거될 뿐만 아니라— '죄' 그 자체가 세계에서 추방되었다.

4〔172〕

네 개의 주요 서신에 있는, 유대주의와의 싸움에서 나타난 사상적 노력.

4〔173〕

지금 우리는 종교적 무아지경을 향한 성향을 설사약으로 치료해야 할 것이다.

4〔174〕

무엇을 통해 엄청난 힘의 고양에 대한 감정이 인간한테서 야기되는가? 브라만교도 : 강한 신들을 상상하고 그들을 자신의 지배하에 두며 도구로써 취급하는 수단을 생각해내는 것.

〔또는 위인을 거인 같은 것으로 확대해 자기 자신에 대한 전(前)단계로 세워두는 것〕.

4〔175〕

힘의 감정? 그에 대한 수단으로서의 금욕〔신과의 합일, 사자(死者)와의 교제 등〕. 세계에서 이탈하는 것은 이미 교만이다.

4〔176〕

사람들이 강한 지도자, 가족, 공동체, 국가에 속하는 한, 힘의 감정은—도덕적 구속성의 수립을 위해 근본적이다 ; 우리는 우리를 종속시키고, 이를 통해 힘의 감정을 가진다.—하지만 조국을 싫어하는 사람도 조국이 위기에 처한 순간에는 즉시 희생할 용기를 다시 갖게 된다 : 그는 무력감을 원하지는 않는다.

4〔177〕

무력감에서 힘의 감정으로의 이행은 유쾌한 일이다 : 이 때문에 종종 빼저린 굴욕을 바라게 되는 것이다. 다윗, 나중을 위해—. 아마도 유대적인가?

노예의 은밀한 교만 : 예를 들어 종교적으로———

동물과의 구별 ; 다른 행성과 지구의 구별.

4〔178〕

드라마에 있어서 독일인은 무엇이 일어났는지 사람들이 이해하기를 원하지만, 프랑스인은 왜 일어났는지를 사람들이 이해하기를 원한다 ; 프랑스인은 이성적이고 독일인은 직관과 즐거움에 머물러 있다.

4〔179〕

행복이 초래하는 첫 번째 작용은 힘의 감정이다 : 권력은 자신을 나타내고자 한다, 1) 우리 자신에 반해 2) 인간들에 반해 3) 표상들에 반해 4) 상상된 존재나 사물에 반해. 멸망시키는 것, 비웃는 것, 선사하는 것.

4〔180〕

자연에 대한 지배, 20세기의 고정관념은 브라만교이고, 인도 게르만적이다.

4〔181〕

배우-천재. 누군가 그런 말도 안 되는 것을 제시할 수 있다고 생각할 수 있는가?—나 자신이 그것을 제시해 보여주었다. 때에 따라서 바보짓을 하는 것도 나쁘지 않다—그러나 지금은 아니다.

4[182]

도덕이 말할 나위 없이 유용하다고, 특히 유용했다고 말함으로써 도덕이 미신이라는 주장을 논박했다고 생각해서는 안 된다 : 그러니까 도덕은 상당히 유용한, 어쩌면 불가결한 미신.

4[183]

힘의 감정은 오늘날 학문 쪽에 있다 : 개별적 존재 자체('철학자')가 아니라 일원으로서. 영주와 민중도 학문에 봉사하고 있다.—브라만교를 어쩌면 능가할지도 모른다. 개개인의 독립성을 높이는 수단은 무엇인가? 보다 높은 존재라는 감정인가?

4[184]

어느 시대에나 인간은 힘의 감정을 획득하기 위해 노력해왔다 : 이것을 위해 인간들이 고안해낸 수단들이 거의 문화사를 형성한다. 지금은 이 수단들 중 많은 것이 더 이상 가능하지 않거나 권장될 수 없다.

4[185]

그는 느끼고 그녀는 느끼고 그것은 느낀다—남자, 여자 그리고 아이.

4〔186〕

"인도의 신들은 은혜를 베푸는 자들이 아니다 : 성스러운 행위나 노래 또는 바로 그 운율들에서 모든 부와 모든 세속적 행복이 생겨난다." (바커나겔Jacob Wackernagel)

4〔187〕

개인의 도덕적 제한에 대한 반대 급부는 권력에 대한 개인 감정의 상승이다(어느 공동체, 이후에는 더 고귀한 정신적 인간의, 교단의 일원으로서). 도덕적 행위 덕분에 마법을 부릴 수 있는 것이다. 힘의 감정과 더불어 몰락하는 것—이것은 특별한 책략이다. 즉 죽음에서 승리하는 것("물질로부터 탈피한다" 등).

4〔188〕

신의 비인격적인 신성은 그리스적이다. 유대인은 그들 민족의 신, 약속의 신, 인격성을 갖고 있다. 기독교인은 이 양자 사이에 있지만, 그러나 더 유대적이다.

4〔189〕

키프로스인 "교회 밖에서 행해졌던 덕행은 순교라고 할지라도 무가치하다".

기독교가 "바위처럼 견고한 신념과 죽음을 두려워하지 않는 확신"을 낡은 세계로 가져왔다고 한다.

4[190]

플라톤은 실제로는 범신론자이지만 이원론자의 옷을 입고 있다.

4[191]

힘의 감정의 수단으로서의 알코올 음료와 마약. 예술, 미의 제전, 의무의 도취

4[192]

우리에게 필요한 종자(從者)로서, 혹은 아내 등으로서 그렇게, 그리고 그렇게도 많은 사람들이 우리와 함께 죽는다는 것을 아는 것 —이것은 또다시 미래의 희생자를 너무나 힘 있는 자에게 종속된 것으로서 자랑스럽게 만드는 권력에 대한 감정이요, 표현이 된다.

4[193]

신, 영주, 여성들에게 아첨하는 기술은 가치를 잃어버렸다 ; 지금은 자유로운 복종이나 마지못한 복종이 선호된다. 하인의 행동거지는 경멸받게 된다 : 이것이 훨씬 더 미학적이다.

4[194]

약함의 감정(두려움)이 우세한가, 힘의 감정이 우세한가에 따라 비관적인 체계나 낙천적인 체계가 생겨난다.

4[195]

가장 현명한 것은 타인에게 인정되는 힘의 감정을 획득할 수 있

는 영역에 자신을 한정하는 것이다. 그러나 그들 자신에 대한 무지가 너무 크다 : 두려움이나 경외감으로 인해 그들은 힘의 감정이 단지 환상을 통해서만 얻을 수 있는 영역으로 마음을 뺏기게 된다. 베일이 벗겨지면 거기에 질투가 자리한다.

4〔196〕

자신이 믿지 않는 자신의 권력을 외부로부터 증명하도록 하는 것—즉 타인의 판단에 예속된 상태에서 두려움을 통해—이것은 허영심 강한 인간의 우회로다.

4〔197〕

(나폴레옹, 카이사르) 권력의 엄청난 열정. 거기서 사람들은 힘의 감정을 꼭두각시들(국가들)의 힘의 감정을 만족시키기 위해 원하는 자기 본연의 모습보다 더 허영심을 지닌 것처럼 보일 수밖에 없다. 나와 나의 민족에 있어서의 권력, 그리고 단지 우리 안의 감정뿐 아니라, 권력도 우리의 외부에서 가시적(可視的)이다. 그런 권력이 가장 강하고 가장 장엄한 감정을 만족시키기 때문에 역사는 여기서 커다란 발걸음을 내딛는다. 정복자야말로 진정한 주역이며, 모든 민족 내부에서 발생한 일과 그들의 필요한 문제들은 부차적인 것이다. 즉 항상 그렇게 느껴지는 것이다 : 민중은 빵보다 포도주를 더 바란다.

4〔198〕

학문의 힘은 이제껏 인간이 가져본 적도 없고 느껴본 적도 없는 힘의 감정을 일깨워준다. 모든 것은 스스로를 통해 이루어진다.— 그렇다면 무엇이 위험하다는 것인가? 학문은 학문에 그친다고 전제한다면 그게 터무니없는 착오가 아니고 무엇이겠는가?

4〔199〕

상상된 권력의 허풍이란 터지게 마련이다 : 이것은 인생에서 엄연한 사실이다. 그럴 때 인간은 화가 나서 물러서거나 좌절하거나 둔감해진다. 가장 사랑했던 사람의 죽음, 한 왕조의 몰락, 친구의 배신, 어떤 철학이나 정당이 더 이상 지탱하지 못하게 될 때.—그럴 때 인간은 위로, 즉 새로운 허풍을 바라게 된다.

4〔200〕

누구에게나 날카롭고 자극적인 양날의 단어를 들이미는 것 : 그런 것을 기꺼이 행하려는 사람들은 황소가 빨리 달릴수록 더 채찍질해대는 것을 즐기는 자들이다. 하지만 다른 한편 누가 되었든 상관없이 스스로 날뛰게 만들어서 자신의 힘이 어떤 효과를 발휘하는지 보고 즐기려는 무모한 사람들이 있다.

4〔201〕

소위 공생 동물들은 서로를 잡아먹지 않지만, 다만 필요한 양식을 조달하는 수단으로 종종 서로를 이용한다. 여기에 먹고살 목적으로 서로를 보호하는 예가 있다.

두려움을 주지 않는 생명체와 더불어 사는 것—이 동물에게 자신의 새끼들을 내맡길 수도 있을 것이다. 그들이 양육되기를 바라는 것이 미루어 헤아려진다. 부모한테서 자식을 빼앗으려 한다면 부모의 지배욕과 소유욕은 매우 자극을 받게 된다. 동물의 집단 생활은 새끼를 키워온 역사만큼이나 오래되었다.

많은 동물에게 그들이 결코 벗어날 수 없는 기생 동물이 옮겨 기생하는 것처럼, 인간들의 경우도 마찬가지인데—기생 동물이 하인과 다른 점은, 하인들은 집주인의 의지에 반해, 또는 주인과 함께 먹고살며, 주인이 없으면 망한다는 것이다 ; 예를 들면 많은 여성들이 그렇다. 일찍이 자유로운 생활과 많은 기관들이 더 이상 필요 없게 되었다 : 그렇다 보니 그것들은 퇴화하거나 이미 퇴화된 수단이 되었다. 이러한 예가 인간에게도 있을까?

4〔202〕

지금의 전쟁, 종교, 도덕의 극단, 광신적인 예술, 당파 사이의 증오—이것은 힘의 감정에 스스로 기만되고, 한번은 힘을 행사하고픈 무력감에서 나오는, 불만한 연극이다—그리고 이런 것들은 늘 비관론과 한탄으로 귀결된다! 그대들에게 결여된 것은 스스로를 통제하는 힘인 것이다!

4〔203〕

그대들에게 절제의 협회를 만들기를 권장한다. 이것은 그대들이 아주 절제적인 힘을 가져서가 아니라, 이를 통해 그대들이 정신적 음료를 너무 많이 마시지 않게 하기 위해서다. 이 음료는 그대들을 몇 시간 동안 힘의 감정에 취하게 하고 그대들에 대한 구토를 지속시킨다.

4〔204〕

고행자는 엄청난 힘의 감정에 도달한다. 스토아주의자도 마찬가지다. 그들은 항상 승리감에 도취되어 있고, 흔들리는 것처럼 보이지 않아야 하기 때문이다. 에피쿠로스주의자는 그렇지 않다 ; 그들은 자기 자신에 대한 힘의 감정이 아니라 신들과 자연에 대한 두려움을 갖지 않는 데서 행복을 찾는다 ; 그들의 행복은 소극적이다(에피쿠로스가 말하는 유쾌함이 그러한 것처럼). 힘의 감정에 비하면, 유쾌한 감각에 굴복하는 것은 거의 중립적이고 연약하다. 그들에게는 자연에 대한 지배와 그로부터 밀려오는 힘의 감정이 없다. 당시에 인식은 아직 건설적인 것이 아니었다. 오히려 스스로를 정돈하고 조용히 즐기라고 가르쳤다.

4〔205〕

도덕의 역사에도 힘의 감정이 넘쳐흐른다 : 도덕의 역사는 의식적으로 왜곡되고 인간은 동물에게는 없는 특성을 지닌 더 높은 존재로서 훌륭하게 생각되었다. 거의 모든 저술에는 인간에 대한 아첨의 혐의가 있다.

4〔206〕

인간이 전쟁에서 획득한 자부심을 학문을 통해 인간에게 주려 한다면, 학문은 더 위험한 것이 되어야 하며, 더 많은 희생을 요구해야만 한다 : 스스로를 희생해야만 하는 것이다.

4〔207〕

신들이 창조된 것은 두려움 때문만이 아니다. 힘의 감정이 공상적으로 변하고, 스스로를 인격에서 방출했을 때에도 신이 창조된다.

4〔208〕

사치는 인식을 추구하는 사람에게 굴욕적이다. 사치는 그에게 단순히 피할 수 있는 것일 뿐만 아니라, 그것은 소박하고 영웅적인 삶과는 다른 삶을 대표한다 — 그리고 이 경우 상상력을 마비시키며 모순을 일으키도록 작용한다. 우리는 '편안하지' 않다. 사치에 대한 성향은 인간의 깊은 내면에까지 이른다 : 눈과 귀에 있어서 지나치고 과잉된 것은 그러한 인간이 거기서 안락하게 느끼는 물과 같이 되어버린다.

4〔209〕

요술쟁이는 지금까지 알려지지 않은 새로운 인과성을 묘사하는 것처럼 보이고 이것이 기분을 고양한다! 시인도 같은 일을 그의 이미지나 비유를 통해 행한다.

4〔210〕

사랑에 대해 그렇게 열광적으로 열망하며 이야기했던 사람들은 사랑을 적게 받은 사람들이다. 보편적인 인간애라는 것은 거의 배겨낼 수 없는 것임에 틀림없다 : 어느 한 사람이 아닌 수백의 사람들이 지금 연인들이 행하는 것처럼 우리를 열망하고 우리에게 노력을 기울인다면, 모든 사람이 사랑이 없었던 시대로 다시 돌아가기를 요구할 것이다. 돕기를 원하는 것의 기초로서의 힘의 감정은 위험하다. 돕도록 허용하는 사람이 전제되기 때문이다.

4〔211〕

또한 사람들이 역사에서 단지 자신의 위치를 정하려고 한 곳은 언제나 새로운 개념들이 도처에서 승리했던 엄청난 소요(騷擾)의 순간이었다 : 오늘날에는 그렇지 않다.

4〔212〕

과도기의 시대 : 누구나 우리의 시대를 그렇게 부르며 모두가 그에 대해 타당한 권리를 가진다. 그렇지만 이 호칭이 다른 어떤 시대보다 우리의 시대를 더 적절히 나타내준다는 뜻은 아니다. 우리가 역사에서 지반을 차지하고 있는 곳, 도처에서 소요가 발견되며 오래된 개념이 새로운 개념과 투쟁하고 있다 ; 섬세한 후각의 인간들, 그들은 일찍이 예언자라고 불렸고, 단지 자신들에게 일어났던 것만을 지각하고 본 사람들은—그것을 알고 있었으며 보통은 아주 심하게 두려워했다. 이런 일이 계속되면 모든 것이 가루가 된 채, 그렇게 지금쯤 세계는 틀림없이 몰락해야만 한다. 그러나 세계는 몰락하지 않았다. 황야의 오래된 가지들은 부러졌지만, 항상 새로운 숲이 자라난다. 그리고 모든 시대에는 멸하는 세계와 생성하는 세계가 있었다.

4〔213〕

모든 보다 위대한 인식에는 어떠한 상상력이 전제되었는지를, 매몰차게 차단해버리기 위해 얼마나 많이 창작되고 만발해야만 했는지를 예술가들이 알고 있다면! 우리는 과수원이다 : 정녕 그대들은 우아한 생각이나 가설을 단순히 무효화하는 것이 그렇게 쉬운 일이라고 생각하는가? 우리는 우리 자신에게 매우 무자비하다. 그것은 그대들이나 모든 사람들이 가져야만 하는 과실(果實)을 위해서다!—괴테는 학자에게 무엇이 속해 있는지 알고 있었다 : 학자는 모든 강물이 바다에서 하나가 되듯이 모든 인간의 유용함이 통일을 이루게 해주는 그러한 이상이다. 왜 그대들은 학자를 정신의 노동자에 의거해 판단하는가? 더구나 우리 또한 그대들을 그림 물감을 개는 사람이나 단역으로 판단하지 않는다.

4〔214〕

독일인은 헤겔주의자의 만취된 명민함을 체험했다. 그들은 괴테를 도식들에서 분쇄함으로써 그를 해명한다고 잘못 생각했다. 독일인들은 또한 바그너 신봉자들의 모순적인 제한성을 체험했다. 그들은 그들의 스승의 모든 약점에서는 모든 사람들이 약할 수밖에 없다는 교의와 요구를 만들었다.

4〔215〕

위로의 수단 : 다른 누구보다 더 많이 인내해야만 하는 것은 특권의 감정, 힘의 감정을 부여한다.

4〔216〕

어떻게 하면 힘의 감정을 1) 항상 더 실질적인 것으로, 즉 공상적이지 않은 것으로 만들 수 있을까? 2) 해하고 억압하고 경멸하는 등의 힘의 감정의 영향이 박탈될 수 있을까?

4〔217〕

'혀로 말하는' 사람은 자신이 말하는 것에 관해 명석한 의식을 갖고 있지 않다.

4〔218〕

유대적인 개념으로서의 마음, 불명료하고 어둡고 맹목적이고 무정하며 아첨으로써 기만하거나 혹은 그 반대 : 마음의 기능은 정념인 것이다 : 《구약 성서》는 이성의 능력을 마음에 부여한다 : 단지 신만이 마음속을 볼 수 있다. 육체로 된 마음 : 정념들에서는 내장까지도 활동한다. 이것은 쇼펜하우어가 말하는 '의지'에 거의 상응하는 것이다.

4〔219〕

바울로는 부활한 육체가 얻는 천상적인 육체의 재료를 믿는다.

바울로는 고린도 사람들 가운데에서 자신이 겉으로 매우 약하게 보인다고 느낀다.

"죽음의 운명이라는 역설은 수수께끼의 매듭이고 여기서 인간은 신의 결정의 배후로 나아가야만 한다." 우선 그리스도의 죽음이 구세주적 성격에 대항해 투쟁한다 : 그러나 다마스쿠스에서의 기적이 구세주적 성격을 증명했다.

*육체*에서 해방되어, *정신*으로 충만할 때, 우리는 이미 율법에 얽

매이지 않는다. 율법은 *육체*의 *죄*를 최대한 강력하게 제시한다. 그것에 의해 죄는 인간에게 참기 힘든 것이 된다. '육체 속에 존재한다' 는 것은 '율법에 존재한다' 는 것이다. 악에 무감각해지는 것은 율법에 무감각해지는 것이다.—바울로는 율법에 얼마나 깊은 증오를 품고 있는 것인가!

바울로는 몇 가지 행위를 통해 이미 율법은 없어졌다고 선언했다. 이것은 그에게 가장 중요한 점이었다. 그리스도인이 행하는 것은 이미 율법의 기준으로는 더 이상 측량할 수 없었다. 율법은 *육체*처럼 죽은 것이다 : 그리스도가 그것을 실현했다.

신의 용서와 은총의 감정에서 하나의 논거가 나오고, 다른 하나는 세례를 통해 그리스도와 가장 내적으로 같은 정신이 된다는 감정에서 나온다. "신앙에서, 그리고 은혜에 의해"—율법이 위반을 먼저 만들어내는 것이다.

율법을 충족시키는 것이 어쨌든 있을 수 있어야 한다면, 그리스도의 죽음은 신의 결정에서 불가능했을 것이다 : "만일 의롭게 되는 것이 율법으로 말미암으면 그리스도께서 헛되이 죽으셨느니라." 정신으로 하여금 자신의 의지를 묻지 않은 채 몰아대도록 하는 것, 정신에게 전적으로 몸을 맡기는 것—

율법은 내 죽음의 원인이다. 이를 통해 나는 그러나 율법에 무감각해진다. 기독교인 역시 죄를 범하는 일이 있다 할지라도, 그것은 이미 율법을 위반한 것이 아니다. 그는 율법을 벗어나 있다. "이제는 내가 산 것이 아니요, 내 안에 그리스도께서 사신 것이라 이제 내가 육체 가운데 사는 것은 하나님의 아들을 믿는 믿음 안에서 사는 것이라. 내가 지금 또다시 율법을 수용한다면(그래서 나를 율법에 종속시킨다면), 나는 그리스도를 죄의 동조자로 만드는 것이다."

아직 *죄*가 있지만 극복될 수 있다 : 반면에 율법 아래서 죄는 극복될 수 없다 : 죄를 만들어내는 율법은 사라졌다(더욱이 죄의 자연적 필연성은 사라졌다)

죄는 때로는 신성한 신에 대한 연약함과 불완전함으로서—때로는 독립적으로 활동하는 악마적인 원인이다.

204~205페이지에 명확한 사실이 드러나 있다.

4〔220〕

어떤 것이 진실로서 타당해지는 즉시 모든 세련된 이해는 멈춘다. 예를 들어 기독교인 모두가 그들의 바울로를 한 단어, 한 단어, 한 문장, 한 문장 수양하기 위해 읽는다 하더라도 본래의 변증법, 저항하려는 그의 사고 과정들, 본래의 그의 고난이나 고통은 : 즉 고투하는 바울로는 전혀 이해될 수 없었다 : 그는 죽었던 것이다. 즉 영감을 얻어, 신의 대변자로서 전해지고 있다.

4〔221〕

오직 한 종류의 음악에만 귀 기울인 사람은 그 음악이 얼마나 혐오스럽게 들리는지를 더 이상 모른다 : 이뿐 아니라 그는 섬세하고 좋은 음악을 힘이 약하고 과장된 음악과 구별할 수 없게 되어, 각 부분별로는 사람들이 생각하는 것보다 어렴풋이 적은 정도밖에 맛볼 수 없게 된다. 전체에 있어서는 당연히 힘의 감정을 갖는다—그의 음악이야말로 최고의 음악이며 구석부터 구석까지 좋은 음악이 된다 : 둘 중에서 반대의 것이 진실임에도 불구하고. 자신만을 사랑하는 사람은 가장 나쁜 취향에서 지복을 느낀다. 그리고 여기서 율법과 폭군이 만들어진다 : 나쁜 성향은 범죄로 통한다le mauvais goût mène au crime.

4〔222〕

우리 힘의 감정의 돈 키호테가 우리 의식 속으로 들어와, 우리가 눈을 뜨면—우리는 돈 키호테처럼 십자가의 근처로 기어갈 것이다,—두려워해야 할 결말! 노력의 끝에서 인류는 부끄러운 자기 부정에 항상 협박당하고 있다.

4〔223〕

나는 예술의 황당무계한 자만심에 제동을 걸고 싶다. 예술은 구세주인 척하는 게 아니다. 예술은 순간의 위로이며, 미미한 삶의 가치밖에 지니지 않는 것이다. 예술이 이것 이상이라고 주장하는 것은 상당히 위험한 것이다.

4〔224〕

일찍이 그리스인은 우유와 벌꿀을 신의 음식이라 생각했다—아직 포도주를 마시는 시대가 아니었다. 게르만의 신들에게, 꿀을 탄 술은 불사의 음료였다 : 여기서 술 마시는 자를 마주한다. 게르만족 사람들의 육체는, 취하게 하는 음료로, 공물로서만 바쳐졌다. 따라서 : 사람들은 사고에서 취함을 동반하는 음료와 죽지 않음 및 고통이 없는 감각을 연계했다. 육체를 맛봄으로써 최후의 날 죽어야 하는 인간에게서 사멸성의 고통이 모두 소멸되며, 인간은 신들의 지복으로 이행한다.—우유와 벌꿀이 가져다준 환희 : 수프에도 이미 취했던 니농 당클로Ninon d'Enclos의 일이 생각난다.

4〔225〕

디오니소스적—우리에게 포도주란 상당히 깨인 것일 것이다. 게다가 우리는 디오니소스적 원인을 포도주 이외의 것에서 추구하며 포도주의 효과를 겨우 상징적으로만 생각하지만, 그 반대다! 포도주의 효과야말로 새로운 것이며, 새로운 생명 및 신성으로 이해됐던 것이다—그리고 다른 현상들이 그것에 따라 상징적으로 여겨졌다.

4〔226〕

히스테리에 빠진 그리스의 여자들을 덮쳤던, 간질과 같은 광기는 포도주에 취하는 것에 비교되었다.

4〔227〕

매순간 지상에 흘리는 눈물들이 모두 함께 흐른다면, '재앙의 목초지' 에는 세찬 강이 끊임없이 흐르게 될 것이다.

4〔228〕

모든 것은 공허하고 허무하다. 어떤 것도 영속적인 노력을 할 가치가 없다 : 그러므로 순간을 즐겨라. 어차피 불행은 닥쳐올 테니까—솔로몬

4〔229〕

불행을 잊어버리는 것, 격렬한 노동, 격렬한 즐김을 통해. 에피쿠로스 학파.

4〔230〕

악한 것을 보지 않으려 하는 것, 그 존재를 인정하지 않는 것, 그것을 부정하는 것, 그것을 다르게 해석하는 것, 그것의 지성적인 영예를 부정하는 것—위로의 수단!

4〔231〕

바울로는 율법의 광신자이자 율법의 의장대이며 율법에 적합한 행위를 하고자 했다 : 그러나 그렇게 할 수 없었다! *육체*! 그 다음에 율법 그 자체가 위반으로 유혹하는 것이다!—그는 율법에 깊은 증오를 품고 있었다 : 그리스도의 죽음으로 인해 율법이 사라진다고 알았던 것은 그의 승리였다. 이 지배욕 강한 사람들 사이의 정복될 수 없는 적이 정복된 것이다.

4〔232〕

포도주는 술에 취한 우리의 뇌에 끼친 것과는 다르게 그리스인들에게 영향을 끼쳤다. "순수한 포도주는 미치게 만든다"라고 그들은 말했다.

4〔233〕

잘못된 추론 : "나는 인간을 경시한다. 그러므로 그들은 나를 중

시할 것이다", "나는 인간을 두려워하지 않는다. 따라서 그들은 나를 무서워할 것이다". 그러나 반대로 추론하는 것도 이와 같이 잘못된 것이다. 추론한다는 것이 여기서 바로 틀린 것이다. 그것은 아이들이 다음과 같이 추론하는 것과 같다. 내가 눈을 감기 때문에 다른 사람에게는 내가 보이지 않을 것이라고.

4〔234〕

천재들, 그들은 닭에게 하는 것처럼 신봉자들 뇌의 일부를 잘라버린다. 그러면 신봉자들은 거의 취한 채 비틀거리며 숭배의 조건반사 운동을 반복한다.

4〔235〕

기독교인은 독서를 잘못 배웠다. 고대의 사람들은 그 문헌학자들을 통해 읽는 것을 배우는 데 얼마나 노력했던가! 그러나 성서는!

4〔236〕

일찍이 포도주가 있는 곳에 신이 있다고 사람들은 생각했다. 사람들은 또한 고양(高揚)이 있는 곳에 신이 있다고 생각했다. 아아, 고양이란 포도주와 같은 것이다. 즉 알코올과 마취제인 것이다.

4〔237〕

인류의 진보가 늦어진 원인과 인류의 불행은, 인간이 자양분이 되는 것보다 고양하고 흥분시키는 것을 더 높이 평가한 데 있다.

4〔238〕

인류의 가치가 떨어지면 (예를 들어 병에 의해) 제도에 대한 인류의 경의도 떨어진다. "병자는 불량배다." 그리고 성인도 그렇다!

4〔239〕

지루한 사람들이 다른 사람들을 고통스럽게 한다고 말하는 게 아니다 : 그들은 아무것도 물어뜯으려 하지 않는다. 왜냐하면 그들의 힘에의 의지가 어떻게 하면 자기 자신을 충족시킬 수 있는지를 모르기 때문이다—다른 모든 것은 그에 반하지 않는다.

4〔240〕

범죄에 있어서 : 전과 없는 가족에서 전과 있는 가족으로 될 때의 힘의 감정의 무서운 굴욕감. 적을 생각할 때도 이 정도로 힘들지는 않다. 양심의 가책도 힘들지 않다!

4〔241〕

예술의 본질 : 유해한 기능이 해를 초래하지 않고 실행된다. 가장 유쾌한 역설.

4〔242〕

라코치 행진곡은 세계에서 가장 아름다운 것.

4〔243〕

최근의 과거에 관해서라면 진리를 말하더라도 사람들은 이제 참는다. 세대들은 과거에 기초해 자신들의 의견의 근거를 마련하지 않으며 그렇게 명예를 추구하지 않기 때문이다—자신의 생각을 이전의 생각에 대립시키는 것이야말로, 힘의 감정과 독립에 대한 감정을 손아귀에 넣는 것이기 때문이다.

4〔244〕

위대한 정치가들에게는 국민에 대한 상상력이 있다—그러한 상상력을 가지고 있기 때문에 그들은 위대하다. 즉 영향력이 있다 : 위대한 정치가들이 사람들이 갈망하는 힘의 감정을 국민한테서 만들어낸다는 것을 사람들은 느낀다. 어떤 국민은 화려함과 군사적 힘을 동반하는 힘을 원하고 어떤 국민은 간특한 꾀와 외교적 우월함을 동반하는 힘을 원한다.

4〔245〕

위대한 군주나 정복자는 장중한 언어로 덕을 말한다. 이것은 덕이 주는 힘의 감정 때문에 덕이 사람들 사이에서 승인되었다는 것에 대한 표시다. 자신이 힘을 가지고 있다는 것을 제시하기 위해 누군가가 입에 담지 않으면 안 될 장대한 언어가 진짜 상황이나 동기와 일치하지 않는 데 정치의 부도덕함이 있다.

4〔246〕

아아, 진리의 단어를 통해 영향을 주는 것은 불가능하다. 수사학이 필요하다. 즉 어느 특정한 단어나 동기에 의해서만 움직인다는 낡은 습관이 반응하며 진리로 변장할 것을 요구한다.

4〔247〕

나는 개개인 또는 민족의 이익이나 허영심은 배제한다 : 그러나 권력을 자신의 내면에서 느끼고 그로부터, 화려하고 아름다운 희생을 마다하지 않으며 희망과 신뢰에 충분한 공상적인 감정을 흡입하려는 욕구는—가장 강력한 흐름으로서 큰 정치를 움직인다. (왜냐하면 국민이 힘의 감정을 얻기 위해 개개인은 노예로 종사해야 하며 소위 자신의 생명이나 재산이나 명예를 위험에서 지켜야 하기 때문이다) (덕)

4〔248〕

모든 국민에게 안식과 즐거움을 그에 대한 월계수와 함께 주는 것을 잊어서는 안 된다 : 마치 안식 속에서 생활하는 것이 힘의 감정에서 허용된 것처럼 그 이외의 경우에는 허용되지 않는다고 : 그래서 그렇게 드러내는 것이 마치 의무인 것처럼. 왜냐하면 그렇게 스스로에게 힘이 있다고 보여주기 때문이다.

4〔249〕

힘의 감정이라는 위조 화폐로 지불하는 것이야말로 인류 최대의 고통일 것이다. 모든 민족이 속이는 것은 그들이 사기꾼을 바라기 때문이다 : 즉 좋은 먹을거리 대신 오감을 자극하기만 하는 포도주를 원하는 것이다. 정부란 국민에게 힘의 감정을 부여하기 위한 수단이다 : 국민한테서 선출된 사람들은 빛나는 정복자나 대담한 반란자, 낡은 전통의 왕조보다 힘의 감정을 적게 부여한다 : 후자에는 사람을 취하게 하는 무언가가 있음에 틀림없다.

4〔250〕

기독교적인 흥분이나 공포가 빛이 바랜 후, 일찍이 전쟁은 상상력에 대한 가장 거대한 자극이었다. 사회 혁명은 아마도 더욱더 큰 자극일 것이고, 이 때문에 혁명이 다가온다. 그러나 그 성과는 우리가 생각하는 것보다 적을 것이다 : 프랑스 혁명에서 나타난 것처럼 인류는 스스로가 원하는 것보다 아주 적은 것밖에 할 수 없다. 폭풍의 영향과 취기가 지나가면 사람들이 더 많은 것을 할 수 있기 위해 더욱더 많은 힘과 훈련이 필요하다는 것이 분명해진다.

4〔251〕

기독교가 이긴 것은 강한 포도주가 이긴 것과 마찬가지일 것이다 ; 고대는 스스로를 강하다든가 즐겁다고 느끼지 않았고 강한 흥분을 습관으로 삼았기 때문에 취해버렸다. 세계의 종말에 대한 생각은 로마 제국의 관점에서 볼 때, 최고도로 공상적이며 도취적으로 작용했다.

4〔252〕

그리스도의 죽음과 세례를 통한 그리스도와의 합일에 의해 육체는 죽고, 이를 통해 우리의 육체를 다른 육체, 즉 천상의 육체라고 주장하는 것은 바울로의 입장에서 본래 수미일관했다. 비록 그가 매순간 아마도 그것을 믿었다고 할지라도 이렇게 말하는 것은 불가능하다 : 그러나 아무도 그를 믿지 않았다! 합일이 그러니까 온전하지 못했다면 무엇을 통해 합일이 온전해지는가? 믿음과 세례로는 충분하지 못하다. 왜 비로소 부활에서? 그리스도의 모방에서! 3일간의 부패(腐敗)?

4[253]

신의 장엄, 영광(명성)에 참여하는 것, 신의 아들이 되는 것—당연히 이것이 목적이다! 여기에는 어떤 겸허함도 더 이상 없다! 신의 아들이 너무 많으면 안 된다. 그렇지 않으면 명예가 너무 적어진다! 이것이 염려된다!

4[254]

바울로와 같은 본성을 가진 사람들은 모든 체험을 그들의 열정의 논리에 적절하게 배치한다. 다마스쿠스의 현시에는 '만약 기독교인들이 올바르다면' 이라는 생각이 선행된다—그리고 그는 개인적인 고통을 해결하기 위한 이 점을 예감했다—무엇보다 우선 이것은 새로운 시도였고 지금까지의 자신의 상태에 대한 혐오가 너무 컸다. 그렇게 그는 '그리스도' 를 보았다—어떻게 그가 그것을 알아차렸단 말인가! 현시가 "네가 왜 나를 핍박하느냐" 라고 말했을 때 그는 왜 그것을 믿었는가?—이것은 이치에 맞지 않는다고 간사한 유대인은 생각했다.

4[255]

이교도를 개종시키는 사람으로서의 바울로 : 그러기 위해서는 '율법에서 해방되는 것' 이 필요했다—가장 자랑스러운 과제—아아, 성스러운 바울로여! 그한테서 사람들은 철저히 인식한다.

4〔256〕

복종하는 것, 의무 이상의 것을 행하는 것, 칭찬을 거부하는 것, 행실이 바른 것에 자부심을 갖는 것. 이것은 독일적인 것이다. 그러나 지금 허영심이 만연하고 있다. 그리고 유감스럽게, 우리의 훌륭한 사상가나 예술가가 이 선두에 서 있다 : 누구나 자신의 현실 이상의 것을 의미하고 싶어 하고 자신을 위해 '광고'를 한다.

4〔257〕

문화는 왜 연약하게 만드는가? 카르타고는 덜 개화된 로마에 패했고 고도의 아라비아 문화 또한 패했다 등. 그것은 문화에 있어서 힘의 상상—만족이 너무 높게 평가되고 너무 쉽게 만들어졌기 때문이다 : 그래서 진정한 힘(자기 자신에 대한 힘 등)은 약하게 된다.

4〔258〕

이상은 아직 실현되지 않았다고 유대 민족이 계속 생각해왔음에도 불구하고 기독교가 어떻게 '실현된 유대주의'라는 유대의 특산물의 개념을 넘어설 수 있었던가?—이것이야말로 바울로의 개인적인 역사이며 그것은 유대인이나 유대-기독교인 앞에서 바울로로 하여금 율법과 더 이상 무관한 것으로 행하도록 그를 몰아세웠다. 유대인이 아니더라도 기독교인이 될 수 있었던 것은—그의 발명 덕분이었다—다른 면에서 이것은 틀렸다 : 기독교인마저 유대인이 되어버렸다.

4[259]

사람들은 하나의 높은 정신 세계의 계명을 관철하는 것 이외에 다른 것을 행하지 않는 것처럼 이 세상에서 살아가야만 하는가? 이것은 이해(利害)나 허영심 또는 힘의 감정에서 생겨날 수 있을 것이다(자신이 이 정신 세계에 속하며 자신의 고유한 욕구를 실현한다는 확신에서). 그러나 더 이상 믿지 않는다면? 이 경우에는 우리의 이해, 허영심, 힘의 감정이 간접적이지 않고 직접적으로 우리의 행위를 이끈다. 왜냐하면 낡은 도덕들이 모두 그렇게 신성하게 받아들여졌을 수도 있지만 그것들은 저급한 인식에서 생겨났으며 이제 그것이 더 이상 지배해서는 안 되기 때문이다.

4[260]

우리의 삶이란 고지에서 고지로의 고양이어야지, 비행이나 추락이어서는 안 된다.—그러나 후자는 공상적 인간의 이상이다 : 높은 순간들과 강하(降下)의 시간들. 이 나쁜 악습에 젖어드는 것은 본래 인생의 가장 많은 부분을 타락시키고, 동시에 우리는 타인을 그들이 황홀하게 보지 않는다는 이유로 경시하는 것을 배운다. 이것은 건강하지 못하다. 우리가 도덕적이고 미적인 방종을 지불해야만 하기 때문이다. 불건전함이 깊이 뿌리내린 경우나 내적인 언짢음이 있는 경우에 고양의 복용량은 점점 증가할 수밖에 없고, 결국 가치에 반해 무관심해지며, 크나큰 흥분으로 만족해버리게 된다. 타락.—이 과정은 모든 예술사에서 잘 나타난다. 고전 시대란 밀물과 썰물이 상당히 미묘한 차이를 만들고 힘의 기분 좋은 감정이 규범이 되어버린 시대다 : 깊은 동요를 유발하는 것이 항상 빠져 있다.

그러한 것의 산출은 퇴폐의 시대에 속한다.

4[261]

사람들이 나폴레옹을 믿은 것은 도움과 안정을 주는 인간이 필요했기 때문이다 ; 바울로가 그리스도를 믿은 것은 그가 집중함으로써 만족을 얻을 대상이 필요했기 때문이다. 루터가 교회에 싸움을 건 것은 스스로 그 이상적 표현이 되고자 하는 그의 진실한 시도가 성공하지 못했고 이것이 전혀 불가능했으며 그 누구에게도 불가능하게 보였기 때문이다. 그는 그의 경험과 함께 관조적 생활의 모든 것에 의심을 품었다 ; 그는 교황을 더 이상 믿고 싶지 않았기 때문에 성서를 믿었다. 그는 만인에게 성서를 나눠주었고, 보편적인 사제의 정신을 가르쳤다—그는 바로 사제 계급을 미워했다.

4[262]

깊은 슬픔 속에서 계속 탄식하고 외치며 자신의 방에 누워 있다—그곳으로 눈부신 태양의 빛처럼 인간들이 들어온다 : 절규하며 얼굴을 덮어주면서 : 아아, 인간들이여! 아아, 인간들이여!

4[263]

마치 변신이라도 한 것처럼 발로 느끼는 무게도 다르고, 무거운 짐을 진 것처럼 언제나 쓰러질 듯하게 여기저기 돌아다니기. 타인의 목소리는 마치 짙은 안개 속에서 들리는 것 같고, 그들이 들이대는 이유들은 흐르지만 맑지 않은 물처럼 울린다. 날은 밝은데 거기에 밤의 느낌이 있다.

4〔264〕

최후에 악하고 비참한 것이라고 드러나는 지배에 충실하게 양심적으로 봉사했다는 것—더 이상 되돌아갈 수도, 좌우로 벗어날 수도 없는 상황—얼마나 고통스럽겠는가! 순진한 덕의 올가미에 붙잡힌 채 바라보다! 양심적인 것 그리고 그 확실한 보상으로서 이 지배를 경멸하는 사람들, 즉 최상의 사람들의 경멸을 획득하는 것! 이런 일을 견디는 것은, 싸움에서 도망치고 자신의 안전과 부를 희생시키는 것보다 영웅적일 수 있다.

4〔265〕

포도주와 같은 역할을 하는 표상들이 있다 : 기분을 앙양하고 즐겁게 하며 용기를 준다. 그러나 많이 맛보면 도취하게 되고, 자주 맛보면 그것의 충족 없이는 삶이 황량하고 견딜 수 없게 되는 욕구를 만들어낸다.

4〔266〕

도덕적 편견은 여전히 불가결하다 : 이 편견을 여전히 벗어날 수 없다는 것은 유감스러운 일이다. 왜냐하면 도덕적 편견이 주는 힘은 연약함과 무력함을 가장 안전하게 보존하기 때문이다. 도덕적 편견은 이것들을 치료하는 약으로 복용된다.

4〔267〕

연인의 명예를 보호하기 위해 그녀가 화제가 된 자리에서 그녀와는 거의 모르는 사람으로 처신한다. 그리고 이번에는 그녀의 평판을 떨어뜨리지 않기 위해 반격조차 할 수 없는, 그녀에 대한 모욕을 듣는다—무서운 일이다!

4[268]

위대한 예술가들의 주변을 맴도는 그 아름다운 고양이들의 발톱을 경험한 자라면, 천재가 그들의 주변 사람들의 성격을 개선한다는 것을 더 이상 생각할 수 없다.

4[269]

평범한 사람들이 특히 동양에서 행복하고 편안한 이유가 어디에 있는가? 그들에게는 잘못된 환상의 충족, 정신적인 도취와 각성이 없으며 그들은 정신적으로 균형을 유지하며 살아간다. 정신이 아니라 정신성이 위험한 것이다.

4[270]

현재의 독일인에게 무엇이 도취적으로 작용하는지는, 바그너의 주제들을 통해 알려질 것이다 ; 이전의 독일인을 도취시킨 것은 실러Friedrich von Schiller의 주제들을 통해 알려진 것이다. 피에르 코르네유Pierre Corneille의 주제를 생각해볼지어다!

4[271]

나도 말참견을 한다면! 진리란 모두 내게는 피투성이의 진리였다—나의 이전 작품을 볼지어다.

4〔272〕

한 시대에 걸친 우리의 생활과 경험의 모든 것에 대한 자살 행위—모든 것은 죽지 않으면 안 된다—그리고 모든 것은 망각되지 않으면 안 된다—모든 것은 이전에 있었던 것과 다르지 않으면 안 된다! 바울로.

4〔273〕

언어가 불명료해진 것은 개념의 윤곽 그리기에 불투명성이 만연했고, 확고한 규정에 대한 욕구가 양육되지 않았기 때문이다. 이제 과제는 분명하다.

4〔274〕

아아, 단순한 기쁨을 낮게 평가하는 것! 그 단서는 그리스인에게 있다. *운명*ἀναγκαῖα에 만족하려는 것은 노예적이라고 했다. 즐겁게 나아가야 할 것이다! 하층민이 옳다—사치가 정신을 지배하며 그것에 우리는 병든다. 진상은 그대들이 너무 많은 일을 하고 사회의 강제에 의해 노예와 같이 생활한다는 것이다. 그대들에게는 도취로서의 정신성이 필요하다 : 그것은 그대들의 건강에 나쁘다.

4〔275〕

각 시대마다 예술의 욕구를, 그러나 무엇보다도 깊고 무거운 정서적 성향을 가진 인간들이 심오하고 성실한 예술가에게 자연스럽게 주어진다. 이들은 스스로의 덕을 예술가에 부여함으로써 예술가를 인가한다. 그리고 예술가는 기꺼이 이에 응한다. 그러나 이것은 예술가를 위해 아무것도 증명하지 않는다.

4〔276〕

나쁜 경험이나 나쁜 두려움으로 혼이 충만해 있다면, 사람들은 당연히 예술에게 다른 것을 요구해야만 한다, 정화, 엄청난 진동, 망각을.

4〔277〕

숙고와 음악, 색채 등에서 기초적인 자극에 대한 풍부한 상상력이란, 우리 시대의 철학적 성격에 속한다 : 자연에 대한 화가의 충실함과 같이. 사람들은 갈 수 있는 만큼 가고 급진적이다.

4〔278〕

그들은 형식을 경멸한다. 음악이 형식의 대립적 요구라는 배경 위에 씌어지는 것이 아니라 배경과 반대로 대조를 이룬다고 한다면, 마치 이 음악이 가장 적은 관심을 가진 것처럼!

4〔279〕

한 예술가가 자신의 생산성을 향상시킨다고 느낄 수 있는 공간을 갖기 위한 의견들, 공감, 반감, 습관, 방일(放逸)에 필요한 그런 모든 것은 우리가 관여할 바가 아니다 : 우리가 빵을 먹을 때, 대지와 우리는 거의 상관이 없다. 당연히 예술가는 자신의 예술을 전적으로 향유하기 위해 우리가 그러한 모든 것을 자신과 함께 공유하기를 요구한다. 그래서 우리는 다음과 같이 답할 수 있다 : 가장 위대한 예술 작품의 향유가 유일하고 뒤틀린 판단과, 우리 위상의 광기를 상쇄하지 않는다고. 예술 작품은 필수품에 속하지 않는다. 머리와 성격 속에 맑은 기운을 품는 것은 삶에 반드시 필요한 요소다. 너무 비싸게 자신의 과실을 내다 파는 예술에서 우리는 자유로워야 할 것이다. 예술가가 맑고 좋은 공기 속에서 살 수 없다면, 그의 상상력을 풍부하게 하기 위해 안개 자욱한 동굴이나 지옥의 입구까지 가지 않으면 안 된다. 마음대로 해라 : 그러나 우리는 따라가지 않는다. 예술가로서 그의 성격에 엄격히 충실하고자 증오나 질투심이 필요한 경우에도 이와 같다. 예술가는 삶의 지도자가 아니다—이전에 내가 말했던 것처럼.

4〔280〕

우리가 이런저런 것을 행할 때 타인이 무엇을 느낄 것인지에 대해 생각하는 것—즉 우리의 행위로 인해 타자들에게 초래되는 그들의 해명된 유익이나 해악에서 우리에 대한 유익 또는 해악을 계산하는 것—이것은 보호와 공격의 수단으로 동물의 영역에서 훈련되었다. 타자에 대한 작용을 생각하고 타자를 위해 무엇을 행하는 것—인식의 가장 위대한 배움터! 여기로 이끈 것은, 본능적인 동정은 거의 아니고 불안과 그것의 상상력이다 : 그리고 그 성과는 굶주림(다른 존재에 대한 공격의 시초)에 의해 수용되었다. 다른 존재의 몸짓에서 어떤 기분인가, 도망칠 셈인가, 공격할 셈인가 등을 추측하는 것—위급을 통한 지성의 극도의 긴장 없이는 이것을 결코 배울 수 없을 것이다. 동정은 모두가 배운 후에 생긴 것이며 지성을 긴장시키지 않는다 : 그것은 인간을 아는 데는 상당히 비생산적이다.

4〔281〕

사랑은 타인에 대해 공상한다 : 사랑의 은밀한 충동은 타인 속에서 가능한 한 많은 아름다움을 발견하고자 하는 것이나 타인을 가능한 한 아름답게 생각하려는 것이다. 환상은 여기서 오히려 유리하게 작용한다. 두려움은 타인이 누구이며 무엇을 할 수 있고 무엇을 원하는가에 대해 추측한다 : 아마 환상은 가장 커다란 불이익일 것이다. 그러므로 참된 인간의 인식은 사랑(동정)보다 두려움을 통해 훨씬 더 증진된다.

4〔282〕

나는 그 의기 왕성한 가슴을, 세속적인 것을 내려다보는 그 미소를, 그 뜨거운 흐름을, 그 자부심의 발자취를, 그 불타오르는 것 같은 경멸과 희망에 가득 찬 눈빛을 안다—

4〔283〕

우리가 얼마나 많은 고통을 받아들이고 얼마나 고통에 몸을 내맡겨야만 하는가. 곧바로 만족을 선택하는 것이 얼마나 잘못된 것인가를 생각한다면, 타인과의 관계에서도 우리는 고통을 행해야만 하고 금방 충족되어서는 안 된다는 것, 즉 동정이 우리를 지배하는 것이 아니라 무엇이 유익한가에 대한 통찰이 동정 위에 군림해야 한다는 것으로 귀결된다.

4〔284〕

남자들이 결혼하는 것은 힘의 감정을 갖기 위해서다 : 또한 여자들의 경우에는 예속되지 않기 위해서다. 그러나 양쪽 모두 잘못 생각하는 것이다. 사랑은 결혼의 근거가 아니라 오히려 반대 근거다 : 깊은 감정은 스스로를 은폐한다.

4[285]

나는 항상 내 몸과 마음을 다해 글을 썼다. '순수하게 정신적인' 문제들이 무엇인지 나는 모른다.

4[286]

플라톤은 초조하게 느끼면서 종착점에 도착할 것을 희망했다. 왜 인가? 그의 권력의 감정이 충족을 요구했기 때문이다. 그 강한 정치적 본능이. 생애가 짧다는 것은 어딘가의 지점에서 절정을 맞으며 목표에 도착할 것을 요구한다. 이러한 도착점이 없으면 우리는 영원히 우주에 떠 있을 것이고 그렇게 되면 초조함으로 견딜 수 없을 것이다. 진리의 모습은 개인적으로 필연적이다.

4[287]

플라톤이 소크라테스의 궤도에 멈춰 섰던 것은 아니다. 헤라클레이토스Heracleitos에 대한 처음의 인상들이 우세했고, 피타고라스는 그가 은밀하게 부러움의 대상으로 바라본 이상이었다.

4[288]

그리스인이 필연성에 관해 이야기할 때, 그들이 뜻하는 것은 자의적으로 일이 되어가는 (우연적인) 영역, 즉 각각의 원인에 반드시 결과가 수반되지는 않는 영역이었다. 단지 신이 스스로의 흔적을 드러나게 만드는 목적론적 영역만이 예외다 : 정신이 질서와 규칙성을 이 영역에 가져온다—정신에서 자유의 원리를 보고 자연 속에서 강제를 보는 근대인의 경우는 그 반대다.

4〔289〕

사람들은 그들이 어떤 사물의 고유성을 일반화했을 때 그것의 원인에 도달했다고 믿었다 : 그렇다면 가장 보편적인 일반화가 만물의 원인이어야 할 것이다. 그렇게 완전성 그 자체가 본질로서 존재해야만 하고, 이를 통해 이제 덕이라든지 유덕한 인간이라든지 하는 것이 해명될 수 있어야 한다고 한다.

4〔290〕

나는 학문의 성과에 대해 거의 모른다. 그러나 이런 것만으로도 암흑을 비추는 데, 그리고 사고나 행동의 이전의 방식을 제거하는 데 무진장 충분해 보인다.

4〔291〕

우리의 힘과 관련해 낯설고 우리 자신이 결핍을 느끼는 영역에서 부각되는 교사나 인물에게 사람들은 청년기의 동경과 반항하는 기분에서 매달린다. 그처럼 우리는 한쪽 편을 듦으로써 바로 여기저기서 가난하고 천하게 태어났다는 우연을 이겨내는 것이다. 나중에 우리는 고집스럽게 우리의 강한 측면들에 집착한다. 우리는 그런 경우에만 유능하게 일할 수 있으며, 명인(名人)이 되기를 원하기 때문이다.

4[292]

우리의 가치 평가가 어떻게 성립했는지를 우리가 이해하면 이해할수록 그 가치는 감소하고 새로운 평가에 대한 욕구가 나타난다. 만약 우리가 어떤 잘못들을 통해 우리의 현재 처지와 영원한 구원을 그것에 결부시켰는지를 알아차린다면, 예를 들어 최초와 최후의 문제에 대한 연구는 그 천금의 의미를 잃는다.

4[293]

'의지'에 대한 쇼펜하우어의 가르침이 그렇게 쉽게 환심을 사게 된 것은 우리가 그 가르침의 본질적인 것을 이미 연습해 몸에 익혔다는 데 기인한다—루터의 성서를 통해 우리에게 낯익었던, '마음'이라는 유대인의 개념에 의해. 무엇이 쉽게 우리의 마음에 드는지에 대한 느낌과, 오직 이미 존재하는 지각들에만 결합한다는 느낌은 우리에게 진리를 증언하는 것이 된다.

4[294]

누군가가 정신의 보다 높은 영역을 향한 저 위대한 비약을 수행하고 그것을 표현할 수 있다면, 인류는 이것을 자기 자신 속에 흡수하고자 시도한다 : 즉 다수의 인간이 같은 방향으로 날고자 시도하고 비로소 나중에야 그러한 욕구를 가진 사람을 진정시킨다. 이것은 이른바 가장 공명심 있는 사람들에게 있어서 커다란 유형의 유행이다. 그것은 사람들이 이전에 여행했고 모험을 추구했던 방식이다.

4〔295〕

세계의 수수께끼를 풀고자 하는 사람이나 체계의 설립자에 비해 학문들은 보다 높은 도덕성을 대표한다 : 중용, 정의, 평온, 인내, 용감함, 소박함, 과묵 등.

4〔296〕

예술에도 또한 상상의 만족이 있다 : 그러나 이것은 다른 것에 비해 죄도 없고 해도 없다. 미에는 절도의 척도가 있고 : 그 다음으로는 뮤즈가 "우리는 거짓말을 한다"고 말하기 때문이다.

4〔297〕

하나의 특징에 따라 우리 인간들을 생각하고 타인의 형상을 미완인 채로 놓아둔 사람은 아무도 없다는 이 성급한 일반화로 우리를 몰아가는 것은 무엇인가? 그것은 공포와 공포의 습관이다. "그는 이러한 특징을 보였다—그가 항상 그렇다면 어떻게? 신중하기 위해 그런 가정을 해두자. 즉 이것이 위험한 특징이라면!"

4〔298〕

놀라울 정도의 다채로움으로 주목을 끄는 동물은, 그럼에도 불구하고 아주 조용히 있게 된다 : 그들 모두는 나쁜 무기, 독, 그와 유사한 것을 갖는다—동일성.

4〔299〕

어떤 행위를 힘의 감정에서 행하면, 우리는 그 행위를 도덕적이라고 부르며 의지의 자유를 느낀다. 무력감에서 나타나는 행위들은 판단력을 상실한 것이다. 어떤 것이 도덕적 영역에 속하는지를, 그것이 '선인지, 악인지'를 결정하는 것은, 행위에 동반되는 감정인 것이다. 그러므로 이러한 상태로 되기 위한 수단을 구하는 끊임없는 노력이 있다. 이것이야말로 인간적인 상태인 것이다!

"악의 힘에서 행하는 것은 선의 무력함에서 행하는 것보다 더 가치가 있다", 즉 힘의 감정이 어떤 이익이나 명성보다 높이 평가되는 것이다.

4〔300〕

그들은 젊은 시절 한때 열광했었고 그에 대해 항상 감사한다. 물론 지금 그들은 그 열광의 대상에서 멀어졌지만 : 그러나 그들은 신심을 비판하는 것을 방해하고 있다. 성스럽다는 선언은 열광했던 시대가 과거의 것이 되면 될수록, 그 대상이 우리한테서 멀어지면 멀어질수록 증대한다. "한때 우리를 그렇게 고양했던 것은 진리였음에 틀림없다." "지금 우리는 멀리 서 있고 더 이상 시험할 수 없다 : 그때 우리는 그 안에서 평안함을 가졌다." 무엇을 고양하는 것이 참된 것이라는 그리고 모든 참된 것은 고양해야만 한다는 광기는 세속적인 물질을 무력한 것으로 경멸한 결과고, 우리를 고양하는 모든 감정의 원천인 참된 세계로서의 정신적인 것이나 피안적인 것을 '숭배한' 결과다. 그리스도의 이야기가 금세기에 일어났다면, 현재 다수의 사람들이 아직 믿고 있는 것을 믿는다며 미쳤다고 취급되었을지도 모른다.

4〔301〕

그리스인은 모두(플라톤의 《고르기아스Gorgias》 참조) 참주(僭主)로서 권력을 소유하는 것이 부러워할 만한 가치가 있는 행복이라고 믿고 있었다. 참주의 극악무도는 전제된 것이었다. 모든 사람들은 이 최고로 행복한 사람의 탄생을 방해하려 했으며 만약 태어났을 때에는 그를 방해하거나 죽이려 했다. 모든 사람들이 믿는 최고의 행복은 완전히 힘의 감정 속에 놓여 있었다 : 그러나 이 행복의 상태는 절대적으로 부도덕한 것으로 (도덕에 적대적인 것, 즉 개인적인 것, 이기적인 것으로) 취급되었다. 사람들은 이 행복한 사람을 혐오하고 두려워했다 : 그는 자신의 오만불손으로 인해 아무도 소중히 여기지 않았다. 그들의 눈에 비친 전능이란 완벽한 무자비, 악마적 소행, 쾌(快)에 해를 입히지는 않지만 참주의 쾌를 위해 모두가 희생하는 것이었다. 이제 정신적인 참주도 완전히 똑같이 행동한다. 그는 가장 행복한 사람이요, 가장 양심 없는 사람이다.

정당한 것은 끊임없는 희생이며, 사회적인 명성(즉 힘의 감정)과 관련해 이 희생을 감수할 경우에만 정당하다. 이 성공 없이 정당하지 않으면 안 되는 것이란 더욱더 무서운 불운이다. 이렇게 생각하는 것은 그리스적이다. 그러나 정당함 없이(이 노력과 희생 없이) 정의의 보상, 즉 명성을 얻는다는 것은 최대의 행복으로 여겨졌다. 이것을 위한 실제적인 지름길은 (참주가 되는 길은 보통은 닫혀 있기 때문에) 정의의 가상(假象)이었다. 예를 들어 말과 행동에 있어서 나폴레옹처럼 그렇게 귀족들의 지조에 갈채를 보내고 대가를 지불해주며 그렇게 그들의 영광 그 자체를 획득하는 것이었다. 시민의 평등이란 참주의 출현을 방해하기 위한 수단이며 시민이 서로 감시하고 서로의 다리를 잡아당기는 것이다. 기게스Gyges의 반지를 갖고 있는 사람은 누구나 정당하지 못할 것이다—어쨌든 이 평등한 사람들은 참주의 행복에 관해 왕성하게 상상했다고 한다. 비극에 있어서도, 즉 "국왕이면서도 불행하다"든가 "페르시아의 국왕도 부러워하지 않는다"든가 하는 것은 크나큰 역설의 표현이었다. 힘의 감정은 지배의 고뇌나 두려움 또는 그 이외의 것을 보충하고도 남는 것이었다. (크세노폰Xenophon의 히에론은 참주의 행복은 중요하지 않다고 말한다. 이것은 소크라테스적인 역설이다!) 유덕한 인간이 더욱더 행복한 인간이라는 것은—세상을 미혹하는 말처럼 들렸다. 절제란 정말로 신물이 났다! 그러나 최후에 남겨진 것은 스토아주의자의 유덕을 자랑했고, 이것은 왕과 더불어 현자의 것이었다. 이 새로운 힘의 감정이란 그를 어떠한 것으로도 정복할 수 없다는 것이며 게다가 그는 지배자라는 것이다.—어떠한 철학에도 지배욕의 측면이 있다 : 에피쿠로스 학파가 아케론과 죽음의 공포, 자연에 대한 공포를 극복했다며 개가를 올렸다 : 즉 자연의 주인이고자.

4〔302〕

플라톤의 주된 비난은 소피스트를 향한 것이 아니라 시인을 향한 것이다 : 시인은 보다 높은 것에 관심을 갖는 청년들을 정치적 명예심의 궤도로 인도해버린다. 이에 반해 플라톤은 청년들을 철학적 명예심으로 인도하기를 원한다. 힘의 감정을 만족시키는 통상의 방법은 플라톤이 바라보는 심오한 그림자다. 그는 별도의 것을 제시하려 한다. 그러나 이제 사람들은 비난을 반대로 되풀이한다. 철학자들은 시인처럼 청년들의 자부심을 만족시킬 수 있다—그들은 청년들로 하여금 학문을 외면하게 한다.

4[303]

나를 위해 고안되었고 개혁자나 도덕 설교자의 주제넘은 욕망에 관해 자유롭게 아는 만큼 인간적인 일에 진심으로, 그리고 세련되게 참여할 수 있는 이들을 위해 씌어짐—그렇게 이 사상들은 ———할 수 있다.

4[304]

신들처럼 지상을 초월해 진정한 사상의 관조 속에서 살고 있는 플라톤적 철학자에 대해, 밀, 67쪽.

4[305]

지금이야말로 철학적 정신에 서열을 매겨야 한다. 지금까지 철학자는 지나치게 예술가로서만 취급되었다. 서술의 재능, 상상력, 색채 효과를 부여하는 능력이라는 것이 그들이 천재라는 논거가 되었다. 그러나 그들의 공평함이나 자기 억제의 정도는 문제시되지 않았다. 실제 그들은 도덕의 밖에서 판단되었다. 그들의 작용이 결정적이고 가장 감수성이 예민한 사람들에게, 즉 감사의 말을 율동적으로 내뱉는 사람들에게 영향을 주는 사람이 위대한 철학자로 여겨졌다 : 즉 청년들을 열광시키는 사람이!

4[306]

아아, 이 한심한 자들이여, 그들은 인류가 머지않아 지나치게 현명해져 자신들의 영향, 자신들의 명성이 없어지는 것이 아닌가 하고 걱정하고 있다!

4〔307〕

정념에 휩싸인 사람들, 베르테르나 타소Torquato Tasso, 트리스탄과 이졸데는 우리에게 호소한다. 남자라면 나를 따라오지 말라고!—철학적 정념을 가진, 개인적으로 더욱더 높은 힘을 인식에 의해 획득하려는 사람들도 같은 일을 우리에게 호소한다. 연금술사도 플라톤주의자도.

4〔308〕

자기를 희생하려는 충동은 좋은 일이라고 여겨진다. 그러나 이 충동은, 그 자신에게는 좋을 리가 없다. 타인에게(이 경우에는 자기 자신이지만) 해를 주는 것이 어떻게 그 자신에게 좋겠는가? 그에 따른 해는 무용(無用)의 해다! 그것은 자신에 대한 지배욕과 이성적인 방법으로 만족할 줄 모르는 자신에 대한 반항의 욕망 이외에 아무것도 아니다.

4〔309〕

'소변을 보려는 의지', 즉 먼저 압박과 강제가 있고, 두 번째로 이것들로부터 자기를 해방하는 수단이 있으며, 마지막으로 이 수단을 이용한 습관이 있다. 이것은, 처음에는 이성이 전해준 것이다. 어떤 압박과 강제 그 자체는 방광의 짐을 내리는 것과 아무런 관계가 없다. 압박과 강제는 "나는 원한다"라고 말하지 않고 "나는 고통스럽다"라고 말하고 있을 뿐일 테니까.

4[310]

쇼펜하우어의 가르침은 철저히 위장된 목적론이다. 즉 감탄해야 하는 것도 사랑해야 하는 것도 없다. 목적을 추구하는 존재의, 즉 악하고 맹목적인 존재의 목적론이다. 종래의 목적론에서는 우주의 머리 부분이, 그 머리 부분 속에 있는 가장 명석하고 가장 올바른 통찰이라는 것이 세계와 인간을 만든 것임에 반해—왜 이 머리와 통찰이 무엇인가 더 이성적이고 더 올바르게 행하지 못했는지는 해명되지 않고 있지만—쇼펜하우어의 경우에는 세계의 하반신이 사건의 근원이다. 그리고 이 하반신의 욕구가 처음으로 지성이라는 것을 발명하고 그것의 도움을 빌려 조금은 괜찮은 둥지를 만들려 하는 것이다. 먼저 것도 나중 것도 틀렸다. 그러나 쇼펜하우어 쪽이 여전히 불명료한 것은, 스스로 원하는 것을 표상할 수 있었던 지성의 존재를 처음부터 가정하지 않았기 때문이다. 하늘을 향한(이른바 존재를 향한!) 의지라는 것은 존재하지 않는다. 이것은 공허한 말에 지나지 않는다.

4[311]

관조적 생활.
그곳으로 가는 지침과 안내판.

4[312]

사상가의 생애에 대하여.

도덕적인 문제들.

4[313]

내 취향에 유혹되어 네가 나를 따르는구나 Vademecum Vadetecum

개인적 도덕성에 관한 고찰.

4[314]

도덕적 편견.

힘의 감정.

4[315]

구제.

잊어버려야 하는 것.

4[316]

도적이나 위대한 압제의 영웅과 병사와의 관계는 철학자와 학문적 인간과의 관계와 같다. 물론 사람들은 전자는 영웅들로, 후자는 천재들로 만들었다!

4[317]

학문적인 인간들에게는 병사의 덕과 그들의 쾌활함이 살아 있다 —그들에게는 최종적인 책임이 없는 것이다. 그들은 자기에게도, 서로에게도 엄하며 선한 일을 해도 칭찬받는다고 생각하지 않는다. 그들은 남성적이고 위험을 좋아하며 또한 지식을 위해 생명을 걸기 위해 스스로를 유능하게 만들어야 한다. 그들은 호언장담을 싫어하고, 무해하며 다소 거만한 사람들이다.

4[318]

나는 인간 최대의 병에 관해 말하려 한다. 그리고 그 병 이외의 다양한 병과의 투쟁에서 태어난 것을 제시하려 한다. 언뜻 치료법으로 보이는 것이, 오랫동안 그 치료법이 제거해야 할 나쁜 것을 계속 만들어낸 것을 제시하려 한다. 단 하나의 생각과 백 가지, 수백 가지의 표현법과 고찰에서 이 생각이 나의 독자를 만족시킬 것인가? 그러나 이것은 일반적인 건강을 위한 요청이다. 일반적인 건강에 봉사하기 위해 사람들은 재미있을 리가 없는 책을 읽는 것보다 귀찮은 일을 얼마든지 하고 있다.

4[319]

이른바 지복의, 몽상적인, 소녀 같은 느낌, 신앙으로 되돌아가 구제된 탕자에 대한 꿈. 물속으로 뛰어들기까지 하는 정절. 연인 역시 왠지 무섭고 기분 나쁜 것. 남몰래 악한 일을 하는 남자, 그러나 죄가 있는 것이 아닌 그는 변장한 신이기도 하고 왕자이기도 한, 악을 행하는 자다. 그리고 이것들 모두가 매력적인 자연 속에서 진행된다—이것이야말로 지금 무감각한 독일의 휴양인 것이다—나쁜 화음, 미쳐 날뛰는 리듬, 말로 다할 수 없는 반음계의 탄식, 달빛 아래서 모든 사물이 변화무쌍하게 변하는 것에 대한 상징으로서 모든 어조(語調)의 교체—현실이 이처럼 그려졌다.

4〔320〕

〈헝가리 광시곡〉 제2번—하나의 그렇게 좋은, 동시에 그렇게 자유분방한 음악, 마치 악마의 신이 된 것처럼.

4〔321〕

'한순간에 얻어진 지식' 과 '직관' 은 인식이 아니라 고도의 생명력을 표상한다. 이것은 환상이 진리가 아닌 것과 같다.

4〔322〕

망상, 힘의 감정은 선악을 모른 채 매우 자주 천진난만하게 아이처럼 움직인다. 선악을 모른 채.

4〔323〕

일찍이 어떤 이가 기적에 대해, 자신이 그것에서 얼마나 멀리 떨어져 있는지를 생각했다면, 오늘날 많은 사람들은 거꾸로 기적을 자신이 관여하는 일로 과소평가하며 단지 자신에게 작용하는 것만을 바라본다.

〔5 = Mp XV 1a. 1880년 여름〕

5〔1〕

유명하게 머물고 훨씬 더 유명하게 되기 위해 그는 필연적으로 적대감의 씨를 뿌릴 필요가 있다. 그를 믿지 말라. 그는 자신이 속이고 있다는 것을 아주 정확하게 알고 있다. 속이기 위해 그는 아군과 적군의 광신을 필요로 한다.

5〔2〕

깊고 두렵고 매혹적인 느낌을 확고히 하는 것, 밑바닥에서 그러한 느낌을 펴내는 것—

5〔3〕

독일의 연극 기술은 무시되며, 그것은 독일인을 충족시키는 것에 만족한다. 이탈리아인과 프랑스인한테서 배우는 것을 결코 부끄러워하지 않는 빈에서는 사정이 다르다 : 오스트리아 음악가들이 그러하다.

5〔4〕

그곳에 위대한 예술가가 있다 : 그러나 그는 자신보다 더 크게 보이려 한다. 그 예술을 다섯 번째 보는 순간 사람들은 이렇게 말한다 : 그는 불손하며 대단한 체한다. 실제의 자신보다 더 고귀한 것이

걸맞게 된다 : 그는 그 점에 있어서 도둑이며 자신에 관해서 진실하지 못하다—그에게는 위대함이 아니라 소박함이 결여되었다. 이 때문에 그는 드물게 평안하다 : 긴장이 너무 크다.

5〔5〕

욕망! 그것은 단순하고 기초적인 것이 아니다. 오히려 궁핍(압력, 충동 등)과 이 궁핍을 벗어나기 위한, 경험을 통해 알려진 수단이 구별될 수 있다. 그렇게 궁핍과 목표 사이의 결합이 생겨난다. 마치 궁핍이 처음부터 그러한 목표를 의도한 것처럼. 그러한 의도는 존재하지 않는다. "내게 소변 보기를 요구한다"는 말은 "요강에 대한 의지가 있다"는 표현과 마찬가지로 잘못된 것이다.

5〔6〕

독자적이고 새로운 길을 갈 때 높은 자의식을 똑바로 유지한다는 것은 매우 어렵다. 우리는 무엇이 우리에게 가치 있는 것인지 모른다. 그것을 우리는 다른 사람을 통해 믿어야만 한다 ; 그리고 우리가 이것을 올바로 판단할 수 없다면, 우리가 낯선 길을 가는 바로 그 까닭에 우리는 우리 자신에 대해 불안을 느끼게 된다 : 우리에게는 즐거움을 주고 용기를 주는 갈채가 필요하다. 그렇지 않다면 고독한 사람은 암담해지고 그들의 능력이 절반으로 줄어든다. 그들과 함께 성과 역시.

5〔7〕

오! 나는 그대들 저속한 거짓말쟁이를 알며, 그대들이 두 가지 길

앞에서 선택의 기로에 놓여 있으며 황홀, 희망, 충일, 마비로 이끄는 것을 결정하는 것을 본다 : 나는 그대들이 자신을 속이려는 것처럼 행세하는 것을 본다. 이를 위해 그대들은 그럴싸하게 말한다 : 그것은 어렵고 험난한 길이거나 굴욕적이고 좁은 길이거나 또는 고독하고 악명 높은 길이거나—가슴에 손을 얹고 생각하면 그대들은 그것을 더 잘 알 수 있을 것이며, 그대들은 일말의 양심의 가책도 느끼지 못할 정도로 진실하지 못하다. 경건하고 열광적인 사람은 바로 양심의 가책을 느끼는 인간들이다.

5[8]

그대들 삶에 대한 결정이 타당하다면 어떻게 그대들이 한 사람의 그리스도나 플라톤 또는 괴테 같은 누군가를 믿을 수 있겠는가! 그러나 그대들의 믿음은 그렇게 맹목적이고 그렇게 무조건적이며 그렇게 광신적이다. 이를 통해 그대들이 그대들 자신 앞에서 그대들의 목소리와 움직임의 열기와 함께 용기를 가질 수 있기를. 오! 그대들, 자기 앞에 선 배우들아!

5[9]

그래, 우리는 음악을 통해 우리를 슬프게 만들고 바람결에 날리는 수양버들처럼 탄식하게 내버려둔다—그런 뒤에 그러나 갑자기 우리는 즐거운 웃음과 함께 우리의 모든 것을 뒤흔들고 소리친다 : 음악이 근거 없는 걱정과 눈물을 만들어낼 수 있다! 감정에 청각적 원인이 없다는 이유로 서운함을 느끼지 않은 채 살아간다! 그리고 이제 세계로 들어와 우리 영혼은 더 자유롭게 되었으며 영혼의 병을 이미 씻어버렸다.

5〔10〕

감정을 자극하는 것—그것은 나쁜 음악도 할 수 있다. 그러나 그 음악이 그것을 네게서, 네가 그저 정신이 부재하는 것으로, 또는 과장되고 잘못되거나 연극적인 것으로 지각하는 것들을 바로 네게서 만들어낸다는 것이—그 음악의 가치를 형성한다.

5〔11〕

우리는 선에 대해 너무나 감사하며 악습에 거의 물들지 않는다. 우리는 단지 뛰어나고 가장 아름답게 나쁜 음악과 수많은 박자를 만들었던 어떤 음악가를 위대한 음악가로 간주한다.

5〔12〕

쇼펜하우어처럼 우리의 운명 안에 머물러 있는 것, 그러나 이 때문에 그의 '인식'을 모델로 삼지 않는 것 : 우리는 지성을 통해 우리를 성격을 넘어선 채 멀리 그리고 높이 오르게 해야만 한다.

5〔13〕

인간은 이미 자신 안에 행동의 준거로 삼아야만 하는 규범을 갖고 있을지도 모른다.—엄청난 우둔함이 오늘날까지 믿어져왔다! 이른바 양심! 그것은 행위와 의견에 대한 애정과 혐오의 지각의 총체이며 부모와 선생들에게서 맞닥뜨리게 되는 모방된 지각들이다!

5〔14〕

우리가 좋아하는 것〔예를 들면 신(神)도 해당된다〕을 위해 진리를 위조하는 행위—깨우친 정신들에 있어서 저주받아 마땅한 무례함에 대해 인간은 신뢰를 보내기 십상이며 이것은 인간을 망상에 고착되도록 그렇게 타락시킨다. 그것은 자주 그대들에게 힘든 희생이었다. *사랑에 따른 지성의 희생* sacrificium intellectus propter amorem! 나 자신 또한 그것을 칭송했다! 바이로이트의 바그너.

5〔15〕

음악이 어떤 느낌을 가져온다면 이성은 틀림없이 다음과 같이 말할 것이다 : 이 느낌에는 근거가 없다. 우리는 미혹된 것이다. 이것은 하품의 경우와 같다. 근거 없이 우리는 함께 하품한다.

5〔16〕

멍청함이 아니라 상상에 대한 투쟁 : 머리에서 상상된 것들을 제거함 : 세르반테스의 돈 키호테

5〔17〕

시대의 일반적인 징표 : 우리는 어떤 한 시대가 결코 의식하지 못했던 것을 알고 같은 사물에 대한 엄청난 수의 상이한 가치 평가를 가지고 있으며 그 수는 자립적인 인간들이 수적으로 많아질수록 더 증가할 것이다(이전에는 그들에게 자립적인 문화-종족들이 상응했다). 가치 평가가 다르면 다를수록 그만큼 많이 인간들은 서로 교환할 수 있을 것이며, 정신적이고 영적인 소통이 증가할 것이다. 사람

들은 타자를 이해하기를 배우는데, 이는 그들에게 무엇을 제공하고 요구할 수 있는지를 알기 위해서다—이를 통해 참된 것의 가치가 위조되는 어떤 상상적인 것들이 밀수입되지 않도록 돌보는 것이 보편적인 관심이다.

5〔18〕

비현실적인 것과 관계하는 지각은 실존의 권리 없이는 정당하지 못하다 : 단지 실제적인 것만이 지각에서 권리를 가지며, 꾸며낸 것이 포함됨으로써 그것의 권리가 축소되기 때문이다.

5〔19〕

예술의 위험성은 우리를 상상된 것에 익숙해지도록 하는 데, 그러니까 그것들에 더 높은 가치를 부여하는 데 있다 : 반쪽짜리 진실과 멋있는 착상을 선호하는 것, 축약해서 표현하면 사물의 광채와 영향을 그 품질의 증명으로서, 그러니까 그것의 실재성으로서 타당하게 하는 것. "완전성에 실재성이 포함된다"는 사고의 오류는 매우 자주 저질러졌다. "우리가 강하게 경탄하는 것은 참되어야만 한다"

5〔20〕

누군가가 결론적으로 자신에 대한 어떤 것을 말하기 위해 낯선 민족들과 별들을 넘어서 우회로를 만든다 해도 나는 아무런 관심이 없다.

5〔21〕

인간은 가장 잔혹한 경멸을 견딜 수 있다(유대인처럼). 그러나 그는 어디선가 힘의 감정을 가져야만 한다(그래서 유대인들은 돈에 대해 힘의 감정을 가진다)

5〔22〕

예술의 가치는 우리로 하여금 여기서 한번 전도된 세계를 바로 만들게 하고, 휴식을 위해 비(非)진리적인 것을 진리가 되게 하는 데 있다(진실하지 못한 것을 진실한 것처럼, 근거 없는 것을 근거 있는 것처럼 되게 하는 것 등.)

5〔23〕

쾨젤리츠Heinrich Köselitz를 위하여 : 당신의 어린 시절은 반년에서 반년으로(?) 등의 규칙적인 과정의 수료와 같은 인정과 성과를 갖지 못했다. 게다가 당신은 자신에 대해 분산이 만연하게 했다. 마치 내가 당신에게 충분히 금지하지 못한 것처럼. 고상한 젊은 사람들은 여기서 사회적 성과를 측정했다 : 이것이 그들의 계속적인 시도의 기초가 되었다. 마치 쾌활한 감정처럼.—당신은 올바른 길을 가기 위해 일상적인 길을 벗어났다 : 그러나 그 과정에서 항상 양심의 가책이 있었다—조르주 상드

5〔24〕

기독교는 누구에게나 자신을 엄청나게 중요하게 취급하는 권리를 부여한다 : 그는 하나의 '영원한 존재'다! 하나의 '창조적 정

신', 하나의 '인격'.

5[25]

우리의 과제는 참된 지각, 즉 어떤 참된 사물과 올바른 판단에 상응하는 지각을 심는 것이지, 자연적인 지각을 재생산하는 것이 아니다 : 그것은 그런 지각이 결코 존재하지 않기 때문이다. '자연적' 또는 '실제적'이라는 단어에 미혹되어서는 안 된다! 그것은 '토속적', '태고의', '일반적'이라는 것을 의미할 뿐, 진리와는 아무런 관계가 없다. 단지 올바른 지각의 기초 위에서만 인간은 지속적으로, 그리고 멀리 떨어진 것도 이해할 수 있다. 이를 위해서는 새로운 가치 평가가 필요하다. 먼저 옛것을 비판하고 제거하는 것. 버려져야 할 것은 이제 노고가 필요한 바로 다음의 분량이다.

5[26]

올바르지 못한 기초 위에서 이루어진 가치 평가들은 서로에 대항하는 파멸적인 전쟁으로 이끈다. 그러나 어쩌면 모두 함께 근본적인 상상을 강화하는 데 협력할지도 모른다. 그래서 그것을 내맡겨서는 안 되며 공격해야만 한다. 주의하라! ―사람들을 그 안으로 끌어당기는 행동은 잘못된 척도를 항상 되풀이해서 만들어내는 데 기여한다. 그것은 불길한 생각을 만들어내고 마침내 사람들은 그들의 투쟁 상대인 그 지각에 지배된다. 그러니까 : 그것에 대해 너무 많이 투쟁하지 말지어다!

5[27]

쇼펜하우어의 가르침은 내면적인 핵심으로 다음과 같은 명제를 담고 있다 : 우리는 우리의 욕구에 의해 이끌리는 것이지 우리의 유용하고 이성적인 관심에 의해 이끌리는 것이 아니다. 하물며 우리의 덕과 지혜에 의해서는 더욱더 아니다. 세계는 욕구다.

5[28]

순교는 진실함과 교만함을 증명한다.

5[29]

행복감에는 두 가지 형식이 있다 : 힘의 감정과 헌신 : 후자는 피로와 휴식처럼 현존한다.

5[30]

올바르지 못한 혼란과 무질서는 어느 기간 동안 특정한 그룹을 이끌어내는 이행 단계다.

5[31]

올바른 지각은 여전히 매우 상이하다 : 그리고 공통적인 것은 그것은 자신 안에 어떤 상상적인 요소도 갖지 않는다는 점이다. 즉 측정된 것은 실제적이다 : 상이한 것은 저울이지 측정된 것이 아니다.

5[32]

많은 것들에서 우리는 더 이상 지각할 수 없다. 그것은 여기서 아직 어떤 확실한 것이 말해지지 않았기 때문이다. 죽는 시점을 여기서 만드는 것은 필연적이다!

5[33]

죄를 사하기 위해 이전에는 예수 그리스도를 믿으라고 권했다. 그러나 이제 나는 말한다 : 수단은 죄를 믿지 말라는 것이다! 이 치료는 보다 급진적이다. 이전의 것은 하나의 망상을 또 다른 하나의 망상을 통해 견디게 하려 했다.

5[34]

단지 믿지 않는 것이 그렇게 간단한 것은 아니다—그것은 우리가 한때 그것을 믿었고 모든 세계가 그것을 믿거나 믿는 것처럼 보이기 때문이다. 우리는 다시 배워야 할 뿐만 아니라 우리의 평가에 다시 적응해야만 한다—그것에는 연습이 필요하다.

5[35]

"나의 예술을 받아들인다면 그대들 독일인은 다른 국가의 예술과 나란히 보이게 할 수 있는 예술, '바로 독일 예술'을 갖게 된다—먼저 '나의 독일 예술은' 이제 이 예술에서 소재, 사고, 음악 등이 성장한 독일인의 본질에 상응하는지를 증명해야 한다."—이것이 자신의 명성을 배려하는 바그너의 방식이다 : 그는 한 국가가 자신을 위해 나설 것을, 그리고 그를 그대로 수용하고 그의 '명성'을 수용할 것을 원한다. 이 놀이는 아직 결코 공개적으로 행해지지는 않았다—그것이 지금까지 성취되지 못한 근거. 나중에 바그너가 죽고 그의 작품이 잊혀지면 그런 것이 가능할 것이다. 그럭저럭 모든 민중의 음악가들은 자신의 음악을 장악하며, 곧 그것은 더 이상 독일적인 것이 아니라 '음악'처럼 들릴 것이다.—이것은 위대한 오페라의 음악이다.

5〔36〕

바그너는 독일 예술가를 증오하는 데 노력을 기울인다. 그러나 아, 위대한 오페라도 그의 특징도 특별히 독일적이지 않다 : 이 때문에 그는 지금까지 민중이 아니라 오히려 상류 사회와 지나치게 교육받은 사람들한테서 사랑을 받았다—지나간 세기에 루소 같은 사람의 성미에 맞았던 그 무리에게.

5〔37〕

기독교는 프랑스에서 가장 완전한 유형에 도달했다 : 신비주의자들(프랑수아 드 살François de Sales) : 그들은 바울로보다 더 높이 있다. 페늘롱François de Salignac de La Mothe Fénelon, 고대적인 토대 위에서 완전한 기독교인. 파스칼— — —

5〔38〕

더 이상의 선택의 여지 없이 모두가 짝짓기를 함으로써 아이를 생산해내는 실천, 즉 그 과정에서 종족이 신음하는 실천으로 본능을 충족하지 말아야 할 것이다. 많은 종류의 인간의 소멸은 지속적인 번식과 똑같이 바람직하다.—인간이 그 본능을 위해 한 여성과의 밀접한 결합을 통해 자신의 모든 발전을 좌절시키고 방해하게끔

해야만 하는가! 만약 인간이 한 번도 그렇게 밀접한 우정을 (최상의 의미에서) 유용하게 여기지 않을 수 있다면! 여성을 통해 남성이 완전한 인간으로 보완될 거라는 말은 헛소리다 : 이로부터 아무것도 추론되지 않는다.—오히려 : 단지 결혼은 1) 더 높은 발전을 목적으로 2) 그러한 인간 존재의 과실을 남기기 위해.—모든 다른 경우에서는 피임을 통한 내연 관계로 충분하다.—우리는 이러한 졸렬한 경박함에 종지부를 찍어야 한다. 이 어리석은 인간들은 결혼하지 말지어다! 부부는 훨씬 드물게 되어야 한다! 큰 도시를 가로지르며 자문해보라. 과연 이 민족이 계속 번식되어야 하는지를! 창녀에게 갈 수도 있을 것이다! 매춘은 감상적인 것이 아니다! 여자와 유대인의 돈주머니에 가져다주는 희생자가 아니라 오히려 종족의 개선이어야 한다. 이것을 넘어선 채 희생을 잘못 판단해서는 안 된다 : 창부들은 진실하며 좋아하는 것을 하고 인간을 '부부의 끈'으로 엮어 파멸하지 않는다—이 교살!

5〔39〕

이탈리아 화가들은 '성스러운 역사'를 너무나 아름답게 원어로 다시 번역했다. 가족의 모든 감동적인 장면과 의미 있는 인간을 한 순간에 많은 사람들이 잊을 수 없도록 만드는 모든 그러한 순간들을 발견했다 : 그 그림들 각각에서 사람들은 눈물을 쏟아낼 수 있다. 단지 성스러운 비참함이 시작되는 곳에서 사람들은 더 이상 함께 느끼지 않는다—그러한 것의 귀결에 대한 지식이 평형을 유지한다.

5〔40〕

〔+ + +〕 그렇게 드물게 완성된 인간들을 동경하는 것은 더 바람직한 것이다. 이 인간들은 꼽추와 불손을 동반한 괴물이 아니다.

5〔41〕

단지 주제넘지 않게 그의 의견들을 강요한다! 사람들은 그것을 말하고 뒤이어 밝은 웃음을 보낸다. 아직 그의 의견이 쓸데없는 것이 아닌 천재는 없었다.

5〔42〕

천재에 대해 우리는 다시 배워야 한다. 나는 왜 생산적인 인간들이 조용하고 겸허하게 처신하지 말아야 하는지 몰랐다(몰트케 Helmut von Moltke). 아니면 오히려—그의 인격을 그렇게 의견의 혼잡함에 던지는 것과, 우리를 성급하게 만들고 임신의 재가를 획득하는 욕구로 스스로 가득 차 있는 것은 모든 생산성에 대항하는 것이다. 나는 아직도 여전히 각각의 박자들에서 음악가의 어떤 결함 같은 것을 듣는다 : 그의 더 많이 의미하고자 함, 규칙에 대한 그의 퇴짜, 다른 사람들보다 그가 더 잘 만드는 것의 강조, 모든 편협한 것들이 지속적으로 함께 생산되고 있다. 비로소 그 안에서 천재의 헛소리가 날뛰면. 몰트케와 같이 그에 반(反)하는 사람들.

5〔43〕

〔+ + +〕 약속할 수 있다 : 그리고 이것처럼 한 현상의 등장이 그렇게 확실하다면, '일어난다', '이루어진다' 대신에 '우리는 하고

자 한다', '나는 할 것이다' 라고 말하더라도 아무런 소용이 없다. 예전에 자연 사건에 대해 주술사들은 "나는 태양이 비치고 비가 오기를 원한다"라는 표현을 통해 약속했다. 언젠가 인간은 의욕이 우리 자신과 관계있는 하나의 선입견임을 알아차리게 될 것이다.—그렇게 의무는 하나의 선입견에 기인하는가? 어떤 정당하지 못한 자만심에 기인하는가?

5〔44〕

표상들이 정말로 우리 행위의 동기인가? 아마도 그것들은 단지 우리가 우리의 행위를 이해하는 근거가 되는 형식들, 즉 우리에게 인지되는 행위들에 있어서 지성이 생산하는 하나의 동행물(同行物)이 아닌가? 행위들 대부분은 인지되지 못하고 지성적인 자극 없이 지나간다. 나도 의견이 같다 : 지성적인 행위, 어떤 사고의 고유한 뇌의 과정은 우리에게 사고로 인지될 수 있는 것과는 본질적으로 다른 것이라고 한다 : 우리가 알고 있는 우리의 표상들은 우리가 갖는 가장 작고 가장 열등한 부분이다. 우리 행위의 동기는 어둠 속에 놓여 있고 우리가 동기로서 믿는 것은 손가락을 움직이기에도 부족할 것이다.

5〔45〕

언어는 스스로 커다란 선입견을 안고 있으며, 예를 들어 한 단어로 형용되는 것 역시 하나의 과정이라는 사실을 유지한다 : 의욕, 욕구, 충동—복잡한 것! 위의 모든 세 가지에 나타나는 고통(위급 상황의 압력의 결과에서)은 "어디로?"라는 과정 속으로 옮겨진다 :

이것과 그 고통은 아무런 관계가 없으며 이것은 연상에 의한 일상적인 오류다. "나는 너를 향한 욕구를 갖고 있다" 아니! 나는 곤란에 처해 있으며 나는 네가 그것을 멈춰줄 수 있다고 생각한다(하나의 믿음이 비집고 들어갔다). "나는 너를 사랑한다", 아니! 나 자신 안에 사랑에 빠진 상태가 있으며 나는 네가 그것을 완화시킬 수 있다고 생각한다. 이 4격 목적어! 하나의 믿음은 예를 들어 의욕과 증오 등의 모든 지각의 어휘들에 포함되어 있다. 그것의 완화와 관계된 하나의 고통과 의견—그것이 사실이다. 목적에 관해 언급될 때도 마찬가지로.—하나의 격렬한 사랑은 열광적이고 강인한 의견이다. 단지 그것과 그 사람이 나의 위급을 완화시킬 수 있다는 것은 행복하고 불행하게 만드는 믿음이다. 때때로 믿음을 가진다는 것 그 자체는 모든 실망, 즉 진실에 대항할 때 충분히 강하다.

5〔46〕

인간의 위급 상황은 연구되어야 한다. 그러나 어떻게 이것이 해결될 수 있는지에 대한 그들의 의견들 또한 함께 계산되어야만 한다 : —

완화의 수단에 대한 의견을 변화시킨다면 그렇게 우리는 인간의 필요, '의지', '욕구'를 변화시킨다. 따라서 : 가치 평가의 변화는 의지의 변화다.—인간이 대부분 자신의 의지가 충족되지 않는 것에 신음한다는 것이 드러날 경우, 본질적인 고통이 다른 수단에 의해 완화되어서 아마도 충족될 수 없는 의지에 전혀 나타나지 않게 하는 것인지 여부가 탐구될 수 있다 : 그러므로 인간의 이상은 충족될 수 있고, 충족될 수 없는 모든 것에 대한 다른 가치 평가가 나타나야 한다.

5[47]

누가 자신의 고유한 행위에 항상 놀라게 된다면(거칠고 열정적인 사람처럼), 그러니까 스스로에 대해 사전에 예측을 할 수 없다면 그는 자신의 자유를 의심한다. 그리고 자주 사람들은 거기서 악마적인 영향을 말하곤 한다. 우리에게서 특정한 생각과 행위를 수행되도록 해주는 규칙성은 여기서 우리가 자유롭다고 믿게 만든다 : 예상할 수 있고 사전에 알게 한다! 바꾸어 말해 신의 전지(全知)함에서 전능함을 이끌어낸다—습관적인 사고의 오류. 사전 지식에서 나타나는 지성 안의 힘의 감정은 비논리적으로 사전에 알게 된 것과 결합한다 : 예언자로서 우리는 우리를 기적을 일으키는 사람이라 상상한다. 실제는 : "우리는 그 경우에서 예사로 그것을 행한다." 가상은 "이것은 이런 경우와 이런 경우다 : 나는 이 경우를 지금 행하고자 한다." 의욕은 하나의 선입견이다. 그것은 거의 항상 우리를 통해 생겨난다. 우리는 무엇이 그로부터 이루어지는지를 사전에 알며 그리고 이것이 일어난다는 것을 높이 평가한다. 모든 것에도 불구하고 이것은 우리의 자유 없이 자주 우리의 피상적인 지식에 거역함으로써 일어난다 : 그러면 우리는 놀란 듯이 말한다. "내가 원하는 것을 나는 할 수 없다." 우리는 우리의 존재와 우리의 지적 본질을 단지 관망할 따름이다 : 모든 의식은 단지 피상적인 것만을 접한다.

5[48]

"너는 나쁜 양심을 추구하는가?" 너는 사랑을 위해 진실을 부정하는 비겁한 감상들을 가진 인간들한테서 나쁜 양심을 찾는다.

5〔49〕

가장 빈번히 일어나는 것은 자기 자신을 속이는 것이다. 지성적인 양심은 약하고 다른 양심은 강하다. 두 양심의 파멸이 아니라 순화와 강화가 절실히 요구된다.

〔6 = N V 4. 1880년 가을〕

6〔1〕

브라만과 비교해볼 때 우리는 인류를 단지 힘의 감정과 스스로에 대한 믿음의 엄청난 권태에서만 알고 있다 : 우리의 가장 자랑스러운 철학자들조차.

6〔2〕

자신의 충동을 오랫동안 내버려둠으로써 단지 무절제하게 되어버린 인간은 바로 그만큼 충동에 대한 지배를 상실한다 ; 예를 들어 에센의 바이런 경.

6〔3〕

과학의 역사는 고귀한 충동의 승리를 가리킨다 : 과학의 실천에서 매우 많은 도덕성이 유포되고 있다.

6〔4〕

어떤 충동들이 개인을 구성하는가? 얼마간의 우둔함에서 개인들은 함께 파멸한다. 기초적인 충동의 소멸과 이타주의를 통한 그 충동의 대체에서도 마찬가지다. 다른 개인들의 특정한 성격에서 사람들은 대립 또는 이질감을 느끼거나 그것을 전혀 느끼지 못할 것이다 : 또는 조화로운 공명음(共鳴音)이나 기초적인 운동들을 느끼게 되는데, 이것들에서 우리의 운동이 비로소 하나의 척도를 얻는다. '개인들의 음악', '대위법 기술'. 매력적일 수 있다 : 평행함, 하나의 각도로 두 선이 모이는 것 등, 약을 올리듯 다른 직선을 건드리고는 즉각 떠나는 선의 아라베스크. 나는 바그너와 서로 교차했다 : 우리는 아주 열심히 포개어 달렸다. 번개가 쳤고, 거기서 엄청난 속도로 다시 서로 나뉜 채 더 멀리 떨어졌다.

6[5]

사람들은 자신의 불성실의 절정에 도달한다 : 그리고 그때 우리는 우리를 혐오하고 우리를 향해 거울을 돌려버리며 혐오스러운 모습에도 즐거움을 느낀다. 왜냐하면 거기서 우리는 우리를 벌주거나 환상을 통한 도취의 포만감에 대해 구토를 느끼기 때문이다—진리의 충동!

6[6]

그리스인들은 대부분 혐오스러운 모습에서 고통을 받고, 유대인들은 죄의 모습에서, 프랑스인들은 세련되지 못하고 정신력이 빈곤한 거친 자신의 모습에서 고통을 받는다—그래서 그들은 그 반대를 이상화한다—그리고 이 이상이 그들 자신을 개조한다. 고통에 대한 복수—신들과 예술적인 모범의 형성을 위한 동기. 매혹하는 감성의 결핍이 독일 화가를 감성적인 것에 대한 광신자로 만든다. 격정적인 열정으로 인한 고통이 이탈리아인들을 냉정한 기교적 형식주의의 숭배자로 만들었다 : 동정녀 마리아와 그리스도에 대한 숭배자로. 쇼펜하우어는 동정과 정조를 이상화했다. 그는 그 반대의 것에 시달렸기 때문이다. '자유로운 인간'은 가장 종속적이고 가장 예민한 인간의 이상이다—이것들은 충족될 수 없는 이상들이며 정말 잘못된 환영들이다 : 그들의 모습은 매혹적이고 굴욕적이다 : 이러한 잡종 상태는 충족되지 않은 이상을 지닌 인간들에게 특징적으로 나타난다. 그것이 그들의 절정이다 : 그러고 나서 그들은 아래를 경멸하는 눈초리와 함께 그들의 고통 위에서 멈춘다.

6[7]

충동은 자주 잘못 이해되고 잘못 해석된다. 예를 들어 성적 충동, 배고픔, 명예욕. 아마도 모든 도덕은 육체적 충동들에 대한 해석일 것이다.

6[8]

우리가 우리에게 얼마나 악한지, 얼마나 선한지, 두 가지 모두가 우리에게 부정직하게 비칠지 우리가 알지 못하는 저 최후의 순간에—

6[9]

틀린 것보다 더한 거짓말쟁이.
언어에서 가혹하고 근본적으로 두려운.
나폴레옹처럼 전제적인 동시에 비겁한.

6[10]

아, 과학이 열정적인 정신들에게 어떤 힘과 어떤 마법을 구사하는가! 확실히 그들은 과학에서 경이로운 마술을 보며, 여기서 그들은 공상가가 된다.

잘 형성된 정신에게 회의는 얼마나 아름다운 베개인가!

6〔11〕

우리를 돈을 벌려고 하는 사람, 노동자, 수공업자, 예술가와 구분하는 심연은 부정될 수 없다 : 옛날부터 계승되었다.

6〔12〕

"사람은 자기 자신을 사랑하기 위해 시간을 가져야만 한다 : 그리고 할 일이 없었을 때마저 나는 내가 거기서 더 이상 잃을 것이 없다는 모호한 감정을 느꼈다" 나폴레옹.

6〔13〕

나폴레옹은 모험 소설을 만들었고 이어서 그의 꿈들을 "그의 추리의 나침반으로 측정했다" "나는 사고를 통해 나를 이상적인 세계로 던진다"

6〔14〕

"나는 항상 분석을 사랑했고, 내가 진지하게 사랑에 빠졌을 때 나는 나의 사랑을 한 조각 한 조각 분해했다"

6〔15〕

시간과 사정이 그의 좋은 입장들에 유리하지 않았고, 그것들은 그 입장들을 발전시키지 못했다.

6〔16〕

사바리에 대해 나폴레옹은 "우리가 끊임없이 매수해야 하는 인간을" 무조건 신뢰했다고 말했다. 나폴레옹은 사바리를 모든 단정한 인간들한테서 고립시켰고, 자신의 손아귀에 놓인 것으로 느꼈기 때문이다.

지성에 관하여

주인의 완벽한 하인, 뒤로크Géraud-Christophe-Michel Duroc(Duc de Frioul) : 냉철하고 입이 무거우며 헤아리기 어려운 그는 결코 자신의 과제 이외의 것을 생각지 않았고 알랑대지 않았으며 정확성을 완결했다. 자신의 주인을 위한 주위 사람들의 충실한 귀감, 자신의 주위 사람들을 위한 주인의 충실한 귀감 ; 친구도 없고, 이야기를 나눌 필요도 없으며, 주인이 위대한 사람인지의 여부에 대한 어떠한 만족도 시험하지 않고, 모든 것에 무관심하며, 어떠한 지루함도 열광도 없다. 건조하게 차갑고 타자와 관련해 어떠한 욕망도 없으며 아주 인격적이고 특정한 범위에서 재치 있고 숙련되었다.

6〔17〕

"인내심을 갖는 것은 단지 청소년에게만 어울리는 일이다. 그들 자신 앞에 미래가 놓여 있기 때문이다"라고 나폴레옹은 말했다. "인간과 사물, 모든 것은 이 이탈리아 군대에서 가능했다."

6〔18〕

유용한 것은 결코 최종 목표일 수 없다. 어떠한 도덕 원칙이나 편안한 것(편안함의 어떤 종류가 우선할 수 있는가?) 또한 최종 목표가 될 수 없다. 최종 목표들은 개념을 통해 한꺼번에 도달될 수는 결코 없다 : 우리는 단지 목표들에 대해 우리가 사전에 충동을 느끼는 만큼 볼 수 있다. 우리의 충동이 어느 정도 자라날 것인지는 아무도 모른다.

6〔19〕

불만족스러운 사람의 건조하고 냉랭한 어조

6〔20〕

우리의 시대가 다른 모든 것을 능가하도록 해주는 사기 행위의 뻔뻔한 형식. 어떤 그리스 예술가도 결코 하지 않았다—

6〔21〕

"프랑스에서는 인물에 관심을 가질 경우 사물에 아무런 관심을 갖지 않는다." 나폴레옹. 어떤 낡은 왕정의 습관이 그대들로 하여금 모든 것을 인격화하는 습관을 갖게 했다. 그대들은 아무것도 진지하게 받아들일 줄 모른다. "아마도 평등이 예외라면. 그리고 사람들이 저마다 자부심을 갖는다면, 기꺼이 첫 번째이고자 하는 것을 포기할 것이다. 모두에게 스스로를 상승시키는 희망을 주어야만 한다."

6[22]

나폴레옹은 이집트에서 보낸 시간이 자신의 생애에서 가장 아름다운 시절이었다고 말했다. 그 시간은 가장 이상적이었기 때문이다. 그가 꿈꾸는 모든 것을 실현할 수 있었다. 문명이 그를 속박하지 않았다.

6[23]

주요 차이 : 한 부류에게 그것의 외부에 있는 사물의 어떤 모범 상태가 아른거린다. 여기서 이것들이 그들에게 가장 편안한 것으로 그들을, 말하자면 유희한다(정치가, 사회주의자 등). 다른 부류에게는 그들 자신의 모범 상태가 아른거린다. 여기서 그들은 외적인 사물들과 인간들, 그들에게 가장 편안한 것을 유희한다 : 후자는 생산적인 본성의 이상이고 전자는 번거롭게 일하는 자의 이상이다 : 그들은 차라리 *부채(負債)*Passiva가 되려 한다! 어떤 부류는 지배를 열망하고 어떤 부류는 노예들이다. 전자는 그들이 세계라는 악기에서 가장 멋진 음색을 꾀하게 되는 것이 그렇고 그렇게 되는 것을 의심하지 않는다 : 그리고 후자는 모든 것이 확고히 정리되고 개인(지배자)한테서 자유로워진다면 모든 것이 미리 예견될 수 있고 그들이 삶에 대해 오직 편안한 인상들만을 갖게 된다는 것을 의심하지 않는다. "단호하고 인상 깊은 인간들"

6[24]

"혁명이 무엇을 만들었는가? 허영심. 무엇이 혁명을 종식시킬 것인가? 다시금 허영심. 자유는 하나의 핑계다."

6〔25〕

갑자기 그는 순박한 사람bonhomme으로서의 역할을 끝내고 철두철미하게 명령하는 주인의 건조함과 더불어 하나의 명령을 첨가했다.

6〔26〕

나폴레옹의 단점 : 그는 패배라는 생각을 어디서도 견뎌낼 수 없었다. 그의 영혼이 고귀함과는 거리가 멀고, 나쁜 운명을 넘어서 이르게 되는 위대한 감정을 몰랐기 때문에 그는 이 약한 부분에서 그의 생각을 다른 곳으로 돌렸다. 이에 반해 그는 그의 정신을 성과를 통해 더 위대하게 만드는 놀랄 만한 소질에 고착시켰다. 그의 행복은 그의 개인적 맹신(나는 성공할 것이다Je réussirai!)이었고, 바로 그런 것을 의무로 믿었던 우상 숭배였다. 우상 숭배는, 그가 보는 대로 우리에게 열람시켜야 할 모든 희생을 정당화했다.

6〔27〕

"범죄에 대한 저항은, 우리가 어떤 사람을 그로 하여금 범죄를 저지르게 하는 필연성에 그가 놓여 있다고 매우 쉽게 믿는 것처럼 우리에게 선천적이다."

6〔28〕

약한 추종을 그가 부어 넣었던 실제적인 두려움과 교환한다 : 사람들은 그의 놀이의 대담함에 경탄한다.

6〔29〕

"그대들은 다른 시대를 보았다 : 나, 나는 내가 어떤 것이 되고자 시작했던 때를 기입한다." 나폴레옹

6〔30〕

"나는 어떤 증오도 없으며 복수심에서 무슨 일을 행할 능력도 없다 : 나는 단순히 나를 성가시게 하는 것을 제거한다"라고 나폴레옹은 앙기앵Enghien 공작의 처형과 관련해 말했다.

6〔31〕

우리의 충동들은 형이상학자의 간계와 기교에 의해 잠잠해진다. 그들은 인간의 자부심의 변호자다 : 인간은 잃어버린 신들에 대한 고통을 극복할 수 있다! 이 열정이 잠잠해진다는 것이 전제된다면 : 창백한 권태, 꺼지는 안광의 그런 상태! 충동의 도구로서의 지성에 대한 최고의 불신 : 자부심의 태반은 회의다. 우리의 충동과 그것의 거짓부렁에 대한 뼈아픈 심문. 그것은 최후의 복수고, 이러한 자기 분쇄에서도 인간은 여전히 스스로를 상실한 신이다. 무엇이 이 강력한 회의에 뒤따르는가? 탈진, 두 번째 탈진, 하나의 노년 : 모든 과거는 활기가 없게 느껴지고 의심 그 자체는 역사가 되며 마침내 이러한 모든 사물들에 관한 지식이 아직 이 늙은이에게 충분한 매력이 된다—

이 전체의 역사가 항상 더 적은 정신들에서 진행된다. 그러나 믿음의 상실은 다른 모든 것 중에서도 가장 소문이 잘 퍼진다—그리고 이제 따라온다 : 공포, 권위, 신뢰의 중지, 순간, 가장 거친 목표,

가장 가시적인 목표를 향한 삶이 : 반대의 운동이 시작된다. 신뢰는 이전의 목표에 가장 대립적인 것과 관련해서는 아직 가장 위대하다! 시험과 실험, 무책임성의 감정, 무질서에 대한 즐거움. 자부심의 자리에 현명함이 들어섰다. 학문이 현명함의 직무를 수행한다. 인간 가운데 보다 평범한 종(種)이 지배를 획득한다(귀족이나 사제 대신에) : 처음에는 상인들이, 나중에는 노동자가. 민중이 지배자로 등장한다 : 개인은 자신을 대중이라고 속여야 한다.—이전 시대에는 사제, 귀족, 사상가의 지배적 계급에 속했을 것 같은 인간들이 지금도 여전히 태어난다. 이제 그들은 종교와 형이상학의 파멸, 고귀함과 개인적 의미의 파멸을 관망한다. 그들은 유복자다. 그들은 험한 상황에 처하지 않기 위해 하나의 의미를 부여하고 목표를 세워야 한다. 거짓말과 극복된 것을 향한 은밀한 회귀와, 한밤의 사원의 폐허에서의 작업은 당치도 않다! 시장 바닥에서의 일 역시 마찬가지다! 그들은 현명함의 이익을 통해 증진될 수 없는 인식의 부분들을 움켜쥔다! 현대적인 정신이 싫어하는 예술 역시 마찬가지다! 그들은 시대의 관찰자며 사건들의 배후에서 살아간다. 그들은 시대에서 자유로워지려고, 그리고 시대를 넘어 날아가는 귀족처럼 이해하기 위해 연습한다. 그들은 자신을 가장 큰 독립성으로 제한하며 시민, 정치가, 소유자이기를 원하지 않는다. 그들은 모든 과정들의 배후에 개인들을 위한 자리를 예약하고 교육시킨다—무질서의 저속한 도취가 지나가면 언젠가는 아마 인류에게 그들이 필요하게 될 것이다. 지금 스스로를 주제넘게 민중에게 구세주로 제공하는 자들에게 침을 뱉을지어다! 또는 국가에게! 우리는 망명자다. 우리는 현명한 사람을 위해 일하는 학문에 대해서도 나쁜 양심을 가지기를 원한다! 우리는 준비되기를 원한다! 우리 편 중에서 거짓말로 회피하고 반응을 기대하는 자들의 철천지원수가 되려 한다! —우리가 영주나 사제에서 유래했다는 것은 진실이다 : 그러나 바로 그 때문에 우리의 조상이 높다고 여긴다. 그들은 스스로를 극복했기 때문이다. 만약 우리가 그들의 위대함을 부인한다면 그것은 그들을 더럽히는 일이 될 것이다! 자기 기만을 통해 살아야만 하며 살고자 하는 오늘날의 영주와 사제들이 우리와 무슨 상관이 있단 말인가!

6[32]

시도한 것이 정확한 시간에 성공할지의 여부, 즉 선원이 자신의 항해와 관련해 느끼는 똑같은 불안과 회의를 우리는 모든 의무와 관련해 느껴야만 한다. 내가 절대적인 의무를 진 것은 아니다. 내게 그것이 그렇게 쉬운 일만은 아니었다. 우리는 우리의 덕목과 행위를 통해 시험하며 목표의 관점에서 그것이 필수적인지는 알지 못한다. 우리는 제대로 의심해야 하며 모든 도덕적 규정을 의심해야만 한다. 더 나아가 이 규정들은 어떤 실제적인 행동이 그러한 규정에 상응하지 않을 만큼 조잡하다 : 현실은 훨씬 더 복잡하다.

6[33]

나폴레옹은 쾌활했고 우리 모두 사이에서 의례적인 것이 만들어 내는 조그마한 폭력을 몰래 즐겼다.

6[34]

"모두가 낯설게 존재하기, 음모 : 거의 다 궁정에서 일어나는 실수다. 영주들이 대부분 용서하지 않는 : 우리가 그들의 권력에서 벗어나는 몇몇 수단을 그들의 직무에서 관찰했다는 사실이다."

6[35]

"거기에는 화려함이 충분히 존재하지 않는다 : 눈에 먼지나 뒤집어쓸 수는 없는 일 아닌가"라며 나폴레옹은 레뮈자Rémusat에게 새로운 제위가 어떻게 장식되어야 할지에 대한 계획을 제출할 때 말했다.

6[36]

"나는 나 혼자만을 위해 모든 혁명을 수행했다." 그는 자신의 역할을 획득함으로써 유용했던 모든 것을 파괴하지 않고 지키려 했다. 그는 모든 수단을 동원해 프랑스인을 한꺼번에 눈멀게 만들고 마비시키려 했다. 그는 옛 정권의 화려함을 사랑했고 그런 방식으로 벼락출세한 사람이 더 잘 드러나지 않을 수 있다고 생각했다.

6[37]

"우리를 벌합시다, 우리를 욕하는 것으로Vengeons nous, par en médire" 몽테뉴

6[38]

"스스로에게 성과를 불평하도록 허락하는 사람은 매우 적은 수에 불과하다." 아첨은 성과에 대한 비판을 극복한다.

6[39]

음악은 정신의 무아경을 위한 어떤 음향도 갖지 않는다 : 음악이 파우스트, 햄릿, 만프레드의 상태를 다시 제공하려 할 때, 음악은 정신을 쫓아버리고, 정신이 없는, 최고로 불쾌하며 보기에 전혀 적합하지 않은 정서 상태를 그린다 ; 음악은 거칠게 하며 불쾌함과 비탄을 그린다. 아마도 음악적 정신을 통해 ; 그러나 이 예술은 얼마나 끔찍한 것인가. 아무런 선택의 여지 없이 불쾌한 것을 그린다면 : 어떤 고통이 소리에, 뻰뻰스러운 소리에 어울리는가!—그것은 음악가들 중에 더 섬세하고 더 자태가 아름다운 정신이 드물다는 것에 기인하는가? 음악가들이 느낌을 그 자체로 결코 분리하지 않으며 사고가 번쩍일 때 굴절과 색채를 알지 못하는 것에 기인하는가? 그들은 모든 상태를 조잡하게 만들어야 한다. 말하자면 비인간적인 것으로 다시 번역한다 : 마치 사고와 단어가 아직 고안되지 않기라도 한 것처럼. 게다가 이것은 커다란 매력이다 : 음악에서 그것은 근원적 본성이다 : 그것은 거친 풍경의 자연을 숭배하고 높은 산들을 발견했던 시대에 속한다. 정신적인 향유가 성숙하지 못하고 회화에 있어서 사고가 너무 빈약하며 무엇을 즐거워하기 시작할 때 이미 사고의 활력을 탕진했던 사회에는 감정과 감각에 대한 권유만 남는다 : 감정과 감각에서 음악가는 가장 반듯한 즐거움을 제공한다. 인간적 과정들의 모사물과 흥분시키는 장면들의 직접적인 모방의 조잡한 자극과 함께 극장의 향유는 이미 더 저속하다. 한 걸음 더 나아가 : 우리는 휴양을 위해 음료 등을 통한 충동의 흥분을 느낀다 —시인은 음악가보다 높이 서 있다. 시인은 더 높은 요구, 이른바 전체 인간에 대한 요구를 가진다 : 그리고 사상가는 훨씬 더 높은

요구를 가진다 : 그는 전체의 결집되고 신선한 힘을 원하며 향유가 아니라 모든 인간적 충동에 대한 투쟁과 거부를 요구한다.

6[40]

나는 그가 마치 섬에서 살았던 사람처럼 증오 없이 세계 앞에서 눈을 가리고 있기라도 한 듯 그 남자를 사랑했다 : 나는 그렇게 이해했다! 그와 내가 이제 얼마나 소원해졌는지, 그가 지금 국민적인 열망과 증오의 흐름에 몸을 맡긴 채 종교에 대한 정치와 물욕을 통해 멍청해진 이 시대의 민중의 욕구에 화답하고자 하는 것처럼! 과거에 나는 그가 오늘날의 현상들과 무관하다고 생각했었다—나는 분명 멍청이였다.

6[41]

나폴레옹이 쾌활해졌을 때 그는 수비대의 습관을 자청하여 취했고 극단적이었다.

6[42]

"우연은 평범한 정신에게 항상 신비로 남게 되고 고상한 인간들에게는 실재가 되었다." 우연의 몫을 수학적으로 정확히 사전에 확고히 하는 것 : "얼마간의 어떤 소수 자리가 모든 것을 변화시킬 수 있다" "평범한 인간은 자신이 만들지 않은 사태들을 통해 특정한 명증성으로 인도된다"

6[43]

"진정 위대한 사람이 되기 위해서는 자신의 명예의 한 부분을 곧바로 실제로 만들어야만 하고, 일어난 사건을 딛고 등장해야만 한다 Pour être véritable grand homme, il faut réellement avoir improvisé une partie de sa gloire et se montrer au-dessus de l'événement, qu'on a causé."

6[44]

"타키투스Tacitus, 유능한 작가지만 정치가로서는 모자란다."

6[45]

"정치가가 정말로 유능하다면 그는 스스로를 열정의 주인으로 만들 줄 안다. 그것은 그들이 열정의 영향을 계산할 정도로 멀리 가기 때문이다."

6[46]

"정치가, 완전히 괴벽스러운 인격, 한편으로는 항상 혼자며 다른 한편으로는 항상 세계와 더불어 있는." 그가 사물을 고찰하고, 종종 그렇게 가지런하지 않은 관계들을 엄청난 주의를 통해 마치 좌지우지하는 것처럼 하는 동안—어떻게 그는 자신이 익숙해진 사람에게 그렇게 중요한, 어떤 감정의 습관을 조심해서 다루는 것을 즐길 수 있는가! (혈연, 욕정 등)

6〔47〕

기독교인에게 있어서 사랑과 증오 사이의 긴장의 에너지만큼 강한 것은 전혀 없다. 그들의 증오, 즉 *인류라는 종에 대한*odium generis humani 증오는 모든 동정보다 강하다.

6〔48〕

헌신의 감정과 행복—두려움의 종국에서 안전에의 진입을 선언한다(여성적인 충동에서가 아니다)

6〔49〕

권력 : 이의를 제기함　논리학의 기초. A〉〈B
복종 : 동의함　**A = A**
권력은 차이를 인정하도록 몰아붙인다
복종은 평등을 확정하려 한다.

6〔50〕

나의 목표는 모든 사람을 위한 것이 아니다. 이 때문에 그것은 전달될 수 있다. 유사함 때문에, 또한 대립된 것이 그한테서 자신의 본질을 마찬가지로 정식화하고 활동적인 정신으로 바꾸는 활력과 쾌를 얻게 되기 때문이다. 본보기를 찾는 모든 이를 돕고자 한다. 이를 위해 나는 어떻게 본보기를 찾는지를 제시하고자 한다 : 그리고 나의 가장 큰 즐거움은 나와 같지 않은 개인적인 본보기를 만나는 것이다. 모든 모방자, 추종자, 칭송하는 사람, 경탄하는 사람, 헌신하는 사람들은 꺼져버려라!

6[51]

"그렇게 오랫동안 역사에 살아 있는 군사적인 명성은 동지들한테서는 가장 빨리 소멸하는 자다." 권력의 가장 위대한 순간 이후에 나폴레옹(틸지트의 평화)

6[52]

전쟁 중에 나폴레옹은 수단이 우리를 귀머거리로 만들거나, 적어도 침묵하게 하는 것을 보았다.

6[53]

상승할 때의 성적인 자극은 힘의 감정에서 방출되는 어떤 긴장을 유지한다 : 지배하려 함—가장 감각적인 인간의 징표. 성적 충동의 소멸하는 성향은 권력에 대한 갈망의 감소에서 나타난다 : 보존과 부양 그리고 종종 식사에 대한 즐거움이 대용물로 등장한다(부모의 충동은 유지, 정리, 부양이며 지배가 아니라 자신과 다른 사람의 안락함을 만드는 것이다). 권력에서 나타나는 감정은 기꺼이 고통을 주려 한다—지속적으로 복수하려는 전체 유기체가 깊이 성을 내는 것이다. 이런 상태에서 음탕한 동물들은 스스로의 충동을 잊은 채 가장 사악하고 가장 폭력적이다.

6[54]

욕정으로서의 사랑은 한 인간에 대한 절대적 권력의 요구다 : (예를 들어 사람들은 사고와 느낌의 유일한 대상이 되기를 바란다) 사랑에 빠진 사람은 다른 세계를 전혀 보지 않으며 다른 모든 관심을 이 권력의 갈증 속에서 희생시킨다. 사랑받게 되는 것에 대한 믿음은 스스로에게 깊은 만족을 가져온다 : "우리는 절대적인 힘으로 지각된다"!

6[55]

사람들은 사랑의 자극과 성의 생식을 위한 그들의 만족을 구별해야만 한다 : '성적 충동' 이라는 표현은 이점을 갖고 있다.

6[56]

혈육을 통한 새끼의 흡수는 가장 강한 양육이며 아마도 힘의 자극과 저항의 극복 이후의 모든 활력들의 동요와 반대와 저항에 대한 욕구를 가장 많이 야기할 것이다. 힘의 감정은 지금까지 금욕하는 승려와 은자한테서 가장 높이 상승되었다(예를 들어 브라만들한테서)

6[57]

복종의 즐거움이라는 감정은 아마 여성적일 것이다—그리고 양성은 두 가지 감정의 능력을 가지고 있지만 각각에서 나타나는 과잉은 특별한 것이다. 여성적인 성적 기능의 어떠한 특성이, 그들의 감각적인 자극이 본질적으로 힘에의 의지로 드러나지 않는 사실과 관계될 수 있는지 신은 안다 : 지배받고, 봉사하고, 여성들은 사랑을 통해 더 약하다고 느낀다. 난소의 영양에는 활력이 요구된다.

6[58]

더 깊은 감각의 능력을 가진 사람은 또한 그것의 반대에 대한 깊은 감각의 격렬한 싸움과 씨름해야만 한다. 사람은 아주 평온한 상태로 고통 없이 존재하기 위해 깊은 감각에서 탈피할 수도 있다. 따라서 이 감각은 또한 그것의 약한 부분에서 마찬가지로 그저 약한 저항력을 자극한다 : 이 저항력은 미세하고 엷기 때문에 아마 놓치게 되고 들리지 않게 될 것이며 인간에게 그가 스스로와 완전히 조화롭다는 인상을 준다—마찬가지로 사회적 생활에서 : 모든 것은 이타주의적으로 흘러갈 것이며, 따라서 개인들의 대립은 세련된 최소한으로 환원되어야만 한다 : 따라서 개인이 개인으로 보존되게 하는 모든 적대적인 경향과 긴장들이 더 이상 인지될 수 없다. 바꾸어 말하면 : 개인들은 개인들의 가장 힘없는 소리로 환원되어야만 한다! 그래서 평등이 광범위하게 우위를 점한다! 그것은 안락사이며 완전히 비생산적이다! 그것은 깊은 지각이 없는 인간들, 사랑을 받을 만하고 평안한 소위 행복한 인간들 역시 비생산적인 것과 마찬가지다. 학문의 가치는 엄청난 저항력이고자 하는 데 있다 : 아마도 그것은 항상 그것에 대한 반대에서 다시 새로운 것에 의해 부조리와 공상에 점화하는 것이리라!—아마도 이것이 필요할 것이다!

6[59]

인류에게는 공룡이 가졌던 것만큼이나 적은, 아무런 목표도 없는 단 하나의 발전만이 있을 뿐이다. 즉 그들의 종말은 그들 과정의 어떤 점보다도 더 의미가 없다. 주의하라! 결국 선이 '인류의 목표'를 위한 수단인 것처럼 규정할 수는 없다. 그것이 발전을 가능한 한 연장하는 그러한 것이 될 수 있는가? 또는 절정을 가장 높이 보내는 그런 것이 될 수 있는가(성장과 몰락, 생성과 소멸 사이에서)? 그러나 이것은 이미 다시 절정을 위한 척도를 전제한다! 그리고 그렇게 가능한 한 오래여야만 하는가? 이것 또한 어떤 선한 것을 전제한다. 예를 들어 현존에 대한 즐거움—가능한 한 많은 즐거움을 목표로서 가져야 하는가? 그러나 이를 통해 인간은 단 한 번도 개인적 삶을 관리할 수 없었다. 우리가 즐거움의 원천, 충동을 그것의 다음과 같은 가장 내적인 욕구와 연관해서 알지 못하기 때문이다. 예컨대 가능한 한 많은 즐거움이 또한 엄청난 불쾌함을 전제하는 것이 아닌지의 여부?—또는 가능한 한 적은 불쾌함을 발전에서 요구하는지의 여부?—그것을 향해 지금 모든 노력을 기울인다—그러나 이것은 하나의 가능한 비(非)활력적 발전, 하나의 일반적인 자기 약화, 지금까지의 인류와의 어떤 창백한 이별, 동물이 다시 우리의 지배자가 되는 경계까지! 활기를 잃은 몽상은 엄청난 희생을 야기하고자 하는 이것에 대한 이상이 아니다—그리고 만약 인간이 이러한 수준에 오른다면, 거기에는 엄청난 거부의 실행이 요구될 수도 있을 법하다! 그러나 어쩌면 이것은 혹시 추구해야 할 목표 없이도 언젠가는 종말이 될 수 있는 일인지도 모를 일이다! 또는 이제 길을 잃은 별이 인간성을 불쌍히 여긴다!

6[60]

누군가가 최고의 난세 상황에서 은둔자로서 자신의 왕국을 세울 때, 최고도의 개성에 도달하게 된다.

6[61]

권력에 대한 열망은 발전의 상승하는 과정에서 특징적이고, 헌신에 대한 열정은 발전의 하강하는 과정에서 특징적이다. 노년의 즐거움은 깊은 곳에서의 사물, 사상, 인간에 대한 모든 이러한 헌신이다 : 발전하려는 사람이 지배한다—아픈 사람은 노년의 성향을 선취한다.

6[62]

우리는 항상 외부 세계를 다르게 느낀다. 그것이 그때그때 우리에게 우세한 충동과 대조를 이루기 때문이다 : 또한 충동이란 생동적인 어떤 것으로서 성장하고 사라지고 지속하는 것이 아니기 때문에, 가장 짧은 순간 외적 세계에 대한 우리의 느낌은 항상 생성하고 사라지는, 그러니까 변화하는 것이다.

6[63]

충동의 영원하고 끝없이 작은 활동성에 견주어 볼 때 판단은 매우 느린 어떤 것이다—그러니까 충동들은 항상 아주 더 빨리 자리한다. 그리고 판단은 항상 하나의 기정 사실fait accompli에 따라 비로소 자리를 잡는다 : 충동 자극의 작용과 결과이거나 함께 자극하는 대립된 충동의 작용이다. 충동은 기억이 자신의 재료를 제공하도록 고무한다—또한 반대 충동이 모든 충동을 통해 자극된다. 이뿐만 아니라 높은 음의 현처럼 '반대'와 같은 일반적인 단어로 형용될 수 없는 관계에 있는 또 다른 충동이 자극된다.

6[64]

우리는 누군가가 우리를 과소평가하는 것을 고통스럽게 느낀다. 기분이 매우 고조된 순간 우리는 이 아픈 느낌을 주시하며 되돌아본다. 마치 우리에게 전혀 속하지 않은 아득히 먼 어떤 것을 쳐다보듯이. 느낌은 예컨대 거의 그에 대한 지식이 된다 : 우리가 단지 안다는 느낌만을 갖고 있는 거의 모든 것은 우리에게 더 먼 것으로, 그리고 외적인 것으로 보인다. 그 안에서 기초로서 신음하는, 또는 유쾌한 충동은 우리에게 거의 지각되지 않는다. 그러나 그것은 그 안에 있어야만 한다. 기억은 단지 충동의 사실만을 감지한다 : 기억은 단지 무엇이 충동의 대상으로 바뀌었는지를 배울 뿐이다!—우리의 지식은 우리의 충동적 삶에서 가장 약화된 형식이다 ; 이 때문에 강한 충동에 대해서는 그렇게 무력하다.

6[65]

정신의 일에서는 모든 사람이 위대하며, 모두가 커다란 예외로서 지식에 관한 일을 강하게 지각하고 낯선 일들에 관해서는 이웃을 대하듯이 처신한다. 그래서 낯선 일들은 모두에게 아픔을 준다. 열정을 고무하고 정신을 높이 고양할 수 있다는 것, 축약해서 낯선 일들이 그의 가장 강한 충동과 융합되어 있다는 것. (정직성은 예를 들어 인간들에게 냉혹하고 추상적으로 머무르는 일들의 관계에서 보면, 아마 욕구, 자만, 지배욕, 온화함, 관용, 용감함일 수도 있을 것이다) 추상을 위한 열정과 추상적인 것을 멀리, 그리고 무관심하게 대할 수 없는 무능력이 사상가를 만든다.

6[66]

참회자를 통해 인간을 고문하는 것, 덫에 뒤엉킨 채 분노하며 초지 위에서 죽어가는 노루처럼.

6[67]

나의 **과제**는 : 낯선 것에 대한 지각이 아주 멀리 미치고, 그러면서도 향유와 결합되는 정도로 모든 충동을 순화하는 것이다 : 나에 대한 정직성의 충동, 사물에 대한 정의의 충동이 너무 강해 이 충동의 기쁨이 다른 종류의 쾌락의 가치를 능가하며 다른 쾌락들이 이 충동에 필요한 경우, 전부 또는 부분적으로 희생되는 정도다. 그러나 무관심한 직관은 존재하지 않는다. 만약 그렇다면 그것은 완전한 지루함일 것이다. 그러나 단지 가장 섬세한 감정이면 충분하다!

6[68]

누군가가 판단 능력을 그 자신과 관련지어 발휘했거나 단지 그런 능력을 가졌다는 것보다 나폴레옹이 이 세상에서 더 증오한 것은 없다.

6[69]

그녀에게는 휴식이 없었다(스탈Germaine de Staël 부인) : 레뮈자에 따르면 "행복과 재능을 위한 휴양의 결여une privation sans remède pour le bonheur et même pour le talent".

6[70]

나das Ich는 다수의 본질(충동, 사고 등)에 대한 어떤 본질의 위치가 아니다. 오히려 자아das ego가 인간적 종류의 힘들의 다수성이다. 이 힘들에서 때로는 이것이, 때로는 저것이 자아로서 전면에 서서 다른 것들을 주시한다. 한 주관이, 영향력이 크고 결정적인 외적 세계를 주시하듯이. 주관은 이리저리 뛰어다닌다. 우리는 아마도 힘들과 충동의 정도를 가까이, 그리고 멀리 느끼며 하나의 풍경과 평지처럼 실제적으로는 양(量)의 등급의 다수성인 우리를 해석한다. 가장 인접한 것은 우리에게 '나' 라고 불리며 더 멀리 떨어진 것보다 더욱 부정확한 호칭 '나와 다른 모든 것, 너' 에서 습관이 된다. 우세한 것을 우리는 본능에 따라 순간적으로 전체 자아로 만들면서 모든 약한 충동을 우리는 원근법적으로 더 멀리 두며, 이를 통해 전체 너 또는 그를 만들어낸다. 우리는 우리를 다수로 취급하며 우리가 인간, 동물, 장소, 사물에 대해 갖는 사회적인 습관 모두를 이 '사회적 관계' 로 옮겨놓는다. 우리는 위장하고 불안에 떨며, 부조화를 만들고 우리를 칭송하며, 법정 장면을 연출하고 우리를 습격하며, 우리를 고문하고 예찬하며, 우리의 이것저것에서 우리의 신과 악마를 만들고, 우리가 현재 사회에서 예사로 그렇게 하곤 하는 것처럼 그렇게 정직하기도 하고 그렇게 부정직하기도 하다—모든 사회적 관계들을 이기주의로 환원시킬 수 있는가? 좋다 : 모든 이기주의적인 내적인 체험을 타자를 향해 우리가 실행하고 습득했던 태도로 환원할 수 있다는 것이 내게는 진실이다. 도대체 우리가 우리를 처음부터 다른 존재에 대한 태도로서 가져오지 않은 어떤 충동을 가졌다는 말인가. 예컨대 부양, 성적 충동? 타자가 우리에게 가르치는 것, 우리에게 원하는 것, 우리를 두렵게 만들고 박해하는 것은 우리 정신의 근원적인 재료다 : 사물에 대한 낯선 판단. 그것은 우리에게 우리 자신에 대한 상을 제공한다. 이 상에 따라 우리를 측정한다. 유쾌하고 불쾌하게 우리와 함께 만족한다! 우리 고유의 판단은 단지 결합된 낯선 것의 계속적인 생산이다! 우리 고유의 충동은 타자의 번역 아래서 우리에게 나타난다 : 근본적으로 그것들은 모두 유쾌한 반면 그것들의 가치에 대해 습득된 판단을 통해 너무나 불쾌한 부수적인 감정과 뒤섞인다. 그래서 많은 것은 나쁜 충동으로 느껴진다 : "그것은 그것이 가지 말아야 할 곳으로 끌어당긴다" — 이에 반해 나쁜 충동은 원래 형용의 모순이다. — 도대체 이기주의가 무엇을 말하려 하는가! 우리는 우리 자신의 내부에서 다시 이기적이거나 이타적이거나, 냉혹하거나 아량 있거나 올바르거나 온화하거나 불성실할 수 있고, 고통 또는 쾌를 만들려 할 수도 있다 : 충동이 투쟁 속에 놓여 있는 것처럼 내 감정은 항상 가장 강하게 우월함이 있는 곳에 현존한다.

6〔71〕

우리의 학자들이 이상적인 교육과 종교 개혁의 필연성에 관해 상상할 때의 엄청난 혐오! 음악과 연극에서 다시 종교적으로 되기를 원하며 그렇게 되기로 작정한 이 부정직한 무뢰한은, 그저 심장에서 다시금 떨기 시작하기만 해도 그 즉시 정신의 모든 성실함이 풀려 정신 너머의 진창으로 추락하려고 돌진해 나간다! 바로 정치와 돈에 대한 욕심을 통해 멍청해지고 노예같이 되어버린 세대의 사고!

왜냐하면 사람들이 하나의 나폴레옹에 봉사하든, 또는 국가 원리에 봉사하든 이 둘은 노예로, 그리고 궁극적인 혐오 그 자체로 인도한다 : 그 다음으로는 아마도 종교로! 그리고 자유로운 정신적 태도의 단정함을 본유하지 못한 예술가로! 이전에 나는 생각했다 : 우리는 다른 종류이고 다른 뿌리이며, 나를 국민성의 이 흐름과 신비주의를 향한 성향에 제공하는 것보다 더 낯선 것은 없다고! 나는 그것을 보았고 예나 지금이나 그것에 혐오감을 느낀다. 혼자 존재하는 것! 멀리 떨어져 사는 것! 이것이 항상 나의 표어였다. 당시에 거기서 내게 한결같은 생각을 품었던 것으로 보였던 것이 이제 모두 저 세상에서 제공된다는 것이 나에게 무슨 상관이랴! 여기에 정신주의자들의 유령의 손가락과 수학적이고 마법적인 요술쟁이, 저기에 음악의 뇌를 불사르는 숭배와 유대인 박해를 다시금 불러일으키는 비열함—증오에서 나타나는 일반적인 연습을 그대들이 본다면

6〔72〕

"나를 방문하러 오는 사람들은 내게 경의를 표한다 : 오지 않는 사람들은 내게 즐거움을 표한다" 오지에Émile Augier.

6〔73〕

나폴레옹이 이탈리아에서의 첫 번째 전투 후에 기자들에게 말하기를 : 우리의 승리를 서술할 때 항상 나에 관해, 항상 나에 관해 말해야 한다는 것을 생각해주길 바란다, 듣고 있는가?

6〔74〕

모든 도덕주의자들은 일반적인 경향에서 일치한다 : 인간의 행위가 어떤 방향으로 추구되어야 하며 무엇이 인간의 복지인지와 관련해 나는 그들이 하나의 충동과 완전한 선입견에 지배된다고 생각한다. 이타주의의 지배는 내게는 인간을 파멸시키는 것처럼 보인다—하나의 사멸 과정 안락사 : —아마도 도덕주의자들은 일반적인 발전에 기여할지도 모른다 : 그러나 그들은 반대의 어떤 것을 기대한다! 나는 이기주의와 낯선 개인과 거래하거나 조직을 만들지 않는 그 현명한 통찰을 바로 세우려 한다 : 단지 필요에 의해서만 우리는 이타주의적이다.

6〔75〕

모든 도덕주의자들은 선과 악에 대한 공통적인 감응 장치를 각각의 동정적이고 이기적인 충동에 따라 가진다. 어떤 목표에 도움이 되는 것을 나는 선하다고 생각한다 : 그러나 '선한' 목표란 무의미한 소리다. "왜 선한 것이지?"라는 질문이 사방에서 들리기 때문이다. 선하다는 것은 단지 하나의 수단을 위한 표현에 불과하다. '선한' 목적은 하나의 목적을 위한 선한 수단이다. 각각의 목표———

6〔76〕

깨끗함의 덕. 주의하라! 미에 대한 충동의 뿌리

6〔77〕

단지 경향만을 토대로 하는 삶의 체계—이타주의다. 그러나 그 체계에서는 운명이 단지 우리의 청부를 통해서만 활동해야 할 것이다—그것은 현존의 어리석음이 승리하고 현존을 인간 이성으로 만든다는 것을 의미할 뿐이다. 그로써 모두가 화음을 듣는다면, 다른 모든 사람이 똑같아야 하며 다른 조건을 가져서는 안 된다—그렇게 된다면 경향은 약해지고 마침내 불필요해질 것이다. 모든 것이 이미 노력 없이 스스로를 제공하는 꼴이 되기 때문이다.

6[78]

고귀한 독립이 상실되면 모든 재능은 활기를 잃게 된다—그것이 나폴레옹의 전제 아래에서든 고대에서든 간에 : 천재의 종말!

6[79]

"실제적인 것에 대한 혼자만의 취향과 더불어 사람들은 농장에서도 왕궁에서도 선하지 않다."

6[80]

우리 자신에 대한 우리의 관계! 이기주의는 전혀 언급되지 않았다. 우리는 우리 반대쪽으로 모든 좋고 나쁜 일상적인 충동을 돌린다 : 우리에 대한 사고, 우리를 위한, 그리고 우리에게 저항하는 느낌, 우리 내부에서의 싸움—분명 우리는 우리 자신을 개인으로서가 아니라 둘이나 다수로서 취급한다 ; 모든 사회적 실행(우정, 복수, 시기)을 우리는 정직하게 우리에게 사용한다. 동물의 소박한 이기주의는 우리의 사회적 훈련을 통해 완전히 변경되었다 : 우리는 더 이상 자아의 유일함을 전혀 느끼지 못하며, 우리는 항상 다수 아래 존재한다. 우리는 우리를 갈기갈기 찢었고, 항상 새롭게 분열한다. 사회적 충동(적개심, 시기, 증오)(다수를 전제하는 것들)은 우리를 변화시켰다 : 우리는 우리 안에 '사회'를 부설했고 잘게 만들었다. 자신으로 회귀하는 것은 사회로부터의 탈출이 아니라, 오히려 더 이전의 체험의 도식에 따른 우리의 사건들에 대해 종종 계속되는 아픈 꿈이자 해석이다. 신뿐 아니라 우리가 인정하는 모든 존재를 우리 자신 안으로 받아들인다 : 우리는 우주다. 우리가 그것을 파악했거나 꿈꾸었던 경우에. 올리브 열매와 폭풍우들은 우리의 일부분이 되어버렸다 : 돈주머니와 신문 역시 마찬가지다.

6[81]

우리의 깨어 있는 삶은 감각된 모든 것과 사건들에 대한 기억에 힘입어 더 내적인 충동 과정들에 대해 내리는 해석이다 : 수면 중에 나타나는 감각에 관한 꿈과 같이, 그에 관한 자의적인 하나의 형상언어.

6[82]

타자를 위한 삶이 어떻게 생겨나는 것인가! 강제와 벌을 통해 주인의 이익을 먼저 생각하는 하인은 점차 자신의 고유한 이익보다 주인의 이익을 먼저 생각한다. 그는 자신의 행복이 주인의 행복과 좋은 기분에 종속된다는 것을 깨달았기 때문이다 : 마침내 그는 정원사가 식물에 마음을 쓰듯이 주인의 행복과 좋은 기분에 마음을 쓴다. 주인의 행복과 좋은 기분은 그에게 지속적으로 현재적이고 일상적이고 가볍고 편안한 그의 즐거움과 고통의 근거다. 그렇게 마부가 자신의 말을 위해, 학자가 자신의 주제를 위해, 아버지가 자신의 자식을 위해, 상인이 자신의 돈을 위해 산다. 우리는 동기를 부여하는 사고를 망각하며, 편안하고 습관적인 것의 학습된 감정에 따라 살아간다—그것을 일컬어 도덕적이라고 한다! 분명히 그 학습된 감정은 주인과 하인 모두에게 편안하며, 그럼으로써 매우 칭찬받게 되어, 결과적으로 이에 대한 생각들이 많이 그려지게 되었다. 그로써 그 생각이 마치 무슨 고귀한 일인 듯이 보이게 하려는 것처럼!

6[83]

우리의 충동들이 동등하게 강하고 대립적인 목표를 향해 우리를 이끌 때, 도덕주의자들이 그렇게 높이 치켜세우는 바로 그 싸움과 필요가 생겨난다. 많은 사람들에게 덕은 그들이 그런 싸움을 만들지 않는다면 원래 가치가 없는 것이다. 바꾸어 말해 대립적인 충동들도 마찬가지로 강하기를 바란다! 자신의 꼬리를 으깨는 하나의 라오콘! 하나의 격정적인 자세!

6[84]

불행을 쉽게 망각하는 사람들, 쉽게 흥분하고 쉽게 평안을 되찾는 사람들, 지속적인 감정과 진지한 사려에 무능한, 폭발적이고 약간 분별없는 사람들에게는 많은 호의가 있다.

6[85]

내 운명의 이끌림 l'entraînement de ma destinée이라고 나폴레옹은

말했다.

6[86]

영혼의 숭고함! 대부분 그것은 열광함이다!

6[87]

"그들의 상상력이 만들어냈던 그들의 원칙들이나 감정들에서 엄격하게"

6[88]

영향력 있는 작가는 단어들이 단지 암시라는 것을, 아무것도 완결될 수 없다는 것을, 그리고 작가가 그 점에 있어서 화가보다 유리하다는 것을 증명한다.

6[89]

기하학자 앙페르André Marie Ampère : 나는 우리에게 생각할 기회를 주기 위해 바깥 세상이 모두 단순하게 창조되었다고 믿는다je crois que le monde extérieur a été créé tout simplement pour nous être une occasion de penser.

6[90]

나폴레옹은 몽상가였고 여성과의 교제에서 과묵했다. 그러나 젊은 시절 나폴레옹은 그의 전체 인품에서는 진지한 일이었지만 열정적이고 매혹적이었다. 더 갈망하고 더 위협적인 질투심의 발작.

6[91]

유머에서 동일하고 부드럽고 자연적인 쾌활함은 행복한 개인의 삶을 만든다 : 궁극적인 근거 : 어떤 것에도 깊이 동요되지 않는다. 사람들은 이것을 철학이라고 부르는데, 이것은 이 무관심을 다른 사람이 흥미롭게 느끼는 것과 연관해서뿐만 아니라 이 무관심이 개인적인 것의 괴로움에서 나타나는 경우에 그러하다.

6[92]

그녀의 상상력은 그녀에게 부과된 의무에서 가열된다. 그녀는 스스로를 가장 고통스러운 희생자로 제시한다. 그것은 바로 그녀가 남편을 좋아하지 않는 불행을 가졌기 때문이다. 만약 그녀가 남편을 좋아했더라면 그의 마음에 들게끔 주의를 기울였을 것이다.

6[93]

의도를 무리하게 우연에서 분리하는 것은 불가능하다 Non consilia a casu differo, 운명이 그것을 행한다. 의도들은 약하다.

6[94]

나폴레옹은 자신에게 유용하게 보일 경우 가장 깊은 평안에서 최고의 노여움으로 넘어가는 방법을 터득했다. 나폴레옹은 "나의 노여움은 결코 그때 그것을 넘어가지 않았다"고 프라 신부Abbé de Pradt에게 자신의 목을 가리키며 말했다(목cou). "그는 그의 열정을 마치 실제로 존재하는 것처럼 속이는 수단을 찾아낸다"고 탈레랑 Charles-Maurice de Talleyrand이 말했다.

6[95]

감각에 의해 나폴레옹은 경련을 일으켰고 눈물을 쏟았다. 그러나 이것이 나중에 그에게 나쁜 유머를 만들었다. "내 피가 지속적으로 느리게 흐르지 않으면, 내가 멍청이가 되는 위험이 지나간다." 코르비자르Jean-Nicholas Corvisart에 따르면 나폴레옹은 저혈압이었다. 그러나 그는 고르지 못한 신경을 호소했다. 그는 그에게 "머리가 빙빙 돈다"는 것이 무엇인지 절대로 이해할 수 없을 것이라고 주장했다.

6[96]

그는 공포를 만들고 떨게 만드는 비밀스러운 즐거움을 가졌다 : "동요가 열의를 자극하기" 때문이다. 그는 사람들 앞에서 만족감을 표하는 것을 자제했다 : "세세한 부분들에 대한 작은 공포 정치une petite terreur de detail가 항상 그의 궁정의 가장 비밀스러운 내면이었다."

6[97]

그는 그 자신과 다른 사람들에게 정숙함을 끊임없이 증오하는 모습을 보였다.

6[98]

사회가 대화의 조용한 과정을 가진다면 그는 갑자기 명령적인 단어를 통해 목소리를 바꾸고 대화 상대를 다시 그의 앞으로, 즉 그의 공포로 몰아세웠다.

6[99]

진정으로 행복한 사람은 나보다 앞서 한 시골의 땅에 숨어 사는 사람이며, 내가 죽으면 세상은 크게 통곡!할 것이다.

6[100]

그가 고용에 대해 대가를 지불할 때, 그는 자신이 새로운 사람을 고용했다는 것을 남들이 알아차리게 한다. 그는 자기 부인을 불안하게 하는 사정을 유지하기 위해 그녀의 빚을 정리하지 않았다.

6[101]

나폴레옹의 어머니는 매우 평범한 정신의 소유자였다.

6[102]

루이 보나파르트Louis Bonaparte에게서 낭만적인 상상력이 가슴의 온전한 메마름과 결합되었다. 나폴레옹은 그에 대해 "그의 가장된 덕성들이 뤼시앵Lucien Bonaparte의 패륜과 마찬가지로 내게 혼란을 주었다"고 말한다.

6[103]

라 퐁텐Jean de La Fontaine : "미보다 여전히 더 아름다운 우아함Et la grâce plus belle encore que la beauté."

6[104]

야수들은 자신을 넘어 멀리 보는 것을 배워야만 하며 타자들(혹은 신) 속에서 스스로를 가능한 한 망각한 채 살고자 시도해야 할 것이다! 그렇게 그들은 나아질 수 있다! 우리의 도덕 경향은 여전히 야수의 도덕 경향에 불과하다. 그들은 외부의 커다란 기계 장치가 되고, 스스로와 함께 있기보다는 기꺼이 수레를 돌리게 되고 말 것이다. 도덕성은 지금까지 사람들에게 자신의 숙고를 차단하고, 시간과 힘을 빼앗음으로써 스스로에게 종사하지 말 것을 요구하는 것이었다. 일에서 자신을 누르고 지치게 하며 의무나 지옥의 두려움의 개념 아래 굴레를 쓰는 것—엄청난 노예의 노동이 바로 도덕성이었다 : 자아에 대한 두려움과 함께.

6[105]

인류는 종(種)을 유지하기 위해—그리고 그것은 틀림없이 의무일 것이다—뛰어난 삶의 모든 방식을 자신한테서 내던져야 하며 자신을 항상 더 비천하게 제한해야 하는 그런 시대에 대해 생각해 봄직하다. 그러한 방식은 너무 사치스럽고 비생산적으로 만드는 결과가 되기 때문이다 : 마치 늙은 사람이 살기 위해 자신의 최고의 활동을 거절해야 하는 것과 같이. 그러나 어떻게! 도대체 삶이 하나의 의무인가! 헛소리! 너희 생리학자들! 인간은, 철학자들 또한 전혀 깊은 경멸을 알아차리지 못하는 만큼 비참하게 되었다. 그 경멸과 더불어 고대와 중세는 이 '가치들의 자명한 가치, 삶'을 다루었다!

6[106]

노동의 주요 성과는 저속한 인간들의 게으름을 막는 것이다. 또한 예를 들어 관리, 상인, 군인 등. 사회주의에 대한 주된 비판은 이 이념이 저속한 인간에게 게으름을 부여하려 한다는 것이다. 저속하며 빈둥거리는 인간은 자신과 세계에 짐이 된다.

6〔107〕

사랑하는 사람의 밤의 추위

6〔108〕

나는 하나의 이미지를 제안한다 : 그것이 그대들을 자극할 경우 그대들은 그것을 반드시 모방해야 한다. 목표가 아니라 기존의 충동의 만족이 이런저런 도덕으로 몰아간다. 이성이 아니다! 만약 한 충동의 작동에서가 아니라면!

6〔109〕

독일 사회주의의 어떤 비천한 요소에서 그 지도자들의 실체가 이루어지는지는, 그들 중 누구도 정신적인 음료를 완전히 삼갈 것을 요구하지 않았다는 사실에서 미루어 짐작할 수 있다—그럼에도 불구하고 이 재앙은 어떤 사회적 압력보다 더 치명적이다.

6〔110〕

악한 충동들이 불유쾌한 것은 결코 아니다. 오히려 선과 악이 유쾌하다. 그것들은 단지 1) 과잉에서, 그리고 2) 다른 충동을 통해 억제됨으로써 불유쾌하게 된다. 만약 예컨대 환락(기초로서의 결혼의 충동)의 수치스러움이나 피안에서의 나쁜 결과라는 의견이 우리를 지배한다면 충동이 우리에게 불유쾌하게 뒤섞인다. 그것은 어쩌면 순수한 역겨움으로 느껴질 수 있다. 마찬가지로 동정하는 성향 역시 비천한 단점과 불유쾌한 것으로 느껴질 수 있다. 사고는 절제 없이 고통으로 작용한다. 바로 사고의 광신도들한테서 ; 과잉은 충동의 강요의 표현, 즉 사라지기 원하는 (지친) 충동의 억압이다—그러니까 또한 발전의 억압. 모든 발전은 유쾌하다.

6〔111〕

천재는 운 좋은 우연의 산물이다 : 사람들은 천재의 조건을 미리 알지 못한다. 지금까지의 도덕성의 의미에서의 순수한 장려는 결코 천재와 공포를 만들지 않는다 ; 도덕은 악한 충동과 우연을 교육하고 적용하는 것을 알지 못한다. 그럴수록 실천은 더욱 많이 안다. 천재를 의도적으로 장려하는 것은 불가능하다—그렇다면 사람들은 그것을 철저히 알았어야 한다. 일반적으로 여자들은 천재들을 장려한다는 의도로 그들을 멸망시킨다.

6〔112〕

이전에는 얼마나 엄청난 상태였던가! 도덕에도 인식의 불확실함이 있고 영원한 위험들이 있었던 상태! 그것은 사상과 진리에 몰두하는 평온하고 편견 없는 태도였다!! 지옥에 대한 공포의 별 아래! 또는 영원한 사랑에 반한 죄의 두려움, 계시에 대한 의심의 두려움!!

6[113]

역설적인 덕성, 예컨대 관용을 기적으로서 망연히 바라보며 매우 숭상했다!

충동의 강제를 느끼고, 그에 대항해 그것의 권력욕을 자랑스럽게 지키며, 바로 그 때문에 반대로 변하는 사람들과는 다르게.

좀 더 많은 것을 만족에 기대하며 충동의 보복이 돌아오는 것에 실망하는 사람들과는 다르게.

죽음의 공포를 유약하고 비겁하고 강요된 것으로 느끼며 자기 자신에 대한 경멸에서 죽음의 공포가 충고하는 것과 반대되는 것을 행하는 사람들과는 다르게.

6[114]

법칙에 있어서 도덕 입법자의 동기와 법칙이 부여되는 사람한테서 나타나는 동기의 변화. 주의하라!

6[115]

이른바 도덕 감정의 작용은, 그 작용의 현상 자체가 이미 안정된 신경 체계 등의 어떤 작용인 데 반해 안정의 원천이 아니다. 주의하라!

6[116]

모든 인간은 그들의 의무에 무제한적 성격을 부여하기 위해 노력한다 : 그들은 다음의 생각에서 굴종한다고 느끼는데, 즉 자신들이 두려움으로 인해 한 인간, 영주, 국가, 당을 위해 자신을 희생하며,

다른 지성에게 자신들의 지성이 예속된다는 생각이다 : 그들은 그들에게 그렇게 예속되라고 명하는 하나의 더 이상 능가할 수 없는 초월적 권력이 존재하기를 바란다. 절대적 의무, 신의 말씀(예를 들어 위에 있는 권세들에 굴복하라). 또한 지금 도덕철학자들은 궁극적으로 윤리를 근본적인 것으로 만들고자 한다 : 그들은 사람들이 이것 없이는 정치가와 사회주의자로서의 아름다운 태도에 대한 커다란 열정의 권리가 없다고 느낀다. 루터는 "사람은 전적으로 신뢰할 수 있는 존재를 가져야만 한다"고 말한다. 즉 우리는 우리 자신을 무조건 신뢰할 수 있고, 우리의 행위를 세계에 대해 논의의 여지가 없는 절대적으로 숭고한 것으로 내세우기를 원한다. 자만심!

6[117]

우리를 종종 강제하는 것(비록 그것은 이미 어떤 유쾌한 강제가 아니지만, 사실 찬성의 감정과 더불어)을 우리는 의무라 부른다. 여기서 빈번한 실행을 통해 안락한 습관이 생겨난다 : 그렇다면 아직 자신의 의무에 대해 말하는 것은 거짓말이다. 그러나 그것은 항상 일어난다. 거의 모두가 자신의 활동을 즐겁지 않은 일로 생각한다. 그는 자기 극복, 즉 자신의 힘에 경탄하기를 원한다. 현존하는 날조된 불쾌한 일들이 너무나 많다! 마찬가지로 날조된 많은 유쾌한 일들이 영주들, 여자들, 향연들, 게으른 사람, 여행하는 사람, 기독교인, 덕성스러운 사람, 종족들, 당파들, 철학자들, 작가들에게 존재한다 : 사람들은 대부분 자신의 '행복'을 자신을 통해 아프게 하고 질투를 일으키기 위해 밖으로 드러낸다.

6[118]

모든 도덕적 충동을 종교적인 충동에 용해하려는 시도 : 신은 명령하고, 그 때문에 사람들은 어떤 것을 행한다. 그것은 더 이상 도덕적이지 않다. 사람들이 신을 두려워하거나 사랑하는 것은 도덕성의 귀결이 아니라 이 점에 대한 숙고다. 이것이 기독교적 관점이다. 단지 종교적 행위만 존재해야 한다. 모든 동기들은 이기주의적이고 종교적 행위 그 자체도 이기주의에서 행해진다. 또는 : 모든 행위는 악하다. 따라서 종교적 행위 역시 그렇다. 따라서 은총의 선택! 이에 반해 정적주의(靜寂主義)자들 : 나는 나를 위해서가 아니라 신을 위해서 행동한다. 이 얼마나 깊은 자기 인식인가! 그것은 얼마나 부정직한 일인가! 사람들은 그것을 여자들에게서 평가할 수 있을 것이다. 그녀는 "나는 내가 사랑하는 사람들을 위해 모든 것을 행한다"고 말한다. 그것은 진실이 아니다! 분명히 이 '사랑하는 사람을 위해서'는 그녀의 충동을 따르기 위한 것이지 그의 충동을 따르기 위한 것은 아니다. 그렇지 않다면 그녀가 그처럼 행동하게 되는 것이 된다 : 이것은 불가능하다. 그녀는 단지 그녀가 만든 애인의 이미지에 따라 행동한다 : 그녀의 산물은 분명히 애인과 = 않고 그녀 자신의 일부다.

6[119]

가장 짧은 순간에도 우리 안에는 사건의 절대적인 필연성이 존재한다. 우리가 만약 이것을 들여다볼 수 있다면, 우리는 그것을 어떤 경우에서든지 무조건적인 의무의 이름을 통해 증명할 수 있다. 만약 우리가 전적으로 우리를 자유롭게 속이기를 원하기만 한다면! 우

리는 말한다 : "우리가 해야만 한다"라고 〈말해야〉 하는 곳에서 우리는 원한다고. 그리고 예언자와 의무의 영웅의 표정으로 지금 일어나는 것을 말했다. 이렇다면 이것은 모든 기만의 첨단이다. 다행스럽게도 사람들은 그러한 인과성을 전혀 모른다 : "나는 원한다"는 것은 항상 "내가 할 수 있다면"을 뜻한다. "그것은 나의 의무다"라는 것은 "내가 힘이 있다는 조건 아래서 그것이 이루어진다"는 것을 뜻한다. 태양은 바로 떠오를 때 떠오를 것을 명한다. 그것은 우리 덕성스러움의 자유다. 우리가 우리 안에서 칭송되고 선호된 동기가 작용하는 것을 느낀다면, "나는 원한다"라고 말할 수 있다"! (그 뜻은 "나는 나에게 명령한다"일 것이다) — — —

6〔120〕

우리의 모든 행위들이 절대적 필연성이기 때문에, 마찬가지로 우리에게 절대적으로 정체불명의 것이기 때문에 "너는 무조건 해야만 한다"라는 모든 것은 쇠귀에 경 읽기다. 우리는 우리가 해야만 한다는 것과 다르게 할 수 없을 뿐만 아니라 우리가 행해야 했던 어떤 것이 생겨나는 것의 여부를 개인적으로 통제할 수도 없다.

6〔121〕

불유쾌하고 스스로 고통스러운 개인들은 국가, 사회, 이타주의에 대한 성향을 가져야 한다! 그리고 즐거워하며 스스로를 신뢰하는 개인들은 모든 도덕성에 대립되는 충동을 가져야 할 것이다! 주의하라! 주의하라!

6〔122〕

회의(懷疑)는 그에 병행하는 것을 갖는다 : "메스꺼운 것을 먹느니 차라리 굶겠다." 권위의 견해들은 우리에게 혐오스럽게 되어버렸다 —차라리 굶는다! 이것은 드문 열정이다 : 회의는 하나의 열정이다.

6〔123〕

"이것이 건강하다, 이것이 삶을 유지한다, 이것이 자손을 상하게 한다"를 아는 것은—전혀 아직 도덕의 규정이 아니다! 왜 사는가! 왜 꼭 즐겁게 사는가? 왜 자손이 있어야 하는가?—만약 이 모든 것이 그 반대인 죽고 병들며 자손 없이 고독한 것보다 더 즐겁다는 것이 전제되었다면, 이러한 즐거움보다 아마도 다른 어떤 것이 더 즐거운 것이 되고 만다. 예를 들어 그의 명예에 대한 감정, 하나의 인식이나 환락. 이것들을 위해 우리가 죽음이나 질병 또는 고독을 선택해야만 하는 것이다. 왜 종이 유지되어야 하는가? 사람들은 우리에게 충동을 가리킨다 : 그러나 자기 보존의 충동도 종의 유지의 충동도 존재하지 않는다. 우리에게는 비존재가 존재보다 더 가치 있어 보인다 : 그렇다면 생리학적 윤리학은 말할 게 아무것도 없다. 그렇지 않다면 우리는 우리 자신을 국가, 사회, 인류로 볼 것이다. 무엇이 도대체 이 가치 현상을 규정하는가? 하나의 충동. 도덕은 단지 명령할 뿐이다—즉 도덕은 두려움을 생기게 함으로써 관철하거나(충동의 도움으로), 다른 충동의 도움으로 스스로를 정당화할 수 있다 —항상 도덕은 이미 그것의 증명성과 설득력 있는 힘을 전제한다. 도덕은 충동과 가치 평가가 이미 현존할 때 나타난다. 이것은 모든 윤리에 타당하다. 또한 개인적으로 살고자 하는 어떤 충동이 현존한다 : 나는 충동의 작동 가운데 생각한다. 그것을 갖지 못한 다른 것은 나에 대한 어떤 것에도 의무를 지울 수 없게 된다. '의무'는 어떤 충동이 다른 충동 위에 주도적으로 나타나도록 하는 사상이다—항상 멍해진 이해력과 더불어! 매수된 하인과 더불어!

6[124]

"너는 너의 고유한 특성에서 가능한 한 가장 큰 행복을 갖도록 주어진 상황에 적응하라." 이는 멍청한 짓이다! 모든 명령 없이도 정확히 이것에 모든 이가 도달한다. 그는 그가 원하는 것처럼 살 수도 있을 것이다—이른바 반드시! 그가 유용한 것의 규정과 지식을 얻고 획득하려 하며 잘못 배우고 벗어나려 하는 모든 것은 그의 본성의 필연적인 작용이다. 도덕은 예술처럼 인간의 형상을 전시하는 것 이외의 다른 것을 할 수 없다 : 아마도 그 그림들이 이것저것에 작용한다는 것. 도덕은 엄격히 말하자면 증명될 수 없다. '더 높이', '더 깊이'—그것들은 이미 도덕적인 본보기의 영향에서 생기는 환상이다. 이런 형상들은 이른바 자극으로서 작용하고 충동을 점화하며 지성을 그에게 봉사하도록 미혹한다. 이제 우리의 지성은 이미 특정한 경지에 올랐고 취향도 마찬가지다 : 따라서 우리는 많은 형상들을 물리치게 될 것이다.—그것들은 우리에게 혐오감을 준다 : 우리의 활력이 주어진 순간에 우리는 이 형상들을 모방하는 이외의 다른 것을 할 수 없다. 이 심리학적 강제가 우리에게 종종 '의무', 즉 무조건적 필연성의 감정, 인과성의 표현으로 보인다. 내적인 '해야 함'. 예를 들어 일회적인 것의 관점에서 사상가로서의 우리는 역학을 의무로 지각한다. A=A의 경우와 마찬가지로 : 형편없는 지성의 인간은 여기서 강제를 느끼지 못한다. 당연히 강제의 이 주관적 감정은 그렇게 단지 주관적이다. 많은 사람들이 아무것도 아닌 것에서 그러한 엄격한 강제를 갖는다. 부인들의 모습에서 우리에게 엄습하는 구토는 하나의 강제다 : 그러한 강제를 우리는 의무라는 단어를 통해 미화한다. 거기서 우리는 반대로 추구하는 강제가 현존한다는 것을 정확히 안다.(??)

6[125]

"더 이성적이고 더 자유롭고 더 감정이 충만하고 더 완전한 인간이 되고, 그대의 종(種)의 완전성을 향해 노력하라고?" 무엇에 이 법칙의 근거를 둘 것인가? 개인이나 집단의 유용함 위에.

많은 이들이 말한다 : 사람들이 인간의 고유한 목표를 형성하는 것에 수단과 기관을 종속시킴으로써 모든 능력이 발전된다. 우리의 본성은 복잡하다 : 사람들은 그 본성에서 더 높고 더 낮은 질서의 사실을 구별해야만 한다. 만약 우연히 나의 개인에게 목표의 일상적 질서가 전도되었다면, 무엇을 통해 내가 종의 목표를 따르는 의무를 갖게 되는가? 예를 들어 내게 정신의 즐거움보다 육체의 즐거움을 향하는 성향이 더 많고 내가 고유한 머리를 가졌다면, 그리고 약간의 정신이 나의 욕구의 수단이라면? 여기서 사람들은 형이상학적 발상을 통해 도움을 받는다 : 인간의 참된 본성, 인간의 정신적 규정 그리고 그와 같은 것.

"만약 네가 할 수 있다면 너는 하나의 목표를 원할 수 있다." 이 조건이 없다는 것은 인간에게 무제한적 능력, 조건 없는 힘을 부여한다는 것을 뜻한다. 하나의 무조건적 의무는 그것을 충족할 수 있는 무제한적 능력을 함축한다 : 그렇지 않다면 그것은 나와는 다른 존재를 위한 의무다. 하나의 허공에 매달린 의무.—의무와 자유에 대해 말하는 사람은 형이상학적 원리들을 전제한다.

6〔126〕

종교가 도덕을 부여했을 수 있다는 것은 진실이 아니다—오히려 그 반대다! 우리는 도덕을 통해 종교가 참되거나 거짓된 것이라고 증명한다.

6〔127〕

우리의 도덕적 충동은 도덕을 방어하고 절대적으로 취하도록 지성을 몰아붙이거나 새롭게 토대를 만들도록 몰아붙인다. 우리의 자기 보존에 대한 충동은 도덕을 상대적으로, 또는 아무것도 아닌 것으로 증명하도록 충동한다. 지성에서 충동들의 투쟁이 벌어진다. 정직성의 충동이 그 사이에 등장한다—희생, 자만, 경멸에 대한 충동과 나란히 : 자아.

6〔128〕

"현세의 즐거움, 현세의 고통을 짊어지는 것"

6〔129〕

우리의 신경질적 시대는 기분의 영원한 흥분과 비(非)동일성이 위대한 인간을 우대할 것을 요구한다 : 그들은 목표를 향한, 균형

잡히고 깊고 강력한 흐름을 모른다 : 그들은 콸콸 소리를 내고 끊임없는 굉음을 만들며 이 변덕스러운 흥분 가능성의 비참함을 느끼지 않는다.

6〔130〕

지성은 우리의 충동의 도구이지 그 이상은 아니다. 지성은 결코 자유롭게 되지 않는다. 지성은 상이한 충동들의 투쟁에서 날카로워지고, 이를 통해 각각의 개인적 충동들의 활동을 세련되게 한다. 우리의 가장 커다란 정의와 정직함에는 권력, 우리의 인격의 무(無)오류성을 향한 의지가 있다 : 회의는 단지 모든 권위의 관점에서 존재하며 우리는 속지 않으려 한다. 또한 우리의 충동에 의해서도! 그러나 도대체 그것이 없다면 고유하게 원하는 것은 무엇인가? 틀림없이 하나의 충동!

6〔131〕

어떻게 한 그루의 나무가 뻗어나갈 수 있는가는 단지 모범적인 예를 통해 증명될 수 있다. 그런 예 없이는 우리는 나무를 종래의 척도를 넘어 뻗어나가게 하려는 어떠한 개념도 갖지 못하며, 그렇게 만족한다. 탁월한 인간들은 다른 사람들을 스스로에게 만족하지 못하게 한다 : — — —

6〔132〕

"잇새의 모래처럼"

6〔133〕

나는 이 시기심 많은 표현에서 질투심 많은 수고양이의 소리를 듣는다.

6〔134〕

하나의 도덕에 기초를 세우려 하는 도덕론자는 궁극적 목적을 제시하기 위해 열중하게 된다. "그대들이 건강하기를 원한다면 절제해야만 한다. 그러나 그대들은 건강하기를 원해야만 한다. 그것이 행복을 위한, 또는 목표를 달성하기 위한, 또는 등등의 조건이기 때문이다." 새로운 목표가 각각의 목표 배후에서 드러난다 : 그리고 도덕론자는 현존의 목적을 제시해야만 하는 일을 종결한다. 나는 말할 수 있다 : 현존의 목적은 존재하지 않는다. 현존의 목적에 도달하기 위한 도덕성은 불가능하다. 그러나 사람들은 그러한 목적을 믿는다 : 그리고 마침내 도덕이 요구 사항들과 함께 그 기초를 세울 수 있게 되었다. 최후에 필연적으로 삶의 방식과 습관들이 생겨나고 하나의 강제가 행해진다. 그것을 거역하는 것이 불편하기 때문이다.

6〔135〕

'의무' 란 : 다른 사람이 아니라 자신을 위해 하나의 목표를 원하는 것이다 : 그러니까 절대적 목표다. 정언명법, 조건 없는 명령. 그 위에 칸트는 하나의 형이상학을 정초했다. 조건 없는 목표가 존재한다면 이것은 단지 완전한 것이거나 무한한 선일 수 있기 때문이다 : 만약 더 완전한 것이, 혹은 더 높은 선이 존재한다면 그것은 조건 없는 목표가 아니게 된다. 그래서 : 하나의 형이상학적 가정을 만드는 것, 칸트처럼!

6[136]

"무엇이 하나의 존재에게 선한 것인가? 자기 목표의 완결. 무엇이 하나의 존재의 목표인가? 자기 본성의 발전." 하나의 존재의 본성, 목표, 선—논리적으로 뒤따르는 세 가지 질문 : 그래서 선은 목표를 통해, 목표는 본성을 통해 규정된다. 인간적 본성을 관찰과 분석을 통해 안다면, 여기서 인간의 목표, 선, 법칙이 추론될 수 있을 것이다. 선이 의무의 사고를 뒤따르게 하기 때문이다. 바슈로 Étienne Vacherot.

즉 : 인간의 목표는 본성의 발전이다. "말이 아니라 인간이고자 하는 것." 그것은 아무것도 아니다. 사람들은, 있는 그대로의 본성이 아니라 그에게 있어야 하는 본성과 같은 하나의 본성의 '참된 본성'을 통해 스스로를 돕는다.

6[137]

한 충동이 다른 충동보다 더 강하고 그 다른 충동을 희생물로 만든다. 예를 들어 엄마가 아이를 위해 굶고 걱정한다면. 자식의 양육과 생식에서 이미 이타주의적 충동의 표현을 보는 것은 스펜서를 통해 여기서 아주 잘못된 것으로 드러난다 : 그 충동이 다른 것은 아무런 차이를 만들지 못한다. 예를 들어 사람들은 자신의 복수(復讐)를 위해 자기 자식을 희생시킨다. 또는 사람들은 자식을 위해 자신의 복수를 희생시킨다—어떤 감정이 더 강한지에 따라. 희생시킨다는 것은 이타주의적인 것과 아무런 관계가 없다.

6[138]

아주 벗어나서 사고하고 느끼는 사람은 멸하고, 그는 더 이상 번식하지 못한다. 그를 통해 개별화의 정도에서 한계가 주어질 수도 있을 것이다. 우리의 시대처럼 개별화가 고통스럽게 느껴지는 시대에는 (그리고 지금까지 인류의 모든 도덕적 역사와 같이) 게다가 충동은 잘못 유전된다. 개별화가 즐겁게 느껴지는 시대에는 개별화는 쉽게 지나치게 되고 두드러진 고립이 이루어진다(그리고 이를 통해 인류의 일반적인 생산성이 방해된다). 비슷하면 비슷할수록 생산성은 증가하고, 저마다 만족할 만한 여성을 만난다 : 도덕의 결과로서 인구 과잉. 비슷하지 않으면 않을수록—이러하다

6[139]

우리의 모범은, 우리가 그것에 도달할 경우 우리가 우리에 대해 가장 많은 만족을 느끼게 되는 것, 그리고 우리가 도달하는 것이 가능하다고 간주하는 것에 의해 구성되었다(우리의 힘과 능력의 영역에서). 우리의 쾌의 감정과, 조건들과 나란한 우리의 힘과 과정에 대한 조망이 전제다—지성의 높은 업적 : 왜곡은 대부분 틀림없는 것이 된다! 따라서 대부분 하나의 모범을 부여하게 된다 : 그리고 그것을 모방하도록 강요한다('의무' , 인식된 힘 대신에 일종의 믿어진 힘). 그것의 그림을 제대로 그리지 못하는 것과, 모사의 오류는 심각한 많은 불만들을 만들어낸다—대가(大家)조차 이 그림을 아주 드물게 갖는다. 사람들은 모방할 수 있는 모범을 구하기 위해 일생 동안 이렇게 또는 저렇게 그려댄다 : 우리는 도달했던 것에 의거해 그것을 형식화하고 모범으로서 판결한다—종종 회의로부터.

6[140]

옛날 사람들은 생각이 올바른지를 물었다. 요즘은 우리가 어떻게 이 생각에 도달했는지를 묻는다. 무엇이 그것을 움직이는 힘인가? 우리가 발견한다면———

6[141]

생식은 성적 충동의 충족 방식에서 흔히 등장하는 그때그때의 결과이지, 그것의 의도나 필연적인 작용이 아니다. 성적 충동은 생식과 필연적인 관련이 없다 : 그때그때 성적 충동을 통해 그러한 성과가 함께 도달되는 것이다. 마치 식사에 대한 즐거움을 통해 영양 섭취가 이루어지는 것처럼.

6[142]

지성의 세련은 또한 우리의 악의도 세련되게 만든다. 그리고 마침내 지성에 대한 즐거움은 또한 우리에게 타자들의 세련된 악의에 대한 즐거움도 제공한다. 진보는 인간이 고통을 받지 않고 악의를 견디어내는 정도에서 성립한다.

6[143]

예수는 신뿐 아니라 사탄마저 자신의 가슴속에 담았다 : 그것은 이 도덕적으로 과도한 관념론에 있어서의 상계(相計)다 : 인간의 절대적 저주, 인간이라는 종에 대한 증오. 그러한 신에 대한 희생자의 인간성을 가치 있게 느끼기 위해 사람들은 인간성을 가장 깊이 경멸하고 자신 앞에서 조롱해야만 했다.

6[144]

도덕성은 충동에 녹아 스며든 오류들의 총합이다. 그래서 오류가 말해지면 충동이 흥분한다—덧붙여 말하면 교대로, 조화와 *평화* Concordia 없이. 이 오류들은 칭찬할 만한 것과 불평할 만한 것의 관점에서 인간의 행위와 관계한다 : 그리고 칭찬과 불평의 배후에 다음과 같은 전제가 있다 : 사람들이 인간의 목적을, 마찬가지로 행위의 방식을 안다는 것, 그리고 사람들이 행위의 자유를 믿는다는 것, 마찬가지로 인간이나 특정한 집단의 정체성을, 말하자면 동등한 가치의 의무와 행위와 함께 믿는다는 것, 그리고 사람들이 그 궁극적 목적에 유용한 것과 유용하지 않은 것을 안다는 것. 이것들은 지성의 월권에 불과할 뿐이다. 그러나 이를 통해 변형된 충동들은 충족되기를 원한다. 그리고 이것은 또한 도덕 체계를 몰아내고 이 충동을 추후에 진리와 일치되게 하려는 새로운 시도를 항상 추구한다—이에 반해 소박한 인간은 도덕적인 충동에 의거해 모든 다른 인식들의 진리를 측정한다. 근본적인 선입견은 :—"도덕적인 것만이 유일한 진리다"라는 것이다.

6[145]

주의하라! 주의하라! 자기 보존의 충동은 없다.—오히려 편안한 것을 찾고 불편한 것을 피하는 것이 우리가 그러한 충동에 부여하는 모든 것을 설명한다. 또한 종(種)으로서 계속 존재하려는 충동도 존재하지 않는다. 그것은 모두 신화다(여전히 스펜서와 리트레 Paul-Émile Littré에게 있어서). 세대란 쾌와 관계된 문제다 : 그것의 결과는 번식이다. 즉 번식 없이는 이러한 종류의 쾌 그리고 어떠한 종류의 쾌도 얻지 못했을 것이다. 성적인 욕구는 종의 번식과는 아무런 상관이 없다! 영양분의 섭취는 보존과 관계가 없다!

6〔146〕

a) 사랑 b) 부모 사랑 c) 진리 감각 d) 정의는 이기주의적인 유래에서 비롯된다는 걸 증명하는 것. 어쨌든 전제는 세계의 감각적 상이 모든 사람에게 거의 같다는 것, 이런 종류의 오류가 최상의 권력과 함께 상속되었다는 것이다.

6〔147〕

우리는 우리의 모든 힘에서 많은 형태 또는 형태의 부재를 만들 수 있다. 우리가 도달할 수 있는 우리 본보기의 표상에는 특정한 예술적 자유가 존재한다.

6〔148〕

"도덕 법칙, 의무, 도덕적 자유, 불가침성, 인격에 대한 절대적 존중"—모든 것이 우리에게 금지되었다. 사람들은 그것으로 영양분을 섭취해서는 안 된다. 마찬가지로 인간성의 목적, 개인의 목적—그것은 그를 벗어나 규정될 수 없다 : 그것은 하나의 가정이며 어느 정도 임의적인 계획이다—임의적이란 재료와 연관해서 하는 말인데, 스스로에 대한 지식의 우연한 재료다.—

6〔149〕

그 자체로 선하고 악한 것은 존재하지 않는다. 인간들은 도덕의

'일반적인 진리들' 을 서로 동일하게 형식화하려 했다—충동과 깊이 결합된 오류를 통해. 애국적인 오류가 사랑과 국민적인 증오의 제한에서 일반적인 진리들을 함께 만들듯이.

6[150]

'인간의 참된 본성' —금지된 표현법!

6[151]

나는 어떤 목적을 위한 수단이 아니다—자연 속에는 수단도 목적도 존재하지 않는다.

6[152]

우리를 원인으로 파악하는 것은 무의미하다—우리가 원인과 결과에 대해 무엇을 아는가!

6[153]

쾌와 고통 : 가장 개인적인 존재가 스스로에 대해 가장 많이 쾌를 가질 수 있다는 것이 사실인가? 그렇다. 그리고 그 존재가 주위에서 순수한 개인적 존재에 대한 자극을 받는다면, 그 대답은 그 이상이다. "그러나 그들이 서로의 영역에서도 실랑이를 벌인다면 어떻게 방해해야 하는가?" 그러나 왜 방해해야 하는가! 적대 행위가 있어야만 한다. 개인이 아주 당당하게 벗어날 수 있도록, 모든 악한 욕정이 현존해야 한다. 도덕성에 대한 사유가 계속된다! 그러나 점증하는 인식, 서로에 대해 점증하는 쾌, 모든 나쁜 체험에 있어서 숙

고하는 표정, 위급한 상황에서, 불변적인 것과의 싸움에서 많은 개인들의 재원! 결국 : 바로 개별화의 번영을 위한 한 시대가 단지 존재하게 된다—그리고 어쩌면 인류는 도덕에서 멸망**해야만** 할지도 모른다.

6〔154〕

"살인하지 말라"—그러나 우리는 지속적으로 타자들의 사상과 작품들을 죽인다. 그것은 필요하며 우리는 지속적으로 우리 안의 어떤 것을 죽게 한다. 그를 통해 다른 것이 살게 된다고 한다. 인간의 삶이 계속적인 소멸에 의해 이어져가듯이 인류는 항상 허물을 벗어야만 한다.

6〔155〕

성적 충동은 개별화의 큰 걸음을 걷는다. 나의 도덕에서 성적 충동은 중요하다. 왜냐하면 성적 충동이 반(反)사회적이고 보편적인 평등과 인간 상호간의 동일한 가치를 부인하기 때문이다. 그것은 개인적 열정의 전형이다. 그에 대한 큰 가르침 : 한 민족의 몰락은 개인적 열정이 감소하는 정도로 발생하며, 혼인의 경우 사회적 이유가 우세한 것을 척도로 발생한다.—성별의 분리는 근본적인 것이 아니다. 그리고 생산은 본질적으로 성적인 것이 아니며 생명체의 본질에 속하지 않는다. 그것은 매우 강한 개인적인 쾌의 표현이다 : 존재가 높으면 높을수록 생산에서 개인적인 것이 더 강하다.

세대는 스스로를 통한 세포의 반복이다. 그것은 연장이고 재생산이며 일종의 과잉인데, 이 과잉에서 완전하고 충분한 영양을 섭취한

덩이의 한 부분이 분리되며, 종종 분리 이후에도 지속적인 영양 섭취가 뒤따른다.

세대는 영양의 결과다.

6[156]

오성의 뿌리는 A = A인가? 아니다! A = B, 즉 두 가지 동일한 것이 현존한다는 믿음이다. 오성의 최상의 발전은 이 믿음을 부인하고, 그와 더불어 스스로를 회의하며 제한하는 데까지 미친다.

6[157]

쾌나 의무가 최종적인 목표인가? 모두가 이제 그렇게 문제를 파악한다. 몇몇은 그것이 논리적 동일성일 것이라고 말한다.

대체로 가능한 어떤 행위도 수학자, 물리학자, 역학자의 의미에서는 앞뒤가 맞지 않거나 비논리적인 것이 아니다.

6[158]

우리는 인간의 목적을 규정하려 하자마자 인간에 대한 어떤 개념을 먼저 제시한다. 그러나 존재하는 것은 단지 개인들뿐이다. 지금까지 알려진 것으로 미루어 볼 때 그 개념은 단지 우리가 개인적인 것을 벗겨버리는 식으로만 획득될 수 있다.—그러니까 인간의 목적을 제시한다는 것은 개인들이 개별화될 때 그 개인들을 방해하는 것을 뜻하고, 그들을 일반화하는 것을 말한다. 반대로 모든 개인들은 자신의 가장 개인적인 것에 힘입어 인간으로서 보다 높은 종에 도달하려는 하나의 시도이지 않은가? 나의 도덕이 있다면 그것은 인간한테서 항상 더 많이 일반적 특징을 벗겨내고, 인간을 다른 사람들이 이해할 수 없을 정도까지 특수화하는 것이다(그리고 그로써 체험, 경이, 그들에 대한 가르침의 대상으로 만드는 것)

6〔159〕

그대의 모든 힘들을 발전시켜라—그러니까 무질서를 발전시켜라! 소멸해라!

6〔160〕

이상에 대한 우리의 사랑은 영양에 대한 충동의 마지막 상승이다(마찬가지로 자기 사랑, 소유에 대한 애착, 삶과 건강의 수단을 향한 권력의 욕구) 리트레

6〔161〕

인간 사랑, 동정, 헌신의 높이까지 성적 충동의 발전—적대적인 감정이 아니라 인류 최상의 감정. 리트레. 아니오! 아니오!

6〔162〕

어떤 한 인간과 다른 한 인간의 동일성을 인식하는 것—정의의 토대여야 하는가? 이것은 매우 피상적인 동일성이다. 개인들을 인식하는 사람에게 정의는 불가능하다—자아.

6〔163〕

도덕의 진보가 이기주의적 충동에 비해 이타주의적 충동이 우세

한 것과, 개인적 판단에 비해 보편적 판단이 우세한 것에서 성립한다는 것은 현재의 *사회적 경구*locus communis다. 이에 반해 나는 다른 개인들에 대해 자신이 제대로 터득한 관심을 나타내는 개인이 성장한다고 판단한다(개인이 다른 개인을 그러한 것으로서 인정하고 후원하는 한에서의 평등 아래의 정의) ; 나는 판단들이 더 개인적으로 변하고 일반적 판단들이 천박하고 상투적으로 변했다는 것을 안다. 나는 이타주의적 충동이 동물의 거친 이기주의에서 가장 강하다는 것을 안다(그것은 고유한 쾌를 긍정하는 종족이다). 이타주의적 충동은 개인을 인정하는 것에 대한 장애다. 그 충동은 타자들을 우리와 평등하게 대하고 만들고자 한다. 나는 국가적 · 사회적인 경향에서 개별화에 대한 억제를 본다. 사회적 동물의 교육 : 그러나 저속하고 동일한 인간은 단지 다음과 같은 이유에서 개별화에 대한 억제를 희구한다. 약한 인간들이 강한 개인을 두려워하고 차라리 개인적인 것으로 발전하는 대신 일반적인 무력화를 원하기 때문이다. 나는 오늘날의 도덕에서 일반적인 무력화를 미화하는 것을 본다 : 이것은 기독교가 강하고 정신적인 인간들을 약화시키고 평등하게 만들려 했던 것과 같다. 이타주의적 도덕의 경향은 잘못된 것이고, 인간성의 유약한 헛수고다. 일반적 판단의 경향은 감정의 공통성이고, 그것이 인류의 빈약함이자 무기력이다. 그것은 인간의 종말로 향한 경향이다. '절대적인 진리들' 은 평준화의 도구이며, 특징들로 꽉 찬 형식들을 삼켜 없애버린다.

6[164]

성적 충동은 인간을 다른 인간한테서 배척한다. 그것은 격렬한 이기주의이지 사회적 감정의 원천이 아니다—이타주의적인 것이 아니다!

6[165]

아이는 생산자에게 종속적이다. 생산자와 유사하며 생산자가 잘 이해할 수 있고 생산자와 담소하는 생산자의 작품이다—더 나아가, 1. 아이는 적대적인 어떤 것이 아니고 2. 낯선 것이 아니며 죽어 있는 어떤 것이 아니다 : 이 후자의 부정적인 근거들이 비로소 아이를 위한 자극을 만들었을 수도 있다. 이 세 가지 점에서 아이와 비교될 만한 것이 세상에는 거의 또는 전혀 없다.

6[166]

소유와 연관해 우리는 완전히 정직성을 함께 도둑맞았으며 이 점에서 우리는 우리가 지나치게 무디고 거칠게 느낀다는 것을 말하지 않을 수 없다. 개인은 질료와 색조에 관련해 잘못된 자부심을 갖고 있다 : 그러나 전문가를 매혹하기 위해 새로운 이미지를 그릴 수 있다—이를 통해 세계의 재산에 대한 개인의 횡령을 다시 만회한다. 그를 위해 무엇인가를 수행해야만 하는 것으로 우리의 실존을 파악하는 것— '죄' 로서가 아니라 가불과 부채로서! 우리는 모든 것에서 양분을 섭취하며 살아간다. 우리가 어떤 것을 양식으로 모두에게 다시 주는 것이 허용된다. (그리스도는 이 감정에서 세련되지 못했다. 그는 다른 사람이 그에 앞서서 고안한 것을 자신의 것으로 전했다)

6[167]

인간은 사물과 사람들을 모욕하고 비방한다! 우리가 우리의 판단을 상하게 함으로써 멋진 방식의 복수를 취하는 것! 우리가 타자를 비방하고 그에게 해를 입힌다면, 우리는 바로 우리 자신에게 복수하는 것이다. 우리는 우리의 영혼을 더럽히며 잘못 보는 것에 익숙해진다—그리고 마침내— —

6[168]

고상하다는 것은 선택된 것에 속하는 것, 예외인 것을 나타낸다. 타자를 위해 자신을 희생하는 것은 갈망이며, 그와 함께 사람들은 예외가 된다. 그와 동일한 것을 행하는 모든 다른 사람들의 관점에서는 사람들은 고귀하지 않고 저속하다. 선한 것들 아래서 선은 개인이 아니라 규칙으로서 평가되었다. 따라서 그것은 경탄을 자아내지도, 칭송되지도 않는다.—몇몇 인간들은 하나의 공동체를 동경하는데, 그곳에서는 그들의 가장 개인적인 것이 규칙으로 지각되며, 가장 개인적인 것으로 존재하기를 멈춘다. 다른 사람들은 그러한 저속해짐의 표상에 격노한다. 전자는 그들의 유일성의 운명에 신음하고 다른 사람들은 그들의 유일성을 즐긴다. 다른 사람들은 그것을 전혀 깨닫지 못한다.

6[169]

일에 대한 두 가지 관심 : 1. 그것들이 무엇인지 아는 것 ; 2. 그것들로 무엇이 만들어지는지 아는 것.

6[170]

전체적으로 나는 물속에서 눈을 감고 수영하듯이 내게 필요한 영양의 순서대로 나를 먹여 살려왔다 : 지성의 영민함, 그 다음으로 자아의 비약과 헌신, 그 다음으로 정의와 자립, 그 다음으로 모든 자립적인 사람들에 대한 통찰력 있는 온화함 등. 판단이 아니라 : 폭식이 나를 항상 되풀이해서 저쪽으로 몰아갔고 새로운 취향이 나를 즐겁게 만들었다. 고통은 내게 현존에서의 방만한 즐거움의 진가를 인정하도록 가르치고, 당파는 내게 고독을 가르친다 : 내 안의 학식이 예술가를 이해하도록 몰아간다 등.

6[171]

음악에 대한 괴테의 조심스러운 태도 : 모호함으로 향하는 독일인의 경향이 아직 예술적인 지원을 얻지 못했다는 것은 유익하다.

6[172]

종소리에서 느낄 수 있는 편안한 전율

6[173]

이들은 매우 이기적으로 행동한다. 그러나 그들의 도덕적 판단은 모든 것을 즉시 칭찬할 만한 것과 덕을 갖춘 것의 관점에서 보게끔 교육되었다 : 그들은 스스로에 대한 부정직함에 있어서 완벽하고, 사회에서 '좋은 양심' 을 선보인다. 다른 사람들이 더 고상하지만 그들의 판단은 염세주의적 습관에 몸을 맡긴다. 그들은 모든 것을 이기주의적으로 해석하고 모든 이기적인 것을 경멸한다. 그들의 가장 고상한 행위들은 그들 뒤에 구토의 찌꺼기를 남긴다. 그들은 존재하지 않고 존재할 수 없는 어떤 덕을 믿는 사람들이다. 그들은 정직하지만 그들의 정직함에 대해 고통과 혐오 그 자체만을 가질 뿐이다 : 그것은 행위에 대한 그들 쾌의 감정이 제한되어 있기 때문이다. 그들은 그 행위들이 그들에게 불가능하다는 것을 안다 : 그러나 그들은 다른 사람에게 이 행위가 가능할 것임에 틀림없다고 추론한다 : 이것은 참이 아니다. "나는 법칙을 이행했다"고 말하는 사람은 분명히 그 법칙을 해석하는 데 있어서 그다지 요구가 많지 않았으며, 꼬치꼬치 캐묻는 사람이 아니다.

6[174]

"도둑질하지 말라!" 그러나 소유가 멈추는 지점이 어디란 말인가? 사고, 성벽, 관점, 그리고 그림과 건물, 인간에 대한 표현—그것 모두 소유가 아닌가? 그리고 우리는 모든 것을 계속 훔친다. 우리는 모든 사물과 태양들을 우리 안으로 훔친다. 우리는 현존하는 모든 것과 이전에 일어났던 모든 것을 우리를 위해 계속 보유한다. 그때 우리는 타자들을 생각하지 않는다. 모든 개별적인 인간은 그가 자신을 위해 착복할 수 있는 모든 것을 관망한다.

6[175]

고상한 인간이 저속한 인간보다 이성적이지는 않으며, 얼마간의 쾌와 불쾌의 충동에 있어서는 고상한 인간이 결코 믿지 못할 정도로 강하게 그러한 충동을 소유하고 있다. 이 충동과 관련해 그들의 사고는 때때로 멈추거나 전적으로 봉사한다. 사람들은 열정에 관해 말한다 ; 그들에게 그것의 충동은 삶보다 중요하다. 그러나 음주하는 사람, 음탕한 사람, 복수심에 불타는 사람이 그러하다. 열정을 고상한 것으로 만들고, 뛰어난 본성의 표식으로 만드는 것은 열정의 대상이어야만 한다. 식사, 음주, 음욕이 아니라 드물게 강하게 지각되는 것들, 예를 들어 사상, 인식, 한 도시와 국가, 인간의 복리, 영혼의 구원, 타자의 행복. 그러니까 여기서는 일반적으로 냉정하게 하는 것이 열정의 대상이다—그것이 뛰어난 본성을 만든다 : 그들의 취향은 예외로 향한다. 여기서 등장하는 것은 개인적인 취향이다 : 그렇게 열정이 파악될 수 없는 것이라면 개인도 똑같이 파악될 수 없는 것이다. 뛰어난 본성은 열정의 독특함을 갖는다 : 그것은 저속하지 않으며, 따라서 예측할 수 없는 것이다. 여기서 그것의 부조리는 크다 ; 그것은 부조리가 오로지 하나의 가치 척도가 되는 일에 가장 커다란 희생을 가져온다 : 그것은 타자의 가치 척도로 돌아서지 않는다. 그러므로 : 감정에서 독특한 가치 척도를 갖는 것이 뛰어난 본성을 만든다 : 평가된 것과는 다른 사물을 평가하거나, 또는 사물을 평가된 것과는 다르게 평가한다—저속한 본성들은 척도들의 상이성을 믿지 않는다. 즉 그들은 개인들을 믿지 않는 것이다? "나는 개인들을 믿는다"—뛰어난 본성들은 그러한가? 그런 본성은 종종 속이는데, 그것은 그들이 다른 사람에게 개인적인 판단과 척도를 전제하고 그들을 수준 있는 인간으로 이해할 수 있는 저 실천적 책략을 가지지 않는 경우다(: 스스로 그런 인간이었던 나폴레옹처럼).

하나의 아종(亞種) : 도처에서 자기 고유의 개체와 감정의 척도를 전제하는 고상한 본성, 이른바 자신의 고유한 역사—그리고 그들은 저속한 사람을 인정하지 않는 만큼이나 개인적인 것을 인정하지 않는다(예컨대 예수). 그들은 스스로를 개인적인 것으로서 알지 못한다.—다른 종류의 인간 : 그들은 스스로를 개인적으로 알고 개인들을 이해한다. 그러나 단지 저속함을 동경한다—이것을 그들은 배워야 한다. 아마 그들 스스로 저속함의 근거를 마련하려는 격정을 갖고 있을 것이다—그것은 하나의 가능한 열정이다(라 로슈푸코 La Rochefoucauld?)

6〔176〕

공통적인 특징을 가진 인간 종족의 교육을 향한 운동이 계속 현존한다 : 도시, 국가, 문화가 이를 위해 노력한다. 통계학이 이를 증명한다. 이탈하는 이 과도기의 본성(두 종족 사이에서)이나 변종하는 본성들은 개인적 본성이거나 종족의 내부에서 하나의 종을 드러내려는 시도다.

6〔177〕

"인간은 항상 그러한 본질로서 현존하지 않으며, 그 자신이 매우 자주 나타나는 본질의 존재다." 레뮈자.

6〔178〕

말하자면 : 헌신이 고귀한 인간을 만드는 것이 아니다. 헌신을 통해 그는 비로소 열정적인 사람의 범주에 속한다(예컨대 광란하는 음탕한 사람이 자신을 헌신하듯이). 저급한 열정도 존재한다. 즉 공통적이고 보다 높은 개인적 열정. 고귀한 사람은 여기서 개인적 열정을 희생시킨다 : 그가 다른 사람을 위해 희생하는 것이 그를 고귀하

게 만드는 것이 아니다. 그것은 타자를 위한 이 충동이 드물기 때문이다—또한 고귀하게 만드는 많은 다른 특이성처럼, 하나의 개인적 특이성.

6〔179〕

기독교는 원래 그리스도를 믿으라는 지성적 희생 이외의 다른 것을 요구하는 것이 아니다—그를 믿으라는 것, 그가 그 믿음을 위해 천국을 보증한다는 것에 가치를 두는 사람은—무시무시한 의심을 가졌음에 틀림없다? 그렇지 않은가?

6〔180〕

놋쇠의 방패 위에 그대들의 행위들을 기입하는, 인간들이 숭배하는 날개 달린 여신

6〔181〕

이 사람은 유사성의 정도를 파악할 수 없다. 하물며 그가 상이한 사람을 위한 의무의 세련된 감정을 가졌을 리가 있겠는가! 자아

6〔182〕

내게 가장 고통스러운 것은 나를 방어해야만 한다는 것이다. 이 과정에서 나는 먼저 내 존재 방식을 다른 사람들의 존재 방식과 비교해야 하고 그들에게 명백한 동기들을 전가해야 한다는 것을 깨닫는다 : 내가 거기에 적응하지 못할 경우 그것이 성취될 수 없다는 것을 나는 안다. 확실히 타자를 통한 내 이미지의 제시가 나를 혼란

속에 몰아넣는다. "그것은 확실히 내가 아니다!"라는 것이 내 지각이다 : 내가 감사하려 할 때 나는 부정직하게 보였다.

6[183]

중용의 가르침은 자연의 고찰이다. 높아지고 강해져야만 하는 것은, 자신의 힘을 항상 자본처럼 확대해야만 하며, 그것에 목매려 해서는 안 된다.

6[184]

우리의 사고는 모든 몸짓처럼 우리의 충동에 상응하는 하나의 몸짓으로 간주될 수 있다. 다윈의 이론이 바로 적용될 수 있다.

6[185]

하나의 처형 때문에 사람들은 칼뱅에 대해 얼마나 엄격한가! 그리고 그리스도는 그를 믿지 못하는 모든 이에게 지옥을 가리킨다 —그리고 인간은 그리스도보다 더 두렵게 첨언한다 : "반작용하는 힘과 더불어."

6[186]

사고하는 것에는 열정적이고 중단 없는 방식이 있다. 여기서도 또한 도덕성이 요구된다.

6[187]

자극이 없다면 독립성은 더 이상 향유가 아니다. —그리고 독립성에 대한 조망의 절대적 불가능성에서 종속성은 그것의 불유쾌함을 상실한다. 그런 방식으로 의지의 부자유와 관련해—우리는 낡아빠진 환상의 자극을 분쇄해야만 한다! 그럴 경우 우리는 아주 즐겁고 만족한다.

6[188]

"자신의 주인에 대한 환상들을 유지하려는 욕구, 그것은 인간의 교만함이 인간 스스로 예속된 것에 얼굴을 붉히는 것을 사랑하지 않기 때문이다."

6[189]

아주 비인간적인 필요성의 왕국이 더욱더 폭로된다! 마침내 우리 자신은 어떻게 우리가 예전에 우리의 충동들과 작은 충동들, 즉 경향과 증오, 의지 또는 목적으로 이 왕국을 대체하고 이해한다고 생각했던가를 바라보고 함께 웃는다. 인간 세계로서 세계는 우리에게 하나의 웃음거리가 되어버렸다 : 점성술처럼. 이 세계에 대한 우리의 위상을 가능한 한 비장하게 취하는 것이 모든 철학자들이 추구하는 것이었다 : 최후에 관념론자들은 우리를 요점으로 만드는 것과 세계를 우리한테서 나온 일종의 산물(産物)로 만드는 것을 알았다 : 마치 거울이 "나 없이는 아무것도 존재하지 않으며, 나는 창시자다"라고 말하는 것처럼. 마침내 우리는 스스로 이 엄청난 체계 속으로 엮여 들어간 채 그 안에서 움직인다 : 그러나 항상 우리에게 우리에 대한 미지의 것이 남아 있으며 그것은 우리의 거만함의 놀이터로 남는다. 그러니까 우리가 세계에서 인간의 위치에 대해 그렇게 많은 것을 포기한 이후 이 마지막 터전 위에서 인간성의 최상의 권리, 삶과 죽음 중의 하나에 대한 투쟁이 전개된다. 그것은 대단한 자부심이며 모든 충동들이 여기서 그를 돕는다! 도덕성의 보다 높은 가치는 신선하게 전체 세계 법칙에 대립하고 인간의 목표가 세계의 목표로 정립되었다. '좋은', '아름다운', '참된' 이라는 표현을 통해 사람들은 예외적인 위상과 그의 신성을 증명했다고 생각한다 : 학문은 다른 때에는 신을 운행하도록 내버려둔 다음 오래된 충동을 위해 투쟁하고 인간 속의 신을 변호한다. 자유로운 신.

6[190]

나폴레옹의 노력은 권력을 향했다 : 만약 평화가 그에게 권력을 확대해주었다면 그는 평화를 더 선호했을 것이다.

6[191]

사람들은 결코 사랑하도록 내버려두지 않고, 상대방의 사랑의 자극을 느끼지 않는다면 오히려 타자의 사랑을 방해한다. 그리고 타자를 비웃는 것, 말하자면 타자 앞에 굴복하는 것이 필요하게 된다면! 예술가(그리고 여자)들은 스스로를 사랑하게 놔두는 바로 그것을 통해 더 저속하게 된다. 우리는 우리가 타자의 우상이 되는 것을 막아야만 한다 : 타자는 전적으로 고유한 자신의 이상을 이루려는 데 그의 힘을 직접 낭비한다. 우리는 그를 미혹하며 그의 관심을 다른 곳으로 돌린다—우리는 그를 계몽하거나 물리치는 데 모든 노력을 기울여야만 한다.—하나의 혼인, 하나의 우정은 우리 고유의 이상을 다른 이상을 통해 강하게 하는 수단이, 드문 수단이 될 수 있을 법하다!! 또한 타자의 이상을 봄으로써 우리의 것을 보는 것이 바람직하다!

6[192]

위대한 영혼들은 어디를 향하는가? 사람들이 지금 그렇게 부르는 것—힘의 엄청난 낭비를 통해 자신 앞에서 희극을 연출하는 사람, 자기 자신 앞에서 감명을 주려 하는 사람, 청중의 박수 소리와 신격화가 그 자신에게 스스로에 대한 믿음을 주기 때문에, 거의 생각할 수 없을 정도로 청중에 대한 욕구를 가진 채 그들에게 귀 기울이는 사람을 나는 이제 더 이상 인간으로 생각하지 않는다. 타자들에 대한 그들의 영향은 너무 큰 노력으로 인해 탈진한 이들에게는 힘의 찌꺼기다. 이것은 병의 역사다!

6[193]

프랑스에서는 개인적인 모든 관계가(사랑, 우정) 하루 동안 일어나는 일이다. "지속적으로 변화하는"—그렇지 않다면 무료하다. 이것은 이탈리아인에게는 고문이 될 것이다. 그들은 암소와 같이 안정된 신뢰를 갖고 있다 —그들이 인지하는 가장 적은 뉘앙스—대부분은 그것을 인지할 수 없을 것이다—그들을 거의 죽여버린다. 스탕달

6[194]

"하찮은 것이 성자보다 더 많은 기적을 행한다"—시칠리아 사람들.

6[195]

독일에는 모든 도덕적 교육이 결여되어 있다.

6[196]

침묵을 배우고 떠나는 것을 배운다. 특정한 모순이 삶에 속하고 우리 존재한테서 공기를 빼앗는 모든 곳에서 사람들은 떠나야만 한다.

6[197]

"비중계(比重計)와 연추(鉛錘)의 감정, 이것이 우리를 원래 인간으로 만들며 모든 율동적인 운동의 근거가 된다" 괴테

6[198]

누군가를, 예를 들어 학자의 경우처럼, 그의 직업의 유능함을 이루는 것에서 조롱하는 것보다 더 어리석은 것은 없다 : 마치 응석을 부리는 어린이, 예술가들이 마음대로 하는 것같이.

6[199]

한 음악가에게 있어서의 성격의 진정한 위대함은 단지 S. 바흐만이 갖고 있다.

6[200]

상인의 정신은 정신을 고양하는 능력이 없는 인간에게 열정을 심어주는 커다란 과제를 갖는다. 이 열정이 그들에게 먼 목표와 하루

의 이성적인 소비를 제공한다. 그러나 동시에 상인의 정신은 열정이 모든 개인적인 것을 평준화하고, 방탕에 대해서와 마찬가지로 정신으로부터 보호하는 만큼 열정을 소모하도록 한다. 상인의 정신은 고대의 노예 같은 의미를 갖는 인간의 새로운 종속을 형성한다. 탁월한 정신이 그들의 이익을 알지 못한 채 정치를 하려 하는 한 그들이 부유해진다는 사실이 그들에게 영향력을 제공한다. 이 노동 계층은 지속적으로 보다 높은 본성들이 떨어져 나가 하나의 귀족 계층을 형성하도록 강요한다. 그럭저럭하는 동안에 예술가와 학자들이 이 계층에 속하게 되었다. 그들은 많은 돈을 원하기 때문이다. 부득이한 일과 열정에 대한 무능력은 모든 이에게 고유하다(결론적으로 예술가에게는 두 가지의 커다란 열정이 있다. 이들이 어떤 비일상적인 것을 통해 즐거움을 주기를 바라기 때문이다) 돈에 대한 관심은 그들에게 정치적 관심을 강요하고, 이것은 종교적 관심을 강요한다 : 그들은 그들 자신의 부분들을 종속과 존경에서 유지해야 한다— 이 때문에 영국인의 경건함은 상인 정신의 경건함으로서 유지된다.

6〔201〕

계승되지 못하는 것은 성격의 결정에 있어서 계승된 것보다 중요하다. 어떤 고귀한 성격, 즉 다른 사람에게 안락한 몇몇 습관들, 관점들을 소유하지 못하게 되는 것이다.

6〔202〕

우리가 먹고 산보하며 더불어 또는 고독하게 살 때, 가장 작은 것에까지 우리 열정의 고귀한 의도가 우리를 규정해야만 할 것이다. 그런데 우리를 규정하는 방식은 우리 열정의 고귀한 의도가 이성과 학문을 고용하고, 깊은 열정을 통해 바로 이 의도에 적절한 가르침을 이성과 학문에게 탐문한다는 점이다. 커다란 충동이 뒤따르더라도 맹목적이지 않고 오히려 지금까지의 전체 인식을 인용하는 것 : 그렇게 혼자 사람은 스스로에 대해 충분히 고귀하게 생각한다 : 지금까지 인식된 모든 것은 그대의 열정에 사용될 가치가 있다. 학문에 쉽게 순응하는 사람 또는 그것을 사용할 때 공상적이 되는 사람은 아무리 희생하더라도 충분하지 않은 그의 열정에 대한 진정한 경외의 깊이를 갖지 못한다. 우리 존재를 지금까지의 인류의 모든 경험세계에 의존하는 것!―그대들은 당파를 만들고 사랑하고 증오한다 ―그대들이 그대들의 작품에 더욱더 경외심을 가졌다면, 그것을 진정으로 하나의 중요한 일거리로 간주했다면, 그대들은 그대들의 판단들을 너무나 현혹하는 전율을 느낄 것이다. 그대들은 격정적으로 인식에게 질문하고 그대들 자신에게 정직해지고 말 것이다. 열정은 항상 되풀이해서 우리의 안식에서 밖으로 표출된다 : 우리의 이상은 항상 더 높은 증명과 희생을 원하며 그를 통해 스스로 항상 성장하고 정화되기를 원한다.―그대들이 그대들을 사랑한다고 하자. 그러나 그것은 일시적인 기분이다. 조그마한 성적 충동. 그대들 또한 사람들이 기분을 통해 기분을 만족시켜야 한다는 것을 예감한다. 그대들은 단지 임의적일 뿐이다! 또는 그대들은 그대들의 이상을 야심있게 사랑하는 것이며 이를 위해 그대들은 인간들 사이에서 주목을 받고 명망을 얻는 모든 것을 위해 노력한다. 그대들의 열정이 세상에서 인정받는 것이 그대들에게 필요하다. 그 과정에서 그대들이 가장 고요한 상태, 가장 비밀스러운 상태에 있을 경우 그대들은 지루함을 느낀다. 그대들은 그대들의 작품을 만든다. 그러나 다른 사람의 머릿속에 비친 그대들 자신의 영상이 작품의 배후에 있는 목표다. 그것은 그대들이 다른 사람들이 그대들을 응시할 때 그들을 눈앞에 묶어두는 확대경이다!—많은 사람들은 엄한 스승에 의해 길든 방식대로 그들의 작품을 제대로 만든다. 그들은 의무감에 관해 말하며 의무를 강요한다—그러나 그들은 양심의 가책을 느낀다. 왜냐하면 그들이 단지 정식에서 벗어난 것만을 행했어야 했기 때문이다.

6〔203〕

우리가 인간들을 돕고 이용하기를 원한다는 사실이 아니라 : 아니, 우리가 인간에 대해 즐거움을 느끼고 있다는 사실이 이른바 선한 인간들과 도덕성에서 본질적인 것이다. 그것은 새로운 것이며 늦게 도달된 것이다. 우리의 '선한' 행위들이 이와 같은 즐거움을 갖는 것은 너무나 당연한 일이다 : 우리가 인간들을 두려워하지 않고 적대하지 않으면서도 그들과 수많은 관계를 맺는다면 이것은 그들에 대한 우리의 즐거움을 증가시키는 것과 다름없다. 즉 우리는 양식화된 개성을 향한 노력의 차원에서 그들을 돕기 위해 애쓰고, 적어도 추한(고통스러운) 모습을 제거하기 위해 애쓴다. 인간에 대한 사랑?? 그러나 나는 말한다 : 인간에 대한 즐거움! 그리고 그로써 이 즐거움이 무의미하지 않다면 우리를 즐겁게 하는 것이 존재한다는 사실을 말해야만 한다.—우리는 깨닫는다 : 우리에 대한 성실함과 낯선 본성에 대한 인정, 더 아름답고 즐거운 인간들의 모습을 요하는 취향의 발전이 먼저 선행되어야만 한다. 여기서 하나의 도태가 생겨

난다 : 우리는 우리에게 즐거움을 주는 것을 선발하고 그것을 증진하며 타자한테서 멀리 달아난다—그것이 올바른 도덕성이다! 비참한 것, 기형적인 것, 타락한 것을 멸하게 하는 것은 경향이어야만 한다! 어떤 희생을 치르더라도 아무것도 보존하지 말 것! 가치 없는 존재인 우리에 대한 은총의 신념, 나쁜 것과 열악한 것에 대한 도움은 너무나 아름답다—전체적으로 그것은 하나의 예외이며 그 과정에서 인간성은 완전히 저속하게 변할 수도 있다(예를 들어 기독교를 통한 것처럼). 항상 자연스러운 충동 위에 세워질 수 있는 것이다 : "우리를 즐겁게 하는 자에게 즐거움을 주고 우리를 짜증나게 하는 자에게 고통을 주는 것은." 우리는 야수들을 절멸시키고 온화한 동물들을 사육한다 : 이것이 위대한 본능이다. 우리는 스스로 추한 것을 보고 접촉함으로써 타락한다 ; 제방을 쌓아라! 그것을 이용가능한 것! 그리고 그런 것으로 평준화하라!

그것과의 접촉이 우리를 즐겁게 하고 고양하는 것들과 교통할 경우 집단과 계층이 형성되고 이것들은 다시금 보다 가깝거나 보다 먼 소외 관계 속에 서게 된다. 불가피한 사회 건설이 정직성에서 이루어지는 것은 매우 만족스럽다!

6[204]

지각에서 충동 그 자체는 선하지도 악하지도 않다. 그러나 몇몇의 만족이 두려움과 결합됨으로써 위계 질서가 형성되는데, 이들은 즐거워하는 어떤 것들보다도 감정에 있어서 더 저급하게 자리한다. 등급의 이러한 차이는 도덕적 판단에서 대립된다. 어떤 충동이 항상 금지와 공포의 감정과 더불어 충족될 경우 그에 대한 혐오가 생겨난

다 : 우리는 그것을 이제 악한 것으로 간주한다. 우리는 부수적인 지각을 그것과 분리할 수 없도록 결합하고 여기서 하나의 통일체가 생겨난다. '하나의 나쁜 행위'. 아무것도 금지되었다고 느끼지 않고 자기가 원하는 모든 것을 행하는 사람은 선과 악에 대해 아무것도 모른다. 많은 것이 금지되었다고 느끼고 그중에서 아무것도 행하지 않는 사람은 선하다고 느낀다, 누가 금지하는지는 상관없다. 우리에 대한 권력을 가지고 있는 누군가든 우리 자신이든!—완전한 인간은 많은 것을 금지하고(타자가 예견할 수 있는 것보다 엄청나게 많이) 이 때문에 선하다고 느낀다 : 그것은 정교하게 길들고 새롭게 해석된 본성이다 : 왜냐하면 그것은 형성되는 것이며 한꺼번에 세우거나 허무는 것이 관건이 아니기 때문이다—그것은 떠다니는 정원이다.

6[205]

사람들은 우리의 조그마한 흥분이 날마다 행해지는 곳과 철저하게 관련을 맺지 말아야 할 것이다—이것은 부부, 당파, 우정을 해체하고 직무를 포기하는 가장 강력한 근거다. 만약 네가 고독 속에서 위대하다면 네가 너 자신을 다른 곳에서 더럽힌다는 것을 알아야만 할 것이다. 힘이 넘치는 온화함—이 기분이 너를 엄습하는 곳에서 너는 네 안에 있다—그리고 거기에 너의 집을 지어라!

6[206]

나는 약한 사람에게 말을 걸지 않는다 : 이들은 순종적이며 어디서나 기꺼이 노예이고자 한다. 우리는 무자비한 본성의 관점에서 여전히 스스로를 무자비하다고 느낀다!—그러나 나는 사람들이 찾지 않는 곳에서 활력을 찾았다. 지배에 대한 최소한의 성향도 없이 단순하고 온화하며 친절한 인간한테서—그리고 반대로 내게는 지배에 대한 성향이 종종 약점의 내적인 표징으로 나타났다 : 그들은 그들의 노예 영혼을 두려워하고 그 영혼에 왕의 외투를 걸친다(그들은 결국 그들의 추종자, 그들의 명성 등의 노예가 된다). 가장 강력한 본성이 지배한다. 그것은 필연적이며 그들은 방관만 하게 된다. 그리고 살아 있는 동안 그들이 정자(亭子)에 몸을 숨긴다면!

6〔207〕

소렌토 사람들의 풍경에서 나타나는 오류.—올리브가 오렌지보다 더 아름답다.

6〔208〕

열정적인 운동이 독일에서 필요하다 : 범죄의 대다수가 알코올과 결합되어 있고 자살도 마찬가지다!

6〔209〕

지금까지 어떤 독일 예술가도 자신의 실천을 설명하기에 충분한 정신을 소유하지 못했다 : 가장 영리한 사람들은 단지 그 실천을 미화할 줄만 알았다. 그들이 마치 나쁜 양심을 갖고 있기라도 한 듯이 : 그들이 자신의 제한성을 저울질했던 한, 그들은 자신의 영향력을 실제로 손상시켰다. 그들의 작품은 그로써 어느 정도 감소했고 극소수의 모방자에게 영향력을 발휘했다. 우리가 이른바 예술의 경향을 개인적인 찬미나 변명 또는 은폐 행위로 파악할 경우 자기 본성을 찬미하거나 은폐하는 것이 필요한 많은 사람들이 예술에 손을 뻗친다.

6〔210〕

오랫동안 예외로 지각되고 명예를 가져온 행위들은 결국 실행이 되며 그 과정을 거쳐 예의 바른 것으로 간주된다. 마찬가지로 정직성은 모든 현실적인 것과 연관해 한번은 예의범절이 되며 공상가는 단순히 예의 바르지 못한 자로서 더 이상 주목의 대상이 되지 않는다.

6〔211〕

이 세기에 프랑스인은 지난 세기에는 없었던 회화에 대한 취향에 매료되었고(그리기를 통해) 이탈리아인은 노래에 대한 귀를 잃어버렸다. 독일인은 정치적 열정을 배웠고 영국인은 학문의 최첨단에 서게 되었다.

6〔212〕

우리의 충동들은 자주 모순을 일으키며 그것은 놀라운 일이 아니다! 오히려 그것들이 조화를 이룰 수 있다는 것이 더욱 드문 일일 것이다. 외부 세계는 우리의 현 위에서 작용한다. 이것이 종종 부조화를 일으키는 것은 놀라운 일이 아니다.

6[213]

아우스터리츠 전투 이후에 전쟁은 그것의 취향의 특징이라기보다는 그것의 체계의 결과였다 : ― ― ―

6[214]

자신의 야심에 도달하게 해주는 성과를 내지 못한 젊은 사람들은 복수심에서 분쇄할 어떤 대상을 찾는데, 그 대상들 대부분은 다시는 제대로 보복할 수 없는 사람들, 신분들, 인종들이다 : 더 나은 본성들은 직접적인 전쟁을 한다 ; 또한 짝을 찾는 것도 여기에 속한다. 더 나은 인간은 자신의 힘에 뒤지지 않고 존경할 만하며 강한 상대자를 고르는 사람이다. 그렇게 본다면 유대인들에 대한 싸움은 항상 나쁜 질투심과 비겁한 본성의 표시였다 ; 누군가 지금 그런 일에 가담한다면 스스로가 야비하다는 심정을 가져야만 할 것이다.

6[215]

자기 자신에 대한 정직함을 잃어간 모든 위대한 사상가와 예술가의 종말은 음울하다. 즐겁게 삶을 마치고 다른 세계를 찾아 들어가는 것이 그들에게는 결여되어 있다.

6[216]

인간의 의견들은 그들의 행동처럼 필수적이다―그러나 이 때문에 '그 자체로 참되지' 않다! 단지 자신을 넘어서서 다른 사고 방식을 자신에게 수용하는 놀라운 태도만이 우리에게 참과 거짓을 구별할 수 있는 가능성을 제공한다. 이상(理想) : 각각의 개인적인 것에 종속적이지 않고 그것의 한계가 단지 '인간'인 하나의 의견. 이것은 인간에게 가장 유용해야만 하는 의견들, 사물들(인간은 더 이상 이것들의 바보가 아니다)에 대한 인간의 엄격한 관계다.

인류는 지속적으로 모든 오류에 대해 엄청난 참회를 해야 한다— 그도 그럴 것이 그래야만 인간성이 올바르게 보존될 수 있다고 이야기되기 때문이다. 인류는 다른 사물들에 대한 백배의 위조에 발을 들여놓아야 한다 (통찰하려 하지 않는 것, 즉 정직함이 퇴락하고 지성이 감소하는 것. 삶의 위험의 증가—

6[217]

"포초Andrea Pozzo와 비비에나Ferdinando G. Bibiena의 터무니없는 과장에 대해 1730년 이후 아무도 더 이상 필요한 열정과 상상력을 갖지 않았다." 야코프 부르크하르트Jacob Burckhardt

6[218]

종교를 세우고 확산하는 데 기여했던 사람들 중 아직까지 탁월한 정신과 마찬가지로 정직한 인간도 없었다. 이 커다란 집단적 열정은 동물처럼 스스로에 대한 맹목적인 믿음을 가진 가장 조야한 정신들에 의해 만들어졌다.

6[219]

힘은 온화함을 보유한다.

6[220]

힘의 낭비에 대한 요구와 같은 천재에 대한 요구.

6[221]

상인 정신과 그것의 생산물

6[222]

영국적인 원예술(園藝術)의 취향—"자유로운 자연을 그것의 우연성과 더불어 모방하는 것" 야코프 부르크하르트—이것은 아주 현대적인 취향이다. 그런 인간들은 시인(詩人)을 원한다 : 이에 반해 인간을 예술의 법칙에 종사할 수 있도록 만드는 것이 다른 목적이다. 비가풍의 자연의 감상성에 반하는 것. 주의하라! 나는 이것을 탈피했다. "외부에서 이탈리아식 정원 안을 바라보는 자유로운 자연의 대비" 야코프 부르크하르트. 인상의 근본 조건. 반쯤은 야생의 형태를 가진 인간들은 환경에 가장 강하게 미개한 영향을 미친다.

6[223]

사랑의 열정에서 우리는 자신 앞에 정직성이 얼마나 결여되었는지를 알 수 있다 : 더구나 사람들은 그것을 전제하고 그 위에서 부부임을 서약한다(부부가 자신에 대한 정직함을 부여할 수 없다는 듯이 약속을 통해!) 이와 같은 것이 이전에는 영주나 조국 또는 교회에 대한 신하의 충성에서 이루어졌다 : 사람들은 스스로에 대한 정직성을 엄숙하게 부정한다!

6〔224〕

우리는 사물들과 관련해 우리에게 안락한 것을 믿는 경향이 있다. 이러한 경향에 별로 강하게 기울지 않는 동물들, 조심스러운 동물들은 자신을 더 잘 보존한다. 무서움이 정직함의 첫걸음이다.

6〔225〕

사람들은 '진보' 라고 말한다, 그러나 그것은 발전, 즉 생성과 소멸을 뜻한다. 우리는 소멸도 하나의 전진으로 지각할 수 있다 : 그것은 모든 발전처럼 쾌와 결합되어 있기 때문이다. 단지 발전의 저해만이 고통을 만든다.

6〔226〕

자신의 호의를 스스로 빈정대지 않고는 표현할 수 없는 저 냉소적인 피조물.

6〔227〕

사랑스러운 인간이 되기 위해서는 끝없는 가장이 필요하다.

6〔228〕

가장에 반(反)한 과학의 가치와 과학의 매력. 과학을 어중간하게 취할 경우 사람들은 그것의 영웅적인 마법을 이해하지 못한다.

6〔229〕

미신적인 이웃 사람들과 시대 한가운데서 한 어린이의 영혼에

"너는 신의 아들이다"라는 생각이 들어서고, 일찍부터 아이가 그의 어머니의 경건함을 통해 이 신이 신성하며 신성함을 원한다고 교육받는다면 : 여기에 더해 부드러운 열정과 불타는 환상적인 상상력, 절제와 고독을 통해 교육된 자기 자신에 대한 신뢰 : 그가 스스로를 신의 아들로 믿고 그와 더불어 그의 고유한 명령을 따르자마자 그렇게 한 사람이 죄 없이 존재한다는 믿음에 이를 수 있게 된다—자부심의 세련된 형태. 입법자로서 그는 법을 능가하며, 법을 넘어 더 높은 것을 가리킬 수 있고 그것을 완수할 수 있다 : 자신의 고정된 생각에 반하는 어떤 것을 행하는 것이 그에게 불합리한 것처럼! 이러한 고귀함에서 그는 사랑을 동경한다—인간들은 그를 믿어야만 할 것이다 : 이것이 그에게 유일하게 결여된 것이며 이를 위해 그는 인간들에게 그가 할 수 있는 모든 것, 예를 들어 신의 은총을 주려 한다. 어린이, 가난한 사람, 우둔한 사람, 경멸받는 사람, 스스로를 경멸하는 사람들이 그가 좋아하는 사람들이다. 그는 자신의 이미지에 따라 신을 날조해내고 그래서 그는 신으로서 사랑을 증명할 수 있다 : 그는 거기서 다른 신들이 생겨나는 표상들을 제거하고 약화시킨다. 그는 스스로에게 정직하지 않으며, 신의 아들로서의 그의 믿음과 관련해서도, 자연과 인간에 대한 그의 인식과 관련해서도 어떠한 아름다운 양심을 가지고 있지 않다. 그의 열정에 봉사하기 위해 그는 기만한다 : 그는 자신이 할 수 없는 것을 높이 평가하지 않으며 자신을 사물의 척도로 취급한다. 주위에 단지 양떼들만 있는 고독한 목자의 미숙함과 더불어. 그가 놀라워한 것은, 그는 자신을 믿는 데 반해 사람들이 그를 믿으려 하지 않는다는 점이다 : 그리고 여기서 그의 상상은 잔혹하고 음울해진다. 그리고 그는 그를 믿지 않는 사람을 위해 지옥을 지어낸다. 그가 교육을 받지 못했다는 점이 열정의 발생을 떠올리게 하고 자기 자신을 한 번도 객관적으로 바라보지 못하게 한다 : 그는 결코 스스로 위에 군림하지 않는다(예를 들어 나폴레옹처럼). 가장 두려운 것, 영원히 인간이 속죄할 수 없다는 것이 그의 사랑에 대한 물리침이 된다—이것은 하나의 저속한 특징이다. 마찬가지로 부자, 정신, 육체에 대한 중상도 그러하다—그의 온화함과 관대함은 짧고 아주 이기주의적이다.

6[230]

화자(話者)들에 있어서 더 고상한 사람들이 그들의 영웅의 체험을 엄청난 것, 범죄적으로 조잡한 것으로 고양하는 것을 막는다 : 오히려 그들은 사건을 천하게 하고 광을 내며 더 고상한 본성들이 이미 이 하찮은 것에 고통을 당해야 했던 것을 나타낸다 : 또는 여기서 비로소 그들의 체험이 시작된다는 것을 명시한다 : 거친 인간들은 거기서 아무런 문제가 없다.—사람들이 자신의 영웅들이 더할 수 없는 최상의 존재non plus ultra가 아니라 유능한 인간이라는 것을 분명히 한다는 것이 훌륭한 모든 시인들한테서 표명된다.—신인(神人)Halbgott들의 이야기에는 재능이 거의 필요치 않으며 거친 색조가 요구된다—이것들이 대중에게 이야기된다. 그것들은 관념상의 도둑과 유령의 이야기들이다. 자신의 영웅들과 그들의 체험을 사랑하는 사람은 일등 인간이 아니다—왜냐하면 가난해야 하기 때문이다. 다른 사람에게 부자로 간주되는 것을 그냥 믿는 가난한 사람들이 화려하고 황홀하게 하는 소재와 영웅에 관계한다.

6〔231〕

우리는 우리의 최고치에 도달하지 못한다 : 가장 급격한 성장의 시기에는 모든 다른 유리한 조건들이 현존해야 하기 때문이다. 우리는 줄기가 짧고 마디가 있다.

6〔232〕

우리가 사람들에 반해 우리를 맹목적인 사랑과 미움의 발작에서 보호한다면—우리는 회복하는 것, 즉 잘못된 길을 돌아가는 것을 얼마나 더 적게 해야만 하는가! (그 도중에 우리의 길이 시간을 잃어버렸다) 우리 자신에 대한 가장 큰 정직성은 우리에게 감추어져 있다 : 습관적으로 우리는 우리의 억제된 충동에 언젠가 갑자기 굴복한다. 사람들에 대한 이 사랑과 미움의 경우에.

6〔233〕

기독교는 정신적인 가난함에 하늘나라를 약속했다 : 그러나 교육을 받고 재치가 넘치는 최초의 기독교인이 자신의 변증법과 수사학을 기독교에 제공했다 : 이것이 없다면 기독교는 아마도 정신적인 가난 때문에 멸했을 것이다.

6〔234〕

우리 모두는 동물과 마찬가지로 충동을 갖고 있다 : 정직성의 성장이 우리를 이 충동의 영감에서 더 독립적으로 만든다. 이 정직성 그 자체는 지성적인 작업의 성과다. 이른바 두 가지 대립된 충동이 지성을 움직인다면. 기억은 우리를 어떤 사물이나 사람에 관련해 하나의 새로운 욕정에서 이 사물 또는 이 사람이 이전에 다른 욕정에서 내게 생기게 했던 표상으로 인도한다 : 그리고 그 표상에서 상이한 성질들이 드러나는데, 그것을 모두 타당하게 하는 것은 정직성에 대한 발걸음을 떼는 것이다. 즉 우리가 그것을 언젠가 사랑했었고 우리에게 있는 그 이전의 이미지를 지금의 이미지와 비교하고 지금 것을 진정시키며 상쇄한다는 사실을, 우리가 지금 증오하는 것에 첨가한다. 이것이 영리함을 명한다 : 이것이 없다면 증오하는 사람으로서 우리는 너무 멀리 나아가고 우리를 위험에 처하게 하기 때문이다. 정의의 토대 : 우리는 우리에게 있는 동일한 사물들의 이미지의 권리를 인정한다!

6[235]

우리의 욕정에서 멀리 떨어진 채 하나의 사물에서 더 많은 성질들을 인정하는 것을 연습하는 것은 점점 더 커지고 점점 더 세련돼지는 고정된 일련의 사물들을 구성한다. 사물의 다수성에서 이 연습은 사물에 대한 인식의 욕구를 형성한다 : 지성적인 충동의 기초.

6[236]

우리 자신에 대한 정직성은 다른 사람에 대한 정직성보다 더 오래된 것이다. 동물들은 그들이 종종 속는다는 것을 인지하며, 마찬가지로 그들은 종종 위장해야만 한다. 이것이 동물로 하여금 미망과 참된 생각, 위장과 현실 사이를 구별하게 이끈다. 의도적인 위장은 자기 자신에 대한 정직성의 첫 번째 의미에 기인한다.

6[237]

그리스도 "경건하고 슬프며 이기적인"

6[238]

"어떤 생각을 이해한다는 것"은 무엇을 말하는가? 그 생각이 하나의 표상을 일으키고 이 표상은 지각을 일으키며 지각은 감정을 일으킨다. 그렇게 마침내 돌이 희미한 소리를 낸다. 그 돌이 밑바닥에 도달했을 때 : 이 밑바닥의 흔들림을 우리는 '이해한다'고 칭한다. 원인과 결과는 여기서 일어나지 않고 단지 연상만이 일어난다 : 이 단어에서 이 표상은 습관적으로 생겨나게 된다 : 그것이 어떻게 가능한지는 아무도 모른다. 우리의 '이해'는 이해되지 않는 어떤 것이고 우리의 충동에서 일어나는 그 마지막 반향은 하나의 새로운 미지의 것에 불과하다.—

거짓말은 우리 이웃에게서 하나의 충동이 각성되는 방식으로 우리 이웃의 저 밑바닥을 자극하는 것이다. 이 충동에 우리 이웃은 도달할 수 없다. 바로 사물의 본성이 다르기 때문이다 : 말하자면 충족될 수 없는 욕구를 불러일으킨다는 것이 속인다는 것이다.

6[239]

인간은 점차 자연에서 그들 자신이 소유하지 못한 가치와 의미를 들여다본다. 가치의 감정을 통해 농부는 자신의 평야를, 예술가는 자신의 색조를 바라본다. 야수는 두려움을 느끼며 우리는 우리의 안전을 안고 있다. 그것은 의식 없이 이루어지는 하나의 지속적이고 가장 정교한 상징화와 동일화다. 우리의 눈은 우리의 모든 도덕성, 문화, 습관을 통해 풍경을 바라본다—그리고 똑같은 방식으로 우리는 다른 성격들을 바라본다 : 그것은 내게 너의 경우와 다른 어떤 것이다 : 관계들, 환상들, 서로에 대한 우리의 경계가 그 안에 있다—여기서 정의란 무엇을 뜻하는가! 관계들의 충만함은 계속 증가한다. 우리가 보고 체험한 모든 것은 더 의미심장해진다. 태양을 바라볼 때, 예컨대,—그러나 무수한 낡은 의미들과 상징들은 계속 소멸하고 동시에 비게 된다—그리고 우리가 정의의 길에 있을 때, 사물들을 아프게 하고 권력을 휘둘렀던 우리의 임의적인 상상의 해석들은 소멸한다 : 그것의 현실적인 특성들이 권리를 갖고 있기 때문이며, 결국 우리는 이것을 우리 자신보다 더 높이 숭상해야만 한다.

6[240]

정직성의 연구로서의 문헌학에 대한 찬양. 고대는 문헌학의 쇠락 때문에 멸망했다.

6[241]

자연 현상들, 체험들, 욕구들, 부당함 등의 뒤에 있는 운명적인 '제2의 의미'! 가엾은 인류!

6[242]

'도덕적 세계 질서'—일종의 점성술.

6[243]

우리의 가장 커다란 정신의 고양과 동요, 가장 순수한 천국은 우

리 자신 덕분이다 : 우리는 그것을 예술의 작품에 빌려주고 그렇게 그것들은 더 위대해진다. 우리는 그것들을 개선하고, 그동안 우리는 그것들을 위해 그것을 잘못 이해한다.

6〔244〕

예술에서 정직성은—실재론과 아무런 상관이 없다! 본질적으로 자신의 힘에 대한 예술가들의 정직성 : 예술가들은 스스로에게 거짓말을 하지도, 취하게 하지도 않기를 바란다—스스로에 대해 어떤 작용도 하지 않고 체험(실제적인 작용)을 모방하려 한다.

6〔245〕

누가 각 시대마다 명성을 만드는지를 고려할 때, 탁월한 사상가가 두 번째 또는 세 번째 서열에 서게 된다는 것이 개연적인 것이 된다 : 그리고 최고의 명인이 누구인지는 알려지지 않는다.

6〔246〕

나의 열정 : 죄책감의 엄청난 고통을 추후에 지각하는 것. 주의하라!

6〔247〕

플라톤이 지금 살아 있고 자신의 견해를 갖고 있다면, 그가 철학자라는 것을 아무도 믿지 않게 될 것이다 그렇다면—그는 종교적 미치광이일 것이다.

6〔248〕

실제적인 것을 파악하는 데서 나타나는 잘못된 실행이나 파악하기 원하는 데서 나타나는 잘못된 실행은 또한 인간 관계에서의 서로에 대한, 그리고 자기 자신에 대한 인간들의 판단에서 하나의 신화가 생겨나게 했다. 이른바 '도덕적 세계'.

6〔249〕

무엇이 실제적인 것인가 하는 의심은 환영(幻影)에 비해 하기 쉬운 것이 아니며 오히려 점차 환영의 창안에 속한 선한 의지를 파괴한다.

6〔250〕

일반적으로 사람들은 목적에 따른 행위 이외에는 어떠한 행동도 이해할 수 있는 것으로 간주하지 않는다 : 그리고 세계에서의 어떤 운동도 전혀 이해할 수 없는 것으로 간주한다. 이 때문에 이전의 사상은 세계에서의 모든 운동을 합목적적이고 목적의식적인 것으로 설명하려고 노력하는 데로 나아갔다(신) 사람들이 목적에 따른 행동들을 더 이상 명백한 것으로 생각하지 않게 된 것이 철학의 가장 커다란 전환점이다 ; 이를 통해 이전의 모든 경향들은 더 이상 가치를 갖지 못하게 되었다.

6〔251〕

우리에게 책임이 지워질 경우 우리는 다른 사람에게서 동일한 힘과 이 힘에 대한 동일한 지식이 있다고 전제한다—이것은 하나의 신화에 불과하다.

6[252]

개인적인 원자가 아니라 자연 발생적인 에너지 덩어리가 인간을 구별한다. 그래서 이 덩어리의 실행된 운동이 유전을 통해 전달된다. 동일한 힘은 때로는 근육을 통해, 때로는 신경을 통해 사용되는 그것이다.

6[253]

사고는 단어처럼 단지 하나의 기호다 : 사고와 실제적인 것의 어떤 경쟁에 대해서는 이야기될 수 없다. 실제적인 것은 어떤 하나의 충동 운동이다.

6[254]

모든 행위들은 우리가 이 행위를 수행하는 동안 갖는 행위에 대한 희미한 의식의 상과 항상 상이한 어떤 것이다. 마찬가지로 그 행동은 행위 이전에 떠도는 의식의 상(행위의 끝 = 목적과 그 목적을 향하는 방법)과도 다르다. 마침내 만들어지는 방법의 수많은 조각들은 보이지 않으며 목적 그 자체는 행위의 실제적 성과의 아주 작은 부분이다. 목적들은 기호일 뿐 그 이상의 것이 아니다! 신호! 보통 복사가 본보기를 뒤따라오는 데 반해 여기서 어떤 종류의 복사는 본보기를 앞서 간다. 실제로 우리는 우리가 무엇을 행하는지, 예를 들어 우리가 걸음을 떼려 할 때나 말하려 할 때, 결코 완전히 알지 못한다. 아마도 이 '의욕'은 단지 실제적으로 이미 진행 중인 것에 관한 희미한 음영이자 우리의 능력과 행위에 뒤따르는 모사일 것이다 : 때로 우리가 원하는 것을 할 수 없는 것처럼 보이는 곳에서는 하나의 잘못된 모사. 우리의 '의욕' 은 이 경우에 잘못 유도된 우리 정신의 환영이었고 우리는 어떤 하나의 기호를 잘못 이해했던 것이다. 한 사람이 명령하고 우리가 그것을 하기를 원한다면 우리가 너무 약하다고 생각한다—? 그런 방식으로 두려움(또는 사랑)은 우리에게 많은 힘들이 속에서 운동하는 자극을 주었다.—최초의 신경과 근육의 방향에서 이루어진 처음의 성취는 능력에 대한 시기상조의 표상을 줌으로써 원했던 목적에 대한 시기상조의 상을 결과로 내놓는다 : 목적 표상은 행위가 이미 진행 중인 후에 생겨난다.

6[255]

우리에 대한 믿음은 가장 강력한 속박이자 최상의 채찍질이다—그리고 가장 강한 날개다. 기독교는 인간의 죄 없음을 믿음의 항목으로 제시해야만 했을 것이다—인간들은 신들이 될 수도 있었을 것이다 : 당시에 아직 사람들은 믿을 수 있었다.

6[256]

잔혹함, 냉정함, 탈진에 대해 탄원함, 고문, 만약 사람들이 그들의 삶의 목표를 더 이상 신뢰하지 않는다면. '숭고한 노여움, 진동하는 비난들' —흐느끼며 잠들고—무관심과 잔혹함을 들여다보면서 차갑게 깨어나는 '그들의 지옥의 좁은 감방' , 단지 타자들의 삶에 대한 시선만이 있을 뿐, 더 이상 아무것도 없다. "동정적인 경험의 충만함이 반대 세력으로서 모습을 나타낸다." 정의가 그의 고유한 고통을 추방한다.

'정의의 필요'.

"타자의 선을 과대평가한다." 우리가 타자들한테서 야기하는 선한 작용들에 있어서 맹목적으로.

6[257]

우리는 그리스도의 신의 이상과 기독교의 성자들에서 불가능하고 비자연적이며 완전히 공상적인 것을 지성적인 혐오를 통해 지각하게 해야 한다. 본보기는 어떤 공상도 아니어야 한다!

6[258]

고상한 영혼을 친구의 배반과 맞바꾸다.

6[259]

그대들이 타자들을 생각하고 그들을 위해 어떤 것을 행하는 것을 실천했다면, 그대들이 그대들의 목표에 도달하는 것이 불가능하다면, 아직 많은 것이 남아 있다. 이른바 다른 사람의 목표를 증진하는 것 : 연주를 위해 이 두 가지 현을 소유한다는 것은 좋고 영리한 것이다. 다른 사람들을 파악하고 그로부터 우리를 바라보는 것은 사상가에게 불가피하다.

6[260]

나는 그것을 과학에 대한 그대들의 관용보다 백 보나 더 멀리 바라본다 : 그대들은 그대들에게 과학이 불필요하다고 생각한다. 그럼에도 불구하고 그대들의 대변자이고자 하는 어떤 것을 그 위에서 상상한다. 과학이 스스로 그대들의 의견에 반해 싸운다면 : —왜냐하면 그대들은 현실적인 것에 대해, 그대들을 괴롭히고 그것을 그대들과의 모순에서 알아차리도록 고문하는, 그렇게 강한 감정을 보유하지 않기 때문이다 : 마찬가지로 그대들은 현재 인식되는 모든 것과 인식되는 노정에 있는 것을 열정적으로 둘러보지 않는다.

6[261]

인식에서의 실행은 마침내 진실성의 욕구를 만들어낸다. 그것은 이제 새로운 커다란 권력이다. 위험과 이점과 함께.

제목은 아마도 : '진실성의 욕구'.

6[262]

사람이 어떻게 행동해야 하는지를 명령하는 모든 도덕적 체계들에는 어떻게 인간이 행위하는지에 대한 지식과 탐구가 빠져 있다. 그러나 사람들은 이 지식을 갖고 있다고 생각한다.

6[263]

활동성의 욕구는 우리를 인도(印度)의 지혜에서 분리한다.

6[264]

또한 가장 정교한 사고에도 충동들이 끼어드는 것이 부응한다. —단어들은 흡사 충동들의 건반과 같으며 사고들은 (단어들에서) 그 위의 화음과도 같다. 그러나 충동들의 경우 단어들이 자극하는 힘은 항상 같지 않으며 때때로 단어들은 거의 소리와 다름없다.

6[265]

1. 사고 없는 충동의 시대, 2. 사고와 함께하는 충동의 시대. 여기서는 충동과 충동의 고정시킴이 표상된다. 빈번한 반복, 그러한 표상들의 동의와 거부가 충동 그 자체에 대한 반작용을 실행하며, 몇몇은 잘 실행되고 다른 것은 실행에서 제외되고 분리된다. 점차 지성의 엄청난 연습을 통해 자신의 활동성에 대한 쾌가 생겨난다 : 그리고 그로부터 마침내 다시 자신의 활동성에서 진실성에 대한 쾌가 생겨난다. 근원적으로 지성적인 기능들은 매우 어렵고 힘든 것이다. 모방이 최상의 것이며, 새로운 것에 대한 증오. 나중에는 결국 반대로 모방에 대한 혐오가 빠르게 나타나고 새로운 것과 변화에 대한 쾌가 매우 크다.

6[266]

인간들은 지성의 정제(精製) 때문에 멸망한다 : 육체적으로 그리고 아마도 도덕적으로.—우리는 행복하다! 우리는 중도의 왕국에 있다.

6[267]

하나의 나폴레옹, 하나의 칼리오스트로Alessandro, conte di Cagliostro의 완전성이 매혹한다 : 우리의 범죄자 세계에는 그 앞에 본보기의 이미지들이 없다. 그것은 즐거운 양심을 갖고 있지 않다. 어떤 좋은 강도, 어떤 좋은 복수자, 강간범—그것은 이탈리아의 중세와 르네상스를 특징짓는다. 그들은 완전성을 위한 감각을 가졌다.

우리에게는 덕성들과 악덕들이 두려우며 세속적인 생각은 미숙한 사람과 중산층과 나쁜 모사와 표절해 편찬된 세계 시민적 인간의 권력이다.

6[268]

우리는 우리한테서 신을 만들기를 원하지 않으며 예전의 민족들의 이상들이 욕심나서 견딜 수 없는 것도 아니다. 바로 신답지 않은 것, 최고로 상이한 무수한 개인들에 대한 즐거움을 원한다. 이들이 어쩌면 서로 그리스 사람과 트로이 사람처럼 적수가 될지도 모르지만.

6[269]

다른 사람들을 도우려는 열정적인 성향이 고유한 즐거움을 힘들게 한다.

6[270]

위대한 영혼을 가진 인간들 앞에서 우리는 우리 자신의 위대한 연관을 가리키며 그들 앞에서 혼자라는 것보다도 그 연관을 더 믿는다. 따라서 우리에게는 그들이 필요하다. 말할 수 없이 수많은 작은 혼잡한 선(線)들을 우리는 단념할 수 있다—그것은 기분 좋은 것이다! 다른 사람들은 단지 이 사소함만을 볼 수 있을 것이다. 그들 앞에서 우리는 그들을 인정하거나 부정해야만 한다. 두 경우에서 배상 없이.

6[271]

위대한 목표를 통해 사람들은 자신의 비방뿐 아니라 하나의 커다란 범죄를 능가하고 숭고해진다.

6[272]

한 인간을 천한 경험으로부터 지키는 것은 가장 아름다운 일이다 — 우리가 아니라 그를 고려해서 천한 것.

6[273]

방해자로서의 아내, 멸종 수단으로서의 남편.

6[274]

우리의 전체 유기체는 너무 이른 쏠림과 벗어남, 위장 등으로 형성되어 있다 : 점차 그 또한 진실성을 배우게 될 수 있으며 그에게 진실성이 깊숙이 뿌리내리게 된다. 어떤 결과들과 함께? 그동안 그것은 거짓말과 기만 그리고 그것의 촉수의 동요된 망이 되었다 : 아주 동물적이고 유용하다. 진리에 대한 교육 — 그것은 동물의 개선인가, 현실에 대한 뛰어난 적응인가? — 우리의 호의, 동정, 헌신, 도덕성은 우리의 악과 자기 중심적인 것처럼 거짓과 위장이라는 동일한 기초에 기인한다. 이것은 제시될 수 있다! 이 발견이 유쾌하지 않고 심지어 비극적인 인상을 주는 것은 우선 불가피하다. 그러나, 우리의 모든 충동은 먼저 더 두려워하고 더 불신하게 될 것에 틀림없지만, 점차 더 많은 이성과 정직성을 자기 안에 받아들이고 더 총명해지며 그렇게 서로에 대한 불신의 이유를 점점 더 많이 상실한다 :

그동안 더 커다란 즐거움, 근본적인 즐거움이 생겨날 수 있을 것이다 : 언젠가는 이 즐거움이 단지 정직하지 못한 사람에게만 가능할 수도 있을 법하다. 체념과, 반항과 승리에 대한 그 엄청난 쾌가 우리의 즐거움의 유일한 형식들이다 : 우리가 인식하는 사람일 때. 주의하라, 주의하라, 주의하라!!! 우리가 근본적인 기만과 위장에 대항해 싸우다니 도대체 어찌 된 일인가? 우리 지성의 발전과 작용에서 자유로워지는 힘의 감정이 우리를 충동한다 : 그것이 욕망을 만든다.

6〔275〕

저주하는 선생과 종교 개혁자와 참회를 권하는 설교자의 열망 "그리고 우리의 의무는 인간들을 불행하게 만들도록 강요한다".

6〔276〕

과장되게 엄숙한 사람(리피너Siegfried Lipiner 씨)이나 관용가(마이젠부크 양)의 늘어나는 거짓말.

6〔277〕

칼뱅에게 나타나는 음침한 눈 그리고 과묵한 열정은 쉽게 비방된다. 독일에서는 열정에서 보이는 은총과 정신을 믿지 않게 되었다.

6〔278〕

비극의 형식에서 :

1 좁은 길

2 두려운 전망

3 휴식

6〔279〕

죽음의 공포 : "나는 목수다"
아이의 상실
명예의 상실
질병

6〔280〕

원수를 사랑하기를 시도하는 것이 어떤 경우에 유용한가? 그것은 불만족스러운 감정을 부수고 우리에 대한 승리를 제공한다.

6〔281〕

인류의 최상의 죽음의 목표를 고안해내는 것—언젠가는 과제가 이것에 집중할 것이다. 살기 위해 살지 않는 것.

6〔282〕

고대인들은 여자들이 열정에 있어서 정말 비인간적인 것과 상상하지 못할 것을 할 수 있다고 믿었다—아이스킬로스의 시대에.

6〔283〕

누군가가 유대인에게 투항할 경우 (타키투스에 따르면) 그는 신들을 경멸하고 조국을 단념하며 부모, 자식, 형제들을 부정해야만 한다. 전투나 처형을 통해 죽은 자의 영혼들은 영생한다(기독교의 순교자 사상). 이로부터 죽음에 대한 경멸이 존재한다. 칼리굴라 Caligula가 사원에 자신의 초상을 전시하도록 명령했을 때 그들은 무기를 들었다.

6[284]

"그들은 누구와도 같이 식사하지 않고 혼자 잠들며 스스로를 억제한다. 그렇게 그들은 모든 낯선 여성상에게 음란하다."

"모든 나쁜 인간들은 조세와 동냥을 예루살렘으로 보낸다. 자기가 살았던 나라를 무시하고."

6[285]

타키투스는 어떻게 유대인(그리고 기독교인)이 맹신에 몰두하는지에 대해 경멸적으로 말한다. 로마는 로마가 기독교적으로 된 것보다 더 극단으로 치달았다 : 그것은 당시 인간들의 무능력의 표시이자 거친 변화다. 증오의 격분은 궁극적으로 유대인(기독교인)을 흥미롭게 만들었다.

6[286]

사람들은 (그 자체가 매우 상이한) 다른 사람들의 판단에서 상이한 '최상의 것들'을 받아들이고 그것들이 모순된다는 것을 발견한다. 즉 사람들은 동요에서 자신의 양심을 믿는다.

6[287]

선한 인간들은 어려운 순간에 어떠한 양심의 가책도 느끼지 않는다.

6[288]

정의(正義)의 한 종류 : "나는 그의 행복을 그와 함께 향유했다. 이제 또한 그의 치욕과 죄의 시간도 같이 향유한다."

6[289]

우리의 활력이 가장 크고 즐거운 것이라고 생각하며 사는 것—그리고 그것을 위해 모든 것을 희생하는 것. 주의하라!

6[290]

형이상학적 욕구는 종교의 원천이 아니라 몰락에 따른 여파다. 사람들은 다른 세계의 표상에 익숙해졌고 그것을 그리워한다(그리고 이 충동에서 '이후 종교들'이라는 새로운 식물이 성장할 수 있다). 다른 세계를 가정하도록 충동했던 것은 특정한 과정들의 해석에서의 오류들, 말하자면 지성의 잘못된 판단이다. 욕구는 결과이지 원천이 아니다. 욕구는 만족의 결핍을 통해 소멸될 수 있다! 그렇게 해서 종소리의 근원적인 목적과는 상관없는 종소리를 들으려는 욕구가 존재한다.—사람들은 욕구를 처음에 세우는 것에 익숙해졌다.

6[291]

기독교에 반해 : 완전한 도덕성은 가능하지도 **바람직하지도** 않다. 그것의 가치는 생물학의 잘못된 견해에 근거한다.

6[292]

아주 옛날부터 (행위에 대한 오류로서) 도덕적 판단이 내려졌기 때문에 그로부터 어쨌든 도덕적 지각과 애착과 꺼림이 형성되었다. 그러므로 이것들은 실제적이다. 그러나 이것들이 도덕적 판단이 잘못 내려진 행위의 현실성에 어떻게 관계하는가?—인간의 경우 도덕적 판단이 가장 먼저 형성되었던 행위들은 모두 동물에게서 발견되는 것들이다 : 따라서 그 행위들의 동기가 처음으로 만들어질 수 있는 것이 아니었다. 사람들은 이 행위를 이해하기 위해 공상했다. 도덕적 판단들은 목적에 따른 행위의 해명이자 학문의 발상이다. 사람들은 그것을 명명함으로써(악하다, 선하다, 정의롭다 등) 그것을 철저히 이해했다는 것을 의심하지 않았다. 소크라테스는 자신이 처음으로 이해했는지의 여부에 대한 불신에 빠졌다. 그러나 그는 선하고 악하고 등의 단어들에 어떤 본질적인 것이 상응할 것이라는 점을 의심하지 않았다.

6〔293〕

"인간은 어떻게 행동해야만 하는가?" 이것은 단지 하나의 이상, 즉 인류가 무엇에 도달해야만 하는지, 아니면 개인이 무엇에 도달해야만 하는지에 따라 측정될 수 있다. 지금까지 민족들 앞에 아른거리던 그러한 모범이 존재했다(부분적으로는 생동적이고 부분적으로는 창안된). 또는 종교 공동체 앞에. 또는 당파들(완전한 상인, 군인, 관리) 앞에. 또는 종교적 이단 앞에. 그러나 항상 다수 앞에. 목표는 그러나 : 각자가 자신의 모범의 상을 설계하고 개인적인 모범을 실현하도록 하는 것이다. 설계할 때에는 모든 생산력, 청소년, 남성이 필요하다, 자신의 힘에 대한 통찰과 자기 인식이 필요하다. 지금은 아직 그것이 불가능하다!

6[294]

우리는 우리의 본보기를 설계하는 데 있어서 우리의 오류와 충동을 줄여서는 안 되며, 그것의 세련된 형식을 발견할 수 있어야만 한다.

6[295]

그것은 비극일 수 있다! 우리의 온화함과 동정심—그리고 서로에 대한 투쟁에서, 타자들의 의견과 관련해 진실성을 위한 우리의 감각.

6[296]

한 부인이 그녀가 자신의 남편의 비약을 방해한다는 것을 파악하면 헤어져야 한다—왜 사람들은 사랑의 이러한 행위에 귀를 기울이지 않는가?

6[297]

그것은 육체적인 운동들과 함께하는 것처럼 사고들과 함께 서 있다 : 내가 그것들을 원한다면 그것들이 일어날지의 여부를 나는 기다려야만 한다. 이것은 그것들이 실행되는지의 여부에 달렸다. 의욕은 여기서 목표의 표상이 아니라 바람의 형식에서 보이는 논리적 형식의 표상이다(사고의 반대, 병행하는, 유사한, 전제, 추론 등). 기억이 내용을 제공해야 한다—문장의 경우 기억은 개인적인 단어들에 소속된 어떤 것을 결부하려 시도하며 우리의 판단은 그것이 어울리는지, 그리고 어떻게 어울리는지 결정한다. 그래서 걸려 넘어지는 순간 발은 많은 자세를 시도한다. 우리는 이 갑자기 나타난 사고의 맹아들 중에서 선택한다 : 우리가 제공된 단어들에서 우리의 사고를 형식화하는 것처럼. 이 과정의 가장 본질적인 것은 우리 의식 아래서 발생한다. 여기에 소속된 사고들이 본질적으로 모순, 제한, 동의의 사고인지 여부를 우리의 성격이 결정한다 : 모든 사고의 발생은 하나의 도덕적 사건이다.—이 논리적 형식들은 우리 충동들, 애착, 반대 등의 가장 보편적인 표현으로서 나타난다—이런 의미에서 세포까지 깊숙이 들어가는 '도덕적인' 것으로서의 움직임은 존재하지 않는다.

6[298]

이틀 동안의 엄격한 단식 뒤에 샴페인 한 모금을 마시는 사람은 환희에 근접하는 어떤 것을 지각한다. 일주일 동안 어두운 동굴에 살았던 사람이 자연에 던지는 시선은 눈의 도취다. 그리고 몇 년 후에 다시 우리의 음악을 듣는다!—고행자만이 홀로 무엇이 환희인지 안다.

6[299]

타키투스에 따르면 기독교인들은 방화 살인이 아니라 *인류에 대한 증오*odio generis humani라는 죄를 확인한다. 그것은 진실이다! "그들은 이미 그들이 가장 잔혹한 벌을 당연히 받은 것처럼 그렇게 죄를 범했다"—"모든 비자연적이며 치욕스러운 것이 합류하는 로마에서는 파렴치한 *행위*flagitia 때문에 인간을 경멸했다"(그렇게 기독교인들은 정의되었다. 사람들은 기독교인들에게 모든 것을 기대했다—무엇 때문에? 회의주의자들.

6[300]

우리는 우리에게 만족하게끔 항상 그렇게 행동한다—거기서는 우리 자신에 대한 진실성의 정교함이 관건이다. 둘째는 우리가 측정하는 척도가 중요하다. 하나의 선한 양심은 저속함과 지성적인 투박함에 대한 매우 강한 표지일 수 있다 : 지성적인 섬세함의 나쁜 양심.

만약 다른 사람들이 우리에게 불만족을 느끼지 않고 많은 것이 잘못 진행되지 않는다면 자기 자신에 만족하는 것이 일반적이다. 기대하지 않은 불편한 여파가 만족을 방해한다 : 불편함에서 우리는 우리 복수심의 방전을 추구하며 이를 통해 대부분 우리 자신이 타격을 입는다. 불행은 인간에게 자신의 악한 양심을 주는 그것이다. 즉 "그것이 다르게 될 수도 있었는데"라고. 그때 우리는 자신을 탓하고 우리의 명민함과 의도를 낮게 평가한다. 우리가 만약 복수의 인간이 아니었다면 우리는 훨씬 더 만족했을 것이다 : 그것이 일반적으로 여자들인 것처럼. 왜냐하면 여자들한테서는 복수심이 그렇게 강하지 않기 때문이다.—그러므로 양심은 성과를 통해 규정된다 : 그것은 추후에 의도들을 잘못 평가한다. 그러니까 추후에 의도들을 위조한다 : 한 인간의 전체적인 부도덕성과 부정직함은 그가 자신의 양심을 만드는 과정에서 드러난다. 나쁜 양심은 한 인간의 선한 양심과 마찬가지로 그렇게 멍청하고 비방하거나 칭찬을 일삼거나 아양을 떨거나 편하다—전체 인간이 그런 것처럼 사람들은 자신의 수준에 따라 양심을 갖는다.

6[301]

많은 사람들은 다른 원칙에 따라 살아가는 타자들이 자신들의 행복 때문에 화를 낼 것이라는 속마음으로 인해 행복하다 : 그들은 자신들의 행복을 통해 타자들을 반박하려고 한다. (오기의 행복Pique-bonheur)

6[302]

갑작스러운 기독교적 엄격함이 깊은 내적 위급, 말하자면 행한 범죄를 종결시킨다.— —

6[303]

사람들은 자신의 열정을 한순간에 잘못 이해함으로써 다시 세례를 줄 수 있다—재생.

6[304]

사람들은 자신의 생각을 단어로 다시 나타낼 수 없다. 그것들은 그림자처럼 빠르게 지각의 배후로 돌아가 있다.

6[305]

아주 정확히 끓는 물의 운동을 눈으로 추적할 경우, 우리는 그 추적을 통해 비등의 동기를 더 이상 파악하지 못한다. 행위의 경우에도 역시 그러한데, 우리가 행동할 때 우리에게 어쨌든 의식되는 표상들의 격렬히 움직이는 망을 분명히 할 경우 그러하다. 그것은 모두 숨겨진 불을 드러나게 하는 작용들이다 : 그것을 정의하려는 것은 웃기는 일이다.

6[306]

인간 예수에 대한 경탄은 그리스도가 스스로를 표명한 기초에서 출발할 때 별로 중요하지 않다 : 인간의 깊은 죄악. 페리클레스 Pericles 주위의 그리스인은 그에 대해 어떻게 생각했을까?

6[307]

하나의 본보기의 상에 도달하려고 하는 사람에게 쾌적함은 자신의 본보기의 상에 도달했던 인간들을 보는 데 있다. 순수하지 못하고 투명하지 못한 주제넘은 형상들은 그에게 고통스럽다! 그것은 이제 '선하고' '악한' 인간의 자리에 들어선다.

6[308]

지금까지 도덕적인 칭송과 책망의 기준이 되었던 일반적이고 공적인 본보기의 이미지들은 편협하게 만들어졌고 많은 특성들을 칭찬하지 못하게 했다 : 사람들은 개인과 그 개인 안에서 나타나는 힘들의 아름다운 균형을 인정하는 것을 놓치게 되었다. 각각의 자료에서 똑같은 상을 만들려는 것은 야만적이었다.

6[309]

모범적인 유형들의 표상은 예술가의 주된 업적이라고 할 수 있을 것이다 : 통일된 것과 균형적인 것을 위한 감각을 발전시키는 것. 예술가는 선택하고 그를 통해 칭찬한다! 그리스인들은 특징적인 것에 대한 즐거움의 측면에서 위대했다 : 투키디데스Thucydides와 소포클레스Sophocles, 취향의 만개!

6[310]

'절대적이지 않은 진리들' 에 대해 사람들이 전혀 말하지 않게 되면 모든 방탕한 사람들은 다시 출현하기를 열망한다. 또는 오히려 : 선량한 영혼들이 문에 서서 모두에게 문을 열어주어도 될 것이라고 믿는다 : 마치 잘못이 더 이상 잘못이 아닌 것처럼! 반박하는 것은 제외된다!

6[311]

타키투스는 유대인과 로마인의 차이를 다음과 같이 표현한다 : "우리에게 신성하지 않은 모든 것이 그들에게 신성하다. 또한 반대로, 우리가 혐오하는 모든 것이 그들에게는 허용된다." 이 역설은 기독교인들에 의해 널리 퍼지게 되었으며 그들은 선교를 수행했다. "그들은 의연히 정절을 지키며 어려움 속에서 서로에게 의지한다. 마찬가지로 그들은 다른 모든 인간들을 원수로서 증오한다."

6[312]

짜증과 걱정으로 허비된 활력이 의식된다 : 그 과정에서 작아짐.

6[313]

여자들은 학문에서 한 남자에게 한 마리의 흡혈귀가 붙어 있는 것을 본다.

6[314]

정신적 음료들의 유쾌한 도취와 놀이에서의 쾌를 나는 과소평가한다—그러나 그리스인들은?

6[315]

나 자신에 대해 경고한다

6[316]

아름다운 행위를 바라볼 때의 전율과 전환 : 마치 거대한 바위와 갑자기 도취시키며 피어나는 식물을 조망할 때처럼.

6[317]

행위가 아니라 행위에 대한 판단이 (또한 그것이 오류이든 간에) 우리의 양심, 우리 자신의 사적인 역사를 만든다.

6[318]

바리새인을 위선자로 파악하는 것은 편협하다. 그들은 항상 그들의 행위에 대한 확고한 신념을 가지고 산다. 그들은 자신들의 행위를 보다 깊고 진실하게 바라보지 않으며, 습관을 통해 자신들에게 좋은 동기들만 알고 있고 다른 것을 보지 못한다. 그들의 눈은 다른 것들에 대해 감겨 있다.—사람들이 그들에게 새로운 시각을 열어주고 그들 자신에 만족하지 못하게 한다고 가정하면 : 이제 그렇게 사람들은 보편적인 비참함을 증가시켰다. 이러한 행위들은 타자들에 대한 작용에서도 마찬가지였다. 그리고 그랬다면 그것은 지나친 인간의 고통이었을 것이다. 이것을 기독교가 원했다.

6[319]

우리가 어떤 행위를 선한 것으로 지각한다고 가정할 경우 전체 과정은 그렇게 진행된다. 하나의 행위 그 자체는 유용하거나 해악을 끼치는지의 여부와 전혀 상관없다. 따라서 선한 행위들은 정말로 실행할 수 있다는 것과 자주 실행할 수 있다는 것이 매우 중요하다 : 그렇지 않다면 도덕적인 지옥이고, 멀리서 바라보는 성자에 대한 조망으로서의 도덕적인 것이다—또한 경탄할 만한 빛과 색채를 야기하는!

6[320]

너의 도덕성은 너의 행운과 연관된 사태이다. 너의 선한 양심은 너의 행운의 본분이다! 네가 많은 일에서 놀라고 널리 알려졌다면 너는 깊이 파괴되었을 수도 있을 것이다. 너의 성격이 개선된다는 것은 행운의 본분이다! 작은 발걸음과 수많은 작은 불만족들은 가장 강력한 것이다. 동정만이 필요한 것이 아니라 우리는 악과 불행에 대한 세계적 고찰을 시도해야 하거나 견뎌야 한다! 지금까지 최고의 범례들이 대부분 스스로를 위해 도덕을 만들었던 데 반해 고해 신부의 자리에 우리 철학자가 모든 종류의 인간을 위해 태양처럼 자리해야 한다.

6[321]

타자들이 우리에 대해 생각하고 아는 것이 갑자기 우리에게 돌진해 올 수 있다. 우리가 우리에 대해 아는 것(기억하는 것)은 결정적이지 않다!

6〔322〕

자신의 삶과 성격에서 즐거움을 느끼지 못하는 사람은 그것을 아마도 그들의 정신에서 찾을 것이다 : 쇼펜하우어처럼. 그러나 완전한 사람은 또한 모든 것에서 함께 비로소 기뻐하게 될 수 있어야만 하는 것이 아닌가! 우리 모두는 함께 산을 오르며, 개인으로서 정상에 도달하려 하지 않는다! 많은 사람들은 성격을 통해 그것의 꼭대기에 오른다. 그러나 그의 정신은 상황에 적절하지 못하다(예컨대 비스마르크).

6〔323〕

그의 체험을 하나의 과학적 실험처럼 그렇게 엄격하게 진실로 바라보는 것—거기서 사람들은 기적들과 '우리를 에워싼 천사들', 주의 손에 대한 황당무계한 이야기를 하지 말아야 한다 : 그것이 한 사람에게 부정직하게 보인다.

6〔324〕

행위는 죄를 면함으로써 지워지지 않았다. 과거는 흘러가지 않았고 우리의 행위들은 우리의 존재에 속하며 마찬가지로 미래의 행위는 우리에게 속한다. 기억은 아무것도 결정하지 않는다.

6[325]

스탕달이 말한 것처럼 "어리석은 짓은 깊고 열정적인 몽상에서 만들어진다". 이것이 '천재의 작품'이 아닌가?

6[326]

치장하기 위해 노인들은 아무것도 행하지 않았다. 그리고 그들에게 아름답다는 것은 단지 유익의 분출la saillie de l'utile일 뿐이다.

6[327]

감정의 깊이와 활력을 잊지 말라 ; 용서는 하나의 희생이다 (꾸밈없는 사고의 선량한 풀어줌이 아니다. 사람들이 그것을 더 이상 젊어지지 말아야 한다는 것에 대한 즐거움과 함께.) 이탈리아인의 단순성, 이 열정적 본성들의 외투로서의 대략적인 냉정함.

6[328]

프랑스에서는 정신이 기꺼이 천재에게 굴복한다. 독일에서는 천재가 기꺼이 정신에게 굴복한다.

6[329]

"긴장된 유형"!

6[330]

노벨라 단드레아Novella d'Andrea는 볼로냐에서 가르쳤다(14세기). 그녀의 아름다움 때문에 커튼 뒤에서 가르쳤다.

6〔331〕

아름다움은 우리에게 결국, 단지 모든 면에서 유용한 것이 야기하는 상태로 나타난다 : 우리 행위의 모든 선과 움직임에서 단어들을 만들어내는 깊은 안녕 : 울려오는 많은 유용함의 조화.

6〔332〕

진실성의 문제를 아직 아무도 파악하지 못했다. 거짓말에 반해 말해지는 것은 교사의 소박한 면모인데, 특히 "거짓말하지 말라"라는 명령이 그러하다.

6〔333〕

쇠미한 모든 사고는 마침내 어떤 종류의 화려함을 만들어내는데, 그것은 그 사고의 마지막 현상이다. 교제술과 마찬가지로 예술에서도. 모든 성숙한 문화는 화려함을 보유한다—그러나 내게는 외적으로, 그리고 표현에서 단순함과 빈곤함을 보유하지 않았던 이념의 고안자가 드러난다.—화려한 사고는 모든 그릇 위에 기록되고 모든 몸짓(예컨대 고대 아테네에서의 위대함과 단순함 그리고 우아함) 안에 그려진다.

6〔334〕

독일인에게는 정신이 없다. 그들이 정신의 넘침을 보유하지 못하기 때문이다 : 그들은 자신들의 정신을 사용했기 때문에 빈곤하고 거기에 머물러 있다. 그들은 정신을 증오하면서도 그것 없이는 사교가 무료하고 염치없는 것이라고 느낀다 :—그래서 '심정'이라고 말한다.

6[335]

감명을-주고자-원하는 것은 하나의 독일적 병이다.

6[336]

정신과 더불어 한 남자가 독일에서 그의 동료 시민들보다 고양되고 바보가 된다 ; 안개가 그의 머리를 휘감는다. 그는 그렇게 쉽게 사멸한다. 그의 곁에서 아무것도 그를 전혀 제한하지 않기 때문이다. 그는 모든 방향으로 발산하고 추한 생산성의 인간이 된다.

6[337]

독일에서는 우스운 일이 정신을 가진 사람을 두렵게 하지 않는다. 그것은 재치 있는 사람의 웃음이 아니라 젊은 바보의 웃음이기 때문이다. 그들이 여기서 우스운 것의 개념을 만든다.—이 교육이 잘못되었다.

6[338]

하나의 사상에 의해 달아올라 불타버리는 것—프랑스적이다. 독일인은 경탄하고 그의 정열과 함께 거울 앞으로 나아가며 다른 사람들을 추가로 부른다.

6[339]

우리의 의견들 : 우리를 둘러싼, 그 안에서 우리가 보게 되기를

원하는, 또는 우리가 우리를 보려 하는 피부 ; 가장 외적인 것, 한 인간의 사고의 비늘 갑옷. 그런 것처럼 보인다. 다른 측면에서 피부는 생산물이다. 우리는 어떤 활력과 충동이, 어떤 종류의 침전이 지속적으로 부분적으로 떨어지고 새롭게 형성되는지 모른다.—특정한 인상들과 감정들에서의 난해한 문자로서의 청각 이미지들과 시각 이미지들은 의견과 청각과 시각을 세련되게 하는 재료이자 둘 사이의 어떤 관계다.

6[340]

우리의 의식은 처진 채 한꺼번에 조금밖에 고찰하지 못한다. 그 동안 우리 의식은 타자에 대해서는 작용하지 않게 된다. 아마도 이 불완전함이 우리가 사물을 신뢰하고 변화 중에서 어떤 지속적인 것을 가정하는, 마찬가지로 어떤 자아를 믿는 원천일 것이다 : 지식이 만약 발전처럼 그렇게 빨리, 그렇게 계속 흘러가는 것이라면 '자아'를 생각하지 않았을 것이다.

6[341]

그것은 하나의 제한이다. 그렇게 나는 지각한다. 화려함에 대한 욕구는 내게 깊고 내적인 정신의 부재를 의미하는 것처럼 보인다 : 마치 누군가가 스스로를 세트로 둘러싸는 것처럼. 왜냐하면 그는 충만한 현실적인 것이 아니라 단지 사물들을 그 앞에서 또는 다른 사람 앞에서 표상해야만 하는 어떤 것이기 때문이다. 정신을 갖고 있는 사람은 많은 고통과 탈피를 견딜 수 있고 거기서 또한 행복할 수 있다고 생각한다. 분명히 그는 명예와 화려함, 동료가 필요한 사람과의 관계에서 부끄러워할 것이라고 나는 생각한다. 그는 재산의 분배에서 너무나도 다행스럽게 벗어났기 때문이다. 나는 은행가를 깊이 경멸한다. 사치스러운 주변에 둘러싸여 있는 사람은 때로 다른 사람 때문에 적응하는 태도를 취해야 할 것이다. 그렇다면 그는 또한 이 다른 사람의 견해를 가져야만 하고 감수해야만 한다. 나는 얽매이지 않고 신선하며 새로운 견해들을, 그것이 가난과 저속함으로 몰고 가지 않는다면 속임수나 메스꺼운 종류의 사치로 간주한다. 순결한 음모의 방식으로, 예를 들어 라살Ferdinand Lassalle이 나를 위해 반박했다. 그런 욕구를 가진 사람들은 경건하게 되고 고위 관리로서 명망을 추구해야 할 것이다. 보존되고 제시되어야 할 좋은 것들이 너무나 많이 있다. 그러나 그들은 정신을 나타내려 해서는 안 될 것이다! 정신적으로 풍부하고 독립적인 사람은 어쨌든 가장 강한 인간이고, 적어도 인간의 시대에 그가 더 많이 가지려 하는 것은 창피한 일이다 : 그것은 충만될 수 있는 것이 아니다. 식사와 음주에서의 단순함, 정신적인 음료에 대한 증오—이것이 그에게 속한다. 이는 "삶이란 완전히 매력이 없다"고 말할 수 있는 사람에게 음료가 속한 것과 같은 의미다—그것이 나를 이상적인 독립으로 몰아간다 : 장소, 사회, 지역, 책들은 충분히 고상하게 선택될 수 없다. 순응하고 저속하게 되는 대신 사람들은 인내자의 주름살 없이 벗어날 수 있어야 한다.

6〔342〕

또한 지성적인 작업, 예를 들어 견해들을 평가하는 작업에서 우리는 항상 근거들이 아니라 오히려 매우 자주 어떤 지성적인 혐오를 논의의 장으로 가져온다. 왜냐하면 우리는 조그마한 기미에서 어떤 사람이 얼마나 무디고 쬶으며 자족하는지를 보게 되거나 무식한 사람과 신출내기의 자기 신뢰가 어디까지 나아가는지를 알아차리기 때문이다. 우리는 인식의 방법을 다음과 같은 것으로 평가한다 : 끈적끈적한, 사멸하는, 악취가 나는, 오물, 경멸해 침을 뱉는, 곱씹는, 구더기를 씹은, 소음, 썩어빠진, 곰팡내 나는 등

6[343]

"나는 이것을 원한다" : 사람들은 '대상, 대상의 평가, 실행'을 구별한다. 그러나 근본적으로 사람이 원하는 것은 대상이 아니라 우리 자신의 쾌적한 상태다. 이 상태는 대상과의 어떤 관계에서 우리에게 등장한 것이다 : 그리고 대상의 평가는 실제적으로 우리가 쾌적한 것을 통찰의 귀결로 묘사한다는 사실(예를 들어 식사는 배고픔의 정지, 부양 등으로)을 통해 쾌적한 지각을 설명하려는 시도다 : 이에 반해 쾌적한 지각은 대부분 합목적성에 대한 통찰의 결과가 아니다. "나는 원한다"는 것은 "내가 내게 어떤 쾌적한 것을 할 수 있는 한 나는 원한다"는 것을 의미한다. 우리 앞에 우리의 어떤 상태가 아른거리고(예를 들어 때리는 사람으로서, 먹는 사람으로서) 우리가 이 상을 모방한다.

6[344]

기억이 도덕성의 원인을 소유한다—그리고 우리는 그것을 수중에 갖고 있지 않다! 주의하라!

6[345]

어떤 해악을 주는 것을 끄집어내려는 호기심은 사물들에 대한 관계에서도 마찬가지로 있을 수 있으며 창피한 일이다. 주의하라!

6[346]

타자들을 병들게 하는 것, 주요한 즐거움—왜 부도덕한가? 우롱하는 것은 하나의 정도(程度)다. 여기서는 도덕적인 것과 부도덕한 것의 구별 역시 반대가 아니다.

6[347]

그러나 도덕성이 만약 칸트에 따라 필연적으로 자유에 근거한다면, 도덕성은 정녕 존재했어야 하는가? 상상이 자유를 만족시키지 않는가? 그리고 이 상상이 더 이상 가능하지 않다면 도덕성을 바로 유지하는 것이 절대적으로 필요하지 않은가? 그것이 자신의 역할을 수행하지 못했을 수도 있지 않은가? ([— — —]에 반해

6[348]

나는 그대들이 이 관념론의 진동 곁에서 얼마나 초라하게 보이는지 안다(관념론은 유물론과 회의를 등에 업고 태양을 마주한 채 서 있다). 그러나 나는 그대들과 함께 교제하고 나를 그대들과 동일하게 내세우며 게다가 나를 나쁘게 만든다.

6[349]

주관의 감정은 우리가 기억과 상상력을 통해 동일한 사물의 세계

를 건설하는 정도에 따라 성장한다. 우리는 우리 자신을 스스로 만든 이 이미지 세계에서의 통일체, 변화 속에 머무르는 존재로 창작한다. 그러나 그것은 오류다 : 우리는 기호와 기호, 상태와 상태를 동일하게 세운다.

6〔350〕

단지 우리가 타자들에 대해 생각하는 것과 우리에 대해 생각하는 것이, 그것이 의식되는 한, 우리의 태도를 결정한다. 이른바 타자와 우리에 대한 표상 : 그러나 이것들은 다시금 타자들이 우리에게 가르치고 제시해준 것의 결과다. 우리의 상태에 대한 해석은 우리를 가르친 타자들의 작품이다. 거기에 도덕적인 것이 정체해 있다. 그것은 그림자다.

6〔351〕

나는 반 시간 동안 공허하게 말했고 마침내 부끄러웠으며 피곤했다—내가 누군가에게 그 자신을 덜 측은하게 생각하도록 기회를 주기 위해 : 아! 불쌍한 세상이라고 외침으로써 나를 겸손하게 하려 했다.—그가 순간적으로 나에 대해 자신이 더 이상 부끄럽지 않다고 생각했기 때문이다. 그것은 그를 눈에 띄게 편하게 했다.

6〔352〕

감당할 수 있었던 것보다 더 숭고한 자리를 차지하고 다시 떠날 때의 그 '이중적인 웃음' (에픽테토스Epictetos). 아! 이것을 또한 우리는 견디려 하며 정말 우리는 가상으로 되돌아가려 하며 우리의 이웃에게 우리에 대해 이중으로 웃을 수 있는 기회를 제공함으로써 삶에 대한 그들의 용기를 북돋우려 한다.—우리는 타자에게 접근하고 그들을 위해 그들을 속임으로써 우회로를 통해 우리의 목표에 도달하려고 한다.—예를 들어 그리스도나 나폴레옹 같은 직선적인 길은 인간의 경멸을 전제한다. 인간에 대한 그리스도의 사랑 또한 얼마나 넓게 세상에 행해졌는가 (왜냐하면 그리스도의 자비로운 사랑은 죄인을 위해 죄인이고자 하는 것과는 거리가 멀기 때문이다)

6[353]

타인으로 하여금 자유롭게 행동할 수 있게 해주는 주위 사람들은 사람이 원할 수 있는 최후의 것과 자기 자신을 극복한 사람을 위한 왕관의 한 종류. 그는 스스로를 완성했고 이 완성을 분출하려 하는 사람이다. 다른 사람들은 요괴가 된다. 부부에게 주의를 요망한다. 가족과 우정에서 열정과 형식의 결핍은 단정치 못함과 저속함이라는 일반적 현상의 근거다(단지 행동뿐 아니라 현대적인 성격들의 특성)—사람들이 자유롭게 행하며 방임한다.

6[354]

나는 유대인에게서 호의의 고유한 뻔뻔함을 가장 잘 관찰했다. 사람들은 기독교의 시초를 생각할 수 있다.

6[355]

나는 지하 세계의 영주들과 함께 주사위 놀이를 했다.

6〔356〕

회의주의! 정말, 그러나 회의의 태만이 아닌 실험의 회의주의!

6〔357〕

점점 더 순수하고 아득하게 생각되는 신과 점점 더 죄에 휩싸이는 인간 사이의 긴장—인간 힘의 가장 위대한 시도들 중 하나. 왜 그리스인들은 신적인 아름다움과 인간적인 추함 사이의 그런 긴장을 못 가졌을까? 또는 신적인 인식과 인간의 무지 사이의 긴장을? 그런 두 가지 힘 사이를 매개하는 다리들은 현존하지 않는 새로운 창조물이었을 것이다(천사? 계시? 신의 아들?)

6〔358〕

모든 순간에 하나의 도덕적 지각은 그것이 부분적인 비생산성을 만들어내는 만큼 강하게 될 수 있다. 예를 들어 진리에 대한 충동이 예술, 사교적으로 세련된 교제, 마찬가지로 능변, 동정, 관대함을 죽일 수도 있을 것이다. 근면, 순수성. 〔극장에 반대하는 청교도, 경기(競技)에 반대하는 크세노폰. 플라톤

6〔359〕

우리의 문화가 경건함을 피해야만 한다고 가정해보자. 우리의 문화는 경건함을 그 자체에서 만들어낼 수 없을 것이다. 어떤 특정한 최후의 내적인 결단과 진정이 결핍될 것이다. 그 어떤 전투적이고 모험적인 정신보다 더 많이! 시인들은 삶의 가능성들을 아직 발견해야만 한다. 행성의 궤도가 그를 위해 열려 있다. 하나의 아르카디

아나 캄파니아가 아니다 : 동물의 발전에 대한 지식을 갖고 있으면 끝없이 신선한 상상이 가능하다. 우리의 모든 시는 그렇게 소시민적이고 세속적이다. 고귀한 인간의 커다란 가능성은 없다. 종교의 죽음 이후에 신적인 것에서의 고안이 다시 무성해질 수 있다.

6[360]

하나가 필요하다 : 재능 있는 인간의 고립, 그의 자기 영양, 명성과 직무에 대한 그의 절제, 다수의 위대한 인간들에 기인하는 인간과 과정에 대한 과소평가. 대도시의 폭동과 신문은 철저히 '연극'이며 '순수하지 않다'.

6[361]

우리의 쾌적한 지각과 쾌적하지 못한 지각들의 체계는 세분되고 세련된다. 그리고 우리 사고의 생활도 그러하다. 후자는 오랫동안 의식이 온전하며 쾌적하고 쾌적하지 못한 모든 사물들의 근거를 안다고 믿었다. 소박한 사람들은 왜 우리가 원하는지를 우리가 안다고 아직도 믿고 있다. 우리는 또한 하나의 행위에 앞서 원래 단지 우리의 행위들을 우리 자신에 대한 우리의 지식의 각각의 정도에 따라 설명할 수 있는 가능성만을 떠올려야 한다 : 그러나 우리는 또한 행위 자체를 통해서는 아직 우리를 움직이는 것을 모르며 아마도 결코 알지 못할 것이다! 우리는 이전과 이후에 나타난 인간적 동기들에 대한 우리의 가정들의 규준에 따라 우리의 행위를 해석한다. 이 해석이 올바를 수도 있지만, 해석 그 자체에는 행위를 실제로 움직이거나 만드는 어떤 것도 없다. 어떤 목적을 설정하는 것, 즉 어떤 충동에 이 충동을 생각해야만 하는 사고의 상을 마주 세우는 것. 이것은 전혀 그 경우가 아니다! 사고의 상은 단어들로 구성되어 있으며 매우 부정확한 것이다. 이 상은 운동을 촉발시키는 어떠한 지렛대도 갖고 있지 않다—그 자체로. 단지 연상을 통해 사고와 충동의 기제 사이의, 논리적으로 접근할 수 없고 불합리한 관계를 통해(그들은 아마도 하나의 상에서 조우한다, 예를 들어 엄하게 명령하는 사람의 상) 하나의 사고가(예를 들어 명령어에서) 하나의 행동을 '야기할' 수 있다. 그것은 원래 하나의 병렬이다. 그것은 원인과 결과의, 그리고 목적 개념과 행위 사이의 어떤 것이 아니라 오히려 그런 것처럼 보이는 엄청난 속임수다!

6[362]

우리는 단어들로 사유한다! 무엇이 단어들인지 안다면 어떻게 우리가 사유가 운동을 직접 야기할 수 있다고 믿을 수 있는가! 그것은 오직 사소한 오류일 뿐이다. 그러나 우리의 충동들은 이 오류의 영역에 너무나 가까이 자리하고 있다. 그리고 각각의 충동에 다채롭고 임의적인 사물들이라고 불리는 '단어들'의 수(數)가 상응한다. 하나의 단어는 자주 신호가 되며 운동에 대한 어떤 원인도 아니다(호른 소리가 기관차를 서게 만들듯이). 우리가 더 엄격하게 인식하고 더 확고히 단어들을 제한할 경우, 그것은 거울 위의 그림, 그러니까 이 그림들의 모사다! 원인과 결과에 대한 인식을 향한 이행은 결코 만들어질 수 없다. 우리의 인식함은 서술이다. 어느 정도 부정확한. 정확한 순서와 배열과 기억을 어떤 종류의 상(무시간적인 통일체)으로 그럴싸하게 결합했다 : ———

6[363]

나무들이 아직 도시에 대해 아무것도 듣지 않았을 때 나무 뒤에서 소년은 도시에 대해 생각하기 시작했다.

6[364]

무한하다! "이 대양에서 난파한다는 것"은 아름다운 것이다.

6[365]

모든 충동들은 본래 그것의 작용('선한' 그리고 '악한')에 있어서 비교적 합목적적이다. 도덕은 a) 하나의 충동이 다른 것을 지배할 때 생겨난다. 예를 들어 폭력적인 것에 대한 두려움이나 사교적인 생활에 대한 충동. 여기서 약한 충동들은 감지되지만 충족되지는 않는다. 여기서 생겨난 왜인가 하는 물음에 대한 대답들은 더할 수 없이 조야하고 잘못된 것이다. 그러나 그것은 도덕적 판단, 즉 필요함, 허용됨, 허용될 수 없음 사이에서 행위의 가치 구별을 확고히 하는 것의 시초다. 하나의 충동을 가지며 그것의 충족에 혐오를 느끼는 것이 '도덕적' 현상이다. 또는 예컨대 사내아이와 재산에 대한 사랑이 그러한데, 그것 때문에 사람은 굶거나 위험에 처한다. 사내아이와 재산은 그렇게 쾌적한 것이다 : 그러나 사람이 근거를 원할 때 "그것들은 쾌적하다"고 말하는 것으로는 충족되지 않는다—도덕의 이성은 본능을 간과하고 우리에게 우리가 마치 목적에 따라 행동하는 것처럼, 즉 우리의 최선을 원했던 것처럼 가상을 부여하는 노력이다. 실제로 쾌적한 것은 대부분 우리의 최고의 것이다. 그러나 사람들은 이 최고의 것을 파악할 능력이 없다. 이를 위한 본성과 인간에 대한 지식을 사람들은 갖지 못했다. 사람들은 본성과 인간에 대한 자신의 가정에 따라 최고의 것을 구성한다. 거기에는 예컨대 영혼의 구원이나 명예 또는 신의 명령이 속한다. 인간은 도처에서 목적에 따라 행동하기를 욕망한다—이 엄청난 희극이 허용되고 그는 '책임 있게' 행동한다. 그러나 본능의 동기에 목적 개념이 부가되고 뒤따라온다. 그러나 움직이게 하는 지점에는 거의 명중하지 않는다. 인간이라는 기계가 단지 한번 이른바 동기들에 의해 유도되어야 할 경우 이 기계는 거의 멈추어 선 꼴이 될 것이다. 여전히 기만이 매우 심하다.

6[366]

망각된 동기들과 특정한 운동에 대한 습관이 아니라 쾌와 불쾌의 목적 없는 충동이 본질적인 것이다—내가 이전에 가정했던 것처럼 사람들은 쾌적한 것을 원한다. 그것을 통해 도달할 수 있는 이점 때문이 아니라 행위 그 자체가 쾌적한 까닭이다. 목적은 도달되는 것이지 원해지는 것이 아니다. 보존의 목적에 기여하는 그러한 즐거운 운동 방식은 도태를 통해 유지된다.

6[367]

그가 나에게 몹시 간청하거나 그가 나를 매우 필요로 한다는 것을 내가 알아차린다면 나는 모든 더 좋은 지식에도 불구하고 그의 편에 서게 될 것이다. 이것이 내 결점이라고 할 수 있다. 차라리 우리와 우리를 필요로 하는 사람들을 돌보지 말고 내버려두라! 우리는 많은 위장에 능하다 : 그리고 결론적으로 많은 개조와 두 번째의 진실에도 능하다.

6[368]

그대들은 다른 사람에게 반대할 권리를 갖는 것과 그것을 공개적으로 증명해야 하는 급박함을 전혀 지각하지 못하는가? 단지 그가 스스로를 드러낸 다음 그대들이 드러내는 것인가? 그대들은 그 역시 최선을 다하려 했고 그대들이 그것을 받아들여야만 한다는 것을 깨닫지 못하는가. 비록 그것이 그대들에게 가치 없는 것, 즉 해를 끼치는 것처럼 보인다고 해도? 그러나 그대들은 정당방위 속에서 살아가는 그런 사람으로서 행하며 그대들 또한 권리가 있다. 노력을 통해 그대들은 그대들을 올바로 유지한다. 그리고 그가 그대들에게서 그대들이 지탱할 수 없는 어떤 것을 지우려 한다. 그는 선물이라고 말하고 그대들은 과제라고 말한다.

6[369]

그대들 관리와 정치가의 삶에는 취하게 하는 어떤 것이 있다. 실개천과 물레방아가 그대들 주위에서 소리를 낸다. 그것들은 소음을 통해 그대들의 사유를 힘없게 만든다 ; 어떻게 그대들은 그대들 영혼의 멜로디를 들으려 하는가! 그대들은 속이 비고 거칠어진다 : 그리고 피상적으로 된다! 그리고 그대들의 '의무'는 다른 사람에게 공포가 되며 그들을 미혹한다. 그것은 고귀한 자기 희생처럼 보인다. 그러나 그것은 단지 자기 망각이다 ; 약간의 '자아'가 바로 드러나려는 순간부터 : 희생보다 더 많은 소홀함.

6〔370〕

사냥이 수천 년 동안 주요 직무였다는 것을 고려해보면 우리의 과학적인 충동 역시 다를 게 하나도 없다. 마치 어린아이가 항상 사냥을 하고 있는 것과 같다.

6〔371〕

내가 만약 나에 대한 다른 사람의 악의를 듣는다면 내게서 가장 먼저 이루어지는 지각은 일종의 보상일 것이다 : 나와 거의 일치하지 않으며, 내가 상대로 하여 그렇게 많은 권리를 가지고 있는 그런 사람들이 그들의 입장에서 즐거운 하루를 보낸다는 것이 내게는 적절한 것처럼 보인다. 또한 나는, 타자들에게 그들의 고유한 우월감과 이 감정에 대한 좋은 권리를 부여하는 행위와 사고에서 그것이 부족하게 되지 않으리라는 것을 믿는다. 사물의 본성이 그러하기 때문이다 : 우리는 실수와 오인을 통해 많은 즐거움을 만들고 아마도 더한 것을 만든다.

6〔372〕

이 인간 앞에서, 그리고 그를 생각할 경우 우리는 이 풍경 등과 마찬가지로 이 영양분에 따라 생산성을 느낀다.

6〔373〕

우리가 하나의 목적을 추구한다면 우리는 충만한 활력과 함께 결코 수단을 획득하지 못할 것이다 ; 그러나 우리의 본능이 우리에게 필요한 맹목성을 부여한다. 믿음을 지닌 모든 남자들은 그러한 본능적인 인간들이다. 그들의 믿음의 항목들은 근거에서 생겨난 것이 아니다. 그들은 내적으로 측정할 수 없는 믿음에 대한 즐거움을 가졌다. 사고하는 성향은 유전되고 양육된 것이다. 즉 사고의 충동이 되었다.

6〔374〕

인간은 항상 자신과 관계있는 쾌적한 표상에 따라 행동한다. 그러나 이 계산은 때로 매우 어렵다. 그리고 수많은 등급의 구별에서 연습은 너무 적다. 상상력이 미래의 즐거움과 고통을 충만한 것으로서 덧붙이는 힘을 가져야 했기 때문이다. 아마도 이미 활동 중인 현재의 향유와 동등하게.

6〔375〕

내가 특정한 인물의 동기에 대해서 말한다면 그것은 내게 있어서 명예에 관한 일이다. 주의하라!

6〔376〕

나는 사람들에게 새로운 어떤 짐도 부과하려 하지 않고 오히려 그들에게서 하나의 짐을 줄이려 한다. 주의하라!

6〔377〕

가능한 한 적은 국가! 나는 국가를 필요로 하지 않는다. 나는 내게 저 관습적인 강제가 없는 더 나은 교육, 즉 내 몸에 꼭 맞는 교육을 제공할 수 있었을 것이고 자신과의 결투에서 낭비될 힘을 덜어

줄 수 있었을 것이다. 우리 주위의 일들이 좀 더 불확실해져야 할수록 더욱더 좋을 것이다! 나는 우리가 신중하고 용감하게 살기를 희망한다. 우리에게 이 안락의자 없는 국가를 그렇게도 권하고 싶어 하는 사람들이 바로 장사치들인데, 그들은 자신의 철학으로 오늘날 모든 세계를 지배한다. '산업' 국가는 나의 선택이 아니다, 그것이 스펜서의 선택인 것처럼. 나 자신이 가능한 한 많이 국가이고자 한다. 나는 수많은 구매와 수입과 또한 많은 욕구들을 갖고 있으며 전달할 많은 것들을 갖고 있다. 그런 중에도 빈곤하며 명예직을 목표하지 않고 또한 용감한 월계관에 대해 예찬하지도 않는다. 나는 이 국가가 어느 지점에선가, 즉 사회주의자들의 최상의 국가에서 나락으로 떨어지리라는 것을 알고 있다 : 나는 그 국가의 적이며 이미 오늘의 국가들에서 최상의 국가를 증오한다. 나는 감옥 안에서도 쾌활하고 인간다운 생을 살아가리라. 인간적 불행에 관한 커다란 비탄이 나로 하여금 거기에 동참하게 하지 않고 말하게 한다 : 그대들은 결핍되어 있고, 그대들은 인간으로서 사는 법을 이해하지 못하며, 결핍에 부유함과 지배욕을 대립시켜서도 안 된다. 통계는 인간이 동일화 속에서 성장한다는 것을, 즉 —라는 것을 증명한다.

6[378]

인간을 개조하기 위해 : 우리는 선하고 악한 행위들에 대한 우리의 평가가 허위이며 임의적이라는 데서 나아가야만 한다. 의학의 모든 이론들을 똑같이 폐기하는 것이 몸의 치료에 필수적인 것처럼 오랫동안 모든 것이 새롭게 시험되어야 한다! 이 영역에 대한 본능들은 근절되어야 하며, 우선 여기서 실험에서 살아남는 것에 대한 존경이 자라나야 한다—의사에게 실험 동물이 동물들 가운데 가장 중요한 유(類)인 것처럼 이것은 인간에게 가장 중요한 유다.

6〔379〕

1) 인간을 아프게 하는 것은 얼마나 힘든 일인가! 아! 그것이 불가피하다는 사실! 내가 인간에게 분노를 주는 것을 나를 위해 간직하지 않으려 할 때, 나를 숨기는 것이 무슨 이득이 되는가?

6〔380〕

우리의 가장 큰 번민과 걱정에, 번민과 걱정 없이 단지 고통스럽게 할 뿐인 다른 사람들을 관여하게 하는 것—잔인하지 않은가? 우리가 대면하는 모든 고약한 것들 가운데 괴로운 것을 보려 하는 것은, 저 감정들에서 발원하는 예리한 복수의 분출이 아닌가? 그것이 고통의 전이라는 끔찍한 잔인함을 조장하므로, 위험으로 가득 찬 혼인과 우정 역시 그렇지 않은가? 고통을 옮기지 않는 것은 너무 어렵다—그러므로 우리는 기회를 잡아 고독 속에서 살아야만 할 것이다.

6〔381〕

나는 쇼펜하우어가 정신적인 일들에서 약간 피상적이라고 생각한다. 그는 기뻐하지도 괴로워하지도 않았다 ; 사상가는 무뚝뚝하게 되는 것을 경계해야만 할 것이다 : 그렇다면 그는 어디서 자신의 소재를 얻어야 하는가? 지식에 대한 그의 열정은 그것 때문에 고통의 원인이 될 만큼 크지 않았다 : 그는 담을 쌓고 그 뒤에 숨었다. 또한 그의 자존심은 지식에 대한 갈증보다 더 컸으며 그는 반향 속에서 자신의 세평을 두려워했다.

6〔382〕

지금까지 인간을 찬미하는 사람과 모욕하는 사람이 있었으나 양자 모두 도덕적인 입장에서 그러했다. 라 로슈푸코와 기독교인들은 인간의 모습을 추하게 보았다 : 그러나 이것은 도덕적인 판단이며 사람들은 달리 판단할 줄 몰랐다! 우리는 인간을 악하지도 선하지도 않은 자연에 포함시켜 생각하여 그를 혐오했던 곳에서 그를 항상 추하게 보지도 않았고, 또한 그를 찬미했던 곳에서 그를 항상 아름답게 보지도 않았다. 무엇이 여기서 아름답고 또 추한가? 오성을 헷갈리게 하고 기만하는, 이해하기 힘든—합목적적인 것들과 그에 뒤따르는 마술적인 것 ; 그 다음으로 표현 능력과 표현 그 자체의 힘 : 그 의도와 이상의 큰 곡선. 그 역사. 자신의 본성에 스스로 도취하기. 그것은 끝없는 학습이다, 이 짐승의! 우리가 맨 처음 집어넣은 것은 자연에서 나타난 오점이 아니다. 우리는 이 '오물'을 너무 피상적으로 다루었다. 네덜란드인—눈은 여기서도 아름다움을 발견하는 데 속한다.

6〔383〕

고대의 특징 : 우정, 신탁, 노예, 정온(靜穩), 죄를 심판하는 신이 없음, 사회적 수치가 없음. 투키디데스는 내게 가장 가까이 서 있는 전형이다 : 그는 전형들에 대한 환희를 가졌고 훌륭한 이성의 일정 부분이 모든 전형에 속한다는 것을 알았으며 또한 이것을 발견하려

했다 : 이것이 그의 실천적 정의다.

6〔384〕

내가 말하기 원하고 나중에 충만한 의식과 함께 행하는 것을 한 단어 한 단어 숙고한다 할지라도, 언명된 것은 당연히 백배나 더 풍부하고 다른 〔예를 들어 어조, 휴지(休止), 그에 따르는 동작들에서〕 것이다. 그리고 여기서 숙고된 것은 그중 작은 한 부분이다. 그렇다면 이제 무엇이 그중 숙고되지 않은 것이자 즉흥적으로 행해진 것인가?

6〔385〕

큰 차이 : 저 사람을 위해, 혹은 우리를 위해 다른 사람을 흡족하게 하려 함. 그를 위해 어떤 것을 사랑하기—어째서 도덕적인가?

6〔386〕

문화의 척도로서의 자살 : 독일적이다. 비누 소비 : 영국적이다.

6〔387〕

여러 사람들이 자신이 하려는 바를 말하고 쓰고 싶어 한다—그 점에서 그것은 항상 훌륭한 음악에 관한 어떤 것이다. 또 다른 것의 경우에는 나쁜 음악에 관한 어떤 것. 대부분의 경우 모든 음악이 필요하다.

6〔388〕

문학과 음악에서 가장 세련된 색조들은 오직 안정된 인간들과 충만한 욕구다—우리 시대에 그것들은 무엇을 원하는가?

6〔389〕

지겨움은 오늘날 매우 정확하게 묘사된다—어째서?—염세주의도 거기에 속한다. 도덕의 타락이 아니라 오히려 지나친 몰두가 그 배경이다.

6〔390〕

파렴치한 행동이 아니라 치욕 때문에 고통을 받는다. 여기서 판별하기에 소수의 것은 너무 미묘하다.

6〔391〕

한 인간이 격앙되자마자 욕구를 기원하는 것, 또한 참회의 말, 찬양, 은총, 저주, 모든 종교적인 관습이라는 필수적인 것을 부수어버리기 : 격앙되는 것이 한발 물러서는 것을 의미한다는 사실에 대한 증명이 된다. 우리는 언제 그런 데서 가장 멀리 떨어져 있는가? 우리가 유희하며 정신을 표현하고, 또한 교환하며 즐겁고 유쾌하고, 단어, 어조, 충동 속에서 강조된 모든 것에 관한 농담에서 장난기를 발동할 때—아마 여기서 우리는 우리 시대를 넘어 도약할 것이다. 전쟁, 고역, 증오를 쉬게 하고 파토스를 부끄러워하는 영웅적 인간—그리고 그곳에 그 성직자!

6[392]

고대 철학자들의 도덕적 광신은 기독교에 사전적인 작업을 행했는데 그것은 영혼의 구제에 많아도 너무 많은 가치를 부여했다. 우리는 고대와의 관계에서 심히 비도덕적이고, 그것이 우리의 특권이다. 또 기독교와의 관계에서는 심히 비종교적이고.

6[393]

그러나 일반적으로 자신에 대해 생각하지 않는 본성들, 특히 어떤 사물 그 자체를 시야에 포착할 수 없는 본성들(여자들을 예로 들면 이미 위의 활동에서도 그러한데 하물며 성적 충동은 말할 것도 없지 않겠는가)—이것들은 모든 현상을 달리 해석하며 기본 동기를 보려 하지도 인정하지도 않는다. 그리하여 그들의 열정은 몽상적인 것에 다다르고 자신을 위해 스스로 신비한 것에 이른다. 그들은 자신들을 이상적이라 생각하기 때문에 이전의 많은 것과 강렬한 것에 복종한다. 변질된 성적 충동을 가진 미혼의 여자들이 예술과 어떤 경향에 대한 열정에서, 혹은 동정이나 한 사상에 대한 맹목적인 헌신의 방식 속에서 무엇을 알겠는가!

6[394]

인간에 대한 신의 사랑은, 고대에는 생각할 수조차 없었던, 성차(性差) 없이 삶을 살아가는 인간의 사상의 방자함이다.

6[395]

일어나는 모든 것에 대한 완전한 만족감(에픽테토스, 또한 그리스도와 마찬가지로!)—왜냐하면 그는 모든 것을 이용할 수 있기에. 현자는 그것을 수단으로 사용하는데, 오직 어리석은 사람들을 위해 악이 존재한다. 하지만 그 결과는, 세계가 악의 경감과 제거가 그 현자 덕분이라고 생각하지 않는다는 것이다. 그는 악을 악으로 파악하지 못한다—악은 자유 의지에 관한 학설, 절대적인 영혼에 대한 학설의 결과다!

6〔396〕

고대는 도덕적이고 종교적인 정적주의와 함께 끝났다—지친 고대. 그리고 개인이 전능하게, 또한 유일하고 중요하게 견지되면서 개인은 모든 세계의 사건들을 자신의 구원으로 해석하며, 일어나는 모든 것은 개인을 위해 의미를 지닌다. 그것은 점성술이며, 국가들, 자연적 사건들, 인간 관계 그리고 지붕 위의 기와와 관련된다 : 모든 것은 단지 개인을 위해 개인이 알 수 있는 의미만을 지니며, 이를 도외시한다면 그것은 값어치 없는 현자들의 관심이다. 사건의 도덕적 · 종교적 이용과 해석—다른 모든 것에 대해서는 무관심하고 업신여겨지게 될 것이다. 학문적 의미가 패배했다!

6〔397〕

일어서서 가라, 친구들이여, 이미 너무나 오래 그대들은 나로 하여금 말하게 하였다. 바람은 더욱 시원해지고 생기에 차며 초목 역시 마찬가지—이 소리 없는 언덕은 전율하며 밤을 향해 간다. 가서 즉시 행하라, 골짜기에 이르거든 너희에게 조그마한 우둔함을 청하건대, 그로써 여기서 나한테서 배운 모든 세계를 보라.

6〔398〕

사람들은 열정 그 자체보다 열정에 관한 생각들로 인해 더 많이 고통을 받는다.—똥과 오줌을 누고 영양을 섭취하는 등의 경우와 같이 인간들이 충동의 목적을 필연적인 것으로 보존하려 하지 않는 곳, 거기서 인간들은 그것을, 예컨대 시기하고 증오하며 두려워하는 충동을 불필요한 것으로 간주하고 없애버릴 수 있다고 믿는다. 그리고 그들은 이탈-할 수-없음을 부당하게, 적어도 불행으로 고찰한다 : 인간이 배고픔과 갈증을 고려하지 않는 동안. 충동이 우리를 지배해서는 안 되지만, 우리는 그것을 필연적인 것처럼 파악하려 하며 우리의 유용함을 위해 충동의 힘을 지배하려 한다. 이를 위해 충동을 그 완전히 충만한 힘 속에 보존하려 하지 않는 것이, 마치 도랑을 방앗간으로 몰아넣어야 하는 것처럼, 우리에게 필요하다. 겨울이 지난 뒤 물방아간을 돌리게 될 산골짜기의 도랑처럼, 충동을 온전히 인식하지 못한 사람은 충동을 습격한다.

6〔399〕

우리가 열정들의 직접적인 분출을 방해할 때, 우리는 우리의 열정들에 더 고양된 생명을 줄 수 있다. 그러나 예를 들어 성적 충동에서와 같이, 그것은 이따금 구역질이 난다.

6〔400〕

고대 그리스 · 로마에서는 인간이 부당한 행위들과 마찬가지로 열정들로 인해 충분히 강하게 고통을 받지 않았다는 것이 사실이었으며, 그것은 대개 "이것을 하기에는 내가 얼마나 어리석은가" 라고 말하는 것과 같은 방식의 고통이었다. 그리고 단지 철학자들의 경우에 죄책감들과 유사한 것이 순수한 신적 영혼과 그것의 오염의 근거 위에서 발생할 수 있었다 : 단지 어리석음과 실제적인 단점뿐만 아니라 천함과 더러움의 감정, 우리의 숭고한 생각에 대한 모욕. 열정과 악들에 관한 그 생각은 매우 통상적인 결과가 아니어서 철학자들을 혼란에 빠뜨렸다. 그러나 실제적인 결과를 완전히 무시하고 무차별적으로 다룸으로써, 이 방향에서 모든 것은 앞을 향해 한길로 내달렸으며 기독교에서 가장 강렬하게 표현되었다. 그러니까 행위의 기관에 대한 행위 그 자체의 효과. 에픽테토스의 이상 : 적과 추적자처럼 항상 자기 자신을 바라보기 : 그것을 획득한 후, 값비싼 선(善)을 유지하고 타락에 대해 방어해야 하는 호전적인 은자. 그는 인간에게 주의하지 않으면서 그들을 안다고 믿었으며 개인적인 관심에 대해서는 아무 생각이 없었다 : 그들은 그림자이며, 그들에게 진리는 그가 철학적으로 표제를 붙인 그들의 사상이요, 충동이다. 이 정신적 세계에서 그는 살아가며 그의 전투를 겪어낸다. 그는 전사로서의 기쁨만을 가진다. 마찬가지로 기독교 역시 인간을 향유하지 못한다. 그러나 우리는 인간에 대한 향유를 다시 자연에 산입(算入)시키며 자연을 향유한다 : 우리는 모든 자연에 대해 공정할 뿐만 아니라 그것을 풍부하고 경이롭고 알려지지 않은, 연구할 만한 것으로 생각한다. 인간에 대한 즐거움으로부터 나타나는 소설과 심리학적 관찰은 우리의 것이다! 이따금 우리가 똑같이 그것으로 고통받을 때, 우리는 자신을 더 많이 용서하고 더 적게 경멸하며 많은 것이 없어지지 않기를 바란다. 우리는 고결한 인간의 경악스러운 단순화를 바라지 않는다 : 우리는 다만 무서운 전쟁터를 아주 조금 원할 뿐이다.

6[401]

우리는 다만 자신에게서 형상화할 수 있는 특성들을 파악할 수 있을 뿐이다, 다만 그것들에 관해서만 너무 많이. 익힌 바대로 우리 눈이 그저 볼 수 있는 것처럼.

6[402]

나는 한 나무를 보고는 그것을 아이로 간주한다. 대화를 나누며 나는 아주 분명하게 표정들을 보았고 이렇게 예리하게 그것들을 상상한다.

6[403]

이 세기에 특징적인 통속성 : 한 사람이 선한 사람들을 포상하고 악한 사람들을 처벌해야 하는 것을 통해 신이 증명될 수는 없을 것이다. 이것이 필연적이라는 것을 아무도 믿지 않는다(칸트 역시 그런 것처럼) 정의에 대해 우리는 달리 생각한다.

6[404]

그의 훌륭한 믿음과의 결혼

6[405]

고양된 자기 자신에 속하지 못했던 사람은 오히려 반대로 항상 '의무를 수행한다는' 관점에서 말하며, 사회나 어떤 관직 혹은 자신의 가족에 봉사한다—이를 통해 그는 자신을 달래려 한다. 그러나 특히 그는 존재하는 질서에 반하여 타자에게 복종을 **요구한다** : 그는 자신의 행동 방식에 의해 폭력을 행사함으로써 자신이 정당하다고 한다.

6[406]

새로운 사상이 나를 황홀하게 했는데, 나는 그것이 나 또는 타자에 관한 것이라는 지각을 늘 더 많이 잊어버린다. 질투하는 것은 얼마나 어리석은가! 그리고 참으로 이러한 질투가, 참된 것의 은폐를 위해 얼마나 무서운 이야기를 만들었는가!

6[407]

이른바 성격들이라는 가면들을 쓴 인간들, 그들은 그들의 가면들을 보여주는 것을 부끄러워하지 않는다.

6[408]

2) 사람들이 크고 뻔뻔스러운 목적을 추구할 수 있도록 관대한 호의를 베풀어 자신을 다시 훌륭하게 만들기 : 우쭐한 사람들과 함께 우쭐하고 사랑에 빠진 사람들과 함께 사랑에 빠지며 틀어박혀 지내길 좋아하는 사람들과 함께 틀어박혀 있고 광신적인 사람들과 함께 광신적이기. 벗어남, 아프게 함 등을 통해 우리가 모두에게 지은 죄를 몇 사람에게 속죄하기. 인간들이 우리에게 복수할 때, 물론 그것을 기꺼이 봐주기—벗어남이 너무 심한 정도에서 그것은 정당하다.

6[409]

옛날에는 예언가의 암시에 따라 의지의 부자유를 증명했다. 예언가가 신용을 잃었을 경우 이것은 이론의 신용을 떨어뜨렸다.

6[410]

우리는, 우리에게 자신의 형식을 남겨놓은 낯선 존재로부터 겨우 단지 인상들만을 이해한다 : 따라서 우리는 우리에게 있어서 형식의 변화를 체험하며 긍정적인 것보다 이 부정적인 것을 이해한다 : 우리는 예를 들어 우리에게 해로운 것을 나쁘다고 명명한다.

6[411]

몇 안 되는 우리의 덕목들을 다른 인간들에게 청구하고 또 이런 점들로 그들을 괴롭히고 들볶는 것은 얼마나 잔인한가! 나 역시 진리에 대한 감각을 지닌 채 정진할 것이다, 주의하라! 우리가 감각을 통해 과장하고 온실에서처럼 감각을 빨리 성장시키려 하자마자 삶은 우리를 망쳐놓으며 사람들은 우리 때문에 구역질하게 된다. 우리 때문에 우리 자신도 물론!

6[412]

우리에게 원인과 결과란 이해할 수 없는 것인데, 왜냐하면 이 둘은 그저 부정적인 모사들로서 의식되며 또한 이 둘 사이에는 단지 연속만이 있기 때문이다. 그러한 연속들에서 '신체'와 '사물'이 이루어진다. 우리는 하나의 사유된 계열에서 운동을 인지하는 것이 아니라 몇 가지 동일한 사물들을 인지하는 것이고, 또한 시간 지속의 계열을 인지하는 것이 아니라 우리의 지각이 (상호 분리된) 의식된 순간들을 갖는 것이다. 그리고 우리는 이것들을 서로 결합하고 이것들을 그 자체로 놓으며, 따라서 개인적인 지각들로부터 이루어져 지속하는 신체를 만든다. 그러나 운동 속에서 동일한 사물이 환영인 것처럼, 우리가 구성하는 운동 역시 항상 '현실'과는 다른 어떤 것이다. 그래서 이 형상은 역시 우리에 관한 몇 가지 부정적인 인상들로부터 구성되고 또한 올바르게 상상된다. 어쨌든 현실과는 다른 어떤 것. 그것은 완전하게 존재할 수 없는데, 왜냐하면 그것은 오직 우리와의 관계들에 의해서 이루어질 수 있기 때문이다. 또한 그것은 관계들을 갖지 못하기 때문에 우리의 완벽한 복제를 방해한다. 그것은 모사 그 자체로서도 완전하지 못하다. 그러고 나서 그것은 우리에게 인상을 남기는 이 순간의 사물이 다른 순간('바로 다음' 순간—이라고 우리는 말하며 우리를 기만한다) 하나의 새로운 인상, 즉 우리와 두 번째 관계를 맺는 동일한 사물이라는 것을 전제한다. 나무 한 그루의 경우, 길고 그 다음에는 둥글고 그 다음에는 녹색 등이 나타난다.

6[413]

삼차원 공간은 운동과 마찬가지로 표상에 속하는데, 세 번째 차원은 "오직 시간 속에서 완성된다". 우리는 평면들을 결합함으로써 그것들이 차례로 우리에게 명백해지는 통일성을 산출한다. 인식하는 존재로서 우리 자신은 항상 새로이 회전하는 힘이며, 따라서 순서를 산출한다. 확고한 대상들의 경우에도.

우리는 사물들 주위를 운동하는 피(被)운동자다 : 우리는 정지해 있지 않으며 그 반대가 겉보기인 것에 대해 참이다.

6[414]

"우리는 그저 자연적이어야 한다! 자연은 악하다—그럴수록 자연은 더 큰 효력을 발휘한다"—몰염치한 위대한 사람들은 그렇게 생각한다!

6[415]

간접적이거나 멀리 떨어져 있는 작용들의 경우에 책임성이란 얼마나 희미한가! 거기에 비해 가까운 힘은 우리에게 무섭게 달려든다. 우리 주위에서 일어나는 것은, 설사 우리가 그것에 대해 아무것도 할 수 없더라도 우리에게 죄책감을 일으킨다. 광학!

6[416]

우리가 정의를 너무 광범위하게 추구하고 우리의 개인성이라는 바위를 산산조각으로 만들고 또한 우리의 확고하고 그릇된 출발점을 완전히 포기하자마자 우리는 인식의 가능성을 포기한다 : 그래서 모든 것과 관계를 맺고 있는(올바른 관계 역시) 사물이 결여되었다. 우리가 어떤 것을 다른 개체에 따라 측정하고 이 방식으로 불공평을 개선하는 것이라면—그릇됨 역시 더 훌륭하게 존재할 것이다(그러나 지각은 아마도 더 순수하게, 왜냐하면 우리는 공감하게 되고 우리에 대한 망각 속에서 이미 더 자유로워지기 때문에)

6[417]

그들은 자신을 내면에 숨긴다. 그들의 외양은 가면을 쓴 것처럼 된다. 마치 마비된 것처럼. 아, 그 눈빛—완전히 피상적인 것, 차갑다.

6[418]

우리는 다만 모든 작용하는 사물들의 부정적인 면만을 인식한다, 마치 우리에 대한 그것들의 각인과 인상처럼 : 규정된 억제와 제한 속에서 이 사물들의 본질이 아니라 우리의 본성만을.

6[419]

우리는 한 타자를, 그가 우리에게 작용하는 억제와 제약을 통해서, 달리 말해 우리 존재의 밀랍 속의 인상과 다르게 이해하지 않는다. 우리는 항상 규정된 변경의 가능성 속에서 오직 우리 자신만을 인식한다 ; 여기서 우리의 밀랍은 너무 딱딱하거나 너무 물러, 많은 인간들이 우리에게 영향을 미치지 못한다. 그리고 결국 우리는 **우리의** 구조 변경의 가능성들을 인식한다.

모든 다른 뿌리의 사물들을 향해 인간 그 자체가 같은 방식으로 서 있다 : 그가 그 사물들을 받아들일 수 있는 한, 그 사물들은 그 자체의 형식을 그에게 남기는데, 그는 자신의 형식의 변경에 의한 것 이외에는 그것들에 대해 알지 못한다.

6[420]

인간의 공간 감각 같은 지속감은 모든 동물들의 지속감과는 어느 정도 다르다. 물론 이 점에 있어서 각각의 인간이 저마다 서로 다를 것이다. 하나의 시간은 다른 머릿속의 다른 시간과 전혀 같지 않다 : 또한 우리 자신에 대해서도 역시 그러하다. 시간에 대한 평균적인 지각은 각각의 인간에게 다르다! 그리고 개미의 경우와는 **다르게** 모든 인간에게 공통적이다.

6[421]

훌륭한 사상은 그저 한 예외이며 독창적인 사상들은 대부분 어리석은 것들이다. 익숙한 사상들은 확증과 같은 방식을 가지고 있으며 그것들로 인해 인간이 나락으로 떨어지게 되지는 않기 때문에, 매우 높이 칭송되고 또한 의무로서 적합하다. 이 '나락으로 떨어지지 않음' 이 한 사상의 참됨에 대한 증명으로서 인정된다. 참되다는 것은 "인간의 실존에 대해 합목적적이다" 라는 뜻이다. 그러나 우리는 인간의 실존 조건들을 너무나 부정확하게 알고 있기 때문에, 엄격하게 말하자면 참과 거짓에 대한 결정 역시 그저 성과에 대한 동기들에서 존재할 뿐이다. 내게 그것이 참되지 않은 곳, 다시 말해 그것이 다른 사물들과 내 존재의 그릇된 관계인 곳에서 나는 몰락한다. 오직 개인적인 진리들만 존재하기 때문에—절대적인 관계란 터무니없다. 사유하는 방식, 긴장, 빈도, 대상들, 많은 사물들에 대해 인식할 수 없음, 무감각 모두가 사실 우리 실존의 조건이다. 각각의 오류가 그것에 해를 입힌다. 대개 우리는 잘못을 저지르며 대개 우리는 지속적으로 우리의 사유들로 인해 어딘가 병들어 있다. 물론 우리는 다만 실험할 뿐인데, 인식 속에서 완전히 개인적인 우리에게 필연은 예외다.

6〔422〕

역사적 사건의 진리 : 모든 것이 서로 쌍방을 그릇되고 불완전하게 여기는 머리들 속에서 벌어진다.

6〔423〕

누군가의 죄들을 결코 말하지 않기! 그러나 우리의 교제를 끊어버리기!

6〔424〕

타자로부터 우리를 비추어주는 빛의 영향력 아래서 성장하거나 시드는 우리에게 인지되는 것 : 말하자면 마치 인간의 눈이 우리에게 필연적인 따뜻함의 그리고 빛의 원천인 양. 알 수 있고 또 알아챘을 때 다른 것, 예를 들어 태도와 표정을 향한 성장이 스스로 질서를 잡는다.—그러나 이 경우 우리가 알아챌 수 있는 것을 다른 사람들은 알 수 없다!—그리고 결국에는 우리도 알아챌 수 없는 것! 그 경계는 각기 상이한데, 타자들한테서 어둠 속에 존재하는 많은 것들이 나한테서 빛 속에 존재하며 그 결과 다르게 발전한다. 예를 들면 신앙심, 진리의 감각, 공감, 악덕.

6〔425〕

일식이 일어나는 동안 모든 주행성 동물들이 빠르게 잠든다.

6〔426〕

야행성 동물들은 암흑이 시작될 때에야 비로소 깨어난다. 그들은 주행성 동물들처럼 매우 훌륭하게 발달된 눈을 갖고 있다. 왜 그들은 밤에만 이리저리 날아다니는가? 동물들은 눈을 매개로 빛에 의존한다.

6[427]

"젊은 여자들이 볼테르를 만날 경우, 하얗게 질린 채 흥분하고 감동해 스스로 편치 않게 되어, 그의 팔에 몸을 던지고서는 말을 더듬고 울먹이며 금세 가장 열정적인 사랑과 비슷한 상황에 빠지는 것이 유행이었다." 신봉하라!

6[428]

과거에 동화됨—공감, 열정, 자기 망각 같은 것처럼, 자기 경멸 역시 과거의 영혼을 다시 소생시키는 데 필수적이다! 시원(始原)과 동시에 반항과 열광 같은 도취가 존재한다. 독일적인 것들에 앞서서 — 그것이 그곳으로 안내한다! 루터의 개혁과 비교하기(역사와 마찬가지로!) : 이성, 성스러움, 불경스러운 것, 비전통적인 것에 대한 반감, 확고한 발판의 결핍에 대한 반감.

그러나 언명된 동기에서 촉진된 역사는 원치 않는 결과를 가져왔다! 과거는 **인간이 시도한 것을** 증명하지 못한다.

6[429]

우리에게 무척 중요한 관계들 모두 참된 것들이 아니라 거울에 비친 형상들의 관계들이다. 그 간격들은 참된 것들이 아니라 거울에 비친 시각적인 것이다. "거울이 없다면 세계는 존재하지 않는다"는 말은 거짓이다. 그러나 매우 엄밀하게 존재할지도 모르는 우리의 모든 관계들은 세계에 대한 서술이 아니라 우리에 대한 서술이다 : 우리의 가능성을 더 멀리 이끌어주지 못하는 이 최상의 광학의 법칙들이 그것이다. 그것은 가상이나 기만이 아니라, 알려지지 않은 사태가 표현되게 해주는 암호문인데,—우리에게 완전히 명백하고 우리를 위해 만들어지며 사물들에 대한 인간의 태도다. 이로써 사물들은 우리에게 은폐된다.

6〔430〕

유리를 뚫을 수 없는 파리

6〔431〕

우리는 거울을, 거울에 자신을 비추는 세계 이외에 다른 것으로 보지 않는다.

6〔432〕

인간은 스스로 사물들을 은폐한다.

6〔433〕

이 거울 위에서 한 사물이 항상 되풀이해서 다른 것을 뒤따르는 것이 규칙적으로 진행된다—우리는 이를 원인과 결과라 칭하지만, 다만 원인과 결과의 상들만을 보기에 아무것도 파악할 수 없다.

우리는 마치 존재하는 사물들이 있는 듯 말하며 또한 우리의 학문은 오직 그러한 사물들에 대해 말한다. 그러나 현존하는 사물은 단지 인간의 광학에 의해서만 존재한다 : 우리는 그로부터 자유로울 수 없다. 생성하는 그 무엇, 운동 그 자체는 우리에게 온전히 파악될 수 없다. 우리는 오직 존재하는 사물들만을 움직인다—그로부터 거울 위의 우리의 세계상이 성립한다. 우리는 사물들을 계속 상상하며 운동 역시 그렇게 생각한다. 운동된 힘이라는 것은 무의미한 소리다—우리에게.

우리가 거울 그 자체를 관찰하고자 시도한다면 사물들 이외의 어떤 것도 발견하지 못한다. 우리가 사물들을 만지려 하면, 결국 우리는 다시 거울 이외의 다른 것에 도달하지 않는다.

우리의 사유는 실제로는 보고 듣고 느끼는 매우 정교하게 서로 얽힌 거울일 뿐이고 논리적 형식들은 감각의 지각들이라는 심리적 법칙들이다. 우리의 감각들은 강력한 반향들과 거울들을 가진 발전된 감각 중추다.

6〔434〕

감각이 우리로 하여금 어떤 혼란으로 가장 기꺼이 빠지게 하는지를 주의할 경우, 우리는 어떤 종류가 근본적 오류들인지를 알아맞힐 수 있다(예를 들어 신체에 대한 믿음

6〔435〕

사물들이 평면들이 아니라 물체로서 나타나는 거울.

6〔436〕

열광은 행복하기 위해 자신을 망각해야 하는 사람들한테서는 완전

히 다르게 작용한다—자기 희생. 그들에게 의식의 실행은 행복감과 대립적이며 그들은 오성과 감정의 격정이 스스로를 제외하는 것을 받아들인다. 독수리의 눈을 지니고 비상하기—그것을 그들은 할 수 없다. 그들은 맹목과 압도되기를 원한다!

6[437]

우리는 진리가 서서히 확인된다고 잘못 생각한다—그러나 다른 힘들과의 관계 속에 있는 인간만이 확인될 뿐이다. 인간은 자신에게 수많은 관계들이 생기게 한다 : 즉 수많은 편협함과 오류들이. 절대적 오류들이 아니라 시각적인 방식의 오류들이다. 우리가 학문을 진흥한다고? 그렇지 않다, 인간을! 이를 통해 그는 더 확고하고 지속적으로 변할 것이다.

6[438]

어떤 도덕 체계에 따라 엄격하게 살게 되었다면 인류는 파멸했을 것이다. 기독교에서와 마찬가지로. 우리는 비도덕성에 의해서도 살아간다.

6[439]

줄을 가지고 사냥해 빨아 마시는 거미의 인식을 가지고서는 더 이상 우리는 아무것도 할 수 없다 : 우리는 우리의 욕구들과 그것의 만족을 확인하는데, 태양, 별들, 원자들이 여기에 속하며 이것들은 신을 거부하는 것과 마찬가지로 우리 자신으로 가는 우회로들이다. 우리의 인식은 그 자체로 가치를 갖지 못하기 때문에 우리는 결국 모든 그릇된 관계로(관계의 승인) 손해를 보게 된다 : 요란한 광학의 법칙들이 그것이다(비유적으로). 다섯 발짝만큼의 자신의 공간에서 인간 그 자체는 감각 기관의 무능을 고려해 구성되어 있다.

6[440]

모사는 (상상함) 감지함, 단순한 인지로서 우리에게 더 단순해진다 : 이 때문에 우리가 오로지 감지만 하려는 곳에서는(예를 들어 운동같이), 언제나 이미 우리의 상상력이 가세해 창작하게 되며 우리는 많은 개인적 감지들의 노력을 면하게 된다. 보통 이 활동은 간과되는데, 우리에 대한 다른 사물들의 영향들 때문에 우리가 고통을 받는 것이 아니라 오히려 그에 대항해서 우리의 힘을 즉각적으로 내세우게 된다. 사물들은 우리의 현을 울릴 것이지만 우리는 그로부터 선율을 만든다.

6[441]

우리의 인식과 지각은 하나의 점처럼 세계들 속에 있다 : 시력과 시야가 점진적으로 성장해 더 많은 것들을 지니게 되는 눈처럼 말이다. 이를 통해 실제 세계에서 변경되는 것은 아무것도 없다. 그러나 눈의 이 끊임없는 활동은 끊임없이 성장하며 가까이 흘러나오는 활동 속에서 모든 것을 바꾸어놓는다.

우리는 세계 속의 우리의 법칙들을 들여다보고 우리에 대한 이 세계의 귀결로서 다시금 이 법칙을 파악하지 않을 수 없다. 출발점은 거울의 기만이며 우리는 살아 있는 거울의 상이다.

그렇다면 인식이란 무엇인가? 인식의 전제는 지각의 단위가 마치 존재하는 듯한, 그릇된 제한이다 ; 거울과 감각 기관들이 있는 곳 어디서든지 영역이 생겨난다. 사람들이 이 제한을 사라진 것으로 생각하는가. 그래서 인식 역시 그러한가— '절대적 관계들'의 이해는 헛소리다. 그러니까 오류는 인식과 가상의 토대다. 많은 가상들을 비교함으로써 개연성, 즉 가상의 등급이 성립한다. 대화가 공인되지 않고 믿어진 진리들의 토대인 것과 마찬가지로 : 인간과 동물은 우선 오류에 의해 새로운 세계를 구축하고 항상 이 오류를 더욱 세련되게 만든다. 그래서 무수한 오류들이 발견되고 이를 통해 가능한 오류들의 양이 줄어들거나 오류들이 더 멀리 퍼진다. 예를 들면 수처럼 인간이 고안해낸 '진리'는 사실 오직 사물들에만 존재한다. 인간은 어떤 것을 안으로 집어넣고 나중에야 다시 그것을 발견한다—그것은 인간적 진리의 한 부류다. 그 밖에 진리들 대부분이 사실은 다만 **부정적인** 진리들이다 "이것과 그것은 저것이 아니다"(대부분 긍정적으로 표현됨에도.) 더 이후의 것이 인식의 모든 진보의 원천이다. 그러니까 세계는 우리에게 그릇된 근본적 승인들의 제한된 영역들의 관계의 총합이다. 광학의 법칙들은 청각과 마찬가지로 오류들 전체다. 지각하는 무수한 점들이 현존한다고 가정하면 : 모두 얼마나 넓게 또 얼마나 강하게 관계들을 감지하는가 하는 영역, 즉 제한과 오류의 영역을 갖는다. 마찬가지로 모든 힘은 자신의 영역을 갖는데, 그것은 매우 넓고 매우 강하게 작용하며, 단지 이것과 저것에만 작용하고 다른 것에는 작용하지 못한다는 제한의 영역을 갖는다. 이 모든 영역들과 제한들에 고유한 지식은 터무니없는 사상이다. 여기서는 '얼마나 넓게', '얼마나 강하게', '이것과 저것에서'를 제외한 지각이 생각되어야 하기 때문이다 : 한계 없는 힘과 마찬가지로 동시에 모든 관계를 창조하는 모든 한계들을 지닌 힘.—그렇다면 그것은 규정된 힘이 없는 힘이라는 것이며 이것은 헛소리다.—말하자면 힘의 제한과 다른 것에 대해 항상 계속해서 관계를 갖는 것이 '인식'이다. 대상을 향한 주체가 아니라 : 다른 어떤 것. 전혀 실존하지 않는, 우리 주위의 원들에 대한 시각적 기만이 그 전제다. 인식은 본질적으로 가상이다.

6[442]

우리가 회의주의자라는 점에서 우리의 행위들은 실험들이며 또한 알려지지 않은 몇몇 중요성을 지닌 계산들이다—그것이 잘못될 경우 우리를 화나게 하는 우리 힘의 어리석은 표출들이 아니라 그 결과에 의해 어떤 해명을 얻을 수 있는 시도이기 때문에 흥미롭다. 우리 행위들에 따라서도 또 결과들에 따라서도 우리는 폭군처럼 굴 수 없을 것이다.

6[443]

그의 권력의 감정이 증대하면, 그에게 호의적인 충동이 증가한다 : 그의 기쁨과 더 큰 책임은 훌륭한 행위들을 찾아 나서게 만든다.

6[444]

우리 모두는 질투, 증오 등을 느끼는 데 있어서 무엇이 질투, 증오 등인지를 안다고 믿는다—하나의 오류다! 사유에서와 마찬가지로 : 우리는 사유인 것을 안다고 믿는다. 그러나 우리는 우리에게 본질이 알려지지 않은 질병의 몇몇 징후들을 체험하고 이 안에 정확히 질병이 존재하리라 생각한다. 그와 동시에 우리는 우리가 의식적으로 느끼는 것에 따라 모든 도덕적 상황들을 확정하고 명명한다—이것도 정교하지 않고 완전히 조야하게.—이제 우리는 우리가 목적들을 향한 의욕을 근본적으로 잘못 이해하고 있다는 것을 배웠다. 그러니까 우리가 모든 도덕적 욕정들을 잘못 이해하는 것도 역시 가능하다 ; 우리가 이미 징후들을 잘못 해석하는 것, 더 정확히 말하자면 자신들의 이로움과 해로움을 시야에 두고 있는 사회의 편견들에 따라.

6〔445〕

도덕적 상황들은 생리적 상황들이다—예를 들어 사랑에서 명백하게 드러나는 것처럼 거의 모든 사람들에게는 본질적으로 기분 좋은, 그리고 개별자들이라는 유기체를 위해서는 본질적으로 필수적인.

6〔446〕

모두에게 귀속되는 것을 한 인간에게 다하는 사랑은 그럼에도 불구하고 반이기적인 힘으로서 찬미된다 : 조잡한 방식으로 그 힘을 존경스럽게 드러내는 것으로서, 또한 선을 행하고자 하기 때문에. 그와 동시에 : 그 힘은 모든 여타의 인간들과 사물들에게서 거의 모든 관심들을 빼앗아 이것을 한 존재에게 쌓아 올린다 ; 그래서 그 결과는 전체적으로 볼 때 선을 행하지 않는 것이다.

6[447]

현재 상태가 아닌 것들을 항상 떠올리는 음악가와 저술가들, 수사학자와 배우들.

6[448]

그대들은 이 사물들을 사상들을 통해 알지만 그대들의 사상들은 그대들의 체험들이 아니라 다른 사람들의 체험들에서 나타난 영향이다 : 마차가 옆을 지나갈 때 그대들의 방이 울리는 것처럼. 그러나 나는 마차 안에 앉아 있고 종종 내가 마차 그 자체이기도 하다.

6[449]

죄를 강조하는 것이 모든 행위의 개인적인 결과들에 대한 이기적 사상들을 백배는 더 격화시켰고, 또 다른 사람들을 위해 결과들을 심사숙고하는 것을 다른 쪽으로 돌려버렸다. 신에 맞선 불법—이를 통해 행위들에 대한 부주의와 인류에 대한 부주의의 일반적인 여파들이 커지게 된다. 양심의 가책에 대한 참회! 그리스도는 가장 가까운 이웃에 관해 생각하지 않고 자신에게 엄청나게 몰두했다.

6[450]

다른 사람을 위해 책을 읽을 줄 모른다면 얼마나 빈곤할 것인가! 우리는 저자와 같이 그것을 느껴야 한다—그것이 도덕적인가?—산과 바다를 지닌 완전한 해안, 올리브들, 매혹하는 고독한 소나무들, 우리는 모든 것을 발견해야만 한다. 또한 우리는 자신을 극복하고 인간들과 사귈 수 있고 그들의 탐험가와 발견자로서 선과 악을 그들에게 보여줄 수 있으며, 이로써 그들은 그들에게 고유한 아름다움을 보여준다, 햇빛처럼 혹은 악천후와 같이.

우리는 우리 자신에 머물 것이다. 그곳에서 우리는 성장하고 더 부유해져야 할 것이다! 우리는 낯선 것에 대한 즐거움을 양식으로 가지며, 바로 양식에 대한 즐거움은 필수적이다. 인간에 대한 즐거움은 우리의 양식 때문에 필수적이다—

6[451]

우정을 더 높이 고양하기. 주의하라. 에머슨Ralph W. Emerson[149]

6[452]

주의하라. 위대한 인물들과 형제의 감정을 갖고 경쟁을 거부하기! 고립이 아님!

6[453]

어떤 것에 대한 자신의 혐오감을 전혀 부끄럽게 여기지 않는 인간들처럼 사람들이 응시한다면 심장은 압박을 받을 것이다. 우리는 자기 자신을 증오하는 사람을 두려워해야 한다. 우리는 그들의 복수의 희생물이다. 우리는 그가 자신을 사랑하게끔 그를 유혹해야 한다.

6[454]

사랑이라는 염치없는 이기주의, 혼자 가지려 함 혼자 존중받으려 함—그것이 그리 즐거운 것이 아니라면 이런 평판을 갖지 않았을 것이다!

6[455]

행위들의 유용함이 더 이상 분간되지 않는 곳에서야 비로소 행위들이 윤리적으로 지각된다 : 그러니까 명령되고 상속되며 성스럽게 된 유용함. 분명히 형벌과 포상을 통해 알려진다 : 그러나 처벌과 포상을 위해 행위들이 요구되는 것이 아니라 알려지지 않은 이유에 의해서 권위가 행위들을 요구하기 때문이다!

6[456]

목적에 맞는지 그렇지 않은지에 대한 경험의 축적이 좋거나 나쁘다는 것은 진실이 아니다. 모든 나쁜 충동은 선한 충동들과 똑같이 그렇게 고도로 합목적적이며 종족 보존적이다. 스펜서에 주의하라. 공동체의 목적에 맞는 것 역시 유일한 관점이 아니다. 가장 중요한 것 : 맹목적으로 복종하고 명령을 받는 곳 그리고 두려움의 숭배로의 이행. 숭배된 사람의 신성화!

6[457]

진실성의 역사로.

6[458]

가장 가까운 친구와
가장 가까운 적과의
친밀함.

6[459]

진실성의
열정.

6[460]

망명객들.

6[461]

*새로운 열정*Passio nova
혹은
진실성의 열정에 대해.

〔7 = N V 6. 1880년 말〕

7〔1〕

기독교는 1) 우리 자신과 2) 인간의 지식에 대해 엄청난 불신을 가르쳤다—고대보다 우리는 앞서 있다.

7〔2〕

우리는 깊은 어둠 속에서만 완전히 우리 자신이 된다. 우리가 유명해질 때, 인간들과 인간들의 요구 때문에 우리는 변하게 된다. 명성을 바다 속에 던지지 않으면 안 된다.

7〔3〕

기독교는 비천함의 감정(굴종)을 좋은 것으로 보았다. 그런 감정을 기초로 정열을 만들었다! 그렇게 하여 기독교가 번창했다!

7〔4〕

"사람들은 마흔 살이 되면 낙타처럼 되고 일흔 살이 되면 원숭이처럼 된다" : 스페인 사람

7〔5〕

우리 또한 우리의 취향을 가져도 된다 : 그러나 그것은 더 이상 영원하고 필연적인 취향이 아니다! 시대마다 그 시대의 취향을 믿

는다! 우리는 그래서는 안 된다! 완전히 새로운 상황!

7〔6〕

"지속적으로 사람들은 행복을 찾는 우리의 방식과 유사한 자연의 방식만을 볼 뿐이다. 한편으로는 오직 숭고하게, 다른 한편으로는 섬세하고 진기한 관점으로. 그 나머지 전체는 지겨운 것이다" 스탕달

7〔7〕

경솔함은 수동성을 딱딱하게 표현한 말일 뿐이다. 이러한 수동성 덕분에 여성이나 남성이나 항상 그 자신이 아니라 아버지를 닮은 아이를 드러낸다. 리스트Ferenc Liszt와 같은 수동적인 예술가. 현실적인 모든 방식에서 씩씩하게 감명되고 사랑을 만드는 사상가 역시. 이러한 수동성과의 싸움은 종종 공허함으로 인해 일어난다. 그렇지만 종종 수동성에 의해 지속되지 못하는 충실한 양심에 의해 야기되기도 한다. 이러한 수동성보다 우월하고 탁월한 본성의 **간계한** 유(類)가 있다. 이 본성은 열정처럼 수동성을 가만히 내버려두기도 하지만 수동성을 자신만의 고유한 기회로 만들기도 한다. 그래서 다른 사상가들이 생소하게 경험한 것들을 친숙하게 자기 것으로 만든다.

7〔8〕

사람들이 탐욕을 나쁜 것으로 여기지 않는다면, 탐욕으로 인한 괴로움 그 자체는 그렇게 크지 않을 것이다. 탐욕은 생리 현상처럼

영혼의 심오한 고통을 만들지 못한다.

7〔9〕

나는 밤낮 없이 이러한 생각을 뒤좇을 수밖에 없다 : 그 생각이 꿈속에서도 나를 엄습한다. 나는 그 생각을 하기 전에는 분명히 아주 지독한 고통은 당하지 않았다. 이러한 가혹한 것들이 생각을 장악하자마자, 찢어지지 않는 공감의 결속은 없다. 동정의 결속이란 이렇게 연루된 존재를 둘러싸고 있는 슬프고 숭고하며 달콤한 어떤 것이다—내가 보았던 것처럼 많은 사람들이 삶을 그렇게 긍정할 가치가 있는 것인지 의심스럽다. 삶은 우울한 불과 연기로 덮여 있다.

7〔10〕

끔찍한 것에 대한 그리스 예술의 거부 : 사람들은 실질적인 악을 충분히 갖고 있었다.

7〔11〕

미켈란젤로는 자신의 신에게서 선과 정의를 빼앗아 공포와 복수의 신을 만들었다—그는 그 신을 논리적으로 만들었다.

7〔12〕

관직은 좋은 것이다. 사람들은 자신과 사람들 사이에 관직을 둠으로써 평안하고 교활한 은신처를 마련했다. 우리 자신에 대해 기대하는 사람은 누구나 자신의 권리라고 생각하는 것을 행할 수 있고 말할 수 있다. 늦지 않은 명성 역시 아주 유용해질 수 있다 : 들을 수 없는 명성의 이면에서 우리의 고유한 자신이 다시 자신과 자유롭게 유희할 수 있고 자신에 대해 웃을 수 있다면.

7〔13〕

독립성은 자기 자신 이외에 어떤 것도 지배하지 않는 권력을 지향하는 것에 대한 체념이다. 권력 지향은 막대한 권력욕의 발생지다. 우리는 무한히 확대될 수 있고 무한히 우리의 지배력을 확장시킬 수 있기 때문이다. 무한성을 위한 열정을 분출해 그 열정의 승리자가 되자!

7〔14〕

독일인들은 이국적인 것에 몰입하고 복수심에 불타 독창성을 갈망한다, (회고할 때의 부끄러움에 대한 복수)—주저할 필요 없는 훌륭하고 생산적인 독일인들은 중재자였으며 유럽 사람으로 일했다. (모차르트나 역사가처럼)—독일인들은 자신들의 독창성이 자연의 산물이 아니라 명예욕의 산물이라는 것을 증명하기 위해 그 독창성이 완전하고 믿을 수 없는 상이함 속에 있다고 생각한다 : 그래서 그리스인은 동양에, 로마인은 그리스인에, 프랑스인 역시 로마인이나 르네상스에 반감을 가졌다—독일인들은 독창적이게 되었다(말하자면 처음에는 그렇지 않고 거칠었다!)

7〔15〕

이 모든 철학—이 철학은 숙성한 열매, 효모를 넣지 않은 빵, 물,

고독, 모든 사물 속에서의 질서 등이 내 입맛에 최고로 잘 맞고 내게 가장 유익하다는 사실을 하나의 충동보다 더 많이 증명할 수 있을까? 우주 안에서의 올바른 섭생에 대한 본능을? 온화한 태양만이 가능한 일이다! 나는 음산하거나 까다로운 숭고함이 아니라 유쾌한 많은 식물과 꽃들이 자라는 바닷가 바위 높이에서 노니는 한 마리 나비의 형식적이고 고독한 공상인 숭고함에 가까이 가고 있는가? 그 공상은 어떤 한낮의 삶일 것이고, 밤이 내 허약한 날개에 비해 너무 춥다는 사실을 걱정하지 않는가?

7〔16〕

"기후 혹은 기질이 용수철같이 솟아오르는 힘을 만든다 : 도덕과 교육이 그 힘에 의미를 부여한다." 옳은 말이다!

7〔17〕

힘에 대한 당신들의 숭배는 모두 다르다. 단지 미켈란젤로가 생각했던 것처럼 힘을 증명하지 못할 뿐이다! 당신들은 헌신하고 이와 동시에 힘을 마시려 한다. 당신들은 당신들의 허약함 때문에 피곤하다—

7〔18〕

이탈리아인들이 음악을 자신들의 열정 안으로 끌어들임으로써 그 음악을 자기 것으로 만드는 것처럼—그야말로 이러한 음악은 아주 개인적으로 해석되기를 기대하고 다른 모든 조화의 예술보다도 더 그렇게 해석되고 있다—나는 사상가들의 생각을 읽는다. 나는 그들의 멜로디를 따라 부른다 : 나는 냉철한 모든 글 이면에 어떤 열망하는 영혼이 움직이고 있다는 것을 알고 있다. 나는 그 영혼이 노래하는 것을 듣는다. 나 자신의 고유한 영혼이 그 영혼이 움직일 때마다 노래를 부르기 때문이다.

7[19]

계획.

1장. 우리는 정열과 대립되는 것이 있다고 믿는다 : 아마 그럴 것이다. 이 때문에 이성과 정당성을 위해 정열에 대해 투쟁을 시작한다. 악의 없는 우리!

2장. 우리는 정열의 모든 특징들이 담겨 있다는 것을 갑자기 발견한다. 우리는 이러한 인식에서 괴로워하며, 아침처럼 고요하고 탁하지 않은 현자의 빛을 관찰한다. 그러나 우리는 또한 이러한 빛 역시 정열적으로 움직이고 승화되며, 거칠게 보아서는 알 수가 없을 것이라고 추측한다.

3장. 우리는 노예 신분에서 벗어나려 한다. 우리는 다른 정열(예술)에 굴복한다. 우리는 해체를 통해, 그리고 근원을 이끌어냄으로써 정열을 죽이고자 한다. 이와 동시에 우리는 정열이 어떻게 발생하는지, 정열이 어떻게 승화되고 작용하는지를 발견한다.

4장. 외부로부터의 반작용이 시작된다 : 우리를 자유롭게 하기 위해, 우리 자신이 반대했던 모든 것과 우리의 모든 오류들이 외부에서 우리를 향한다. 친구와의 관계가 나빠지는 것처럼. 이것은 알려지지 않은 새로운 정열이다. 정열이 주는 음산한 축복! 정열은 우리가 지탱할 수 있게 한다! 정열은 고독을 불러일으키고 우리에게 사상가들을 드러낸다!

7〔20〕

내가 가장 존경했던 사람들 가운데 한 명은 자신이 인식의 불쾌한 작용으로 인해 학문을 비방했던 그 순간에 경멸하는 듯한 모습으로 내게 나타났다. 그는 인식의 요구, 체험, 비극에 관해 하나의 개념을 가질 수 있었다. 학문으로 인해 무제한으로 고통을 당하는 우리는 그 학문을 여전히 사랑한다!—이 얼마나 자신을 거부하는 지긋지긋한 나약함이며 진지함의 부족이란 말인가! 증오하지 말고 존경만 하라!

7〔21〕

칸트 : 인간은 도덕적 존재다 : 그러므로 인간은 1) 자유롭고 2) 불멸하며 3) 보답하고 벌주는 정의(正義)가 있다 : 신. 그러나 도덕적 존재는 상상의 산물이다. 말하자면 : — — —

7〔22〕

숭고한 것을 너무 비싸게 구입해서는 안 된다(신의 존엄성처럼)

7〔23〕

프랑스에서 독창성은 위험스럽고 멸시되었으며 지루해졌다(루이 14세 치하). 그러므로 (독일인들처럼 경쾌함에서 비롯된 것은) 모델이 되지 않았다.

7〔24〕

1) 일종의 제2의 자연에 뿌리를 두고 제1의 자연을 낯설게 느끼거나 거부하는, 습득된 판단들의 상이함 : 그 상이함은 대부분 다소 서툴고 편파적이다. 그러나 상이함이 어떤 승리를 표시한다면 우리는 그 상이함을 우리 정원에 있는 힘들이지 않은 과실보다 더 사랑한다 (우리의 기후를 견딜 수 있었던 것보다 그 상이함의 가치를 일반적으로 더욱 높이 평가한다. 어떤 사람에게서는 보다 남쪽 식물이, 또 어떤 사람에게서는 보다 북쪽 식물이 나타난다) 여기서 사용된 힘은 물론 제1의 자연을 돌봄으로써 수행된다! 그 힘 자체가 이미 풍성하게 작동하는 곳에서 종종 좋게 수행된다. '정의' 는 숱한 모의를 꾀하는 인간을 위한 말이다! 위험에 빠진 힘은 스스로 억제할 수 없다! 다른 힘들은 기꺼이 남아도는 본성들로 간주하려 하고 무절제하게 자신을 보여주고 싶어 한다. 이러한 종류의 위선자들에게는 보다 섬세한 제2의 자유가 있다! 무엇인가에 길들 수 있다는 사실이 길들이기 실험을 통해 드러난다.

7〔25〕

예술가나 사상가는 자신의 방식을 완전하게 마무리함으로써 다른 사람의 믿음을 부당하게 여기고, 속박하는 믿음을 가질 수밖에 없을 것이다. 그는 실제 존재하는 것보다 더 많이, 더 큰 어떤 것을 볼 수밖에 없기 때문이다 : 그렇지 않으면 그는 자신의 힘 전부를 소모하지 않는다. 더 큰 어떤 것은 실행할 때의 오랜 마찰을 통해 첫 번째 생각이 가졌던 황홀함으로부터 무한히 닳아 없어져버린다 : 이 때문에 황홀함은 합당한 것보다 훨씬 클 수밖에 없다—그렇지 않으면 황홀함은 끝까지 이어지지 않는다!

7〔26〕

어째서 기독교는 동정을 추구하는 종교임에도 불구하고 동물에 대한 잔혹성을 유럽에 전파하게 되었는가? 기독교가 동물에 대한 잔혹성보다 인간에 대해 훨씬 더 잔혹한 종교이기 때문이다.

7〔27〕

한 사람이 인간과 사물에 반하는 보편적인 정의에 솔직하게 몰입하게 되면 어떤 전형적인 과정을 밟을 수밖에 없다. 그는 두 개의 힘 혹은 그 이상의 힘을 투쟁 속에서 느끼지 않을 수 없다. 누구도 투쟁 과정과 마찬가지로 몰락을 원하지 않을 것임에 틀림없다. 그래서 서로의 상이한 권력의 권리가 있다면 그는 계약의 필요성을 스스로 경험한다 : 이러한 권리를 주목하는 데 익숙해짐으로써 생긴 정의로움에 대한 즐거움. 그 존재의 내적인 체험이 외부로 발산된다. 어떤 사람은 그러한 정의로운 의미를 위해 외부에서 내부로 올지도 모른다. 관용은 그 정의의 실천이다 : 많은 것을 보라. 그러나 알아차리려 하지 마라. 많은 것을 참아라. 그러나 보편적인 평화를 위해 기쁘게 보라—쾌락주의처럼 보이는 스토아주의가 될 수 있다.

7〔28〕

그리스풍의 기품은 오늘날 우리에게 품위로 보일 정도로 엄격한 것이다. 우리는 철학자나 정치가가 지닌 고대풍의 위엄을 참지 못할 것이다. 아름답게 방치된 것에서 무엇인가를 놀랍도록 상상하는 우리 예술가들은 금욕주의자의 눈으로 보면 버릇없는 아이로 보일 것이다.

7〔29〕

파스칼과 예수의 대화는《신약 성서》에 있는 그 어떤 것보다 아름답다! 그것은 지금까지 표현된 가장 우울하고 매혹적인 모습이다. 이후 이러한 예수는 더 이상 창작되지 않았다. 이 때문에 포르루아얄 이래로 기독교는 도처에서 타락하게 되었다.

7〔30〕

정원사가 식물을 취급하는 것과 똑같이 나 자신을 완전하게 다룰 수 있다 : 내가 나 자신을 사회의 한 장소로부터 멀리 두기 때문에 나의 동기를 멀리할 수 있다. 나는 동기를 가까이 가져올 수 있다. 나는 정원사처럼 나를 다루는 성향을 예술적으로 가꾸거나 말살할 수 있다.

7〔31〕

변화를 통해 단번에 미덕에 도달하려는 불행! 되돌아갈 때 의심하는 불행! 반면 연습이 대가를 만든다.

7〔32〕

동정과 호감은 거친 폭력의 시대에는 발휘하기가 어려웠다—당시에는 극작가에게 하나의 과제가 있었다! 그러나 오늘날과 같은 너무나 민감한 시대에는 공감하는 것에 대한 예찬이 모든 예찬 가운데 가장 슬픈 것이 되었다—너무나 많이 공감되지 않는 것처럼! 행위 그 자체가 느낌보다 공감을 통해 수행되는 경우가 훨씬 적은 것처럼!

7〔33〕

나는 개성을 위해 내 고유한 영혼을 말하려 한다.
고유한 영혼이 없는 인간
영혼이 없는 인간
고유한 영혼.

7〔34〕

파스칼의 영혼 곁에서 그렇게 옹색하게 눈에 띄게 되는 영혼을 가진 칸트에게 있어서도, 그의 두뇌의 모든 움직임에는 하나의 유사한 속마음이 있다. 지성을 폐위하고 지식을 잘라내는 것—기독교적 믿음을 위해. 그리고 이제 이것은 기독교적 믿음임에 틀림없다! 지식을 잘라냈을 때, 모든 종류의 믿음에 마음이 열려 있지 않았던 것처럼!

7〔35〕

쇼펜하우어는 열정이 아니라 일반적인 성 충동과 이것에 관한 어리석은 생각을 파악했다(그러나 열정은 개인의 성취로서, 이탈리아인들에게는 자주, 독일들에게는 가끔 나타난다). 독일인들은 사랑을 저속하게 만든다.

7〔36〕

기품은 강력한 영혼의 휴식이다—허약한 영혼은 현혹되고 매료된 채 타락되기를 원한다. 허약한 영혼은 기품을 무미하고 영향력 없는 것으로 생각하고, 감정을 갈망한다.

7〔37〕

내가 최고의 선으로 규정하기를 주저하는 많은 종류의 유쾌한 느낌들이 존재한다. 최근에 그 느낌들이 떠돌아다니고 날아다니는 것을 본다.

7〔38〕

'사물'은 단순한 것이다. 이제 인간은 스스로 자기 자신을 파악하려 한다. 이때 인간은 특히 말을 필요로 한다. 인간이 인간에게 접한 그렇고 그런 많은 사물을 지칭한다면, 인간은 궁극적으로 이러한 사물들의 총합으로서 인간을 대하고 파악하려고 생각할 것이다.

7〔39〕

매일 나는 놀란다 : 나는 나 자신을 알지 못한다!

7〔40〕

자신에 대한 정직함이 절대적으로 고상하고 순수한 것이라고 생각하지 않는다. 그러나 나는 정직함을 요구할 때처럼 정직함에 관련되어 있다. 천재나 배우처럼 자신이 원하는 바대로 존재할 수 있을 것이다—오직 순수하게! (하이네Heinrich Heine는 순수한 것을 지니고 있다.)

7〔41〕

고대 조각들의 화려한 육체들은 아름답게 보인다. 편하기 때문에, 유용하기 때문에(항상 전쟁에 대한 생각!)

7〔42〕

소도시적인 '정신'

7〔43〕

무언가 선한 것으로 동정을 고양하는 것. 기독교적-불교적이다.

7〔44〕

사물의 작용이 없는 사물이 있다면 그 사물은 훨씬 높이 존재할 것이다.

7〔45〕

"무엇이 내게 중요하다!"라는 것은 진정한 열정의 표현이다. 그것은 자신의 외부에서 어떤 것을 보려는 극단적인 경우다.

7〔46〕

예술에서 사실주의는 하나의 사기다. 그대들은 사물에서 당신들을 매혹하고 사로잡은 것을 묘사한다—그러나 그러한 느낌은 *실체* realia를 통해 아주 분명하게 떠오르지 않는다! 당신들은 그 느낌의 원인이 무엇인지를 알지 못할 뿐이다! 모든 좋은 예술이 사실적이라고 착각해왔다.

7〔47〕

궁극적으로 우리의 도덕성을 규정하는 가장 강렬한 충동과 관련해 우리는 왜?라는 질문을 그만두지 않으면 안 된다(예컨대 자신의 토대 안에 자존심을 갖고 있는 사람)

7〔48〕

"하지 않으면 안 돼"를 "하는 것이 마땅해"라고 변형해 느끼는 것이 바로 예술 작품이다! "하지 않으면 안 돼"를 파악하지 못하는 저속한 인간의 경우와는 반대로.

7〔49〕

우리는 동물이나 식물로부터 무엇이 번성함인지를 배워야 한다 : 그것에 의거해 인간과 관련해서도 간접적으로 배워야 한다. 빛이 바래고 쇠약해지며 생산 능력이 없고 자신의 생각에 고통을 받는 저 인간들은 더 이상 이상(理想)이 될 수 없다. 아주 나쁜 취향을 불러일으킨 하나의 변종이 우리의 마음속에 존재했음에 틀림없다. 나는 이 나쁜 취향과 싸운다.

7〔50〕

도대체 탈출구가 없다! 우리가 인식하는 법칙뿐만 아니라 우리에 대해 인식하는 법칙은 어디에도 없다!

7〔51〕

투쟁하는 어려움의 매력(바그너)과 극복된 어려움의 매력(감정을 관통하는 가공의 인물을 통해. 예컨대 페트라르카Francesco Petrarca라는 인물은 아직도 사랑이라는 말을 떠올리게 한다)

7〔52〕

논리학과 엄격하게 일치하는 어떤 것도 현실에 존재하지 않는다.

7〔53〕

나는 자신에 대한 진실성과 결합되지 않은 위대함을 인정하지 않는다 : 자신에 대한 위선은 내게 혐오감을 불러일으킨다 : 나는 모든 위대한 성취들이 내게는 중요하지 않다는 것을 발견한다 ; 나는 성취들이 도처에 그리고 기본적으로 그러한 위선을 갖고 있다는 것을 알고 있다—이것과 반대로 외부를 향한 위선(예컨대 나폴레옹의 위선)은 납득할 수 있다. 그 위선은 아마 많은 사람들을 필요로 할 것이다—이것은 하나의 제약이다.

7〔54〕

사람들 대부분은 보다 단순하다. 그러나 개인은 대부분 명백히 인식될 수 없다. 따라서 본보기는 필연적으로 하나의 기만이다! 내가 건축 설계도에 있는 방식대로 건축 재료를 알지 못한다면! 자아에 대한 이 영원한 숙고는 우리를 얼마나 제한적으로 만드는가! 사람들은 세상을 인식할 여유를 가질 수 없으리라! 이러한 인식이 자아를 인식하기 위한 수단이라면, 우리는 결코 과제 자체를 만들지 않으리라! 궁극적으로 우리의 고유한 본보기에 반하는 것은 더 많은 부자유를 낳는다!

7〔55〕

성스러운 분노(극작가로서의 유대인), 성스러운 질투(그리스인들의 *경쟁*)—정념을 좋은 것으로 느꼈다(헤시오도스Hesiodos의 경우 역시)

7〔56〕

과학적인 엄격한 인과 개념에 따라 실제로 우리에게 좋은 것(예컨대 무조건적인 믿음)은 마찬가지로 과학적인 정신의 엄격함으로 인해 아마 더 이상 가능하지 않을지도 모른다! (지식과 이익의 조화에 대한 스펜서의 악의 없는 경건함에 반해)

7〔57〕

마치 하나의 신의 섭리이기라도 하듯 인지하지 말고, 세상 속에서 가장 신뢰에 가득 찬 휴식을 즐기자 : 우리는 차가운 숙명론 속에서 오래된 종교적 감정이 지닌 따뜻한 공기를 느낀다. 놀라운 우리의 성숙함! 세상에 덤벼들었다!

7〔58〕

육체와 조직의 관계에서 더 높고 더 낮음의 구별은 학문의 구별이 아니다! 우리가 한 조직의 활동에 대한 어떤 것을 적게 보면 볼수록 우리는 그 조직을 더욱 높은 곳에 놓아두려 한다. 냄새를 맡아라!

느껴라! 혐오감이 높고 낮은 것을 결정한다! 가치가 아니다. 여기서 도덕적인 구별이 시작되었다! 주의하라.

7〔59〕

1) 교회 2) 궁정 3) 거주하는 사회 4) 청년 교육 5) 상업적 산업에 대한 관심 6) 국가의 굴레 속에 있는 학자—이것이 학자의 역사다. 다음에는 그 역사가 개별적으로 분산된다. 몽테뉴, 스탕달 등.

7〔60〕

"이 사유는 사실일 수 없다!"라는 생각은 내게 **충격을 준다**. "그러한 사유가 사실로 간주되지 않을 것이다"라는 생각은—나를 감동시키지 못한다. 나는 그것을 전제로 하고 있다 : 그러한 생각은 나처럼 그렇게 많은 시간과 정열을 투자할 필요가 없기 때문이다.

7〔61〕

우리의 입에서 나오는 도덕적인 은어는 고통스럽거나 우스꽝스러운 기분을 갖게 만들 것이다. 행동만이 우리에게 표현된다. 만일 글자들이 그러한 행동이라면,—

7〔62〕

본보기와 우리의 발전은 어떤 관계가 있는가? 우리가 필연적으로 도달해야 하는 것과는? 아주 잘되었을 경우 본보기는 하나의 선취인가? 그러나 무엇을 위해 필요한 것인가?

그것은 확실하고 오랫동안 수행된 '나'에 관한 표상이다. 이 생각은 우리에게 가장 유쾌한 것이고 동기로서 작용하며 작용하도록 한다(대개의 사람들은 동기를 갖고 있지 않다!) 동기가 실행될 수 없다면, 그야말로 동기가 실행되지 않는다면, 그 동기는 우리가 몰라서 잘못 기획된 것이다. 어쨌든 그것은 우리의 모든 능력의 필연적인 산물이다 : 첫 번째 산물은 공허한 망상, 두 번째 산물은 아름다운 문학, 세 번째 산물은 건축학적 기획—여기에는 재차 모든 종류의 건축 양식의 취향이 있다. 무한히 복잡한 우리의 본질을 단순하게 보고 파악하려는 하나의 시도. 하나의 '사물'을 위한 하나의 그림.

7〔63〕

노동, 지금은 선하다. 그 밖에는 악이다. 두 개의 영웅적인 헤시오도스 시대. 그 이면은 선하기도 하고 악하기도 하다.

7〔64〕

기독교와 유대교 : 우리 외부에 이상을 설정하는 것, 최고의 권력을 갖고 있으며 명령적이다! 그리고 보상을 주거나 벌을 준다!—이상 그 자체를 성취하기 위해 각자는 얼마나 높이 서야만 하는가! 그리고 그에게 자신의 이미지가 얼마나 적게 임의적으로 나타날 수밖에 없겠는가! 각자 그것의 창조자로 느껴질 수 있는가?! 그렇지 않다!

7〔65〕

양심을 우리와 함께하는 우리의 본보기의 언어로 변환시키는 것이 가능한가? 언젠가 그럴 수도 있을 것이다. 그것은 매우 드문 일이다! 그러나 이것은 항변이 아니다!

7〔66〕

자율적 인간은 매우 드물다. '규정에 종속된 인간', '법칙에 종속된 본성 그 자체'.

7〔67〕

우리가 우리 자신의 의식(儀式)에서 수줍음을 느낀다면 쾌활한 기분이 될 것이다.

7〔68〕

인간이 변하기 때문에 역사의 이미지가 계속 변한다. 주의하라.

7〔69〕

사람들은 하나의 본보기를 칭찬하거나 비난한다(도덕적, 비도덕적이라고 부른다) 미리 하나의 본보기에 굴복한다. 일반적으로 우리를 지배하는 힘의 소유자는 자신의 의지대로 그 본보기를 칭찬하거나 비난한다. 본보기는 발명이나 정신과 가장 적게 관련 있다 : 따라서 : 자신을 목표로 내세운 개인은 우선 본보기를 내세운다. 다만 나약한 사람에게만은 도덕이 '본보기와 상관없이' 존재한다.

7〔70〕

나는 자신의 고유한 본보기를 지니고 있고, 나 자신 안에서 본보기를 보지 않는 인간들과 단지 교류하려 한다. 그 본보기가 내게 그들에 대한 책임을 지우거나 나를 노예로 만들었기 때문이다.

7〔71〕

잘못된 필연성을 수용하는 것—그것은 불필요한 방식을 따르고 노예화된 것을 지칭한다—따라서 자연의 지식을 받아들이지 못한다! —그러나 그러면 필연성에 반대해 어떤 것도 하고 싶어 하지 않는다! 힘을 허비해야 하고 우리의 이상에서 멀어지게 해야 하며 성공 대신에 실망을 원해야 할 것이다—주의하라.

7〔72〕

나는 본보기를 샅샅이 찾아다녔다. 나의 이상을 그 본보기 속에서 생각하지 않았다.

7〔73〕

도덕적이고자 하는 것, 하나의 목표를 세우고 우리의 모든 행동을 논리적으로 그 목표에서 추론하는 것. 그러나 우리의 본성은 그런 목표나 이 같은 논리를 갖고 있지 않다! 이 때문에 도덕은 우리의 본성을 실망시키는 결과를 가져오게 된다. 즉 도덕은 본성으로 하여금 우리를 인도하게 하고, 마치 우리가 본성을 인도한 것처럼 우리에게 무엇인가를 그럴듯하게 꾸며대는 결과를 초래하게 된다.

7〔74〕

"우리에게 있어서 비양심의 필연성 : 심장은 뛰어야 한다. 근육은 기대하고 있는 활동에 앞서서 떨린다. 하나를 제외한 모든 문제가 풀린다. 모든 의문은 말벌처럼 이 하나의 지점에 달라붙는다."

7〔75〕

사람들이 충동을 칭찬하거나 비난하고 난 후에 그 충동이 선하거나 악하게 느껴지게 되는 것처럼 사랑에 관해 나타내는 것(그리스인들, 금욕하는 기독교인들, 기독교인들의 혼인 등의 경우에)

사람들이 충동을 칭찬할 만한 가치가 있는 것이라고 생각함으로써 충동의 모든 이상화가 시작된다. 미래를 위한 눈짓?? 주의하라.

질투와 증오를 그 과정에서 개선하는 것. 동정이 얼마나 상이하게 변하는지를 주목하는 것.

7〔76〕

동물은 힘의 감정, 즉 잔혹성을 갖고 있다. 그리고 복종의 행복, 즉 휴식과 게으름을 지니고 있다. 주의하라!

7〔77〕

로마인들은 *교만함*honestas을 좋은 것으로 지칭했고 높이 칭송했다.

7〔78〕

모든 것이 지금 훨씬 확실하고 세상은 더욱 견고한 것처럼 보인다(엄격하게 검증된 많은 사실 때문에). 그러나 예전에 사람들은 지금 사람들이 진리를 믿는 것보다 더 많이 오류를 믿었다. 우리는 예전보다 끝없이 더욱더 신중해졌고 회의적으로 되었으며 경우에 따라서는 더욱 환상적으로 되었다. 우리는 예전과는 완전히 다른 꿈을 꿀 수 있다.

7〔79〕

파리의 영향!—더 이상 그 수준이 아니다! 형태 그 자체로!

7〔80〕

세상의 모든 면에 행사된 경멸 : 여기서는 만족이 거부되거나, 극악한 것으로 지각된다.—그러면 만족을 향한 모든 열망이 하나의 운하로 몰려든다 : 세상 저편의 삶이라는!

7〔81〕

나는 질 블라스라는 인물 때문에 지치지 않는다 : 나는 셰익스피어의 경우처럼 어떤 감수성도, 어떤 수사학도 없는 것에 안도의 한숨을 쉰다.

7〔82〕

우리가 자연을 인식하기 위해 도덕적 자율성이라는 해결할 수 없는 과제와 모든(하나의) 법칙으로서 제거되어야 할 도덕성이라는 과제를 아주 불쾌하게 외면한다면 : 즉시 우리에게는 의무라는 문제가 다시 나타나게 될 것이다 : 우리가 사물을 사실대로 인식하려 한다면, 사물을 대하는 우리의 자세는 도덕적인 것이 된다 : 지속적으로는 견디기 힘든 자세! 그러나 이것이 우리가 오랫동안 잘못 생각할 수 있다는 점이다. 우리는 본능적으로 극단적인 문제를 외면하고 비도덕적 인식의 기만이 사소하게 여겨지는 곳에 머물게 될 것이다(우리는 여기서 우리에게 자연스럽게 된 도덕성을 사용할 것이다. 마치 그 도덕성이 자연스러운 것이고 도덕 이외의 것으로 존재하는 것처럼!)

7〔83〕

"다수의 행복이 개인의 행복에 우선한다"는 원칙은 가장 낮은 단계의 동물성에 이르기까지 인류의 모든 발걸음을 뒤로 돌려놓기에 충분한 것이다. 왜냐하면 그 반대가(개인이 다수보다 더 가치가 있다) 인류를 고양했기 때문이다.

7〔84〕

행동에 대한 도덕적 판단이 도덕성을 결정한다 : 도덕성은 어느 정도 상대적으로 피상적인 것이다. 행동은 내부로부터 볼 때 선한 것 혹은 악한 것과는 다른 것이다. 그러나 도덕적 판단이 우리의 행동을 규정할 수 있고 그 행동의 실행에 영향을 미칠 수 있을 것이다. 자신의 감시 대상이 되는 그런 행동을 행하지 않는, 편재하는 경찰과 같이. 이렇게 할 때 행동의 전체 종류는 사멸될 수 있다 : 도덕적 판단은 합목적적인 것에 대한 물음에 속한다.—지금까지 도덕적 판단이 인류 발전에 관심이 있었던가? 무엇이 그러하지 못했는가? 도덕적 판단에 대한 거부가 인류의 해악이란 말인가? 그러나 그 대신에 지금까지 도덕적 판단에 대한 믿음이 있지 않았던가?

7〔85〕

아주 이기적인 인간에 비해 다른 사람을 위한 삶은 하나의 무한히 유쾌한 기분 전환이다(도덕적으로 자학하는 사람 역시 여기에 속한다)

7[86]

세세한 것에 열중하다passionner les détails. 주의하라!

7[87]

스탕달 : "훌륭한 취향", 데피네d'Épinay 부인의 시대에 사람들이 죽고 경쟁자를 죽이며 파산하게 만드는 등의 방법.

7[88]

고대는 르네상스 시대에 살던 인간의 억제할 수 없는 힘을 매력적으로 압박했다. 사람들은 그런 형태에 예속되었다. 이들은 극복한 어려움이 자연스럽지 못하다고 느꼈다. 이것은 자존심이 강하고 권력욕이 많은 강한 인간의 행동 방식이었다. 소심한 학자의 비굴한 노예 근성과 혼동하지 말라!

7[89]

"다른 사람처럼 존재해야 한다il faut être comme un autre." 이것을 느끼는 사람은 예전에는 존경받고 생산적인 인물이었으나, 지금은 멸시와 모욕을 당한다.

7[90]

몇 년이 지나면 모든 의미를 잃어버릴 무엇인가를 쓰는 것—내게는 불가능하고 생각할 수 없는 일이다. 이것은 속박을 의미하는 것임에 틀림없다. 내가 직접 극복한 모든 것은 내게 가치 있었던 어떤 상황의 기념물로서 여전히 내게 중요하기 때문이다. 나는 내 시대가 그러한 기념물로 둘러싸이기를 원한다.

7〔91〕

나는 독립성에 열중한다. 나는 그 독립성을 위해 모든 것을 희생한다—아마도 내가 가장 의존적인 영혼을 갖고 있기 때문일 것이다. 나는 사슬이 아니라 가장 조그마한 올가미에 더욱 괴로워하기 때문이다.

7〔92〕

힘, 심오한 진지함, 친절한 겉모습에 대한 반감은 근대적인 것이다. 그러므로 우리 독일인과 나는 고대적이다. 그렇게 스탕달의 작품 《회화*Peinture*》 278쪽.

7〔93〕

자신의 왕관을 체념한 채 아주 우아하게 현명한 사람으로 살았던 왕 ; 자신의 국가를 희생시킨 지도자.

7〔94〕

독일인들은 나태해 기꺼이 하나의 본보기를 만든다. 이것은 생각을 아끼게 만든다.

7〔95〕

일상적인 관습의 귀족화. 이것은 이전에 사제들의 걸음걸이, 손 올리기, 목소리에서 볼 수 있었다. 다음으로 궁정에서도. 자신의 기분을 억제하고 자신의 느낌을 절제하는 것(혹은 비단 옷감으로 덮어 씌우는 것)은 위대한 일이었다. 그러나 지금 무엇이 고상하게 되어야 하고 이상에 이바지해야 한다는 말인가! 어떤 이상에? 당장 우리는 이상을 갖지 않으면 안 된다! 그런데 도대체 어디서 그 이상을 구하게 되는가!—나의 이상은 이렇다 : 눈에 거슬리지 않는 독립성, 부드럽고 위장된 자존심, 다른 사람들의 명예심이나 만족감과 경쟁하지 않고 조롱을 참음으로써 다른 사람을 꾸짖는 자존심. 이것이 나의 평범함을 고상하게 만들 수 있으리라 : 이것은 결코 진부하지 않고 언제나 붙임성이 있으나 탐욕스럽지 않으며 언제나 조용하게 노력하고 앞으로 날아간다. 간단히 말해, 나에게는 엄격하고 다른 사람에게는 부드럽게 만드는 것이다. 가벼운 잠, 자유롭고 편안한 걸음걸이, 알코올이나 영주 그리고 다른 유명 인사들의 부재, 여성이나 신문 그리고 결혼의 부재, 또한 최고의 정신적 지도자, 때때로 하층 계급 이외의 다른 사람들과는 어울리지 않는 교제—이런 것은 강하고 건강한 식물의 모습처럼 불가피한 것이다—탐욕스럽고 게걸스럽게 먹는 무뢰한의 무리들에게 우리를 보내지 않는 아주 잘 차려진 음식은 아마 스스로 마련되거나 준비되지 않을 수 없을 것이다.

본성에 내재된 이상들은 우리의 충동이 펼치는 선취된 희망들이다. 그뿐이다. 아주 분명히 우리에게는 충동이 있다. 이 충동은 또한 우리의 충동을 올바르게 만족시키기 위해 우리의 환상 속에서 우리가 어떻게 살아야만 하는가라는 우리 자신에 관한 일종의 도식을 준비하고 있다—이것은 이상화한 것일 수 있다. 악한에게도 역시 이상이 있다 : 우리에게는 기쁜 것이 못 된다. 이상이 악한을 고양한다! 역시!

7〔96〕

모든 것이 얼마나 혼란스러운가! 에픽테토스는 단지 자신만을 생각했다—지금 사람들은 다른 사람에 대한 생각을 습관적으로 찬미하면서 그의 이름 앞에 대부분 '도덕적'이라는 형용사를 붙일 것이다. 그러나 이것은 사실이다. 당신들에게 아주 증오스럽거나 지겨운 대상이 있다면 당신들은 다른 사람에 대해 생각하게 될 것이다! 이타주의는 매우 유쾌한 것이다.—헌신, '자아'에서 벗어남. 인간이 외부로 시선을 돌리고 이것을 최상의 것으로 평가하게 되면, 자신에 대한 기쁨을 별로 느끼지 못할 것으로 보인다. 사람들이 다른 사람을 돕거나, 다른 사람이 즐겁게 바라보는 어떤 것을 자신한테서 만듦으로써 자신 속에서 차단된 하나의 아름답고 평화로운 정원을 더 많이 이용하는지—나는 모른다.—그러나 사람들은 삶의 모든 위험성을 받아들이려 하며, 이 점에서 모든 사람들은 도와야만 한다!

7〔97〕

노동자들에게 저축해야 한다고 말하는 것은 어리석은 짓이다. 사람들은 그들에게 삶을 향유하고 적게 소비하며 만족하는 법을 가르쳐야 한다. 그리고 자신에게 가능한 한 최소한의 짐만을 지우고(아내와 아이와 함께), 술을 마시지 말아야 한다는 것과 요컨대 철학적으로 되는 법을 가르쳐야 한다. 또한 노동자들이 환대할 정도로 일을 축소해야 한다. 그리고 모든 것에 대해 조소하며 냉소적이고 향락적으로 되는 법을 가르쳐야 한다. 철학이 이러한 범주에 속한다.

7〔98〕

예술의 경우 야생적인 상태와 투쟁적 개인의 상황이 극도로 견고한 안정보다 더욱 좋은 것이다—

7〔99〕

우스꽝스러운 것은 지속되지 못한다. 몰리에르Molière와 동시대를 살았던 사람들은 누군가 모델을 모방하면서 잘못을 저지르는 것을 보았을 때 쓴웃음을 지었다.

7〔100〕

그러나 (브렛 하트Bret Harte의 모든 단편 소설들에서) 그들은 미국 사람들의 삶의 놀랄 만한 추함에 대해 웃을 수도 있다. 모든 것에는 순진함과 방임이 존재한다. 악행조차 하나의 아주 완전한 형식을 획득하고 야생과 권총의 총성 그리고 해군의 침밀함이 힘 있게 호흡한다.

7〔101〕

그리스인의 미덕은 지나치게 반대로 살아가는 인간들의 이상이다—이들은 신중함, 영리함, 공정성, 용감함의 가치를 상상하고 과장한다. 이러한 이상을 실현하는 인간들은(예를 들면 에픽테토스) 자신들의 신들이 아니라 오히려 신들의 대립 속에서 성장했다!

그리스인의 미덕은 *경쟁* ἀγών's의 문제고, 사람들은 서로 질투했다. 이상으로서의 부동성 : 사람들이 너무 감정이 풍부해져 있고 너무 큰 고통을 겪으며 급변했던 시대(투키디데스의 시대)에는 조각상이

된다 : 비극 작가가 조각상(신이나 영웅의)을 인간의 형상이 되도록 만드는 동안에.

7〔102〕

그것은 내 근면함과 게으름, 극기와 몰입, 용기와 전율이다. 그것은 나의 햇빛과 어둡게 구름 낀 하늘에서 나오는 나의 번개다. 그것은 내 영혼이며 또한 내 정신과 화강암과 같이 단단한 아주 진지한, '나의 중요 관심사' 라고 재차 자신에게 말할 수 있는 내 자아다.

7〔103〕

사물의 매력이 아니라 사물에 대한 관심('아들의 미망인')이 일류의 사상가를 만든다. 즉 다른 사물에 있어서 사물의 매력 = 관계, 그러나 이것은 인간이나 심지어 개인에 대한 관계가 아니다.

7〔104〕

고상한 외모는 자존심이 요구하는 바에 따라 자신을 움직이기 위해 몇몇 세대를 관통해 육체가 여유를 지님으로써 생성된다 : 그러니까 수공업의 동요를 통해서가 아니며, 또는 평범한 기능공들에게 천박하고 모욕적인 몸짓이나 목소리를 내도록 강요하거나 거기에 익숙해질 것을 명령하기 위해서가 아니다 : 저속하다. 즉 우리 개인이나 자존심에는 적절하지 않다. 자존심이 매우 높아질 때, 즉 가장 정신적인 것으로 높아질 때 그렇게 호의와 위대함이 뒤섞여 영국적인 존엄이 생겨난다 : 최고의 자존심은 다른 사람에게 친절하고 관대하게 고개를 숙이며 자신이 지배적이고 배려한다고 생각하기 때문이다.—우리의 정치적 행운아들에게는 바로 이러한 것이 결핍되었다 : 사람들은 다른 사람에 대한 자연스럽고 본유적인 지배와 배려를 믿지 않는다.

7〔105〕

드물다! 나는 매 순간 내 이야기가 단지 개인적인 이야기라는 생각에서가 아니라 내가 많은 사람을 위해 무엇인가를 한다는 생각에서 자제하게 된다. 만약 내가 그렇게 살아가고 나를 만들며 나를 기록한다면 : 언제나 마치 내가 다수인 것처럼 존재한다. 그래서 나는 그 다수에게 아늑하고 진지하고 위안을 주면서 말을 건넨다.

7〔106〕

이 모든 성스러운 사람들은 이기주의자들이다. 어떻게 지옥을 통해 위협받는 사람이 존재해서는 안 된단 말인가! 그런 상태에서 다른 사람을 생각하는 것은 모든 힘과 모든 이성을 넘어선다. 파스칼은 아주 심한 이기주의자다 : 모든 황홀함도 그렇다.

7〔107〕

이러한 당파는 권력보다 흥분과 팽창을 위한 훌륭한 의지를 훨씬 더 많이 지니고 있다. 그렇지 않으면 그 당파는 반대로 그러한 엄청난 충동을 길들이는 데 애쓰게 될 것이며 이로 인해 고통을 받게 될 것이기 때문이다.

7〔108〕

상업에 열중하는 계층들—이들은 만들지 않으면서도 모든 것의 가격을 산정하는 데 능하다. 즉 **자기 자신**이 아니라 소비자들의 욕구에 정통해 있다—일종의 문화의 도식을 갖고 있다. 도처의 수요와 공급, 이에 따른 물건과 인간의 가치! 이것 때문에 나는 그들이 역겹다.

7〔109〕

자신의 병에 관한(그 병을 일으키는 공공 여론에 관한) 환자의 의식은 완전히 변했으며 (특히 정신병일 경우) 따라서 병의 많은 작용 역시 그렇다.

7〔110〕

그리스인들은 신들의 동정이 아니라 자신들의 감사하는 마음에 도움을 청했다. 혹은 그들은 무엇인가를 약속했다. 신들 앞에서 거지의 측은한 역할을 하는 것은 올바른 행실이 아니었다.

7〔111〕

다음 세기의 표지 1) 문화 속으로의 러시아인의 진입. 하나의 거대한 목표. 야만의 근접. 예술의 부활. 젊은이의 관용, 환상적 광란, 현실적 의지력. 2) 사회주의자들. 마찬가지로 현실적 충동과 의지력. 결사. 개개인의 유례없는 영향. 가난한 철인의 이상은 여기서 가능하게 된다. 열렬한 반란자들과 몽상가들, 위대한 영혼들은 자신들과 닮은 것을 찾는다.—야만과 힘의 회춘의 시대가 온다. 3) 종교적인 힘들은 여전히 신앙 고백의 차이를 넘어서 배회하는 부처의 무신론적인 종교를 위해 확고히 자리할 수 있을 것이다. 그래서 학문은 하나의 새로운 이상에 반해 아무것도 갖지 못할 것이다. 그러나 보편적인 인간애는 그렇게 되지 않을 것이다! 하나의 새로운 인간이 나타나야 한다. 나 스스로는 이것과 거리가 멀며, **결코** 원하지 않는다! 그러나 그것은 개연적이다.

사회주의자들과 다른 사람들의 경우 대규모의 **개인적 희생**이 하나의 개괄적인 표현을 만들어낸다 : 관용! 상업적이고 냉정한 영리함은 그 영리함과 존경에 대한 절대적인 경멸 속에서 반작용을 맞이하게 될 것이다. 그러므로 매우 많은 어리석음이 존재한다.

7〔112〕

"루이 14세 시절에 비밀스럽게 열광했던, 완벽한 재주를 가진 위선자 보쉬에Jacques-Bénigne Bossuet는 그가 그렇게 자만했던 모든 종류의 정신들을 헐뜯는다." 스탕달의 경우.

7〔113〕

몽환적인 독일인에 대한 영국인의 인상!!

7〔114〕

"그러한 진실(다른 사람의 경쟁자에 대해 기록하는 것 등)을 보는 냉철한 인간에게 필요한 시간을 천재는 자신의 성공을 준비하는 데 사용한다." 주의하라!

7〔115〕

아, 나는 수많은 견해를 가지거나 또는 심지어 듣는 것에 싫증이 난다! 나는 스스로 사물 앞에서 옳고 그름을 판단하려 한다.

7〔116〕

모든 사람에게 가능한 이해—즉 하나의 사물이 가능한 한 우리에 대해 한계를 긋도록 규정됨으로써 우리의 형식은 한계에서 규정되고, 이렇게 규정될 때 우리에게 얼마나 편안한 혹은 불편한 기분이 드는지를 우리는 아주 정확히 의식하게 된다. 따라서 우리의 충동은 우리가 하나의 사물과 관련해 무엇을 말해야 하는지를 묻는다. 이에 반해 우리는 충동 없이 그리고 쾌나 불쾌 없이 예술적 무감각증과 더불어 태도를 취한다—이것은 어떠한 이해도 제공할 수 없다. 우리는 바로 아직도 죽지 않은 충동의 잔여를 통해 현상들을 가능한 한 아주 힘없이 피상적으로 파악한다. 그러나 우리는 때때로 순서에 따라 연이어서 동일한 사물에 대해 우리의 일련의 충동에게 조언을 구할 수 있다. 판단들을 비교할 수 있다—예컨대 부인이나 친구에 대한.

7〔117〕

나는 어떤 것에서도 충분히 즐거움을 찾지 못한다—이때 나는 나 스스로 하나의 책을 마음에 따라 쓰기 시작한다.

7〔118〕

(앞쪽 참고) 일반적인 군대의 유용성, 힘의 더 높은 평가.

7〔119〕

일반 시민의 올바른 용기를 억누르는 것이 리슐리외와 루이 14세의 과제였다(스탕달)

7〔120〕

*프랑스 붐*furia francese이 일다. 한때 이것은 공허함과 피의 열기에 의해 극복되었다. 고상한 광기. 스탕달.

7〔121〕

곪기, 들끓기, 제거하기—욕지기나고 지긋지긋한—이 느낌들은 하나의 상징을 통해 인간과 행동을 또한 흥분시켰다. 그래서 '천박한', 즉 '구역질나는' 이라는 개념이 생성되었다—도덕적인 근간!

그 다음 가벼움이 경멸된다—재차 높은 것과 낮은 것을 구별하는 하나의 동기! 강한 것과 약한 것—갑작스러운 것과 일상적인 것 등. 동물적인 것 등. 행위와 관련한 느낌의 이러한 차이에도 불구하고 생명 유지의 현실적인 중요성과 엄격한 인과 관계는 완전히 무시된다. 말하자면 행위의 현실적 의미! 오히려 부수적인 관점들에 따라서 (다양한 방식으로 '유쾌하게') 주의하라!

7〔122〕

하나의 목적을 위해 우리는 인식에 몰두하는 것이 아니라, 그 인식과 동일한 것을 찾고 발견하는 동안 빈번하게 일어나는 놀라운 쾌적함에 몰두한다.

7〔123〕

나는 내가 지혜나 정의의 기쁨을 아주 높이 평가한다고 생각한다—그리스인들처럼. 나는 거기로 눈길을 주는 모든 것에 매료되었다—아마 내가 매우 정열적이기 때문일 것이다!—나는 언변 좋은 열정의 숭배자를 극도로 의심한다—나는 그 숭배자들이 기꺼이 무엇인가를 생각하기를 원한다고 추측한다.—그리스인들은 오직 위험 속에서만 살았다 : 그들은 정의의 편안함과 힘 안에서 위안과 안도의 한숨과 축제를 숭배했다. 그들은 아직 감정을 원하지 않았다—단지 비극 속에서 동정의 감정만을 원했다(그들은 대개 거칠었기 때문이다).

7〔124〕

아주 납득하기 어려운 갑작스러운 회전하기와 벼락닫이 문의 건강—재미있는 하나의 깊은 불신과 **고의적인** 경솔함과 미래에 대한 무관심으로 일관하는 모든 행복한 시간들—그렇지 않으면 행복은 불가능하다.

7〔125〕

파우스트와 햄릿은 독일 철학자들과 대결하는 사상가다!!

7〔126〕

이 발걸음은 매우 위험하다! 지붕 위에서 산책하며 이름을 거명하지 말라는 성스러운 요구를 하는 몽유병 환자처럼 나는 나 자신에게 간청해서는 안 된다. "내게 중요한 것이다!" 이것이 내가 들으려 하는 유일한 위로의 말이다.

7〔127〕

서문을 위해. 나는 무엇을 했던가? 내 나이를 걱정했다 : 영혼이 더 이상 어떤 새로운 것을 기획하지 못한 채 모험과 항해의 역사를 기록하는 시간을. 내가 장님이 되는 시간을 위해 음악을 나 자신에게 남겨두는 것처럼.

7〔128〕

나는 얼굴을 볼 수 없는 인간들과는 왕래하고 싶지 않다. 얼굴을 보지 않고는 그들의 말이 의심스럽고 그들의 말을 이해하기 어렵기 때문이다, 혹은―내가 나중에 나에게 수치심을 불러일으키는 말을 하기 때문이다.

7〔129〕

자신의 죄를 추적하는 기독교인(말하자면 무익한 기독교인!)―그리고 절망과 은총의 엄청난 드라마를 다시 체험하기 위해. 스스로 즐기는 거의 아름답지 않은 방식 그리고 그동안 원하는 바가 세상에서 이루어질지도 모른다― '영원한 성스러움' 은 모든 것을 초월한다.

7〔130〕

폴리스 πόλις의 숭배 : *폴리스*가 중단되는 즉시 사람들이 얼마나 거칠고 압제적으로 될 것인지 알 정도로 사람들은 자신들을 너무나

잘 알고 있었다 : 코르푸 사람들의 영혼의 폭로. 사람들은 항구적인 것과 정의와 선을 숭배했다. 시민적 평화의 결과물로서 향유. 화산의 근접은 고대인들이 바로 그곳에서 그렇게 의기충천하고 다정다감하도록 만들었다.

7〔131〕

투키디데스와 소포클레스가 소피스트 문화의 대표자들이다.

7〔132〕

무엇인가에 자신의 삶을 걸려는 탐욕적인 사람은 갈등에 상응하는 사물이 존재하는 즉시 각성하게 된다.

7〔133〕

당신에 반해 이야기될 수 있는 것을 결코 막지 말라! 약속하라! 주의하라!

7〔134〕

"사람들이 획득하기 위해 전력을 다할 만한 가치가 있는 사물은 없다." 스탕달

7〔135〕

위대한 영혼과 동등한 정신을 가진 여성은 날기에 충분히 강하며 바늘구멍을 기어서 통과하기에 충분히 섬세하다—

7〔136〕

인류의 미신적인 교육과 마찬가지로 조숙한 레싱Gotthold Ephraim Lessing의 교육을 아직도 참고 있는 사람이 있겠는가!

7〔137〕

촌스럽게, 인간을 갈망하며, 교제와 그 법칙에 대한 복수심에 불타면서, 때로는 깊은 절망감을, 때로는 갑작스러운 흥분을 〔―〕 숨기며, 동등한 것을 거슬러 폭력적으로, 지나치게 엄격하게, 거의 주목하지 않고 언제나 강요했다. 여가도, 사랑의 가치에 대한 지식도, 스스로에 대한 사랑과 연민도 없이 말이다. 이러한 강요가 인간의 작품 속에서 불타오르고, 하나의 적군처럼 망치로 대리석을 두들겨 깬다. 인간은 결코 배우가 아니다. 좋은 눈길과 나쁜 눈길로 아주 정확히 본다.

7〔138〕

사고를 비개성적으로 취하는 것은 과대평가되었다! 아무리 강력한 본성의 경우에도 그 반대가 진실이다! 그래서 사람들은 도덕으로 향하는 다리를 부설했다!!

7〔139〕

당신들은 인식의 돈 후안이 되지 않을 것이다. 매우 철저하지도 못하고 개성도 없기 때문이다.

7〔140〕

"아무런 소용이 없다 : 사람들은 고대 조각품의 완전한 안식을 느끼기 위해 순결하지 않으면 안 된다. 사람들은 저 안식을 묘사하기 위해 그들의 모든 격정 속에서 정열을 그릴 수 있어야 한다." 스탕달

7〔141〕

나는 단지 여성의 사랑, 명예, 부, 행복만을 가져오는 명성을 싫어한다. 나는 똑똑해지거나 절도 있게 되거나 현명해지려 하지 않는다! 고독하고, 자연 그대로의— — —

7〔142〕

"삶을 어리석은 하루의 길이에 따라 평가해야 하는가? 혹은 강렬한 기쁨의 수(數)에 따라?"

7〔143〕

"정열을 알지 못할 때, 어떻게 정열을 그리는가! 정열을 심장 박동 속에서 느낄 때, 재능을 위한 시간을 어떻게 찾는가!"

7〔144〕

*신께서 그 은총을 충만케 하시고*Et odoratus est deus suavitatem.

7〔145〕

"우리는 다른 사람 속에서 단지 우리 자신을 평가할 수 있을 뿐이

다. 경쟁자의 작품에 대한 위대한 예술가의 판단은 자신의 고유한 양식에 대한 입장 표명일 뿐이다." 스탕달

7〔146〕

사람들은 자신의 작품에서 손을 떼는 법을 알아야 한다.

7〔147〕

인류는 신을 표현하기 위해 조각상에 너무나 인간적인 근육을 표현했던 그리스 예술가들의 방법과 동일한 방법을 갖고 있는가? 전체적인 세부 묘사가 제거되었는가? 위대한 인간은 그의 온전함의 강압적이고 신격화하는 폭력에 의해 그의 세부 묘사가 없는 것으로 생각되는 인간인가? 사람들이 현미경과 같은 시각을 다른 곳으로 돌렸기 때문에, 즉 정직하지 못하게 보았기 때문에 덕성이 생겼는가? 인간이 항상 인간적인 많은 것을 간과했기 때문에 신성이 인간에 의해 만들어졌는가?

7〔148〕

"네 개의 선과 찢어진 그림이 위대한 사람들의 첫 번째 창작물이다. 이에 반해 훌륭한 노동자는 즉각 사소한 일들을 만든다." 스탕달

7〔149〕

"고대 시대의 고통은 우리 시대의 고통보다 약했다." 스탕달

7〔150〕

그대들이 아폴론한테서 아름다움을 발견하는 한, 그대들은 그에 속한 도덕을 찾아야만 한다 : 그 아름다움은 기독교적인 것과 어울리지 않는다!

7〔151〕

바이런과 루소와 바그너는 그들 고유의 관심의 유일한 대상이었다—"이 나쁜 습관은 문화의 나병"이라고 스탕달은 말한다.

"그것의 결과로 그는 자신의 괴로움을 과장했다."

"항상 자신과 그가 다른 사람들에게 만들었던 인상에 의해 선점된다." "다른 사람한테서 변형되는 것을 그는 이해하지 못했다. 가장 극적이지 않은 작가."

7〔152〕

바이런이 느낀 양심의 가책은 하나의 과장된 행동 이상이었다. 그것은 유행을 창조했다.

7〔153〕

W. 스콧Walter Scott의 인물들처럼 스스로를 부끄러워하지 않음. 스탕달. 이것은 기독교적으로, 그리고 매우 강하게 물려받았다.

7〔154〕

도덕을 벗어나 산다는 것은 불가능하다 : 그러나 인식하는 사람에게 도덕은 불가능하다. 충동들 서로서로의 행동에서 하나의 규정으로서의 도덕. 그러나 그것이 어디로부터 주어질 것인가? 그것은 결국 단지 우월한 충동에 의해 고무될 수 있을 뿐이다! 그러나 누가 이것을 발견할 수 있는가? (자만 등) 인식된 본성에서 우리는 어떠한 동인(動因)도 취할 수 없다. 주의하라!

7[155]

가난한 이웃을 엄하게 대하고 인간을 육체적인 것에서 매우 증진하는 것—그 다음에 어떠한 윤리학이 그에게서 성장하는지를 보고—기다린다! 윤리적 욕구들은 우리의 몸에 맞아야 한다!—그러나 경기인(競技人)들!

7[156]

나는 내가 양심의 가책을 느꼈던 때를 전혀 기억할 수 없다. 내 꿈들과 깨어남 사이에는 거의 균형이 잡혀 있다 : 단지 나의 어리석음이 꿈의 행위에서, 그리고 더 많이 낮의 사고에서 나타났다는 사실—그러나 같은 방식으로. 또한 나는 많은 것을 꿈속에서 생각하며 지금보다 특별히 더 이성적인 것도 아니다.

7[157]

"세월이 모든 근심을 낫게 한다" : 세월은 결코 아무것도 하지 않는다. 오히려 그것은 차츰 나타났다가 사라지는 많은 충동들의 만족일 것이다—그것은 커다란 고통에 대한 에피쿠로스의 방책이다 : 스스로를 즐거움에 헌신하는 것(아들의 죽음 이후 파스칼의 돼지 사냥). '종교와 철학의 위안' 도 이 매력적인 즐거움 중 하나다 : 그 위안의 가치는 무엇보다도 종교, 철학, 사색 등에 몰두하는 데 있다.

7〔158〕

가공할 어떤 것이 내게 결합되어 있다는 표상이 모든 지각을 변색시킨다. 또는 : 추방된 신이고자 하는, 또는 옛날의 죄를 속죄하려는 것이. 우리를 둘러싼 이 모든 무서운 비밀들은—우리가 우리에 대해 매우 흥미로워하도록 만들었다! 그러나 이는 전적으로 이기주의적이다! 사람은 자신한테서 눈을 뗄 수도 없고 떼서도 안 된다. 우리에 대한 열정적인 관심을 잃어버리고 사물(과학)에 대항해 우리 밖의 열정을 향하는 것이 이제 가능하다. 내게 중요한 것! 그것에 대해서는 파스칼이라도 답할 수 없을 것이다.

7〔159〕

나는 과학에 몰두하기 위해 장엄한 분위기가 필요하다는 것까지 설득하려 한다. 주의하라!

7〔160〕

'사랑론de l'amour' symbolice!

7〔161〕

동감을 강요할 수 있음—그것은 권력욕의 형벌인가? 잔인함의 형벌인가? 스탕달. 또는 반대로 동감에 대한 열망은 권력 열망의 요구인가?—

7〔162〕

그대들은 삶의 커다란 동요에, 머리와 영혼을 잡아먹는 육체에, 무감각함에 익숙하다.—그대들은 마침내 다르게 사는 것이 가능하지 않다고 생각한다—그대들은 그렇게 살고 있고 그대들의 멍에를 진다! 그것은 다르게 가능하다.

7〔163〕

고독, 많은 자유로운 본성
단순성과 공정
건강
독서와 우정에서 드문, 더 품위 있는 시도
의미 있는 근면
가슴의 고양을 위한 때와 기분

7〔164〕

힘과 시간에서 그대들의 최선을 그대들의 최상의 사람에게 바쳐라! 더 나은 것이 강요될 수 없다!

7〔165〕

사람들이 내게 인식의 조용한 행복에 대해 어떤 것을 미리 알려주었다—그러나 나는 그것을 발견하지 못했고, 내가 분명 인식의 불행이라는 지복을 아는 지금 그것을 경멸한다. 내가 그렇게 진저리가 난 것인가? 항상 근심 속에서, 항상 기대나 실망의 심장 박동! 나는 이 비참함을 축복하노라. 세계는 이를 통해 더 풍부해진다! 거기서 나는 가장 천천히 나아가며 이 쓴 달콤함을 들이마신다.

나는 위험 없이는 어떤 인식도 더 이상 원하지 않는다 : 항상 탐구자를 에워싸고 있는 터키의 바다나 냉혹한 산맥이 있을 것이다.

7〔166〕

나는 결코 모순에 도전하려 하지 않는다 : 오히려 : 나를 통해 문제를 만드는 것을 돕는다! 그대들이 **나**에 대해 느끼자마자 그대들은 나의 상태를, 그리고 결과적으로 내 논변을 이해하지 못한다! 그대들은 **그**와 동일한 열정의 희생자임에 틀림없다.

7〔167〕

건강은 1) 넓은 지평을 동반한 사고를 통해 2) 화해하고 위안을 주며 용서하는 느낌을 통해 3) 우리가 고군분투했던 알프스 산맥에 대한 우울한 웃음을 통해 알려진다.

7〔168〕

—모든 문제를 너무 지나치게-개인적으로-취함, 암흑, 나쁜 길, 방랑자를 위한 불량한 숙소와 아주 영원한 방랑자의 비참함 〔+〕 인간들!!!

7〔169〕

우리의 열정은 발가벗은 사실들의 바위들을 즉시 새롭게 단장하기 시작하는 초목이다. 영원한 놀이!

7〔170〕

선하지도 악하지도 않은!!!

7〔171〕

그래, 우리는 이 열정에서 파멸한다! 그러나 이것은 열정에 대항하는 논변이 아니다. 만약 그렇다면 죽음이 개별의 삶에 대항하는 논변일 것이다. 우리는 인류로서, 그리고 마찬가지로 인간으로서 멸망해야만 한다! 기독교는 모든 조야한 충동의 단절과 거부를 통해 유일한 길을 가리킨다. 우리는 행위, 미움, 사랑을 거부함으로써 바로 인식의 열정의 길로 나아간다. 평온한 관객—아무것도 더 이상 볼 수 없을 때까지! 그래서 우리를 경멸한다. 그대들 행동하는 사람들은! 우리는 그대들의 경멸을 바라보게 된다—: 우리에게서, 인류에게서, 사물성에서, 생성에서 벗어나서—

7〔172〕

나는 지식이 힘과 본능을 말살하고, 이를 통해 어떠한 행위도 성장하지 못하게 한다고 생각했다. 어떤 연습된 기제도, 하물며 편안하고 열정적인 습관도 새로운 지식의 뜻대로 되지 않는다는 사실만이 진실이다! 그러나 모든 것 그것은 성장할 수 있다! 비록 이것이 나중의 세대가 꺾게 되는 나무들을 기다리는 것을 의미한다고 할지라도—우리가 아니다! 그것은 아는 사람의 체념이다! 그는 더 가난해지고 더 힘없어졌으며 그의 사지가 약탈된 것처럼 행동이 능숙하지 못하다—그는 눈멀고 귀먹은 예언자가 되었다!

7〔173〕

또한 향유하는 사람들도 여전히 그들의 도덕성(그들의 용기, 그들의 근면)에 그렇게 경탄하기를 원한다 : 이 때문에 우둔한 작가들과 예술적 작가들, 음악가들이 그렇게 많이 공부했고 그렇게 많은 경탄을 자아냈다. 마리니Marino Marini. 소박한 스타일을 통해 예술로서 최상의 것이라는 월권을 해서는 안 된다. 모두가 라파엘로는 쉽게 이해할 수 있다고 상상한다. 그리고 이 때문에 그렇지 않다는 것을 아는 사람 역시 마찬가지로 장엄한 열망과 함께 그에게 다가가지 않는다 : 그의 연극에 대해 감사할 줄 아는 관람객이 없다.

7〔174〕

그대들의 영혼은 인식의 그렇게 많은 사소한 것들과 경미한 것들, 저급한 것들을 높이 들어 올리기에 충분히 강하지 못하다. 그래서 그대들은 사물에 대해 거짓말을 해야 하고, 이를 통해 그대들의 힘과 고귀함에 대한 감정을 잃지 않는다. 파스칼과 나는 다르다.—나는 작고 하찮은 구체적인 것을 표명할 필요가 없다—그러니까 나는 나한테서 어떠한 신도 만들려 하지 않는다.

7〔175〕

유대적—두려움과 경멸, 경우에 따라 은총의 종교(늙은 아브라함처럼)

그리스적—힘과 고유한 완전성에 대한 즐거움의 종교, 경우에 따라 너무 지나치게 높이 상승하려는 것에 대한 질투의 종교(아가멤논, 아킬레우스)

7〔176〕

'미친', 하나의 그렇게 불확실한 한계. 얼마나 선하고 아름다운가! 또는 '가소로운' 그리고 '부끄러운'

7〔177〕

자신에 대한 믿음을 가진 위대한 인간들의 진실함은 단지 자신에 대한 회의의 끔찍한 비판을 통해서만 증명된다 : 이것이 드러나지 않는 곳에 미친 사람과 위선자가 있다.

7〔178〕

우리가 충동을 신뢰할 경우 충동은 다시 이상을 만들어낼 것이다! 사랑이 항상 계속해서 그렇게 하는 것처럼. 그리고 이어서 : 시간이 경과함에 따라 자신감을 통해 어떤 충동이 억압된다—즉시 다른 모든 충동들은 새로운 색채를 얻는다. 이러한 놀이는 햇빛과 밤처럼 오랫동안 계속될 것이다.

7〔179〕

과학은 명령할 수 없고 단지 철저히 가리킬 뿐이다(그러나 '어떤 방향으로'라는 보편적 명령이 주어진다면 과학은 수단을 제시할 수 있다). 방향에 대한 보편적 명령을 과학은 제공할 수 없다! 그것은 사진이다. 그러나 그것에는 창조적 예술가가 필요하다 : 그것이 충동들이다!

7〔180〕

나는 고독에 대한 경향에 굴복한다. 나는 다르게는 할 수 없다 : "내게 그것이 필요하지 않은 것처럼"—사람들이 말하듯이. 그러나 내게는 그것이 필요하다. 나는 나 자신을 추방한다.

7〔181〕

내가 사랑하는 것에 대한 저 갑작스러운 증오. 저 소심함과 저 "내게 중요한 것"!

7〔182〕

나는 모차르트가 쾌활하다고 간주했다—내가 너무도 깊이 우울한 모양이다! 그래서 밝음, 순수함, 쾌활함, 치장함, 진지함을 향한 나의 욕망!! 이 모든 것을! 그것을! 과학이 내게 주게 되리라는 내 희망!

7〔183〕

이제 프랑스인과 이탈리아인이 독일인을 흉내 내어 음악에서 나타나는 폭력적인 것과 의식적인 증오를 모방한다—이것들은 낙원과 같은 마술의 가장 세련되고 절묘한 매력과 알림을 소리에서 알아차리게 하기 위해 필요한 보색이다 : 그래서 이전에 귀의 육체적 고문이 적잖이 있어야 했으며—천국을 위해 사람들은 먼저 연옥에 대한 올바른 맛을 경험한다. 그것을 옛사람들은 알지 못했다. 그들은 음악을 들으려는 사람에게 사랑에 빠지거나, 더 낮게 표현하면 열정적일 것을 요구한다! 이제 최고로 준비된 상태로 간주되는 것 :

의심, 세계에 대한 권태. 영원한 불행, 모든 것을 위한 불행으로 인해 무감각해진 채 우리는 고통을 참고 견딘다—그리고 우리는 시간이 지난 뒤 우리를 감동시키고 동요시켰다고 여겨지는 것에 대해 말할 수 없이 감사를 표한다! 우리와 모든 고통받는 사람에 대한 동정은 이 음악이 약속하는 행복이다.

7〔184〕

파스칼의 자기 기만 : 그는 이미 기독교적 경향으로 시작한다. '악한 쾌락'! 죽음의 의미! 우리가 만약 죽음을 동물의 죽음처럼 생각한다면—그것은 그 자체로 그렇게 두려운 것이 아니다 : 단지 범죄자의 경우 그것은 치욕 때문에 우리에게 비참한 느낌을 준다. 파스칼은 충분히 신중하지 못했다. 그는 기독교의 유혹술을 증명하려 했다!

7〔185〕

기독교는 인간적 상태의 불행을 과장했다. 즉 처음으로 그 불행을 창안했다. 파스칼은 더 나아가 가장 극단적인 것을 행한다.

7〔186〕

거만하고 독립적인 인간은 동정에서 깊은 증오심을 느낀다 : "동정을 받기보다는 차라리 미움을 원한다."

7〔187〕

사람들은 건강 같은 것이 확고한 목표라고 생각하지 않는다 : 기독교가 질병을 우선시했다는 것 그리고 좋은 이유에서! 건강하다는 것은 '아름다운', '선한'과 같은 개념이다—가장 잘 변화될 수 있다! 스스로-안락하게-느끼는 것은 육체의 대립적인 상태에서의 오랜 습관의 결과로 나타나기 때문이다!

7〔188〕

알코올 : 이제 뻔뻔하게 금전욕에 빠져 있는 독일인들은 노동보다 차라리 정치를 원하며 국가적 망상의 노예다—우둔함의 세 가지 원천

7〔189〕

나는 그리스 철학자들처럼 그렇게 외경을 불러일으키는 인물들을 안 적이 없다.

7〔190〕

파스칼의 열정은 스스로를 모든 사람들을 위해 필수적인 것으로, 그리고 유일하게 필요한 것으로 **증명하려** 한다.

7〔191〕

나는 나에 대한 파스칼의 경멸과 쇼펜하우어의 저주를 지니고 있다! 그리고 사람들은 그들에 대해 나보다 더 애착을 느낄 수 있다! 물론 숭배자와 멍청이가 아니라 친구로 머물기 위해 성실하게 머무는 한 친구의 애착!

7〔192〕

그것은 잠언이다! 그것이 잠언인가?—그것에서 출발해 나를 비난하는 사람들은 조금만 생각하고 자기 자신 앞에서 변명할지도 모른다—나는 나를 위해 어떠한 금언도 필요하지 않다.

7〔193〕

아름다운 정원과 집에 대한 즐거움, 이러한 방식의 사랑을 지속적으로 지니는 사람들이 있다는 사실과 나는 이 정원과 집을 갖고 있지 않다는 사실—두 배의 즐거움!

7〔194〕

미적인 것—지금 미국인들은 그것을 조용히 감동을 주는 것으로 이해한다. 미적인 것은 상업적인 성실과 결과의 실천적인 고려, 서두름, 획득, 스스로-성찰함의 무미건조함과 열정에 대립해 있다.

7〔195〕

독일인들은 힘이란 가혹함과 잔혹함에서 표출되어야 한다고 믿는다. 그런 다음 그들은 기꺼이 굴복한다. 경탄과 함께. 그들은 모든 무가치를 위한 그들의 동정적인 약함과 예민함을 한꺼번에 벗어나고 열심히 공포를 즐긴다. 그들은 온화하고 고요한 것에도 힘이 있음을 쉽게 믿지 않는다. 그들은 괴테에게 힘이 없음을 한탄하고 베토벤이 힘을 더 많이 갖고 있다고 생각한다 : 바로 거기서 그들은 잘못 생각한다.

7〔196〕

바그너의 추종자들은 그들의 흥분과 폭발의 능력을 믿게 하려 한다—하나의 무미건조한 시대에 결코 적지 않은 명예심! 그러나 그것은 어떤 무미건조한 것이 아니다 : 그렇게 그들은 월권할 수밖에 없다!

7〔197〕

인식 충동은 아직 젊고 조야해서 결론적으로, 오래되고 충분히 발전된 충동에 비추어 볼 때, 추하고 모욕적이다 : 모두가 한때는 그랬다! 그러나 나는 인식 충동을 열정으로 다룬다. 그리고 개별적인 영혼들이 호혜적 · 화해적으로 세계를 되돌아보기 위해 제쳐놓을 수 있는 것으로 다룬다 : 그사이 세계에 대한 체념이 다시 필요하게 된다. 그러나 어떤 금욕적인 체념이 필요한 것은 아니다!

7〔198〕

루이 14세 시대 : 인위적인 형식 아래서 비굴함의 마법이 당시 영혼들이 그러했던 것처럼 강한 영혼에 의해 지각되었다(그 영혼들은 서로를 완전히 미움과 시기로 대했으며 그것을 드러낼 수 없었다. 그 영혼들은 그들의 감정을 어렵게 표현하게 만드는 시인과 시인의 영웅을 강제하는 데서 복수의 즐거움을 느꼈다. '자연적인' 것이 그 영혼들을 격분시켰을 것이다 : 그렇지 않다면 그들의 허식에 무엇이 유효하겠는가! 단지 민중만이 아니다!) : 지금은 그것을 향유하기 어렵다! 그리스인들의 경우엔 달랐다. 그들은 인습에 강하게 묶여 있었고 혁신에 대해 가장 신중했다(이를 위해 그들은 혁신적인 모든 작은 특징에 대한 가장 섬세한 미각도 지녔다!)

7〔199〕

바그너의 추종자들은 '음악적 인간'을 어떻게 부르는가? 그리고 과거에 그리고 다른 사람들은 어떻게 불렀는가! 거의 반대다! 그러므로 주의하라!

7〔200〕

내가 내게 없다고 한탄하는 것 : 나 자신에 대한 저 깊은 관심. 나는 지나치게 기꺼이 내 밖으로 생각 등을 분명히 제시하며 나를 둘러싸고 있는 모든 것에 너무 가볍게 정당성을 부여한다. 나는 나를 숭고하게 생각하려는 시도에 빨리 지친다. 나는 나에 대해 결코 깊게 숙고하지 않았다.

7〔201〕

독일인들이 '열정'이라는 단어를 가진 지 백 년도 되지 않았다—독일인은 이 단어를 그리스인을 모방해 만들었다. 한 번역자가 그것을 발견했다.

7〔202〕

건물의 짙은 노란색과 그 위에 삼나무의 음울한 녹색—수도원 하나 그리고 그 안의 부상병들.

7〔203〕

우리는 우리의 힘을 최고도로 긴장시키는 상황을 찾는다 : 그러나 이것은 자주 상반된다 : 한 사람은 고독을 찾고 인간의 입에 오르내리지 않도록 노력한다. 그리고 다른 사람은 국가에 자신을 바치고 국가가 자신 안에서 스스로를 숭배하려 한다는 표상이 자신을 몰아갔다고 대부분 느낀다—그는 이것을 충분히 높이 추구할 수 없다. 세 번째 사람은 연인의 마음에 들려 한다. 그리고 그는 그녀를 비교할 수 없는 어떤 것으로 간주하기 때문에 결코 충분히 행하지 않는다. 다른 사람은 그들이 타성에 젖어 있게 허용하는 상황을 찾는다.

7〔204〕

나는 저 조야한 인간들을 증오한다. 그들은 우리가 그들에게 가까이 갔다는 사실을 무시한 채 그들의 우둔한 권력욕을 통해 우리가 그들을 위한 일종의 도구나 공구인 것처럼 우리를 그들의 손아귀에 넣으려는 사람들이다. 그들이 판결을 내릴 수 있을 만큼 이제 우리를 안다고 생각한다는 주장이 벌써 가장 나쁜 취향의 뻔뻔스러움이다. 그것은 정신적인 벼락부자의 기질이다 : 그들의 밑바닥에는 고귀한 본성이 없다.

그들에게는 겸손에 대한 개념이 전혀 없다. 겸손은 우리가 그들에게 존경과 영예를 표하기 위해 필요한 것이다. 이제 그들은 그들이 원하는 어떤 사람인지도 모른다.

7〔205〕

계획용.

개성들 대부분을 산출하였던 시대인 그리스 정신의 상(像). 르네상스에서 계속됨!

중세적이고 궁정적인 자유-의회주의적이고 사회주의적인 것에 대한 논박. 사회주의적인 단체들이 형성되는 것이 불가피하다고 간파한다. 또한 이 단체를 위한 정신들이 싹트기 시작하는 것을 걱정하자! 저 기구들은 장차 다가올 노예 상태를 형성한다. 그들의 모든 지도자들과 함께 — 그러나 아마도 은자들의 귀족 정치가 이것을 극복할 것이다. 다른 모든 사람처럼 살고 믿는 **학자의 시대**는 지나갔다(교회, 궁정, 상업적인 정당 등의 도구로서)! 위대한 영웅적 정신이 다시 필요하다!

유일하게 정복되는 거대한 양식의 힘은 러시아다(이 정복하려 하는 것 없이 국가들은 거세되었다! 과잉된 힘을 밖으로 돌린다는 것도 이에 속한다!) 결과적으로 유럽의 통합은 불가피해진다. 그러나 이 전쟁 상태의 최후의 구역질이 끊임없이 사회주의를 엄습하고 민족과 왕조의 불화를 억압한다! 우리는 거친 시대를 맞고 있다! 그것은 하나의 이점이다. 왜냐하면 이 지나치게 신경질적인 현재는 더 이상 아무런 가치가 없고 초(超)기독교적-도덕적인 것의 정화가 필요하며 우아한 사람, 무력한 사람, 유약한 사람 등이 파멸하는 것과 무능해지는 것이 필요하기 때문이다.

7〔206〕

아테네와 달리 힘에의 의지에 대해 거의 더 이상 말할 엄두가 나지 않는다!

7〔207〕

무엇이 고대인들을 스토아주의자가 되도록 몰고 갔는가(어떠한 지옥의 형벌도, 인간에 대한 경멸도, 신적인 성스러움도 그들에게 체념을 필연적인 것으로 만들지 않았기 때문에)? 엄청난 갑작스러운 고통의 무서운 가능성, 그들의 열정의 무서운 힘—그들은 스스로와 불안정성의 세계 때문에 고통을 받는다(노예와 카이사르!) 그리고 덕의 측면에서 일인자가 되려는 명예욕—질투. 그것은 궁정의 주목까지 받게 되어 위로하는 사람으로서 궁정에 초빙되기 위한 수단이다.

7〔208〕

비밀 신문에서 파스칼은 신에게 "심지어 자신의 복수를 희생시키겠다"고 약속한다.

7〔209〕

다르게 볼 줄 몰랐던 무지한 인간들은 그들의 습관에서 그들의 주위 사람을 위해 어떤 강제와 법칙을 만든다—그래서 젊은이들은 이에 반하는 숭배 가운데서 성장한다—그리고 그것은 새로운 것이다 : 그렇게 관습적인 것이 '도덕적' 인 것이 된다.

7〔210〕

모든 열정(역사적 과정에서)을 그것이 자신의 개별적인 결실을 나타내도록 훌륭히 돌본다. 주의하라!

7〔211〕

우리의 열정을 정원처럼 가꾸는 것은 우리가 마음먹기에 달렸다. 체험들을 심고 다른 것을 깎아버린다 : 우정의 아름답고 조용한 가로를 만들고 명성을 향한 침묵하는 조망을 의식한다,—우리에게 명성이 필요할 경우, 명성은 우리에게 부족하지 않게끔 명성의 정원의 이 모든 좋은 구석들로 난 통로를 확보한다.

7〔212〕

지성적인 관용은 절대적 타당성과 영원한 사물에 대한 갈증을 상대성에 대한 통찰과, 단명과 변화하는 것에 대한 사랑에 대한 통찰을 (그에 대한 경멸 대신에) 통해 극복하는 데서 성립한다. 잔혹함의 한 단편.

7〔213〕

우리가 이런저런 것을 치우고 망각한 다음 우리의 고유한 자아를 찾게 된다는 것은 신화를 믿는 것이다. 그렇게 우리는 우리를 무한한 것으로 되감는다 : 그것이 아니라 우리 자신을 만드는 것, 모든 요소에서 하나의 형식을 형성하는 것—과제다! 항상 한 조각가의 과제! 생산적인 인간의 과제! 인식이 아니라 실행과 모범을 통해 우리는 자신이 된다! 인식은 최상의 경우 수단의 가치를 가진다!

7〔214〕

아폴론과 절제의 도덕은 같은 것에 속한다 : 만약 바그너의 이상적인 미를 발견하는 사람이 있다면, 그는 그 미를 부풀려 거대하게 그리고 신경질적으로 만들 것임에 틀림없다.

7〔215〕

예수의 이야기들에 나타난 도덕적인 정치(精緻)와 고상한 취향은 아마 우리에 의해 평가될 수 없을 것이다. 왜냐하면 우리는 여기에 선에 대한 최상의 취향이 있다는 예방 주사를 맞았기 때문이다. 아리스토텔레스라면 무엇을 느끼겠는가! 부처는 무엇을 느끼겠는가!

7〔216〕

독일인은 유약함 때문에 아무런 대응 없이 인상들에 빠진다. 그래서 바로 그들에게서 동정의 종교가 그렇게 가치가 적은 것이다. 그들은 일반적인 유약함에 거역하기보다는 흡족해하기 때문이다. 칸트는 정언명법을 통해 독일인에게 유용한 사람이었다. 그 유약함은 이제 음악에서 자신의 가장 기발한 표현을 얻었다—감정을 향한 영혼의 끝없는 방황, 결과로서의 극단적인 신경과민. 우리는 그것 때문에 나중에 신음한다. 그렇게 예민한 인종에게 양념을 위해 무엇이 필요할 것인가! 가장 거친 것들! 그것은 술고래의 인종이다! 아마도 이 음주가 독일인을 그렇게 약하고 감상적으로 만들었을 것이다.—예술가의 정신과 그의 아첨에 대한 욕구에 대립하는 군인 정신에 대한 찬양.

7〔217〕

하나의 영원한 이상에 인간을 제한하는 것—스토아주의자, 기독교, 칸트, 콩트—그것은 아직 소멸하지 않은 고전주의다. 절대적

도덕!

7[218]

나는 편안하게 행동하지 않는다. 편안한 행동의 목적, 목표가 편안한 느낌을 함께 가져오기 때문이다 : 편안한 행위는 이러한 목표를 위한 수단이 아니다 : 오히려 편안한 것이 편안한 행위의 끝에서 비로소 편안한 것이 아니라, 처음부터 편안하도록 편안한 것이 행위 안으로 밀고 들어온다. 우리는 목적을 통해 인간을 지금의 우리 자신보다 더 이성적으로 만든다! "왜 이 음식이 우리에게 맛있는가? 무슨 목적으로?" 할 말이 없다! 우리의 충동이 말하는 도처에서 '목적은' 허풍에 불과하다!

7[219]

그대들은 그것을 체험하지 못했는가? 사람들은 자기 극복에서 자신의 가장 극단적인 것을 행하며 거의 시체처럼, 그러나 승리에 도취되어 자신의 무덤에서 나온다—좋은 친구들은 우리 기분이 정말 즐겁고 독특하다고 생각하면서도 아무것도 눈치 채지 못한다. 그러나 그들이 우리를 놀림감으로 삼는 권리를 가졌다고 생각하는가? 겟세마네 동산의 제자들은 잠들지 않았고 풀 위에 누워 카드놀이를 하면서 웃었다고 나는 생각한다.

7[220]

왜 우리는 바로 창조와 예술의 형식 중 가장 어렵고 가장 고통스러운 형식에서 즐거움을 느끼는가? 우리는 왜 모든 단조롭고 더 용이한 것을 부끄러워하는가? 그것은 자만, 어려움의 극복, 우리 자신 앞에서 영웅이 되려는 의지다.

7〔221〕

《구약 성서》에는 기독교적인 어떤 경향이 있다—사람들은 사랑의 신의 탄생을 파악한다!

7〔222〕

도덕에 관한 모든 지식과 관련된 소크라테스의 회의는 여전히 가장 위대한 사건이다—사람들은 그것을 잊어버렸다.

7〔223〕

그들의 공통된 충동과 연관해 볼 때 도대체 무엇이 좋은 사람과 나쁜 사람의 실제적인 차이인가? 나쁜 사람은 선과 악에 대한 자신의 판단을 주위 사람의 판단과 동일한 것으로 느끼며, 다른 사람의 판단과 자신에 대한 수치심을 통해 악한 것을 행한다—지식과 행위에서 나타나는 모순. 또는 그는 이 이점과 악의 이점을 은밀하게 갖기 위해 선하게 처신한다.—이 모든 것은 헛되다! 그의 신경 체계는 그가 이 모순을 견디거나 탐색하는 것과 다른 무엇을 만드는가?

7〔224〕

부화(孵化)에 대한 사랑! 그것은 사람들이 믿는 것처럼 단순하지 않고 오히려 생산, 소유, 놀이, 위험하지 않은 어떤 것, 사람들이 지배하는 굴욕적인 어떤 것, 따뜻한 어떤 것이다—안락함에 대한 많은 근거들!

7〔225〕

사회적 조처를 통해 이루어지는 이웃들에 대한 우리의 보증은 더 이상 동정이 아니라 오히려 조심과 냉담함을 증명한다.

7〔226〕

우리가 편안한 열정의 불꽃이 피워내는 부드러운 연기 속에서 세계의 광경을 둘러볼 때, 그것은 수수께끼의 대상이 되거나, 혹은 축소되고 축약되거나, 혹은 불투명하지만 항상 고상한, 비로소 견뎌낼 수 있는 것이 된다. 우리의 열정 없이 세계는 수와 선, 법칙과 무의미, 모든 것에서 가장 불손하고 외람된 역설이다.

7〔227〕

"우리는 결코 사물의 핵심에 도달하지 못한다" : 나는 말한다. 우리는 결코 우리의 열정의 마지막 꼭대기에 도달하지 못하며 기껏해야 하나를 매개로 다른 것을 내다본다.

7〔228〕

라신의 경우 이미 방탕이 고상하게 열정에 몰두했다. 사람들은 배경에 포르루아얄을 두고 그를 읽어야만 한다.

7〔229〕

나에게 미국적인 웃음이 쾌감을 준다, 마크 트웨인Mark Twain 같은 음흉한 뱃사람들의 이러한 방식이. 나는 독일적인 어떤 것에 대해서도 더 이상 웃을 수 없었다.

7〔230〕

'도덕의 고전주의'는 여전히 성황을 이루고 있다. 여기서는 자신의 감정을 따른다 : 또한 삼일치 법칙의 신봉자들도 이것을 행한다.

7〔231〕

도덕적 현상들은 질병의 역사를 겪는다 : 처음에는 외부로부터 어떤 것이, 초자연적인 힘의 작용. 그 다음 온전히 인간적인, 그러나 어떤 것 그 자체, '도덕적인' 것. 마침내 인간은 그것이 질병처럼 부정확하게 형용된 과정들이라는 것을 인식한다(그에 대해 각각이 자신의 의견을 가지며 가장 현명한 사람은 위대한 회의의 시대가 다가왔다는 사실을 통해 침묵하는 데 출중하다). '도덕적인 것 그 자체'란 존재하지 않는다. 충동에 관한 견해들이 만들어지고 이것이 다시 충동에 영향을 미친다.

7〔232〕

"이른바 철학적 체계에서 양육되다. 이것은 모호하고 조악(粗惡)하게 씌어진 시 같은 것이나 도덕적인 관점에서는 최상의, 그리고 가장 성스러운 숭고함이다. 그것들은 중세로부터 공화주의, 불신, 음험한 계략이 아니라 감격과 좋은 믿음에 대한 성향을 물려받았다. 그를 위해 그 체계들은 십 년마다 다른 모든 사람을 지워버리는 하나의 새롭고 위대한 사람을 필요로 하지 않는다."

7〔233〕

파스칼의 중요한 잘못 : 그는 기독교가 필요하기 때문에 참되다는 것을 증명했다고 생각한다—그것은 필요한 모든 것을 참으로 창출하는 하나의 선하고 참된 섭리가 존재한다는 것을 전제한다 : 그러나 필연적인 오류가 있을 수 있다! 그리고 마침내! 필연성은 단지 그렇게 나타날 수 있는 것인지도 모른다. 왜냐하면 사람들이 마치 제2의 본성처럼 강제적이 될 만큼 오류에 길들었기 때문이다.

7〔234〕

파스칼의 상태는 열정이며, 그것은 행복과 불행 그리고 깊고 지속적인 진지함의 징후와 결과를 온전히 보유한다. 이 때문에 그렇게 열정에 반해 그를 자랑스럽게 바라보는 것은 정말 웃기는 일이다—다른 모든 사람들을 경멸하고 그들 없이 지내는 인간을 불쌍히 여기는 사랑의 방식 중 하나다.

7〔235〕

어디에 우리의 어려움과 용이함이 있는지 모르는 친구들이 내게 무슨 의미가 있는가! 우리가 우리의 우정을 깊이 고려해야 할 시간이 있다.

7〔236〕

사람은 늙어가고, 가장 유명한 이름을 가진 영역에서 나를 설득하는 것이 나를 힘들게 만든다. 나는 소렌토에서 잘못된 선(線)들을 보았다. 모든 선들을 신령스럽게 만들고 영역을 거의 환상적으로 만드는 늦은 가을의 마조레 호에서 볼 수 있는 백화(百花) 현상의 아름다움은 나로 하여금 황홀감을 느끼게 하지 못한다. 그러나 그것은 그립게 우수에 젖어 나에게 말을 건넨다—나는 그러한 것을 자연에서만 알고 있지는 않다.

7〔237〕

나는 사물들에 말을 건네야만 한다. 나는 너무 오랫동안 대화 없이 혼자 있었다 ; 나는 그것들에게 아첨하고 좋은 일을 되풀이해서 말하려 한다.

7〔238〕

독일인들의 특색들 1) 그들은 명상을 통해 스스로를 안정시키는 대신 열광한다 2) 어떤 특색을 가지기를 죽도록 열망한다. 스탕달

7〔239〕

고대인들에게 희망은 우리의 경우와는 다른 모습을 띠었다—헤시오도스. 질투 역시 그러했다. 다른 민족들에게서 거짓말은 존경을 받았다(예를 들어 여전히 나폴레옹의 경우에). 술 마시는 능력은 독일 사람들에게는 자주 영예로운 것이다.

7〔240〕

아이스킬로스에게 있어서 열정 있는 여자는 마치 바다의 동물처럼 지긋지긋하고 몸서리쳐지는 어떤 것이다—표현할 수 없는 어떤 것.

7〔241〕

모차르트에 대한 평가들은 음악의 발전에 따라 변화한다. 즉 그 평가들은 그의 성격과 열정을 올바르게 지적한다—이것은 그가 항상 되풀이해서 받는 새로운 조명과 대립의 결과로 변화하는 것처럼 보인다. 모든 종류의 예술가와 사상가를 위한 하나의 암시! 평가에 가장 뛰어난 사람들은 위대한 창조가 부여했던 모든 것을 함께 쟁취했고 모든 것에 대해 함께 즐거워했던 개별적인 동시대인이다.

7〔242〕

플라톤은 인식 충동을 이상화된 사랑의 충동으로 묘사했다 : 항상 아름다운 것에 따라! 최고의 아름다움은 사상가에게서 현현한다! 이것은 그러나 하나의 심리학적 사실이다 : 플라톤은 그의 보편성에 대한 조망과 사유에서 그에게 사랑의 향유를 기억하게 하는 하나의 감각적 향유를 가졌음이 분명하다.

7〔243〕

단어들은 남아 있고 우리를 바보로 만든다. 그래서 우리는 상이한 것을 같이 명명한 뒤 나중에 생각하기를, 그것은 같은 것이라고 한다(예컨대 *농담*ridiculum)

7〔244〕

모든 여타 행위로부터 도덕적 행위의 구분의 성립. 중요하다! 먹고, 걷는 것은 도덕적이지 않다. 어디서 무차별성이 멈추는가?

7〔245〕

경멸과 존경이 사물을 인간의 눈에서 때로는 이렇게, 때로는 저렇게 형성했다. 처음 것은 퇴색하고 위축되게 만든다. 결과적으로 그것을 지향하는 성향은 소멸되고 이 영역에 대한 환상이 지치거나 유독하게 된다. 두 번째 것은 그 반대다.

7〔246〕

이제 모든 도덕주의자들의 소박함! 그들은 동정적인 느낌과 다른 사람들에 대한 느낌 그 자체가 도덕적이라고 믿는다. 그들은 그것이 단지 이 느낌을 평가에서 앞세우는 문화의 한 단계라는 것을 깨닫지 못한다. 다른 단계에서는 다른 것을, 그러니까 대립적인 것을 앞세운다! '그 자체로' 도덕적이다! 사람들은 동정하는 사람을 칭송하고 냉정한 사람들에 대해 불평한다—그렇다! 이미 단어들이 이 뒷맛과 함께 받아들여진다. 그런데도 스토아주의자들은 그들을 바라볼 때 어떤 감명도 받지 않는 불굴의 냉혹한 인간을 칭송하고 동정하는 사람에 대해 불평했다는 것인가! 그러나 그것은 또한 아마도 우리의 도덕보다 더 위대한 것을 수행한 하나의 도덕이었을 것이다!

7〔247〕

영국 사람들은 최상의 냉정함이 도덕에 관한 문제에서 사고 방식을 얼마나 자유롭게 만드는지를 경이롭게 생각한다 : 스펜서, 스튜어트 밀. 그러나 궁극적으로 사람들은 도덕적 느낌을 정식화하는 것 이외의 다른 것은 하지 않는다. 전혀 다른 것이 요구된다 : 실제로 다르게 한번 지각할 수 있는 것과 이것을 분석하기 위해 차후에 냉정을 기하는 것! 그러므로 친애하는 도덕주의자들이여, 새로운 내적 체험이 필요하다!

7〔248〕

나는 너무 자주 '그대들'이라고 말한다! 그러나 사물들이 내게 말을 걸고 나는 그것들에게 답한다. 그것들은 나를 악습에 물들게 했다.

7〔249〕

기독교의 전제들에 있어서 고매함의 결여 1) 무엇을 위해 정의의 신이 희생자를 가져야만 했는가? 예수의 순교는 복수의 신의 경우 이외에는 불필요했다(더구나 이 신은 자신의 대리인에게 관대하지 않았고 그것을 감수하게 했다!) 2) 인간을 돕는 것이 그의 의지라면 그리스도에 대한 믿음이 무엇 때문에 필요한가! 3) 무엇 때문에 은폐된 신 deus absconditus이 필요한가!

7〔250〕

겔러트Christian Furchtegott Gellert의 굴욕적인 관념론, 실러의 공상적인 관념론, 젊은 독일의 삶과 행위에 열정적인 관념론, 바그너의 아름답고 신비한 관념론, 저승의 어두움의 관념론 : 나의 관념론!

7〔251〕

죄악을 고안한 다음 구원의 상태를 만든 것은 인류의 가장 탁월한 업적이다. 이 비극이 다른 업적들을 매우 창백하게 만든다!

7〔252〕

그대들의 삶이 높은 정원의 담을 통해 도로에서 분리되었다고 하자 : 그리고 그대들의 정원에서 장미 향기가 담 너머로 흩날리면 누군가의 가슴에 한번 연모의 마음을 품게도 할 것이다.

7〔253〕

그대들은 그대들이 마음을 바쳤던 어떤 사물이 그대들의 마음에 가치가 없다는 생각이 머리를 스칠 때 단 한 번도 얼굴을 붉히지 않았는가? 그리고 그대들은 바로 그 후에 그대들이 얼굴을 붉힌 것에 대해 창피해하지 않았고 애호했던 사물에 그대들의 뻔뻔한 자존심을 값싸게 내놓지 않았던가?

7〔254〕

파스칼은 유익한 사랑이 아니라 단지 낭비적인 사랑만을 염두에 두었다. 그것은 모두 이기주의적인 개인적인 일이다. 행위들의 이러한 총계에서 하나의 새로운 세대가 열정적으로 자신을 만족시키는 습관과 수단〔또는 비(非)수단〕을 만들어낸다는 사실—그는 그것을 보지 못했다. 생성이 아니라 항상 단지 개별적인 것.

7[255]

많은 화가에게 아름답다는 것은 경건에 대한 표현이다. 그리고 육체에 대한 특정한 빈약함과 경건한 것에 대한 고통스러운 태도가 보일 수 있기 때문에 이들은 아름다움의 지각을 또한 바로 이 형식들에 전의(轉義)한다. 매우 길고 강한 하나의 습관은 최후에는 심지어 성욕을 미혹할 수도 있다 : 성욕은 무의식적인 합목적성의 생산을 위해 따르는 것과는 상당히 거리가 있다.

7[256]

계획용.

무엇을 통해 하나의 확고한 근거에 대한 욕구가 그렇게 커졌는가? 우리가 우리를 불신하도록 학습되었기 때문이다 : 바꾸어 말해 우리는 나쁜 양심 없이 어떠한 열정도 더 가질 수 없기 때문이다. 우리 존재에 대한 이러한 모독을 통해 우리 외부의 확실성에 대한 충동이 그렇게 커졌다 : 1) 종교적 방법 2) 과학적 방법 3) 돈, 영주, 정당들, 기독교적 이단 등에 대한 헌신 : 우리는 이것들을 광신적으로 취할 수밖에 없다. 즉 잘못 이해할 수밖에 없다. 그것들이 우리에게 절실한 것을 수행할 수 있도록. 유대인들은 스스로와 인간 일반에 대한 경멸을 품었다.

목표 : 1) 아직도 그렇게 너무도 확실하게 보증된 세계는 궁극적으로 개인적인 측정에 종속되어 있다 : 그렇게 긴 시간 동안 우리가 탐구할 경우, 우리는 개인을 자주 제외할 수 있다 : 우리가 마침내 발견하는 것에는 항상 주관적인 입장이 있다! 2) 우리는 환영이 아니라 실제적인 사물에 대해 주관적인 입장을 표명하기 위해 우리를

충분히 자랑스럽게 생각해야만 한다! 그리고 우리는 너무 빠른 확실성을 원하기보다는 차라리 회의와 항해를 견뎌야 한다! 3) 고유한 영혼의 영예를 다시 수립하는 것!

7〔257〕

그대들이 과학이 멈추는 그곳에서 도움을 위해 기독교적 신앙이나 형이상학을 취하는 즉시 그대들은 영웅주의의 힘을 취하는 것이며 그대들의 과학성은 깊숙이 끌어내려진다! 그대들의 최상의 강조는 더 이상 그대들에게 귀속되지 않는다. 그대들은 냉정하고 더 이상 움직이지 않으며 아무것도 희생하지 않는다! 그래서 '학자'의 흉악한 모습—그는 위대함 없이 궁극적인 의향을 표했으며 목적으로 나아가지 않았다. 오히려 그는 거기서 무릎을 꿇었고 교회나 정권이나 여론 또는 시문학과 음악에 굴복했다. 그에게는 그러한 체념이 필요하다—

7〔258〕

사람들은 말하기를 배운다. 그러나 사람은 일 년 동안 침묵할 경우 지껄이기를 잊어버린다.

7〔259〕

네게 도대체 명예욕이 있는가? 나는 그것을 결코 믿지 않았다. 그러나 내게 세상에서 가장 중요한 것처럼 보이는 것에 열중하지 않고 애착을 갖지 않는 것을 내가 견딜 수 없다고 생각한다는 사실이 나에게 떠올랐다.—내가 예술에서 이것을 더 이상 믿지 않았을 때,

나는 증오와 같은 느낌과 함께 매우 냉정히 비켜섰다. 내게 예술은 나로 하여금 중요한 것을 멀리하게 하는 사기꾼으로 비쳤다.

7〔260〕

파스칼은 작은 페리에Périer가 예수의 실제 음성을 통해 구원받았다고 전하는 것을 믿었다. 이 거룩하고 두려운 목소리가 자연을 놀래고 교회를 위로한다cette voix sainte et terrible, qui étonne la nature et qui console l'église.

7〔261〕

'정열적인 논리의 데모스테네스Demosthenes'

7〔262〕

파스칼과의 비교 : 우리는 또한 파스칼처럼 자기 억제에서 강점을 갖지 않는가? 그는 신을 위해, 우리는 정직성을 위해? 당연히 인간으로 하여금 세계와 자기 자신한테서 빠져나오게 하는 하나의 이상은 더 이상 고조될 수 없는 긴장을 만든다. 그 이상은 깊은 곳에서 계속된 자기 모순이며 '나' 라고 불리는 모든 것에 대한 경멸에서의 스스로에 대한 영혼의 휴식이다. 우리는 덜 노여워하며, 충만한 복수의 세계에 대해서도 덜 노여워한다. 한꺼번에 발휘되는 우리의 힘은 보다 적은 것이다. 우리는 또한 그 대가로 양초처럼 매우 빠르게 타버리는 것이 아니라 지속하는 힘을 가진다.

7〔263〕

그대들의 자만심은 그대들의 소심함을 통해 쓴맛을 보았다.

7〔264〕

인류의 문화에 작고 더 큰 순환 운동이 있는지의 여부에 대한 커다란 질문? 우리가 첫 번째에 있는가?

7〔265〕

플라톤의 영혼과 같은 시적이고 격렬하고 분출하는 영혼을 위한 변증법의 마술. 파스칼의 밝은 논리적 영혼을 위한 기독교에서의 어스름함의 마술—공감하기가 매우 어렵다.

7〔266〕

위대한 도덕적 본성들은 자기 억제자로서 혼란의 시기에 생겨난다. 자만의 표지, 그것들은 변화된 세계에서 단지 자신을 제어해야 하는 통치하는 본성들이다(헤라클레이토스, 플라톤 등). 예속의 도덕성과는 아주 다르다.

7〔267〕

스스로를 드러내고 더 이상 기만하지 않을 때, 성향이 드러날 때, 몰리에르가 묘사한 사회의 즐거움—동시에 자신의 역할을 확고히 하지 못하는 사람에 대한 경멸—삶에서의 모든 희극적인 것에 대한 깊은 이해, 그러니까 삼류 배우의 역할이 과제라는 믿음과 삼류 배우가 스스로를 폭로하는 것에서 우스운 모든 것이 성립한다는 믿음.

7〔268〕

소박성은 독일인의 특성이 아니라, 옛 프랑스인의 특성이다!

7〔269〕

아리스토텔레스 : "일반적으로 인간은 할 수만 있다면 악을 행한다."

7〔270〕

종교 재판 국가에서는 밀고당하고 파문되고 마침내 이단으로 의심받아 사법부에 의해 기소될까 봐 성찬식을 피할 용기를 갖지 못한다—이 때문에 그런 국가에서는 가장 방종한 결의론자(決疑論者)가 나타났다.

사람들이 너무 혹독했기 때문에 신앙 고백의 순수성은 제거되고 고백 자체가 무가치한 것이 되었다—교회의 유지를 위한 강력한 수단. (또한 스스로에 대해 가장 엄숙한 인간들이 가장 불성실한 인간들이다)

(얀센주의의) 덕의 도편추방(陶片追放)

7〔271〕

파스칼처럼 "이것을 우리 안에서 행하는 것은 신이다"라고 말하는 것은 인간을 파멸시키고 신을 그의 위치에 세우는 것이 아니며, 그가 간청하는 은총이 인간적 본성의 최상의 노력이다. 그는 신을 열광적인 것과 순수한 것 그 자체를 느끼는 것으로 칭한다.

2〔272〕

"영혼을 스스로 죽게 만들기 위해, 영혼을 유일하고 불변적으로 신에게 연결하기 위해 세계에서 영혼을 떼어내는 것, 그것은 단지 전능한 사람에게 가능한 것이다." 파스칼

2〔273〕

위대한 콩데Condé, 리슐리외, 파스칼

보쉬에는 라 브뤼에르La Bruyère를 ———라 부른다

2〔274〕

또한 우리 자신에 대한 승리에서도 상당한 부분이 우연에 속한다 : 그래서 우리는 예리한 비판을 통해 승리의 덕성들을 바라보며, 때때로 그 덕성들의 정신을 도덕적인 계략에서 생각하는 것이지, 그 행복의 절정에서 생각하는 것은 아니다.

7〔275〕

나폴레옹, 권력욕에 휩싸여 있는 사람은 내적으로 볼 때 스토아주의자의 유형을 관철시키기를 요구한다. 주의하라! 그는 유혹을 통해 굴종시킨 자신의 존재의 부분들을 나중에 냉혹하고도 냉담하게 전제적으로 취급한다.

7〔276〕

"그리고 관망의 이 모든 자유는 아무런 소용이 없는가?" 뭐라고? 하나의 망원경이 아무런 소용이 없다고?

7〔277〕

우리를 공격할 힘은 있으나 우리를 멈출 수 없는 공허함의 커다란 괴물.

7〔278〕

예수회 회원에게 대항하는 파스칼 : 그것은 필리포스에게 대항하는 데모스테네스와 같다 : 거기서 사람들은 인간성의 보편적 관심의 일탈을 본다.

7〔279〕

나는 독일에서 사소함과 예속의 정신이 낮게는 작은 도시와 지방의 신문에까지, 마찬가지로 높게는 존경할 만한 예술가와 학자들에게까지—모든 자립적인 인간들과 민족들에 대한 사상이 빈곤한 뻔뻔함과 함께 침투해 들어가는 것을 배겨내지 못하겠다. 게다가 사람들은 현재에 대해 급하고 안절부절못하며 미래에 대해 불신하고 서로를 비난한다. 그리고 그들은 겉치레의 거짓 향유를 통해 근심을 표면상으로는 잊으려고 애쓴다.

7〔280〕

어떤 일을 독일적이라 칭함으로써 그 일을 숭배했다고 믿은 사람들이 실제로 있다. 그것은 국가적인 우둔함과 뻔뻔함의 극치다.

7〔281〕

기독교에 따른 우리의 척도들 : 최상의 자부심 아래서 모든 근육과 힘들의 저 전대미문의 휴식에 따라 우리 모두는 더 약한 사람, 더 쇠약한 사람이라며 유죄 판결을 받았다 : 우리가 인간적 굴욕의 이 상태를 기독교보다 더 자랑스럽게 견뎌낼 수 있는 남성성의 전대미문의 방식을 획득하는 것이 아니라면. 여기서 과학이 우리에게 기여할 수 있는가? 우리는 고상한 인간들을 위한 기독교의 환상 효과에 대해 더 나은 것을 마주 세워야 한다—거부와 엄격함!

7〔282〕

파스칼을 통해 휴식에 대한 요구와 운동에 대한 요구를 잘못 해석하지 말 것.

7〔283〕

러시아인들의 행복한 시대! 의지의 활력과 예술로의 이행!

7〔284〕

내가 어떤 낯선 궁지나 번영의 모습을 더 이상 견디지 못한 채 멀찍이 떨어지든지, 다른 사람의 운명을 변화시키든지 간에(이미 그에 대한 생각이 나를 괴롭힐 때) 그것을 시정하기 위해 행동한다면 : 거기에는 그렇게 동일한 과정이 있다. 그의 모습이 다른 사람을 기쁘게 하는 데 반해, 그의 행복이 나를 아프게 한다는 것은 하나의 차이일 것이다(마찬가지로 다른 사람의 자유의 모습). 아프게 함 : 우리가 우리의 발전이 방해된다고 느끼는 것에 대한 표현. 우리는 어떤 힘을 빼앗긴 것으로 느낀다 : 다른 사람들이 타자의 불행의 모습을 대할 때도 마찬가지다. 동정은 우리를 고통스럽게 하며 질투 역시 우리를 고통스럽게 한다 : 이 둘은 우리에게 해가 되는 것이다. 타자의 불행과 행복에 대한 즐거움은 우리에게 유익한 것이며 더 강한 발전의 원천이다〔나폴레옹은 그의 궁정이 새로운 의식(儀式)에 의해 방해를 받는다고 생각했을 때 쾌활했다〕. 고통을 받는 타자는 그의 고통에 대한 우리의 즐거움에 격분하며 즐거워하는 사람을 비방하게 된다 : 그는 불평하거나 칭찬하는 판단의 원천으로서 동감을 요구한다. 그러나 그는 스스로 그것을 행하지는 않는다. 그렇지 않다면 그는 자신의 고뇌에 즐거워하는 사람들을 불평할 수 없게 되며 오히려 그들과 함께 즐거워해야 할 것이다(스스로를 비웃는 사람들처럼). 바꾸어 말해 그는 자신의 실천을 통해 그가 자신에게 화를 낼 권리를 가진 것과 똑같이 타자가 자신이 존재하는 것처럼 존재할 권리가 있다는 사실을 인정한다. 그것이 타자들에게 유쾌한 것은 아니지만 "그러나 그 자체로는 비난해야 할 것이 아니다"! 자연에서 나타나는 모든 괴로움과 고통처럼.

자신이 행복하다고 느끼고 그 때문에 타자가 고통을 받는다는(질투하는 사람으로서) 것을 아는 사람은 이것을 바꾸려고 요구하지 않는다 ; 그는 그것을 향유하며, 그러나 또한 그는 타자가 함께 즐거워하는 것을 향유한다. 즉 그의 행복으로 하여금 타자들의 태도들을 그의 행복의 증가로 해석하도록 적극적으로 노력하게 한다. 그의 불행은 타자에게 그것을 함께 부담하도록 하거나, 불평을 통해 타자를 깔봄으로써 타자의 태도에서 안도하고자 모색하는 것이다 : 동정하지 않는 사람들에 대한 증오는 본질적으로 복수다 : 따라서 동정의 요구 역시 그러하다. 그것은 그러한 증오를 향해 필연적으로 야기된 감정의 대립이다.

7〔285〕

동정의 추론에 관해

동정이 요구되고 칭찬되는 즉시 그것은 선한 것으로서 도덕적 성격을 획득한다. 사람들은 그것에 몰두하고 자신의 시위를 부끄러워하지 않는다—그것은 다른 상황들에서는 약점으로 인정된다. 철학자들은 해로운 욕정에 몰두하는 모든 경우처럼 동정에서 하나의 약점을 간파한다. 동정은 세계에 고통을 증가시킨다 : 그것이 간접적으로 고통을 줄일 수도 있을 것이지만 이 결과는 본질적으로 정당화되어서는 **안 된다**! 법칙, 그것이 **지배한다면** : 즉시 인간성은 파멸할 것이다.

이에 반해 같이 즐거워하는 것은 세계의 힘을 증가시킨다. 그에게 또한 생겨난다고 말해지는 즐거움 자체를 먼저 얻는 개인에 대한 즐거움은 매우 고상한 사고다! 사람들 스스로 다시 함께 즐거워할 수 있도록 도와야만 한다—그러나 사람들의 영혼이 비탄에 빠지지 않도록 그렇게 오래 재갈을 채우고 박대해야 한다 : 올바른 의사처럼.

비정상적으로 외따로 벗어난 방식의 고통을 파악하는 탁월한 동정이 있다 : 그것은 하나의 더 높은 지성의 표시로 존경받을 수 있으나 그 자체로 존경받을 수는 없다!

우리에게 동정을 입증하는 사람에게 우리가 선하게 행동하는 것은 비참하다 : 용감하라, 우리는 내 고통이 그대들에게서 그대들의 즐거운 기질을 빼앗지 않는다고 말하는 것이 바람직하다 : 우리를 둘러싼 즐거운 요소에 대한 조망을 잃지 않기를 원하는 것이 나을지 모르겠다! 그러나 우리는 폭군들이다!

7〔286〕

우리의 불행에 대한 적들의 즐거움을 함께 향유하는 것은 가능하다.

7〔287〕

인간들은 많은 인식에서 힘을 북돋아주는 것을 획득할 줄 모른다. 그것들은 금지된 음식들이다. 예를 들면 나의 책.

7〔288〕

지식에 대한 일반적인 무지와 결핍에 걸맞게 사람들이 역사와 과학의 예를 선택하는 것은 영리하다—그렇지 않으면 사람들은 아무것도 증명하지 못하고 증오만을 일깨울 뿐이다. 왜냐하면 사람들을 무색하게 하기 때문이다. 사람들은 사고와 목표가 아니라 재료의 경우에 정신이 가장 결핍된 사람의 수준까지 내려와야 한다. 단지 아주 잘 알려진 사건들을 통해 논쟁하는 것 : 덧붙여 말해 그것은 자신감이다. 왜냐하면 위대한 진리들은 은밀하고 현학적인 숙고에서 나온 사실들을 통해 증명되어서는 안 되기 때문이다.

7〔289〕

그대들 현명한 인간들아, 나는 그대들의 유혹의 노래를 듣는다. 아, 그러나 아무것도 나를 감동시키지 못하네! 그러나 나는 그대들에게 말한다 : 그대들 자신이 그대들 앞에서 그 유혹의 노래를 불렀으며 그대들은 나처럼 기다리네! 그대들은 '정의와 절제'의 이 아름다운 낙원의 멍청이들을 기다린다 : 사실 그것들이 유토피아다.

7〔290〕

예술에서 권력의 수단을 찾아내기 위해 사람들이 어떻게 거기서 사물들을 곡해(曲解)해야 하며, 또는 기존의 것의 전복을 추구해야만 하는가! 얼마나 많은 실망이!

7〔291〕

하나의 연극처럼 자신의 내면이 고통받는 것을 보는 것은 그저 고통만 받는 것보다 더 높은 등급이다.

7〔292〕

시인의 보상, 그의 고통과 그 고통을 표현하는 즐거움

7〔293〕

한 노인의 계산의 좌절은—보다 더 동정할 가치가 있다.

자신의 삶과 영향의 핑계를 상실한다, 예를 들어 그의 자식들

7〔294〕

1) 아, 저 죄의 감정! 어떻게 그 감정이 고통을 증가시켰는가! 2) 어떻게 그 감정이 죄과의 자연적 귀결을 외면했는가. 그러니까 이성을 삶에 적용하는 것을 멈추게 했다! 3) 어떻게 그 감정이 이기주의적으로 만들어졌으며 타자를 위한(또한 상속을 통해) 귀결을 잊게 명하였던가!

7〔295〕

그대들은 어떤 것을 위한 열정을 느낄 수 있다는 것을 더 이상 믿지 않는다. 삶은 짧고 상대적인 가치만 있기 때문이다! 그러나 한 여성, 돈, 명예로운 지위에 대한 사랑을 생각해보라! 또한 영원한 취향, 영원한 미와 덕성이 없다면 단기적으로 유효한 것이 흐름에서 벗어날 만큼 그렇게 잘되어가는 단기적으로 유효한 것을 껴안기 위해 이제야 바르게 매혹을 일으킬 수 있다. 여기서부터는 허약한 것을 위한 상냥함이 개입한다!! 주의하라!

7〔296〕

우리는 쉽게 무미건조해진다. 그것은 우리가 단지 정신적 운동의 세련됨을 위해서만 하나의 안목을 갖기 때문이다.

7〔297〕

왜 사물들에 대해 우리가 단지 간접적으로만 알고 있는 법칙을 명령하려 하는가! "그대들은 도대체 철저히 보편적이고자 하는 것인가! 제발 이 기괴한 요구를 그 스스로 어떤 고유한 것이 아닌 가련한 녀석들에게 넘겨주라." 스탕달

7〔298〕

인간들이 만약 그들 내면의 포장된 충동의 격렬함에 얼굴을 붉힌다면 거기서 예술이 변화된다. 깊은 감정의 드러냄은 서투르고 조악한 것이다. 먼저 의례적인 태도. 그리고 모든 감정에서 더 자유롭고 쾌활한 태도(루이 15세) : 모든 열광주의와 모든 활력이 사라졌다!

7〔299〕

중세의 인간들에게 우리의 예민함과 동정을 빌려주다.

7〔300〕

누군가의 명예를 회복하고 기아(棄兒)를 상속자로 만드는 등의 힘의 감정은 내가 이른바 나를 화나게 만드는 것에 대해 내가 하려는 것을 할 수 있다는 잔혹함과 동등한 것이다.

7〔301〕

독일인들은 무료하기 때문에 진기한 것에 경탄한다 ; 프랑스인들은 무료하기 때문에 자만심에, 이탈리아인들은 무료하기 때문에 사랑, 증오 등에 경탄한다.

프랑스인은 조소의 대상인 진기한 것을 비웃는다.

7〔302〕

인식의 열정은 비극적인 종말을 가져올 수 있다 : 그대들은 마치 모든 열정에서처럼 두려워하는가?—습관적으로 그대들 식자들은 어떤 열정도 없으며, 오히려 그대들의 무료함에 대항하는 습관이 있을 뿐이다! 이에 대한 상이한 민족들의 입장!—

7〔303〕

과학은 모든 인간이 평등하다는 것도, 이 원칙에 따른 방식이 지속적으로 유용하다는 것도 증명하지 못한다.

7〔304〕

'과학!' 그것은 무엇인가! 그것에 봉사하는 모든 힘들! 자신의 충동으로부터의 인류의 경험과 충동에 대해 알려는 충동.

7〔305〕

관습들은 현재의 사건들이 아니라 백 년 동안의 사건들을 다시 비춘다.

7〔306〕

(북부) 독일의 문화는 프랑스 문화처럼 귀족이 아니라 선생들(교수들, 오르간 주자 등)과 설교자에게서 유래한다. 항상 영주들보다 더 높은 어떤 것이 있다는 속마음에 따른 전혀 다른 예속(루터). 한 영주, 한 국가 수뇌부, 군대의 진기한 것에 대한 경탄 : 소박하다. 사람들이 억압당하게 내버려둘 수 있다. 그러나 사물에 대한 사고에서 복수를 취한다.—귀족은 얼마나 생산적이지 못한 것인가! 독일 인종의 본령

7〔307〕

음악과 삶에 있어서 빠른 템포는 많은 성향들과 행위들을 실어낸다 : 그것들을 견딜 수 없게 되지 않으려면 : 이른바 욕정의 변화—빠른 템포는 *성격*ἦθος, 지속적인 기분의 문제다.

7〔308〕

독일 귀족 : 사치, 화려, 조경술, 건축술, 미장 기술에서조차 비생

산적이다.

7〔309〕

그리고 우리가 도덕적인 산정과 사전 계산의 가장 어려운 경우들을 신뢰하지 못했을 때마저, 우리는 모두 도덕적인 계산법을 안다고 생각했고 이 일에 있어서 확실하다고 여겼다.

7〔310〕

나의 생각은 나의 사건이 되어버렸다 : 다른 것은 매일의 병력(病歷)이다.

7〔311〕

하나의 폭풍 : 나는 그것을 가장 청명한 하늘에서 네 시간 전쯤에 지각한다. 그것이 현존하면 내 상태는 좋아진다.

7〔312〕

독일의 일시적인 정치적 우위는 올바로 유지될 수 없다 : 이 정치적 우위는 어떤 개인의 의지력에 힘입은 것이다. 게다가 이 개인은 모든 독일인의 약한 성향에 의해 그가 정당도 영주도 두려워하지 않았다는 것을 충분히 인정했다. 독일인들은 최상의 기관과 가장 정확한 순종을 소유할 수 있을 것이다—그러나 이 나라에서는 명령적인 인간은 거의 태어나지 않았고, 명령적이며 정신적인 인간은 더 드물다. 따라서 우월함은 하나의 위험이다—우월함은 월권과 요구들 속에서 교육된다—정당과 더불어 사람들은 그들이 이른바

원할 경우 그들이 원하는 것을 성취할 수 있다 : 그러나 *의도만으로 모든 것을 터득할 수는 없다* velle non discitur. 그리고 참으로 그것은 하나의 리슐리외의 의지가 아니라 하나의 비스마르크의 의지에 속한다—그것은 더욱더 변덕스럽고 열정적인 어떤 것을 말하려 한다.

7〔313〕

평화를 애호하는 독일인. 사람들은 정권과 종교에 대한 그들의 예속을 고려할 수 있다—그것은 독일인들은 실제적인 불안과 위험을 증오하기 때문이다 : 스스로 영웅으로서 나타나기 위해 독일인들에게는 가볍고 위험하게 보이는 몽상이 더욱더 필요하다. 그것을 통해 독일인들은 매우 자주 변화한다. 독일인들은 행위를 원하지 않기 때문이다!

〔8 = N V 5. 1880~1881년 겨울〕

8〔1〕

용맹의 종교

1. 정직성의 열정
2. 가장 큰 질문
3. 용맹과 더할 나위 없음

8〔2〕

1) 서로 다른 도덕적 근본 판단의 상황 아래서 욕구들의 서로 다른 성장

2) 도덕적 판단의 상이함의 근거들

3) 모든 도덕적 판단들의 잘못됨과 망상

4) 과학이 목표들을 줄 수 있는가? 그렇지 않다

5) 개인적 도덕 : 과학의 도움을 받아 우리 이상을 향한 우리의 욕구를 조직한다. (예술가로서 우리의 이상을 창조하는 것)

6) 이 은자들을 위한 유리한 정치적 · 사회적 관계

8〔3〕

동정 잔인함.

사랑 육욕

질투 공명심 경쟁심.
복수 정의.
웃기는 원본의
비겁 굴종
위장 배우.
살인 전쟁
약탈 사기 상인
노예 군인 공무원.
미친 작가 성인
지혜 '영리함'

8〔4〕

비난하는 판단을 거스르는 성장은 유도될 수 있다 :
a) 공포에 의해(다윈에게 있어서 공포의 효과. 주의하라.)
b) 자존심과 반항심에 의해(복수와 잔인함)
그에 따라 다양하게 : 그것은 기질의 문제다.

8〔5〕

도덕적 편견들의 열거.

8〔6〕

주의하라! 서론 : 모두가 현재의 도덕적 감정들은 도덕적 감정들 일반이라고 생각한다. 그러나 그것은 유대적인 것들이다.

8〔7〕

주의하라! 현재의 도덕성이 계속 발전할 때, 인류는 그로 인해 멸망한다. 그러나 그 반대는 인간성을 더 넓게 발전시키자는 주장, 바로 계기다. 여기에 커다란 회의를 표한다! 문명은 행복을 향한 길인가, 가장 높은 열정과 두려움을 향한 길인가?

8〔8〕

우리에게는 숭고한 인식이 필요하다! 동일성이 더욱 많이 심어지고 있는지의 **여부**에 대한 커다란 실천적 물음에 대비하기 위해!

8〔9〕

인간이 이제 동정을 지식의 경이와 근원으로 여기는지의 여부 또는 성스러운 야누스의 피를 믿는지의 여부 : 그렇다면 나는 여전히 거의 미친 시대에 사는 것이라 생각한다.

8〔10〕

타자에 대한 동정을 통해 우리를 경건하게 세우기? 첫! 우리는 타자를 우리의 용감함을 향해 고양시켜야 한다! 그리고 이것은 가능하다! 이것이 숙명론을 통한 것일지라도.

8〔11〕

서서히 통찰이 성장하고, 사람들은 인간적인 문화를 증진시키고 통치하는 데서 손을 놓는다 : 인간은 너무 많은 악을 행해야 했다. 주의하라. 주의하라.

8〔12〕

행복은 상반되는 길에서 성취되고 따라서 윤리학은 규정될 수 없다. (스펜서에 반대해서)

8〔13〕

우리가 관습과 도덕성을 위해 지니고 있는 지각들, 이를 위해 현재 널리 유포되어 있는 토대들은 기원들, 그 발생 원인들과 전혀 관계가 없다. 주의하라!

8〔14〕

고전주의와 평등의 요구, 절대적 규범에 예속되는 것의 즐거움 : 아우구스티누스Aurelius Augustinus의 시대로 : 그리스의 오랜 전형들로의 복귀. (도덕적 고전주의 : 소크라테스와 스토아로의 복귀.) 절대적 규범으로서의 그리스도. 궁전. 모든 것이 영원성 위에 건설되었다. 베르길리우스Publius Vergilius Maro — 호메로스. 하나의 지배자 아래서 모두 평등하다. 새로운 농담 : "모든 것과 다를지어다!" 마지막 근거 : 개인들은 맹렬히 날뛰었고 교만은 자신의 내면으로 떠날 채비를 한다. (파스칼) (괴테 역시)

8〔15〕

나는 도덕적 교육을 받지 않았기에 행복하다 (모범들을 통한 교육을 제외하고)

8〔16〕

교육이 아니라 실제적인 욕구들이 활력을 보유한다. 문명화된 세계가 변해 무엇이 되어야 하는가! 모래와 가래!

8〔17〕

"아이러니로 모든 큰 관심을 다루기" 그것을 깊이 다룰 시간이 없기 때문이다. —이제 유럽적인 특색이다.

8〔18〕

앎과 믿음의 경우 무의식적으로 생각하는 파스칼과 우리의 신학자들처럼, 유치한 것은 믿음에 있어서 항상 그리고 오직 기독교적 신앙이 관건이라고 주장하는 것이다.

8〔19〕

많은 동물들의 생활 방식에 익숙해진 그런 사람들에게만 도덕에 대해 말하는 것.

8〔20〕

우리는 더럽고 고통스러운 광경을 지나가게 하고 함께 고통받지 않기를 원한다. 그것은 섬세한 본성들이다. 더 조야한 본성들은 자극시키고 단조로운 것들을 몰아내는 모든 것의 꽁무니를 따른다 ; 집단은 모든 불화와 싸움 주변으로 모여든다—동정의 불쾌한 감정은 욕구를 도울 수 있는 곳에서 극복된다 : 그곳에서는 욕구를 만족시킬 수 있는 유쾌한 감정이 조화롭게 발생하기 때문에 사람들은 스스로 동정이 유쾌한 것이어야 한다고 생각한다. 도움은 오로지 위안일 수도 있다. 우박이 내릴 때의 유리공!

8〔21〕

외침과 간청에 반대함으로써 인간은 경멸하는 기분을 느꼈다 (아이스킬로스 일곱 현인)

그러나 프로메테우스!

8〔22〕

만프레드 : 아무에게도 그를 처벌하고 사면하고 동정할 권리를 주지 않는다 (“노인이여, 죽는 것은 그렇게 힘들지 않습니다”).

8〔23〕

태양 아래의 도마뱀처럼 교활하고 거리낌 없는

8〔24〕

자카리아스Topelius Zacharias, 베르너Werner, 클라이스트Heinrica von Kleist 그리고 브렌타노Clemens von Brentano

8〔25〕

도덕을 따르고 결국 도덕에 익숙해지기—즉 부정직한 존재! 주의하라, 비열한 존재! 부패한 존재! 도덕성의 원천!!!

8〔26〕

자연스러운—부자연스러운—아무것도 아니다! 그리스인들은 동성끼리의 사랑을 최고의 이상성으로 드높였으며 남색(男色)도 마찬가지로 좋다고 했다.

8〔27〕

얼마나 비열한 것인가! 신은 인간에게서 사랑을 원한다—그리고 사랑을 거부한 인간들을 위한 지옥을 준비해놓고 있다! 티베리우스와 네로 같은! 그런 전제 군주를 거부하는 것은 존경받을 만하지 않은가?

정의로운 자와 심판자로서의 신은 사랑의 대상이 아니다! 신중하지 못하다! 그는 심판을 포기했어야 했다! 그리스도는 충분히 섬세하게 지각하지 못했다! 이런 일에 관해 우리는 원숙한 사람들이다! 신이 사랑의 대상이기를 원하였을 때, 그래서———

8〔28〕

독일인들이 정신을 소유하지 못한다는 것은 어떻게 된 일인가? 그들은 천천히 지각하고 그들의 지각들을 숙성시키지 못하며 직업과 일상적인 일들을 통해 그것들을 엇갈리게 한다 : 그래서 그들은 자신을 평균적으로 만들고 항상 설익은 과일처럼 머무른다.

1) 그들은 여유를 갖는 것을 이해하지 못한다.

2) 그들은 자신들의 체험을, 일반적인 숙고에 충분히 중요한 것으로서 진지하게 여기지 않는다.

3) 그들은 너무 많이 읽고 군림하는 정당이나 왕실에 열심히 비

굴하게 군다.

4) 그들은 열정을 참고 자신을 편하게 하기 위해서가 아니라 흥분하기 위해서 음악을 한다!!! 그래서 그들은 가장 열정적인 음악을 필요로 한다.

8〔29〕

독일인들은 너무나 기꺼이 큰 열정을 갖고 싶어 한다—그러나 그들이 찡그린 얼굴을 하지 않고 그런 것들을 설명할 줄 모른다면, 열정은 아무런 작용도 하지 않는다. 결국 그들은 열정을 가질 것이다! 그러고 나서 그들은 힘이 제일이라는 것 역시 알게 될 것이기는 하지만, 찡그린 얼굴을 하지 않은 힘의 본성들이 있다는 것도 알게 될 것이다.

8〔30〕

독일인은 무엇인가를 숙고함으로써 자기 스스로를 분명한 상태로 이끌지 못할수록 그만큼 더 뻔뻔하게 감정의 색칠을 한다. 이것은 독일인이 누군가를 불명료하게 그리고 숭고하게 행동하는 것으로 보기 때문에, 마침내 항상 신을 믿는다는 확신에 근거한다.

8〔31〕

파스칼은 기독교에 익숙해질 것을 충고했는데, 사람들은 열정이 사라지는 것을 느낄 것이다. 이것은 그의 부정직함이 대가를 치르고 부정직함에 즐거워한다는 것을 뜻한다.

8〔32〕

동정을 설교하기—그렇다면 그것은 거칠고 엄격히 개인적인, 열정의 모호한 진심에 의해 압도된 인간에게 있는 예술가를 위한 어떤 것일 것이다! 그렇게 음악은 나폴리에서 일찍이 작용했다! 그러나 너무나 경쾌한 이 영혼들에 대해! 퉤!

8〔33〕

내 과거의 스타일 : 폭넓은 시각, 은폐된 은밀하고 경이로운 많은 것들. 이러한 비밀들의 피상적인 규명처럼 사실들이 반짝 빛난다. 근본적인 믿음 : 본질은 알려질 수 없고 고양된 불길한 예감의 분위기가 계시를 만든다. 객관적 사고 방식은 **이러한** 이해에 해롭다. 끔찍한 것과 그리워하는 것에서 관조적인 정적과 기억이 교대해 나타난다.

8〔34〕

문명에 대한 나의 회의 : 문명은 모험과 큰 열정 그리고 거인의 필연성을 빼앗는다—사람들은 보호 장치를 지녀야 했고 베수비오에 도시들을 세워야 했다 : 그래서 생산성과 향유가 가장 큰 것이다!

8〔35〕

이타주의의 가치는 학문의 성과가 아니다 ; 오히려 과학을 하는 인간들은 오늘날 우세한 본능에 의해 과학이 그들의 본능의 욕구를 확인해준다고 믿도록 유혹될 수 있다! 스펜서를 비교하라.

8[36]

과학이 그대들의 명성을 강화하고 또 지배한다고 가정하면 : 그대들은 거짓말과 창안의 능력에 대한 전례 없는 평가를 체험해야 한다! 아마 오늘날 기독교가 그 어느 때보다 더욱더 유효한 것과 마찬가지로! 그 적대자들에게조차!

8[37]

그것은 아마 모든 세계를 알 것이다 : 그러나 나는 어제가 되어서야 비로소 내게 그것이 떠올라 알았다! 그런데 이제 나는 모든 세계가 나와 함께 그들의 것을 누리도록 매일 계속해서 그저 어제의 내 영혼의 깨달음을 벽에다 쓰면서 살 것이다. —어떤 어리석음!

8[38]

어느 날 나는 음악이 빈곤하고 염치없음을 알았는데, 음악은 내게서 나의 생각들을 강탈하고 자신이 — — — 라고 속이려 했다

8[39]

코르푸 섬에서 말의 의미의 변경은 항상 대가(大家)에게서 시작된다. 시민적 평화는 어느 정도 다른 취향들을 형성하는데, 여기서 다른 것은 유쾌하고 유용하며 그래서 또한 **찬양된다**.

8[40]

그러나 우리가 우리의 열정을 성장시킨다면, 우리가 아는 것처럼 '결정화' 역시 성장시킨다 : 나는 우리가 부정직하게 되고 자발적으

로 과오를 저지르리라 생각한다.

8[41]

우리가 더 이상 도덕적으로 칭찬하거나 비난하려 하지 않는다면 욕구가 더 크게 발전되지 않을까?

8[42]

항상 우울한—그러나 천진함에서 비롯되는 용감함의 원리는 나를 많은 작은 승리로 이끌고, 그 원리의 결과에서 그 원리가 나의 우울함에 어울리는 것보다 더 나를 쾌활하게 이끈다.

8[43]

나는 목표와 열정이 있다 : 내가 예술에서 원하는 것은 예술이 내게 같은 것을 성스럽게 보여주거나 나를 기쁘게 하거나 내 원기를 북돋아주거나 때때로 나를 다른 곳으로 쏠리게 하는 것과 다름없다. 첫째는 종교에 기인한 나의 본성이다 : 나는 내 이상이 다른 사람들로부터 사랑받고 또 신성하게 되며 구름 속으로 올려지는 것을 안다 : 나는 그들과 함께 기도한다!

예술은 나를 유괴해서도 안 되며 권태에서 나를 구해서도 안 된다.

8[44]

리하르트 바그너에게서 사랑은 흡혈귀처럼 묘사되었다, 행복에서 전 세계를 능가하는 방책과 더불어—그리고 말하자면 가난하게 만들기, 모든 가능한 행복을 자신을 위해 소유하며 존재하는 모든 것이라 할 만한 모든 것에 복수하기(무엇을 위해? 행복이 이런 브륀힐데 등과 마찬가지로 우리를 사랑하지 않는다는 것을 위해)

8[45]

안락하고 쾌적한 것을 지향하는 지긋지긋한 성향들은 독일인에게 정신의 평범함이라는 판결을 선고하고 무능한 그들이 모든 중요한 일에 참여할 수 있게 한다 : 예를 들어 행복에 관한 물음에 대해. 사람들이 독일인들을 방해하면 독일인들은 매 순간 아픔을 주어야 하는 평균적인 사람들의 저 거친 복수심 때문에 가장 불쾌하고 가장 하찮은 민족이 된다.

8[46]

이성적인 교육의 도움을 통한 "인류에 대한 사랑"—존 스튜어트 밀, 웃음거리로!

8[47]

무척이나 두려움에 떠는 사람들은 문명을 요구한다. 허약한 사람들, 비겁한 사람들, 게으른 사람들, 존경받는 사람들, 범속한 사람들은 문명에 만족한다 : 목적으로서의 평등, 결국 상태로서의 평등. 모래. 이제 도덕성(기독교적-유대교적인)은 문명의 것이다. 혁명 이후의 나폴레옹과 프랑스 민족. 누가 조직들에 만족했는가?

8[48]

영웅주의가 존재하는 곳, 그곳에서는 더 이상 범죄가 일어나지 않는다. 영웅주의에는 어떤 훌륭한 신앙이 있기 때문이다.

8[49]

자신의 자리에 서 있는 사람이 지닌 바로 저 확고부동함과, 모든 사람들과 다르게 그가 느끼는 상냥함을 가지고

8[50]

독일인들은 사람들이 자신들에게 열정이 있다고 믿는 것을 의심한다—따라서 그들은 열정의 힘에 의해서가 아니라 자신에게 그런 믿음을 마련해주기 위해 즉각 얼굴을 찡그리고 또 무절제해진다. 리하르트 바그너의 열정 자체도 그러한 종류의 것이다 : 그래서 사람들은 삶에서 그런 식으로 자신의 느낌을 추종하는 모두를 대단하게 여기는 것임에 틀림없다(누구를 죽이기 위해서는 혐오로 충분하다) 일찍이 사람들이 도덕적이라 명명했던 즐거움이 완전히 결핍되었다 : 어떤 사람이 자신의 말을 타는 것을 이해하는 것, 말의 기사처럼 아름답고 용감하고 열정적인 것, 그러나 후자는 모든 것을 완화시키고 견뎌낼 만한 명성을 얻은 그의 이성을 통해 그 아름다움과 용감함과 열정을 빛나게 한다. 저 말들의 미친 사냥에서 사람들은 현기증을 느끼고 기진맥진한다.

8[51]

의고주의(擬古主義) : 너무도 많은 타자들이 복종하는 것을 보는 것과 그에 대한 내적인 투쟁을 생각하는 즐거움이 예속을 쉽게 만든다. 사람들은 가장 근엄하고 교만한 자들이 굴종한 채 십자가로 기

어가는 것, 즉 그들의 개성을 포기하는 것을 보는 즐거움을 누리기 위해 이런 사실을 하찮게 생각하는 것 같다.

8[52]

참회를 권하는 모든 설교자들의 유혹, 그 큰 **힘**을 공공연히 경멸하는 것! 가장 내밀한 굴욕과 헌신과 금욕으로 이끄는 모든 매우 강력한 것들의 유혹—거역할 수 없는 마력!

8[53]

새로운 용감함 : 명예의, 명성의, 명목의 경멸로!—우리는 우리 자신에게 값을 치르며 다른 사람들이 우리의 명성에 줄 수 있는 것을 경멸한다!

8[54]

노래하기의 완전한 무능력은 선율에 대한 감각을 파괴했다—이제 극적인 것과 자연음!

8[55]

생각이 오류를 만든다. 즉 그것은 가장 약한 것에서 위로 오르는데 익숙해진 거꾸로 된 길이다. 도덕의 변화는 취향의 변화처럼 확실히 가능하다 : 오직 실행일 뿐이다!

8[56]

도덕적인 것의 순진성은 기독교를 거쳐(그리고 그 이전의 소크라테스를 거쳐) 루이 14세 치하의 프랑스인의 순진성처럼 상실되어왔다—동일한 이유들에서.

8〔57〕

자신을 스스로 굴복시키고 (영주 기독교) 법칙을 따르는 강인한 사람에게 있어서 잔인성과 그 욕구. 이전에 그는 그것의 운명을 형상화함으로써 (좋거나 나쁘게—참치를 주무르는 즐거움은 잔인성이다) 그것을 다른 자에게 방출했다.

8〔58〕

신성함 : 사람들은 의식으로 하여금 오장육부와 피 속에서 벌어지는 것을 더 이상 알아차릴 수 없게 하는 것, 혹은 다른 방식으로(신적으로) 해석할 수 없게 하는 것에 익숙해질 수 있다.

8〔59〕

행위는 그것이 우리에게 (또는 우리가 속해 있는 전체에) 해롭거나 모욕적으로 보이기 때문에 비난을 받는다 : 그 반대의 경우 인간은 행위를 찬양한다. 따라서 행위는 그 자체로 좋거나 나쁜 것이 아니다.

8〔60〕

나는 기품 있는 태도가 요구하는 바대로 그렇게 존재하려는 인간을 이해할 수 없다 : 그는 기품 있는 태도가 사랑과 미움과 판단에 대해 명하는 것을 알기 전에는 감히 사랑하고 미워하고 판단하지 못한다. 내게는 틀림없이 기품 있는 태도가 없다! 그렇다, 나는 마치 다른 사람처럼 존재하려 하는 모든 사람을 경멸한다! 이와 같은 인간은 타인들이 자신의 행위에 대해 무엇을 말하는지 알아보기 위해 쳐다본다! 이와 같은 인간은 타인에게 도움이 되기 위해서가 아니라 타인들 앞에서 비웃음을 사지 않기 위해서 항상 다른 사람들을 생각한다—이와 같은 인간이 만약 어리석다면 그는 타인들에게 즐거움을 줄 텐데! 엄청나게!—그런데 왜 우리는 웃음거리가 되어서는 안 되었는가! 우리의 이웃들이 기분이 좋을 때, 우리는 거기서 이익을 얻는다!—"그러나 그들이 웃을 때 그들은 더 이상 주의를 기울이지 않는다!"—그런데 왜 그들이 당신들을 두려워해야 하는가? 그리고 내게서 나에 대한 나 자신의 존경을 빼앗기 위해 웃기는 어떤 것이 나를 만족시킬 때 나는 아픔을 느낀다! 그러나 이것은 자신을 파괴하고 싶어 하는 우쭐한 자들이 무례를 행한 뒤에 일어난다.

8〔61〕

주의하라! 야만의 한 시대가 시작되고 학문들은 그 시대에 봉사할 것이다!—어떻게 우리가 더 고상한 것과 오늘날의 우리 지식의 정수를 결국 보존하는지 관망해보자 : 그것은 다음과 같이 말하는 자유로운 개인들의 공동체를 통하여 이루어진다

1) 신은 존재하지 않는다

2) 선과 악에 대한 보상도 벌도 없음 (도덕적 세계)

3) 우리가 몸담고 있는 이상과 경향에 따라 좋고 나쁘게 여겨진다 : 거기에 대한 최상의 부분이 우리에게 상속되는데, 그에 대해서

는 이러한 판단들 자체가 당시의 이상의 장려와 관련해 틀릴 가능성이 있다. 이상은 우리의 충동들(지배적인 충동들)의 희망에 대한 선취다

그럼에도 불구하고 야만 속에서 자신을 보존하기 위해 이 집단은 거칠고 용감해야 할 것이다—고행자와 같은 준비

8〔62〕

'건강'을 확고한 것으로 정의하지 않는 것. 모두가 가장 기꺼이 행하는 것을 최상으로 행할 수 있는 상황에 대한 이상 : 그러나 야만인, 사교계의 스타 혹은 학자는 완전히 서로 다른 상황을 바랄 것이다!—우리는 시를 위해 우리가 거의 벗어날 수 없었던 '고전적인' 개념들 때문에 괴로워한다. 사람들은 아폴론이 아테네의 프레스코보다 더 '아름다운' 자라 말한다.

8〔63〕

인류의 상태는 여전히 아주 초기의 상태이며 인류에 대한 가장 중요한 몇몇 질문들은 아직 한 번도 제기되지 않았다.—오늘날 우리의 학문은 마치 선입견들에 대해 인류의 의견이 항상 일치해야 하는 것처럼 몇몇 선입견들을 다룬다 : 예를 들어 동정적인 행위의 가치에 관해, 건강 등과 관련된 세속적인 행복에 관해. 그러나 다른 이상이 생기면 지배를 향한 다른 본능이 오기 때문에 학문은 다시 이것에 종속되어야 한다! 나는 오늘날 학문의 근본적인 선입견들을 알아맞혀보겠다! 그것은 유럽의 정신이다!

8〔64〕

그들은 그것을 나의 용기라 부르고 다른 사람들은 나의 몰염치라 부를 것이다. 칭찬과 비난은 사태를 겨냥하지 않고 이 사태를 칭찬하는 사람과 비난하는 사람의 관계를 겨냥한다.

8〔65〕

아름다운 목소리와 그것의 교육 및 향유로 인해 선율에 대한 향유는 상실되어왔다 : 그리고 선율 그 자체도! 피아노의 대가들이 와서 화음을 소개했다. 이제 관현악단이 그것의 성과물들을 모방한다 : 그리고 그와 나란히 열정을 위한 극적 효과의 야만이 출두해 작곡가들을 자극한다. 이것은 대가들의 마술보다 더욱 조잡하다.

8〔66〕

열정들의 동일한 성질들은, 예를 들어 우리의 보편적인 성향, 그것들의 깊은 진지함, 현실성에 대한 그것들의 매혹, 그것들의 절대적인 신뢰-요구 등에 따라 그때그때 열정의 편에 서거나 반대편으로 돌아설 수 있다.

8〔67〕

나는 가끔 내가 인간들을 가르칠 수 있을 것이라고 믿었다—그리고 그들에게 자부심과 사랑이 섞인 느낌을 가졌다. 이제, 결론적으로 나는 내가 가르칠 것이 전혀 없다는 것을 안다. 그러나 내가 진심으로 바라는 것은 그들에게 가르침을 받는다고 나를 인정할 수 있는 사람들이 있었으면 한다는 것이다 : 왜냐하면 내가 제기했던 그 질문들은 영향력 있고 ———

8[68]

헤켈Ernst Häckel : 성향, 세습 이론, 통일을 지향하는 철학을 받아들이는 것은 인간들 사이에서 보이는 정신적인 우위의 정도에 대한 최고의 척도를 만든다 : 그는 영국인과 독일인을 언급한다 : 프랑스인은 생략한다(라마르크Lamarck와 콩트!

8[69]

여인들의 삶은 심하게 자극적인 모순성을 지닌다 : 그것은 모든 수줍은 성격에 대한 단도직입적인 반대이며 교육을 통해 노력했던 그들의 전체적인 사고(思考)에 대한 단도직입적인 반대가 되는 한 행위를 초래한다. 그들을 위해 모든 기적이 일어나며 또 이것이 이 모순성과 관계된다는 것이 뭐 놀랍겠는가!

8[70]

몇몇 사람들의 저작으로서, 또는 성직자들의 말들—종교가 그러하듯.

8[71]

이타주의적인 감정에 있어서 콩트가 느꼈던 비정상적인 즐거움은 어떻게 설명될 수 있는가? 사랑?

8〔72〕

문명화의 청년 단계에서는 의식(儀式)들과 형식들의 향유가 크다 : 예술들을 위해 주의할 것!

8〔73〕

사유하지 않았던 인간을 위해 말하자면 : 사람들은 즐거운 감정들을 불러일으키기 위해서가 (몇몇 아주 소수의 인간들의 경우를 제외하고는 이것은 있을 수 없는 일이었을 것이다) 아니라 항상 즐거운 감정들을 불러일으켰기 때문에 자신들을 동정에 내던졌다 : 마치 동물들이 새끼를 사랑하는 것처럼 등. 인간은 이미 거기에 동정이 존재할 때 동정을 긍정한다!

8〔74〕

"긴 희망과 넓은 사고Le long espoir et les vastes pensées" 라퐁텐.

8〔75〕

동정이 아무런 문제 없이 더 이상 숭배되지 않는다면, 어리석은 과민함을 내보이는 자들이 나와 무슨 상관이란 말인가!

8〔76〕

아이처럼 우리가 춤추고 뛸 수 있을 때까지, 그렇게 오랫동안 모든 인간적이고 사회적이며 도덕적인 굴레들을 벗어던지기

8〔77〕

나는 내 속에 유럽의 정신을 지니고 있었다—이제 반격할 것이다!

8〔78〕

귀족 ἐσθλοί, 참된 사람들, 자신의 자리를 옮길 필요가 없는 참된 사람들! 강한 사람들과 개인들로서!

8〔79〕

교회의 존재는 무신론자에게 과학에 앞서서 자유를 준다, 주의하라, 지금도 여전히!

8〔80〕

독일에서는 사람들이 순수한 음악의 필요와 그 의미 역시 거의 잃어버렸는데, 사람들은 잠을 청하기 위한 술, 아주 뜨겁고 강한 향이 나는 포도주가 그들 앞에 놓여 있지 않았을 때, 훌륭한 여성들 역시 자신이 밤을 위해 충분히 준비하지 않았다고 믿었던 시절들을 생각한다.

8〔81〕

쇼펜하우어에 대해 : 그는 라신과 실러의 (스탕달 이후의) 인물들만큼 훌륭하게 말하는 자신에게 만족하는 인간의 표정을 지니고 있다. 그가 열정으로 충만한 것은 좋지만, 그는 우선 훌륭하게 말하는 것에 만족한다.

8[82]

사람들은 누군가가 깊고 다양한 동정을 행할 수 있고 쉽게 동정을 행하도록 자극되기 때문에 그를 존경해야 한다는 데 이르렀는가? 그는 남들보다 더 불행한 상태로 있어야 하며 남들을 위로하고 부축해 일으키는 것을 끊임없이 추구해야 한다 등.—따라서 그의 불행한 상태는 기쁘다 1) 그것이 우리의 동정의 효과를 나타내기 때문에 2) 동정의 제거와 경감에 대한 희망을 보여주기 때문에. 그는 우리가 고대하는 것과 다르게 존재하기 때문에 우리가 그에게 경의를 표한다?—그러나 왜 우리는 그를 경멸하지 않는가? 우리가 그에게 경의를 표할 만큼 그가 가치 있다고 느끼지 않을 때 그에 대한 우리의 작용은 아무런 즐거움도 가질 수 없기 때문이다. 천박한 영혼들에게 인상을 주는 것은 역겹다. 따라서 우리의 은밀한 성향은 우리가 그를 매우 훌륭하고 존경할 만한 가치가 있는 인간으로 생각하게끔 흐른다. 또한 우리는 나쁜 녀석들에게 동정받기를 원치 않는다 : 그것은 우리 면전에서 우리를 과소평가하는 것이다! 따라서 : 언제 동정을 받는 것이 굴욕감을 주지 않는가? 동정받는 것이 고양될 때! 상당히 훌륭한 인간(마음, 정신, 지위 등에 의해)이나 신이 우리와 함께 느낄 때 그렇게 된다.—말하자면 우리에게 명예로운 일이 되는 동일화가 일어났을 때(우리가 더 높이 고양된 것을 느끼는 동안!!) 말하자면 : 우리는 기꺼이 동정들에 경의를 표한다. 우리가 우리 자신의 정신적 고양을 향유할 수 있도록! 또는 그렇기 때문에!

8〔83〕

독일에서 즉각적으로 멍청함과 노예 근성으로 흐르는 열광

8〔84〕

절대적인 모든 도덕의 결과는 인간의 최악의 쇠약일 뿐만 아니라 파멸일 것이다. 절대적인 도덕들은 행복으로 증명되지 않는다!

8〔85〕

우리의 위대한 남자들의 경우에 관해 사람들이 아직도 여전히 말할 수밖에 없는 것들 : 그들이 좀 더 많은 천재적 재능을 갖기를, 또한 좀 더 정해진 역할이 적기를 바란다!

8〔86〕

오늘날 독일의 화가가 그림을 그리는 방법, 독일의 음악가가 곡을 쓰는 방법, 독일의 작가가 글을 쓰는 방법 : 사람들은 더 훌륭한 사람들의 오만불손과 꾸며낸 짓을 알아차린다.

8〔87〕

'원한다' 는 무엇을 의미하는가? 여자들은 의지에 따라 울 수 있다. 남자들 역시 울기를 원할 수는 있으나 그 효과는 일어나지 않는다. 무엇이 그러한 차이를 만드는가? 기제의 실행이 존재하지 않는다.—사람들은 분명하게 말하는 것을 원할 수 있지만 아무도 우리를 이해하지는 못한다.—따라서 성과와 무성과는 '의지' 에 속하지 않는다.—그러므로 남은 것은 : 갈망하는 것, 즉 표상과 가치

평가를 갖는 것이다.

8[88]

무신론자를 위한 매우 좋은 시대—그리고 이용되지 않는다!

8[89]

원본성이 모방되는 시대(자극제로서)

8[90]

고독의 장점 : 우리는 다른 사물들과 인간이 아니라 우리의 온전한 본성과 우리의 주요 대상에 맞서는 우리의 온전한 본성의 나쁜 기분을 자유롭게 둘 수 있다 : 그래서 우리는 그 대상을 체험한다!

8[91]

왜 나는 열정을 말로 표현하는가?

나는 내 일을 내가 느끼는 것처럼 낭랑하게, 격정적으로, 매혹적으로 제시할 수도 있을 것이다—그러나 그러고 나면 나는 기진맥진하고 아주 불쾌해지며 과장된 표현들과 표명된 말과 다른 것 등에 관해 고통을 느낀다. 다른 사람들은 열정 안에서 비로소 완전히 자신들의 정신을 갖는다 : 내 경우에는 억제되고 극복된 열정에서 그러하다. 내게는 이러한 내 상황을 상기하는 것만으로도 모든 것이 충분하다!!

8〔92〕

이기주의는 비난받아 마땅하다는 믿음이 인간을 약화시켰다. 그리스 철학자들은 비(非)철학자들이 어리석다는 믿음을 자신들의 불행의 원인으로서 가르쳤다.

8〔93〕

오직 위대하고 납득이 가는 인간만이 빠져 있다—이외에 원칙들, 의심들, 모든 계약들의 파기, 습관화, 더 나아가 동요의 욕구, 불만 같은 모든 것은 완전한 변화에 대한 준비가 되어 있다.

8〔94〕

독창적인 종교Religion nouvelle

1) 좀처럼 드문 순간을 위해 아껴둔

2) 헌신적인 욕구의 숭배

3) 신, 피안, 보상과 처벌이 없는

4) 더 이상 책임을 탓하지 않고 양심의 가책도 없음. 그러나 이성의 가책은 있음

5) 자아를 회복시키는

6) 아름다움을 스스로를 희생하는 자아로서 느낀

7) 보편적인 인류애가 아닌 본능의 지배

8) 저속하고 일상적이기 때문에 숭배되지 않은 것으로서 가장 높은 영리함을 규범으로 취함

9) 관용의 어리석음에 감탄함. 동정, 하나의 약함과 회복—인정되다

10) 타자를 위한 희생으로서 숭배된 것이 아니라 타자에 대한 정념의 완전한 승리로서 숭배됨. 그래서 우리는 삶과 명예 등을 바치게 된다. : 다시 말해 열정의 충만함은 가장 본질적인 것이다.

8[95]

종교적인 감정의 기초에 따라 내가 나 자신을 분석했을 때, 나는 용감함이 가장 높이 고양되는 감정임을 발견했다.

8[96]

바그너의 잘못은 아첨꾼을 혐오하기 위해 너무 거만하지 않다는 것이다.

8[97]

그렇게 음울한 위엄과 숭고한 뉘앙스의 풍부함에 대한 분노가 유대인 아닌 다른 곳에서 펼쳐진 적은 결코 없었다. 분노한 여호와와 맞선 분노한 제우스는 어떤가! 유대인들은 분노를 그들의 예언자들한테서 제우스에게로 옮겨놓았다. 이를 통해 분노는 신성하고 훌륭하게 되었다. 그리고 이따금 이런 먹구름을 뚫고 아버지의 선량한 빛이 비쳤다—그러한 풍경 속에서 그리스도는 그의 무지개와 인간을 향한 신의 사다리를 희망했다 : 예언자들의 민족들뿐 아니라 그 어떤 다른 곳에서도 사람들은 이렇게 할 수 없을 것이다!

8[98]

과학은 많은 유용함을 가져다주었으며 이제 인간은 종교와 그와 유사한 것에 대한 불신 속에서 자신을 완전히 과학에 복종시키기를 원한다. 그러나 오류다! 과학은 명령할 수도, 길을 가리킬 수도 없다 : 오히려 인간이 어디로 가야 하는지를 알 때에야 비로소 과학은 유용할 수 있다. 일반적으로 그것은 인식이 항상 인간성에 가장 유용하고 불가결한 것이어야 하는 것을 인식해야 한다는 믿음에 관한 신화다 —과학은 유용한 만큼 매우 해로울 수도 있을 것이다—가장 높은 도덕의 형식들은 아마도 밝음이 가득하면 가능하지 않을지도 모른다.

8〔99〕

동정을 느끼면서도 돕지 못한다는 것은 극도로 처참한 것이다. 잔인성의 승화 : 동정심을 불러일으키기. 신을 고통스럽게 만드는 것이 기독교인들의 노력이다.

8〔100〕

아름다움 : 모든 사람은 자기에게 즐거운 (유용한) 것에 대한 가시적인 표현 또는 그것에 대한 기억을 일깨우는 것이나 자신과 익숙하게 결합된 것처럼 보이는 것에 대한 가시적인 표현을 아름답다고 여긴다.

8〔101〕

동일한 본능이 그 행위에 비난의 느낌이 수반되는 데에서는 비겁함으로 발전한다 : 그리고 칭찬의 느낌을 받는 데서는 겸허로. 주의하라! 아마 나는 승화에 관해 말해서는 안 되었을 것이다. 발전에는 두 가지 방식이 존재하는데, 하나는 감정의 모순과 더불어 변하며 위축되고, 하나는 좋은 점을 지닌 자신을 의식하며 팽창한다. (우울함으로서의 악

8〔102〕

육체 속의 불, 머리 위의 눈, 에트나 산처럼 검은 연기로 가득 찬 입 속으로 들어가는 눈—사보나롤라Girolamo Savonarola

8〔103〕

기독교에 오랫동안 드리운 그림자들(소크라테스 같은 철학자들도 동조했음) : 이것들이 기독교에 대한 선한 신뢰를 빼앗음으로써, 행복의 원천과 자신들의 도약대들로서의 이타주의에 설득되었던 인간들을 맥 빠지게 만들었다(개인적인 열정). 거기서 모든 도덕은 동감 위에서 사라졌다 : 보편적인 인간애를 통해 기독교를 능가하기—그것은 헛수고와 잘못된 물건을 산출한다! 그 토대를 파괴하는 것—학문의 과제! 이것은 현재의 개념에 따르면 당연히 : 인간들을 악하게 만들기, 이기적으로 만들기 등을 의미한다.

8〔104〕

그를 지배하는 것처럼 보이려는 본능에 놀라 그는 화를 냈고 자신의 본능을 가능한 한 매우 거칠게 다루어 즉시 분산시킨다. 그가 이 충동을 쓰러뜨렸을 때, 그는 자신의 성공에 대한 고백을 발표함으로써 그 충동에서 자유롭게 되었다.

8〔105〕

그에게 있어서 한 가지 유일한 생각이 천 가지의 다른 것들을 산출했는데, 가장 작은 단어와 건강한 논리가, 항상 뒤따라오지는 않았지만 정신이 끊임없이 인지할 수 있었던 고상한 영역들로 이야깃거리를 몰아갔다. 그는 자신을 가열하기 위한 제2의 욕구를 갖지 않았다. 그는 즉시 매우 멀리 갔지만 마치 사람들이 그를 뒤쫓기라도 하는 양 주의를 기울였다.

8〔106〕

탈레랑에 따르면, 항상 어느 정도는 '그의 개인적인 적' 이었던 이 문명cette civilisation.—

8〔107〕

"세계 속에는 귀족의 것도 저열한 인간의 것도 존재하지 않는다." 나는 비겁하다, 근본적으로 비겁하다Je suis lâche, moi, essentiellement lâche. 나폴레옹은 존경honneur을 초월해 **고양되었다**!

8〔108〕

"약속하건대, 내게는 세계가 수치스러운 행위라 일컬을 어떤 것도 다시금 행할 뜻이 없다."

8〔109〕

나의 은밀한 성향, 요컨대après tout 이 성향은 본성 및 그것과 더불어 나를 장식해야만 하는 고귀함의 과장된 행동과 상반되는데,

나는 그것으로 나를 장식해야 하며, 모든 세계의 믿음을 갖고 놀이에 열중하기 위해 (나를 알기를 요구하는 사람들을 기만하기 위해) 내게 끝없이 자원을 제공한다.

8〔110〕

음악은 아직 분노한 신을 재현하지 못했다.—바그너의 오딘은 독일적인 특성이 지닌 허약함 때문에 고통을 받는데, 그는 너무나 많은 것들을 원하고 아무것도 완전히 결정하지 않는다. 그의 분노는 미켈란젤로적인 신의 분노와 비교하면 전혀 분노라 말할 수 없다—거기에 대해서는 미켈란젤로 역시 그저 이 한 생각만을 머릿속에 지녔다.

8〔111〕

"완전히 승리에 도취된 군인들은 사람들이 그곳에서 그들을 가까스로 내려오게 할 정도로 자랑스러운 영역으로 나선다."

8〔112〕

모든 폭군들을 둘러싼 두려움은, 가장 사소한 것에서부터 무엇인가를 소홀히 할 때 비난을 받는 것이다 : 인간은 더 이상 감정이나 가장 미약한 성찰을 바꿀 기회를 발견하지 못하기 때문에 감정들도, 정신도 더 이상 산출하지 못한다. 그래서 완전히 다른 인간들도 서로 동등해지고 종국에 이르러 같아진다. 외부를 향한 계획을 지닌 폭군은 그가 자신의 주변에서 노력해 얻을 수 있는 작은 성공들을 경멸한다 ; 그가 그러한 성공들을 자신에게 예속시키는 많은 유혹술을 여전히 많이 사용했다면 : 그렇게 된다면, 그는 그의 명예와 자신을 기쁘게 하는 것에 관해 생각하지 않는다.

8〔113〕

여자들의 지배권이 프랑스에서 왕들을 약화시켰다고 한다 : 나폴레옹의 궁정에서 그들은 단지 장식물이어야 했다.

8〔114〕

나폴레옹은 프랑스에서 여성들이 남성들보다 더욱 고양된 정신을 가질 수도 있었다고 확신했다—그는 종종 이렇게 말했다. 사람들이 그들에게 부여하는 교육은 그들의 마음을 어떤 숙련된 것으로 쏠리게 하는데, 사람들은 이 숙련된 것에 맞서 스스로를 지켜야 한다고 한다.

8〔115〕

나폴레옹은 헌신dévouement이라 명명했다 : 완전한 자기 자신, 자신의 모든 감정들, 자신의 모든 견해들을 주는 것을 : 그는 어떤 생각도 더 이상 같지 않게 우리의 가장 사소한 습관들까지 희생하는 것이 필요하다고 거듭 말했다 : 그의 관심들과 의지들을.

8〔116〕

"나는 그들의 모든 불만에 대해 불멸하는 나moi를 통해 대답할 권리가 있다. 나는 모든 세계에서 떨어져 있으며 어느 누구에게도 종속되지 않는다" "그들은 나의 모든 상상에 복종해야 하며 내가 기분 전환을 할 때 그것을 단순하게 생각해야만 한다"

8〔117〕

"전쟁이라는 일은 장군들 스스로가 그들의 가장 질투 어린 애정을 나타내게 되는 솔직함을 만든다 : 종종 적과 공개적으로 맞서 싸우는 습관은 그들에게 아무것도 숨기지 않는 습관을 만들어주며 장군들은 모든 대립 관계 속에서 적대 관계를 본다"

8〔118〕

하나의 엄청난 계획 : 때때로 토대들을 만들면서 설계해 완성할 준비가 돼 있는 계획. 이 유일한 사고를 통해 움직인 : 그의 계획을 저지할 수도 있을 두 번째로 중요한 모든 인상들에 의해 분리된 계획. 꿰뚫는 통찰력의 넓이와 의지의 강인성에 의한 가장 비범한 인간. 그의 목적이 인류의 행복이라면 그는 가장 위대한 인간일 수도 있었다.

8〔119〕

불안과 의혹과 불신으로 인해 쇠약해진 내적인 열정들의 노예. 모든 힘을 두려워하며 그가 창조했던 것조차 두려워한다.

8〔120〕

위대한 물음.

〔9 = M II 2. 1880~1881년 겨울〕

쟁기의 날.
도덕적 편견들에 관한 사유
프리드리히 니체

9〔1〕

외국인은 독일인에게서 순진함은 물론이고 더 이상 근원성을 찾지 말라! 프랑스에서는 궁정 때문에, 독일에서는 '천재들' 때문에 순진성의 숨통이 막혀버렸다—사람들은 너무 오랫동안 그들의 연극을 즐겼고 또 전쟁을 치렀다. 프랑스인들에게는 그들의 정신과 우아한 재능을, 그리스인들에게는 그들의 자연성을 용서할 수 없었던, 그리고 '독일적 순진성'을 거기에 반대하는 논거로서 들이댔던 저 모든 천재들이 지닌 불쾌하고 시기심 많은 오만함은 그렇게 할 수 있었다. 그러나 사람들이 언급하면 사라져버리고 마는 유령들만 있는 것이 아니다. 민족들과 개개인의 경우에는 그렇게 사라져버리는 실제적인 특성들도 있다.

9〔2〕

자기 자신에 대한 어떠한 불만족도 견디지 못하는 것은 종종 불쾌한 허약함의 표시다—그러나 사람들은 그것을 도덕적인 것으로 권고한다! 목표가 필연적으로 고난을 수반한다면, 목표를 위해 우리는 많은 고통을 견딜 줄 알아야 하며 또한 고통들을 만나러 가고 고독을 자유롭게 선택해야만 한다. 우리가 우리의 배가 난파를 겪지 않을 운명과 동맹을 맺었기 때문에? 사막을 거치지 않고 우리의 여행을 인도할 운명과 동맹을 맺었기 때문에?

9〔3〕

"우리가 인간에 대해 염려하고 생각하는 동안 인간은 우리를 받아들여야 한다 : 그렇지 않으면 새와 꿀벌처럼 행동할 것이다.—그러나 우리는 '보상'을 받기에는 너무 거만하고 : 또 명예를 위한 시간과 호의를 갖기에는 너무 진지하게 몰두한다."—예전에 철학적인 뮤즈들은 그렇게 노래했다.

9〔4〕

날씨에 관한, 질병에 관한, 선과 악에 관한 대화에 모두 낄 수 있다고 믿는다. 그것은 지적인 비열함의 표시다.

9〔5〕

인간이 어떻게 행동해야 할지 명령하는 모든 도덕적 체계들에는 인간이 어떻게 행동하는가에 대한 지식이 부족하다—그러나 각각의 인간들이 그렇게 생각하는 것처럼, 모든 사람들이 자신이 그것을 갖고 있다고 생각했다.

9〔6〕

인간은 커다란 목적들을 지닌 채 자신의 모략뿐 아니라 자신의 부정까지도 초월한 것인가? 그의 범죄?—내게는 그렇게 보였다. 인간이 자신의 목적에 의해 그것을 정당화했던 게 아니다 : 그러나 인간은 그것을 위대하게 만들었다.

9[7]

독일인들은 무엇이 그들의 쇼펜하우어 덕분이라고 여길 수 있는가? 그 유명한 실러와 그의 무리들이 널리 퍼뜨렸고, 실러와 편지를 주고받았던 빌헬름 폰 훔볼트Wilhelm von Humboldt의 서신들을 통해 사람들이 가장 잘 알게 되는 고귀하고 보편적인 말들과 의기양양한 감정들의 투명하고도 반짝이는 관념론을 파괴했다는 것—사물의 자연적인 벌거벗음과 지독한 아름다움에 대한 내면적인 혐오를 가진 모든 것(성격들 열정들 시대들 도덕들)과 관련해 기품 있게 꾸민 몸짓과 기품 있게 꾸민 목소리를 통해 무의식적으로 미화된, 그저 겉으로는 벌거벗음과 그리스풍을, 일종의 카노바Antonio Canova 양식을 요구했던 저 그릇된 '의고주의'를 : 괴테가 온화하게 저항하고 침묵하며 시선을 돌리고 더 나은 자신의 길 위에서 강해지는, 그런 그의 방식 이외에 달리 그것에 반하는 태도를 보이지 않았기 때문에 주위에서 그를 매우 괴롭혔던 모든 것—그것은 고귀한 불완전함의 총합이다—쇼펜하우어 같은 조야한 사람은 세계의 악마적인 의도를 다시 볼 수 있게 만들었다—그는 전체적으로 그리 멀리 이르지 못했으며, 또한 선(善)의 악마적 의도와 악마적 의도의 아름다움과 선들을 발견하고 폭로할 만큼에는 도달하지도 못했다.—쇼펜하우어에 따르면, 사람들이 아직도 실러와 같이 느낀다면 모든 경우에 사람들은 매우 퇴보할 것이다 : 그러나 물론 그때 이후 실제로 그렇게 된 현재의 독일인들보다 백배는 더 우월할 것이다!

9〔8〕

참기 힘들게 된 결혼 생활이 해결될 수 있는 순전히 도덕적이거나 법적인 상황을 초래하기 위해 결혼 생활이 얼마나 자주 거칠게 또 세인들의 이목을 끌며 파탄되는가!

9〔9〕

네 친구들과 적들의 가능한 동기들에 대해 숙고하는 것은 이 사람들에 대해 공적으로 판단하는 것과 마찬가지로 네게 있어서 하나의 체면의 문제여야 한다.

9〔10〕

너는 공개적으로 인간의 성격과 동기들에 관해 말하는 것이 체면의 문제라는 것을 잘 안다. 친구! 네 곁의 그들에 관해 숙고하는 것 역시 체면의 문제다!

9〔11〕

〔……〕 상반되는 그 무엇이 훌륭하게까지 여겨지려 하고 또 여겨졌다는 것이 이제 정말처럼 들리지 않는다— '나'에 대해 범속한 인간들보다 더 많이 더 강하게 말하기, 범속한 인간들에게 맞서 자신을 관철하기, 우리를 수단과 부분들로 만드는 모든 시도에 강력히 저항하기, 위험을 고려해 다른 것들에 복종하거나 자신을 희생하는

데 예속되지 않게 하기, 독립성이 오직 그렇게 얻어질 수 있을 때, 사회의 위기를 저 값싸고 위험하지 않은 통일적인 경제보다 더 선호하기, 값비싸고 호화롭고 전적으로 개인적인 방식으로 사는 것을 전제 조건으로 간주하기, '인간'이 더 높고 힘 있고 유익하고 대담하고 비범하고 또 드문 존재가 되기 위해 인류가 수적으로 줄어들고 가치 면에서 성장하기 위해.

9〔12〕

도덕들에서 우리의 사건들과 사유들은 진부하다 : 그것들이 도덕을 형성할 충분한 힘을 갖고 있었던 경우 : 그러나 누가 오늘날의 도덕들을 오늘날의 거울을 들여다보듯 볼 수 있단 말인가 : 그러니까 우리는 현재의 도덕들에서 백 년 전의, 또 그보다 더 이전의 인간과 일들을 찾아야 한다, 우리와 우리의 경험들이 아니라 : 우리 후손들은 아마 이것을 부담으로 여길 것이다!

9〔13〕

〔……〕그 경우 사람들은 따분한 독일 여성들도 참아내야 한다 : 그들은 동시에 마음을 쓰기도 하며 스스로 만족하는 인간들에 대해 생동적이고 예민하며 관대하기까지 하다. 그러나 사람들은 그들이 비일상적인 장소에서는 마치 암사자들같이 강하고 또 바늘귀를 휘감을 만큼 충분히 날카롭다고 말한다.

9〔14〕

가난, 금욕, 복종을 통해 탈속한, 특히 후자의 덕, 그러나 근본적으로 이 세 가지 모두를 통해 힘에의 의지를 포기하는 수도자 : 그는 '세계' 로부터도, 또 아울러 힘의 감정에서 행복을 갖는 어떤 특정한 문화로부터도 걸어 나오지 않는다. 결핍된 사람들, 무력한 사람들, 고독한 사람들, 미혼자들, 자식 없는 사람들에게 정신적인 도취와 희망들로 보상하려 하는 그는 문화의 더 낡은 단계로 퇴보한다.

9〔15〕

〔……〕 완전한 인식은 아마도 우리로 하여금 하나의 별처럼 차갑게 빛을 내면서 사물들 주위를 맴돌게 할 것이다—비록 잠시 동안일지라도! 그리고 이때 우리의 종말은 점점 더 가늘어지는 관심의 끈에 의해 당겨짐으로써 회전-현존과 회전-행운을 향유하는, 인식에 목마른 존재의 종말로서 현존하게 될 것이다—여린 끈이 더 이상 가늘어지지 못할 것이기 때문에 최후에는 아마도 자발적으로 가장 가늘고 여린 끈을 스스로 끊게 될, 인식에 목마른 존재들.—

9〔16〕

천재는 오해되고 또 스스로 자신을 오해하는데, 이것은 그의 행복이다! 그 스스로를 제대로 인식할 때 저주가 있으리라! 자만 속에서 모든 상황 중 가장 어리석고 위험한 상황에 빠진다면! 천재가 스스로에게 경탄한다면, 그는 더 이상 가장 풍족하고 생산적인 인간이 아니다. 이로써 그는 이전보다 더 낙후되고 더 보잘것없게 된다—그가 아직 자기 자신에 대해 즐거워할 수 있었던 때보다! 그는 그때 닮은 자에 대한 것과 같은 입장을 자신에 대해 가졌었다. 그 경우에도 여전히 비판과 경고와 수치심은 있다! 그러나 그가 자신을 올려다볼 때, 그는 자신의 종이자 숭배자가 되어 복종하는 것 이외에 다른 것을 행할 수 없다. 바꾸어 말해 : 자기 스스로를 모방한다! 종국에 그는 자신을 화환에 묻혀 죽게 만든다 ; 또는 그는 입상(立像)으로 자신 앞에 남아 있다. 즉 돌과 화석으로!

9〔17〕

"아직 빛을 발하지 못한 수많은 아침놀이 있다." 《리그베다*Rigveda*》.

〔10 = Mp XV 1b. 1880년 봄부터 1881년 봄까지〕

10〔A1〕

물론 우리는 인간이 적합하고 분별 있고 올바르게 사는 것을 원한다—그런데 모두? 그것을 나는 감히 판단하려 들지 않는다. 인류는 너무 빨리 종국에 이를 것이다!

10〔A2〕

우리의 천재와 덕은 우리가 가진 증오와 함께 자란다.

10〔A3〕

매우 행실이 나쁜 파렴치한 자들이 결국 그런 행실에 넌더리가 나 순결의 설교자가 된다면, 이것은 정말 정직하다—그들은 혼자서 사건의 끔찍한 한 측면을 알거나 (소포클레스가 페리클레스에게 한번 교훈을 준 것처럼 :) 그것에 대한 욕지기와 자기 경멸을 다만 기억 속에만 지니고 있다—이외에 풍문으로 들어서 관능적 쾌락을 알고 지독히 두려워하는 인간들이 실제로 있다—이들 역시 순결을 설교한다. 성경에 따라.

10〔A4〕

프랑스-이탈리아-유대에서 유래한 위대한 오페라

10[A5]

어떤 것으로도 갑작스러운 불행한 일들과 깊은 고통에서 벗어날 수 없다. 우리가 그것에 대해 우리의 온전한 삶과 의미들을 준비해야만 하는가? *아타락시아*ἀταραξία. 그것은 가능하다. 그러나 그것이 용감한 것은 아니다! (셈족의.)—물론 아니지! 우리는 선을 더럽히기를 원하지 않으며, 마침내 우리는 하나의 수단을 가지고 있다———

10[A6]

퉤, 너무나 진부한 덕목들! 동물 학대에 반대하는 몇 장 분량의 글쓰기!

10[A7]

파란만장한 예술가의 열정이 무대 위에서와는 다르게 보일 경우 그는 조롱의 대상이다—그는 무엇보다도 바로 배우다.

10[A8]

사람들은 시험을 해야만 한다. 친구들과 또 '우리의 행복이 매우 큰 관심사인' 사람들한테서 위치를 유지하는 사람은 : 그들을 언제고 한번 거칠게 다룬다.

10[A9]

기억력 : 그 일을 생각했을 때 우리 역시 이따금 경험했던 그 일에 우리가 접근하고 있다는 것을, 또 감각하게 된다는 것을 우리는

알아차린다.

10[A10]

너무 편협한 관찰에 몰두하고 또 광신적으로 거기에 매달린다면 우리는 사물을 경솔하게 보게 될 것이다—그것은 우리의 본성인 경솔함이다. 물론 우리는 그것이 불가해한 것임을 알고 있다. 이에 반해 어느 예술가가 그 지경에 이르렀을 경우 그는 자신이 무척 엄정하고 진지해지고 있다고 믿게 될 것이다.

10[A11]

책무들과 관련해 헌신과(연역의 관점에서) 자부심(귀납의 관점에서)이 존재한다

10[A12]

가장 진기한 책? 주의하라!

10[A13]

나폴레옹은 종종 자신이 홀로 혁명의 발걸음을 저지했으며 또 자신에 의해 혁명의 발걸음이 계속되었다고 말했다.—"그는 자신의 시대를 아주 정확히 알고 있었으며 계속해서 자신의 시대를 극복하려 노력했다." "그는 모든 단어들의 의미를 변화시켰고 모든 정당들이 변화하게 만들었다." 레뮈자

10〔A14〕

누군가와 동맹 관계를 맺는 것은 그를 억제하기 위해 종종 불가피하다. 우리가 누군가에 의해 최고의 전문가로 인정받는다면, 우리의 배반은 끔찍할 정도로 무거울 것이다.

10〔A15〕

고용에 대한 보상이 지불되고 그래서 그에 대해 더 이상 언급되지 않는다.—지나친 보상들이 요구를 낳기는 하지만 감사의 표시를 생기게 하지는 않는다. 레뮈자

10〔A16〕

자신의 영광을 함께 나눔으로써 자신의 주변 영혼들을 고양하기 : 나폴레옹은 아무것도 나누어주지 않았고 질투가 많았으며 모든 영광을 얻으려 했다—그래서 그는 자신의 주변을 축소했고 또 불쾌하게 했다.

10〔B17〕

어떤 감정의 직접적인 모방과 어떤 계기의 뒤이은 전가

음악 황혼

이 연습은 어디로? 감각에 대해 추론해보기 위해 두려움은 모든 동작들을 따라 할 것을 강요했다(적에게서)

겁 많고 아양 떠는 여자들의 얼굴에서 나타나는 신경의 감응

이 능력은 의기양양하고 독단적인 인간들한테서 약해진다—이것은 자신감 없는 시대에 증대한다(모방하는 기술들의 이해력은 여기

서 성장한다)

10〔B18〕

내가 항상, 자연에 직면하여, 제노바를 통과하는 고정된 위도 위에서의 발걸음에 직면하여 작아지지 않는 인간들을 갈망한다는 것은 무슨 연유인가!

10〔B19〕

흥분하는 것, 신경과민—지속적인 불안함이다.

10〔B20〕

어떤 위험이 사물들에 대해 알아야만 한다고 우리에게 강요하지 않기 때문에 우리는 사물들을 더 이상 알 수 없다는 것을 배운다. 거기서 취미가 생긴다 : 그리고 그 대신 게으름도.

10〔B21〕

내가 용서한 모든 것들을 함께 열거하는 것. 죄악들을 넘어서 서 있기, 그것들을 고백하기.

10〔B22〕

허약한 위를 가진 에피쿠로스주의자 우울증 환자—거기서 나오는 그들의 '식욕'

10[B23]

호라티우스와 카툴루스는 그리스어를 번역하고 낯선 모든 것을 시대에 맞게, 그리고 로마에 상응하게, 그리고 적어도 로마적인 것으로 알려진 것으로 만들었다. 그래서 낭만주의는 아니다!

10[B24]

문제는 약탈도 약탈자도 자아를 평가하지 않는다는 것이다.

10[B25]

시인에게 있어서 우리의 으뜸가는 즐거움은 우리도 역시 가지고 있는 어떤 생각과 느낌을 우연히 만나게 된다는 것이다 : 예를 들어 자신의 농장에 대해 말할 때의 호라티우스. 그럴 때 그가 우리의 생각들을 너무나 멋있게 말한다는 것! — 그래서 그는 우리에게 영광이다!

10[B26]

꿈들 : 두꺼비 먹기. — "알파, 알파, 누가 그의 유골을 산으로 가져가는가?" — 피로 얼룩진 달.

10[B27]

내가 지금 그것을 얼마나 훌륭하게 갖고 있는지에 대해 나는 종종 부끄러운데, 그것은 누군가가 과연 이 한가로움과 더불어 무엇을 할 수 있었을까 생각하도록 강하게 독려한다 — 바로 나!

10〔B28〕

영혼의 전시(戰時) 상태가 비로소 시작되었다! 이를 통해 여기서 원하는 것이 이루어질 수도 있을 것이다 : 전진하라! 허위를 경멸하기, 거기서 우리와 마주쳤던 모든 고통을 가볍게 견뎌내기, 벌거벗은 몸으로 우박 속으로 걸어가기—우리가 자신에게 행하는 그릇됨을 경멸하고 견뎌내기—그는 '건강' '건재함' 을 비웃는다 등.

10〔B29〕

우리가 의도적으로 행하는 최소한의 것에 있어서도, 예를 들어 씹는 것, 대부분은 무심코 행하는 것이다. 의도는 가능성들의 거대한 제국과 관련 있다.

10〔B30〕

본능적으로 인간을 알아맞히기. 카르노Lazare Carnot는 주르당Jean-Baptiste Jourdan, 오슈Lazare Hoche, 보나파르트를 폭로했다.

10〔B31〕

내가 쇼펜하우어를 나의 스승처럼 칭송했을 때, 오래전부터 이미 그의 교의들 중 어떤 것도 내 의심에서 벗어나지 못했다는 것을 나는 망각했다 ; 그러나 내가 얼마나 자주 그의 명제들 아래서 '잘못 논증된' '증명될 수 없는' '과장된' 서술과 같은 표현을 했던가를 염려하지는 않았다. 왜냐하면 나는 만족할 만한 엄청난 감명을 즐겼고, 쇼펜하우어를 사물들 앞에 사물에 대해 자유롭고 대담하게 마주 세웠으며, 그것은 십 년간 내게 영향을 주었기 때문이었다. 그

후 성대한 계기를 통해 리하르트 바그너에게 나의 존경을 표했을 때, 여기저기서 끄집어낸 몇백 박자로 내가 매우 큰 관심을 가졌고 내게 관심을 가졌던, 나를 위한 그의 모든 음악이 오그라들었다는 것을 나는 다시금 망각했다—아마 오늘날에도 사정은 같을 것이다—그리고 이러한 삶의 광경을 나는 약간 덜 망각했다—자신의 흐름 속에서, 그리고 마치 산 위로 솟구쳐 나오는 것 같은 이러한 엄청난 삶의—리하르트 바그너에 관해 내가 견지하고 있는 것을 진실하게 말하는 것. 누가 전체적인 것과 위대한 것에 있어서 기꺼이 쇼펜하우어와 다른 견해를 가지려 하지 않을 것인가 하고 나는 생각했다 : 그리고 누가 전체적인 것과 사소한 것에서 리하르트 바그너와 동일한 견해를 가질 수 있을 것인가!

10〔B32〕

중요한 것, 그것은 사랑이 아니다 : 사물이다Ce qui importe, ce ne sont point les personnes: mais les choses. 카르노.

나폴레옹이 보나파르트 시대에 (빅토르 위고에 따르면) 두각을 나타냈을 때 카르노는 나폴레옹과 투쟁했고, 종신 집정관직을 반대했으며, 공화국의 유지를 위해 투표했다. 1814년 그는 조국이 위험에 빠진 것을 기억하기 위해 황제의 지위를 포기했다. 나폴레옹은 "카르노, 나는 당신을 너무 늦게 알게 되었다"고 말했다. "내게 참된 위인의 인상을 카르노보다 강하게 준 사람은 없다" 니부어Barthold Georg Niebuhr

10〔B33〕

친구에게 보내는 권고. 너는 아직 성격의 위대함을 실현하기에 그리 늦지 않았다.

10〔B34〕

프랑스인이나 미국인 사이에서의 독일인에 대한 증오를, 독일인 사이에서의 유대인에 대한 증오를 자신 안에서 의도적인 호의로 대체하는, 닮아가는 본성들—모순이 아니라 정의의 욕구로부터. 모든 역사적인 시대들에 반해 사실인!

10〔B35〕

십 년 동안의 교사 생활 중 한 번도 벌하지 않았다.

10〔B36〕

뜨거운 물, 쉴 때나 걸을 때 정신적인 일을 하기, 순수하고 절약하는 습관, 자유로운 분위기의 오전 ; 군인 같은 엄격함에 의한 시간 할당. 고대 철학자들의 정신 속에서 저녁 정산.

10〔B37〕

우리는 허약한 사람들과 변화하는 사물들에 관련해서는 운명을 믿지 않는다.

운명에 관한 우리의 생각들은 운명이다.

합목적성을 따르는 세계는 전체로서 합목적적이지 않고 이성을 벗어난 세계의 한 부분이다.

1. 우리는 실제의 현존을 지적으로, 혹은 2. 도덕적으로 평가할 것인가 : 그렇다면 그것은 지적으로나 도덕적으로 천박하게 나타난다. 그리고 그것이 혐오로 존재할 것이라면! 그렇다면 우리는 이 술어들을 세계의 밖으로 내놓는다. 전체로서의 개체도 역시 여타의 세계처럼 너무 어리석고 비도덕적이며, 이 세계 안의 최고의 개체 자체도 그러하다!

따라서 파멸하고자 하거나! 아니면 칭찬하고 비난하는 것을 잊어버리든가. **무관심**

죽은 세계의 값. 본능과 본능의 발전은 최후에는 자신의 비이성을 가리키는데, 그것들은 고통이 동일한 것을 보여주듯이 (현존을 원치 않는 지성의 형식에서) 서로 모순된다.

우리의 현명함은 현존에서 성장했다.

10〔B38〕

우리가 그 밑에서 우리의 이상적인 인간성을 유지하고 표현할 수 있게 해주는 인간들을 사방에서 찾아내기. 그 임무를 최초로 더 쉽게 수행하기, —그리고 나서 더 낯선 인간들을 서서히 집단 안으로 받아들이기. —그러나 우선 집단을 만들기, 다른 사람들을 몰아내기.

아마 우리는 먼저 도태-합목적성을 천 년간 제공하고 또한 더 많이 약화된 인류를 제공하는 상황을 초래하게 될 것이다! (지성의 측면에서 그 단위는 단 하나인 것처럼! = 햇빛의 낭비 등)

10〔B39〕

그것이 간격을 똑바로 유지하기 때문에 나는 극도로 올바르다.

10[B40]

나는 침 뱉는 인간이 가까이 오는 것을 참지 못한다.

10[B41]

인간의 어떤 특성들이 도태에 있어서 불리한지, 그러니까 여자들에게 사랑받지 못하는지? 그래도 책들이 그것들을 계속 번식하게 하는 수단이다.

10[B42]

다윈주의와 같이 인간들에게도 역시 실험들이 필요하다.

10[B43]

망상 없는 미침(정서적인 광기)

a) 의지 없이 복종해야 하는 곳에서의 충동적인 미침

망상 없는 정신 착란Manie sans délire

(아마도 유산되거나 은폐된 간질로서?)

10[B44]

흑인은 자신의 옷 속에 있는 그 무엇을 보아서는 안 될 때 우상을 감춘다.

10[B45]

남태평양 섬 주민들에게 귀족은 영원하지도 않고 시민적이지도 않다.

10[B46]

1) 공상가들의 경우에서 나의 성과 : 그 성과로 나는 곧장 피곤해졌고 의심스러워졌다

2) 나는 존경하지 않음에 대해 한 번도 불평한 적이 없었으며 그러한 감정을 알지 못한다.

3) 나는 더 높은 본성들이 한 걸음씩 더 가까이 나타나길 희망하지만, 그것들이 어디에 있는지, 거기에 있는지 없는지 거의 모른다! 내가 한 단계씩 계속 밟아갔을 때(그리고 나 자신을 극복했을 때), 나는 이제까지 항상 내가 찬양한 사람뿐 아니라 비난한 사람도 극복했다.

10[B47]

숭고한 것들은 자신의 환상이 기거했던 곳으로 자신을 드높이려 한다—그것들은 정말 자신을 넘어서 밖으로 가기를 원한다.

10[B48]

인류는 자신도 모르게 자신에게 필요한 모든 올바른 것에 도달한다고 스펜서는 생각한다—참됨과 일치하는 판단들에!! 헛소리!! 그 반대!

10[B49]

비스마르크의 업적은 유럽의 당파적이고 상투적인 말이 부여하는 즐거움을 독일인에게서 빼앗아버린 것이다.

10〔B50〕

어떤 쾌활함이 이제 가능한가! 우리는 유령들을 몰아냈고 비이성을 위한 권리를 가졌다 : 더 이상 우리는 존재하는 세계보다 영리해지기를 원하지 않는다!

10〔B51〕

이제 진정으로 개별자는 인류에게 불가능한 행복에 도달할 수 있다. 예전의 귀족 : 이제 그는 단지 우리가 타자들을 노예로 느낀다는 것의 일부를 이룰 따름이다. 우리의 거름으로서

10〔B52〕

나는 학문이 어떤 격식을 갖추기를 바란다—그것은 이제 바람직하게 되었으며, 이 점에서 학문의 배후에 아무런 염려도 없게 되었다. 여기서 바로 탕진되어야 할 정신의 과잉이 생기리라고 나는 생각한다.

10〔B53〕

이제껏 우리는 새로운 가치 평가들을 수행하는 것을 감행해보지 않았기 때문에 일들을 참 어렵게 (예를 들어 인구 과잉의 경우처럼) 만들었다. 우리는 삶이 정신의 과잉과 더불어 살게 되리라는 것을 빨리 알아야만 한다!

10〔C54〕

1. § 지식의 인간, 그의 생성, 그의 희망.

2. § 근원적-도덕

3. § 기독교

4. § 시대-도덕(동정).

5. § 가장 가까운 주위, 사정들, 민족 등에 대한 안내

6. § 욕정들에 관한 잠언들.

10[D55]

무엇보다도 사람들은 자신의 지적 열정에 있어서 훌륭한 믿음을 갖고 있다 : 더 나은 통찰이 생길 때, 굴복하기를 원치 않는 반항이 발생한다. 자존심은 우리가 우리의 일 역시 이끌 수 있는 충분한 정신을 지녔다는 것을 말한다. 오만은 저속하고 삭막한 견해처럼 이의들을 경멸한다. 탐함은 자신에게 향유의 즐거움을 지불하고 더 나은 통찰이 무언가를 행할 수 있다는 것을 의심한다. 동정은 우상과 우상의 강한 운명들과 덧붙어 나타나고, 자신의 불완전함을 응시하는 것을 금지한다 : 감사 역시 마찬가지다. 대부분 친밀한 관계, 칭송의 분위기 속의 신의, 행복과 위험의 공통점. 아, 그리고 우리에 대한 그의 신뢰, 우리 앞에서 스스로 가게 함, 그는 그가 우리에 대해 배신, 비밀 누설과 같은 부정을 저질렀다고 하는 생각들을 두려워한다.

10[D56]

선(善) 그 자체가 좋은 것이라면, 그것은 신의 전능에 대한 제약이 아닌가 : 그는 모든 것을 창조하고 창조된 것에게 이것을 명령하고 저것을 금지하며 양쪽으로 향하는 힘을 창조된 것에게 주었다. 선 그 자체가 선하거나 악하다면 신의 명령과 금지는 필연성을 갖

지 않을 것이다. 그것 자체가 인식될 수 있다면 인격신과 성직자는 필요가 없었다. 따라서 다음과 같이 선포한다 : 행위들의 유용함과 해로움으로부터 파악할 수 없는, 신의 명령이라는 관점에서의 도덕은 더 이상 존재하지 않는다. 행위들은 행위들의 비판이라는 이러한 견해를 허용하지 않는다.

10〔D57〕

'아침 식사의 아름다움'

10〔D58〕

성직자가 계속해서 교회의 관심을 규준으로 삼고, 또 그에 반해 그 자신의 것을 냉대하기 때문에 성직자의 도덕이 더 위대한 것인가? 커다란 편견인 이런 느낌은 단지 자립성에 관한 더 거만한 방식이 아닌가? 그리고 아이와 관련해 어머니에게서도 똑같지 않은가? 국가와 관련해 시민은? 이렇게 '자립을 빼앗는 것' 은 완전히 피상적이다 : 사람들은 자신의 열정을 위해 산다! 그래서 자신의 더 보잘것없는 그 무엇을 희생한다!

10〔D59〕

호의적이고 이해 관계를 떠나 행동하는 인간을 도덕적 인간으로 보는 것이 유행인데, 이것은 기독교가 유럽에 끼친 잘못일 것이다. 그렇지 않다면 강하게 책임감을 느끼는 사람은 다른 것들보다 더 많이 '자아' 를 말하는 도덕적인 것을 그의 구원과 가장 고귀한 관심으로 여길 것이다 : 그가 위대한 정복자처럼 다른 사람들을 희생물로 바치더라도. 아무에게도 해롭지 않은 것. 그리고 그를 가능한 한 이용하는 것, 그러나 자신을 가장 많이 이용하는 것—사람들이 이것을 불가능한 것으로 간주했기 때문에 이것은 도덕적인 것으로 여겨지지 않았다. 물론 올바른 생각이다! 그래서 사물들의 본성은 대립하는 두 가지 열정을 우리가 조화롭게 만들 수 있는 그런 것이 아니다. 우리가 거기에 있음으로써, 그리고 우리가 우리 자신을 완성하고 또 가장 높이 고양함으로써, 우리는 우리의 관심을 다른 것보다 더 높은 것으로 여기고 거기서 힘을 취해야만 한다 : 인간은 다른 사람의 어떤 관심을 손상하지 않고서는 더 멀리 나아갈 수 없다. 모든 개별자와 모든 타자들에 대한 규범은 우리가 그것을 충분히 알 수 없기 때문에 이미 불가능하다. 물론 우리 자신에 대해서도 마찬가지다 : 우리가 우리의 주요 관심사로 지시하는 것은 우리의 다른 관심들을 대가로 유지되는 것이다. 우리 자신한테서 이미 모든 불가능은 증명되었다. '공정함', 관용, 낯선 것, 올바른 것은 매우 조야한 의미에서만 가능하다. 그것들의 원천은 더욱 정교한 불공평이자 '실존'에 대한 매우 조야한 개념을 위한 존재 조건이다! 그러나 실존하려 함은 이미 올바르지 않다.

10[D60]

스펜서가 염두에 두는 것과 같은 적응을 생각해볼 수 있는데, 그렇다면 모든 개체는 유용한 도구가 될 것이며 그 자신도 역시 그렇게 여길 것이다 : 수단으로서도, 부분으로서도—그러니까 개인주의의 지양을 통해, 그에 따라 목적과 전체성이 존재하려 할 것인데, 정확히 말해 양자에서 유일성이! 이러한 개량은 가능할 뿐만 아니라 아마도 역사는 그리로 나아갈 것이다! 그러나 그렇다면 개별자들은 **점점 약해질** 것이다—타인을 위한 삶의 무관심성의 원리와 사회성이 지배하는 곳에서 인류 몰락의 역사가 나타날 것이다. 개별자들은 더욱 강해져야만 하고 그래서 사회는 위기 상황에 머물러 있어야만 하며 또한 커다란 변화들을 항상 기다려야만 한다 : 일시적인 실존을 부단히 진행하기.

10[D61]

현실 감각에서 한 걸음 더 나아가, 모험에 나선 감각과 자유를 향하는 날개를 억압한다. 너무 미미한 지식과 너무 허약한 유추들을 근거로 주장하고 이 주장을 근거로 억측하는 것은 허락되지 않는 것처럼 보인다. 자발적인 과대한 힘은 예방 조치와 재료의 축적과 재료의 몇몇 부분에 대한 평가에서 나타나는 회의의 멍에를 짊어진다. 따라서—지적인 부도덕은 어떻게도 정의할 수 없는 정도에 이를 만큼 필연적이다.

10[D62]

음악이 삶에 속하는 밀턴John Milton과 루터에게서 오성의 불완전한 광신적인 발전과 증오와 질타를 억제하지 못하는 것은 아마 음악이 훈육되지 못했기 때문일 것이다.

10[D63]

어느 정도까지 행동하는 사람이 자신에 대해 양심이 없는 사람인가?—한 행위의 세 번째 네 번째 다섯 번째 결과를 앞서서 고려하는 오성은 어디선가 멈추어야 하며, 불확실한 것들을 목표로 행동해야 한다. 즉 오성은 결과와 관련해 확실한 것처럼 결과에 이르는 불충분한 통찰의 감정에 따라 행해야만 한다 : 결의에 찬 얼굴로 절대적인 통찰을 감행하라. 즉 연기하거나 자기 자신을 속이거나 자신의 지적인 양심을 침묵시키기.

10〔D64〕

예를 들어 그리스도의 경우와 같은 가장 고귀한 사람에게 불공평한 지반

10〔D65〕

서로 다른 관계들 속의 모든 인간들의 도덕적인 모든 속성 : 그것은 육체적 요인들의 알려지지 않은 구성적인 관계에 대한 명칭이다.

10〔D66〕

비워내는 자극을 통해 (분노를 표출하기, 복수심 등) 성장하며 가득 채우는 자극을 유발하는 필연성을 해소하는 것. 예 : 이웃의 시끌벅적한 축제 때문에 머리가 아픈 사람, 그리고 마침내 끊임없이 생각을 적으로 향하게 하고 생각으로 그를 아프게 하는 크나큰 고통 : 혹은 주먹으로 자기 자신을 때리게 하는 사람. 여기서 비도덕적인 그 무엇은 미치지 않기 위해 육체적으로 주어진 치료제다 : 비도덕적 행위들이 어떻게 건강을 위한 요소로서 가치를 지니는가 하는 일례.

10〔D67〕

객관과 주관—그릇된 대립. 사유를 위한 출발점이 아니다! 우리는 언어를 통해 우리 자신을 미혹해야 한다.

10〔D68〕

장 드 제르송Jean de Gerson : "어떤 행위들이 훌륭하기 때문에 신이 그 행위들을 하려 하는 것이 아니라 신이 그 행위들을 하려 하기 때문에 그 행위들이 훌륭한 것이 되는 것이다. 신이 어떤 행위들을 금지했기 때문에 그 행위들이 나쁜 것인 것과 마찬가지로." 예수회 회원들.

10〔D69〕

행위의 목적과 행동하는 사람의 목적을 구별하기.

10〔D70〕

에스코바르Escobar : "도덕적 감정의 상이함을 실제로 생각할 경우 나는 그것이 섭리의 이로운 효과(결과)라고 생각한다. 의견의 상이함은 우리가 더욱 기쁘게 주인의 멍에를 짊어지게 도와주기 때문이다."

10〔D71〕

가장 훌륭하고 정신적인 인간은 자신의 눈에서 기만하고 의도적으로 자신을 긍정하는 인간의 조잡하고 모욕적인 모습을 멀리했고, 모든 요소들이 천사같이 보이는 매우 미묘하고 이해할 수 없는 영역으로 숨어들었다. 그는 자신의 불공평함을 목격하는 것을 이해했던 가장 날카로운 불공평한 사람이다.

10[D72]

말이나 생각들에서 모든 '창조'의 아흔아홉 가지 부분들은 모방이다. 다소간 의식된 절도.

10[D73]

모두에게 열 배는 차갑고 불친절하게 대하라. 마침내 그것이 그대들에게 법칙이자 그대들의 매일의 일정량이 되리라.

10[D74]

욕정이 증가하는 반면 민중의 이해력에 해를 입히는 음악의 과도한 사용과 정신적인 음료—그래서 믿을 만한 이론들에 따르면, 독일인은 자살에 있어서 모든 민족들을 능가한다. 더욱이 인종의 순수화와 관련해.

10[D75]

우리는 외교적으로 숙련된 시대에 들어섰다. 더 이상 아무도 위기 상황에 대한 철저한 조사나 세력 관계에 대한 변화 없는 지속적인 상황에 대한 약속을 믿지 않는다. 사람들은 이러저러한 견해나 정당에 대한 위장된 지지를 가진 채 즉흥적으로 대처하고 일한다. 더 이상 목적이 경건하지 못한 수단을 정당화하지 않으며 사람들은 재빨리 잊어버린다.

10〔D76〕

우리는 우리의 '정신적인 활동'을 전적으로 그것의 대상들이 우리에게 발휘하는 효과로서 관찰할 수 있다. 인식은 주체의 활동이 아니라 다른 사물들에 의해 드러난 신경 조직들의 변화처럼 보인다. 오직 우리가 의지의 기만을 야기하며 그리고 "나는 인식하려 하고 결과적으로 인식을 행한다"는 의미에서 "나는 인식한다"고 말함으로써만 우리는 사태를 뒤집는데, 수동형에서 능동형을 보게 된다. 그러나 수동-능동어 역시 위험하다!

10〔D77〕

인식의 형식들은 우리에 대한 다른 사물들의 작용으로부터 나온 생산물들이다. 모든 사물들이 우리에게 그 형식들을 주었기 때문에 우리는 모든 사물들에 그 형식들을 준다. 우리의 활동은 겉보기에 생산적이다.

10〔D78〕

청년들에게 관념론의 권역은 얼마나 작은가! 그들은 교제, 명예, 장려, 영향을 사소하게 생각한다. 그렇다. 아주 작은 분야에서 그들의 활력과 약동이 소진되기 때문에 모든 것에서 그들은 더욱 진부하다. 그래서 다른 사람의 시선이 그것을 향하면 그들은 어떻게 기만하는가!

10〔D79〕

보완하기(예를 들어 우리가 새 한 마리의 움직임을 운동으로 본다고 생각하면). 즉각적인 생각은 이미 감각 지각들에서 시작된다. 우리는 항상 감각 지각을 통해 보고 알게 되는 것에서 완전한 인간을 정식화한다. 우리는 공허함을 견디지 못한다—이것이 우리 환상의 뻔뻔스러움이다 : 우리의 환상이 진리에 얼마나 허술하게 결합된 채 길들었는가! 우리는 인식된 것(혹은 인식될 수 있는 것!)의 순간에 만족하지 못한다. 재료를 가지고 유희하는 가공은 지속적이며 근본적인 우리의 활동이자 환상의 실행이다. 사람들은 이 활동이 얼마나 강력한가에 대한 증명으로서 눈 감은 상태에서의 시신경의 놀이를 생각한다. 우리가 읽고 듣는 경우에도 마찬가지다. 정확한 듣기와 보기는 문화의 매우 높은 단계다—우리에게는 아직 먼 이야기다. 거짓말은 전혀 그곳으로 인도되지 못한다! 환상을 좇는 힘의 이러한 충동적 놀이는 우리의 정신적이고 근본적인 삶이다 : 사유는 우리에게 나타나는데, 의식됨, 즉 과정에서 과정을 비추는 것은 비교적 예외다—아마 가장 대립적인 것의 굴절.

10〔D80〕

〈스가랴〉 9장 9절. 예수는 짐이 되는 나귀와 새끼를 끌어야만 한다. 가장 앞선 것은—그를 믿는 유대인들인데, 그들은 규율의 속박을 견뎌냈다. 새끼는 무법 천하에서 살았던 이교도들이다 : 그러나 그리스도는 그들에게 자신의 말이라는 고삐를 달았고 거기서 그들은 자신을 기꺼이 낮추고 그리스도가 원했던 모든 것을 스스로 짊어졌다.

저녁 식사(성찬식). 밀가루 음식을 바치는 것은 나병에서 자신을 정화하려 했던 사람들을 위해 마련되었다.

10[D81]

오래된 예언의 해석을 둘러싼 싸움 : 알렉산드리아 학파의 방식에 따라 그것은 완전히 책으로서의 기독교적인 가르침으로 해석되었다.

메시아의 위상들을 다르게 해석했던 유대인들과의 싸움. 유스티누스Justinus는 그것의 해석적 곡예를 비웃는다.

10[D82]

주관 없는 세계—그것을 생각할 수 있겠는가? 그러나 사람들은 이제 모든 삶이 한꺼번에 파멸되고 다른 모든 것이 점점 더 안정되게 움직이지 않으며 우리가 보는 바와 같이 세계가 그러할 수밖에 없는가? 하고 생각하게 된다. 나는 그러하리라고 생각하지도 않지만 또한 인간이 그렇게 생각할 수 없는 이유도 파악할 수 없다. 만약 색들이 주관적이라고 전제한다면—아무것도 그것들이 객관적으로 생각될 수 없다고 우리에게 말하지 않는다. 세계가 우리에게 나타나는 것처럼 존재할 가능성은 우리가 주관적인 요소들을 안다는 것을 전혀 제거하지 못한다.

주관을 빼놓고 생각하기—이것은 주관 없이 세계를 표상하려는 것을 의미한다 : 모순이 존재한다 : 표상 없이 표상하기! 아마 수십만 가지의 주관적인 표상이 있을 것이다. 우리의 인간적인 것들을 빼놓고 생각하기—여기에는 개미들의 것들이 남아 있다. 그리고 인간은 모든 삶을 없는 것으로 생각하고 다만 개미만 남아 있다고

생각한다 : 정말 그들에게 현존이 달라붙어 있는가? 물론 존재의 가치는 지각하는 존재에 붙어 있다. 현존은 인간을 위한 것이며 종종 충만한 가치를 지닌 현존도 마찬가지다.

10〔D83〕

결국 인간은 세계를 발견하는 것이 아니라 자신의 촉각 기관들과 촉수들, 그것들의 법칙들을 발견하게 될 것이다—그러나 그것들의 현존이 이미 실재성을 위한 충분한 증명이 되는가? 나는 그 거울이 사물들을 증명한다고 생각한다.

10〔D84〕

그들은 쉽게 행하고, 다른 극단으로의 이행으로부터 나를 이해하려 한다—그들은 무법의 전쟁과 이따금 적절한 때의 기쁨에 찬 휴전으로부터 아무것도 알아채지 못하며, 또한 이 과거의 저작이 전쟁이 끝난 것처럼 보이는 곳의 매혹적인 정적에서 그리고 전쟁에 대해 이미 곰곰이 생각하고 진정하기 시작한 곳에서 유래했다는 것을 알아차리지 못한다. 이것은 기만이다. 전쟁은 확산되었다. 극단적인 대화는 조금 전에 이미 거칠어진 동요와 인간이 기만을 확고히 하는 방도로 삼으려 했던 폭력성을 폭로한다.

10〔D85〕

환상적인 사유의 최고 가치는(아마 그 몇몇은 바로 생산적인 사유라 불린다) 가능성들을 생각해내고 감정들이라는 그 기제들을 습득하는 것인데, 이것은 그 뒤의 실제적 존재의 해명에 있어서 도구와 같은 것이 될 것이다. 가능한 모든 시도를 통해 이 사실을, 말하자면 단번에 알아맞혀야 하며 이 사실을 예기치 않은 노획물로 발견해야 한다. 혹독한 탐구라는 훌륭한 일에 있어서 모든 기제들은 결국 '진리' 로서 자신을 정립했고 습득되었다. 시인과 형이상학자가 이 점에 있어서는 항상 가장 바람직하다. 그들은 가능한 세계를 추구하며 여기저기서 필요한 그 무엇을 찾는다. 실험실들의 경우와 마찬가지다. 끊임없이 설치고 무엇인가를 먹으려 애쓰는 맹목적인 동물들은 먹이를 찾아낸다(그러나 또한 더 쉽게 죽거나 쇠락한다) 다른 동물들은 승인된 먹이로 살아간다.

10〔D86〕

사람들이 이방인 기독교인의 입장에서 이스라엘의 특권과 구약적인 관습들을 처음부터 전적으로 이해했던 것은 아니다.

10〔D87〕

주의하라! 가장 자유로운 인식의 확장과 일시적인 성격을 가진 삶!

10〔D88〕

19세기의 반동 : 사람들은 존립했던 모든 것의 기본 원리를 추구했으며 그것을 참된 것으로 증명하려 했다. 존립, 두려움 그리고 훌륭한 양심은 진리의 징후로 간주되었다! 이 보수적인 성향 : 그들은 아직 문제시되지 않았던 모든 것들을 보았으며, 18세기 철학에 대한 가장 강한 반대로서 재산가들의 이기주의를 취했다 : 사람들은 갖지 못한 사람들과 불만을 지닌 사람들을 위해 여전히 교회를 유지했을 뿐만 아니라 예술도 가졌다(그들이 보수주의적 이익을 위해 일했을 때는 몇몇 매우 재능 있는 사람에 대한 감사로서 천재 숭배까지도) 역사를 통해 (새로운!!!) 사람들은, 문화(국가!!!)라 일컬어지는 거대하고 두려워할 만한 집단들에 도취했던 것을 증명했다. 사람들은 과거에 대한 열성적인 연구의 엄청난 부분과 숭배의 부분을 내팽개쳤다 : 더욱 새로운 철학과 자연과학은 이 부분을 상실한 채 내달렸다!— — 이제는 **반격이**! 사람들이 원했을 때 역사는 결국 다른 그 무엇을 증명했다 : 역사는 저 원리들을 파괴할 가장 확실한 수단이 자신임을 증명했다. 다윈. 한편 추후적인 지각이자 여파로서의 회의주의적 역사주의. 인간은 역사에서 우리의 '아름다운' 이념이 아니라 움직이는 힘들을 더 잘 아는 법을 배웠다! 사회주의는 자신을 역사적으로 정당화했고 역사상 국가 간의 전쟁도 마찬가지다!

10〔E89〕

많은 것, 모든 것이 힘의 감정을 주는 것처럼 행동하고 사유하기. '누구와도 같지 않은' —이것은 힘의 감정에 관한 징표다. —도덕적 명령들은 자신을 엄격하고 독자적으로 인식하지 못하고 자신의 외부에서 규범을 가져야 하는 개인들을 위한 임시 방편들이다.

10〔E90〕

우리 개인에게 의무의 강요는 부분적으로 손해가 되고 부분적으로 합치한다.

10〔E91〕

인간을 증오하기 위해 동물들을 사랑하는 것은 필요하지 않다. 쇼펜하우어와 같이. 사람들은 처음으로—한 사람으로 볼테르를 생각한다.

10〔E92〕

예술들의 통일에서 나온 높은 목표를 가진 우리 시대의 시조인 바그너는 노력했다. 그는 이 영역에 대한 실험을 시작했다.

10〔E93〕

우리의 감각 세계는 결코 실제로 존재하지 않으며 모순적이다 : 감각 세계는 감각의 기만이다. 그렇다면 감각들이란 무엇이란 말인가? 이 속임수의 원인은 실제로 있어야 한다. 그러나 우리는 감각들로부터, 그리고 오직 감각들에 의해서만 지식을 얻게 되고 그래서 그것은 기만의 세계에 속한다. 그러므로 우리는 우리가 알 수 없는 그 무엇을 믿을 수는 없으며 감각들은 그 첫 번째 기만이다. 우리가 지닌 많은 것들이 여기에 속한다 : 그러나 우리는 어떻게 기만들로 둘러싸였으면서도 지식을 향한다는 착각들에 이르는가? 착각은 어떻게 자신이 환상에 속한다는 것을 알 수 있을까?—그래서 우리는 속이는 사람이기도 해야 한다 : 즉 우리는 실제로 존재해야 하기도 하고, 더욱이 이 세계가 기만이라는 우리의 의식이 순수 논리적으로 도출되어야 한다 : 어쨌든 우리 자신은 이러하다. 말하자면 : 어떻게 진리와 참된 것이 거짓 세계의 원인일 수 있는가?—그것들이 필요할 수밖에 없다 : 아마 진리는 예술가처럼 고통을 받고, 즐거운 표상들과 영상들 속에서 구원과 전사(轉寫)를 찾을 것이다—아마 진리는 고통이고, 가상은 완화이며, 변화는 더 나은 장소를 찾고 극심하게 고통스러워하는 사람의 자기 전복일 것이다. 그러나 아마도 진리는 충만한 욕구일 것이며 또한 예술가처럼 환상 속에서 넘쳐흐를 것이다(비극의 탄생). 세계의 미적 현상, 인식하는 주관의 상황에서 나타나는 일련의 것 : 인과율에 따른 환영. 지적 발전이 동물계에서부터 나타났으며 동물 없이는 어떤 세계도 존재할 수 없다는 것은, 주관이 자기 스스로 유희하는 저 연극 안에 들어 있다 : 그것은 망상이다. 역사는 허구적이다—그 이상 무엇도 아니다 ; 깊은 환상에 빠지기 위한 수단인 인과성, 환상에 속기 위한 예술품, 예술적 속임수의 가장 정교한 기구.

10〔E94〕

전도된 세계 : 광신의 부화 장소.

그리스도처럼 일상에 대한 불신 속에서 살아가며 행동하기—그러나 몇몇 계기를 통해 자신의 삶과 자기 자신에게 판결을 내리기—이 상태에서 삶이 전혀 쓸모가 없는, 또한 그로 인해 조금 낯선 시간이 현존의 의미를 드러내는 것처럼 보이는 상태, 이 저주받을 만한 상태! 우리는 크고 작은 착란 속에서 현존하는 심판관을 인식하는 이러한 사고 방식을 철학이 허용하기를 원하지 않으며, 이 사고 방식이 예술의 베일에 가려 계속 보호받으며 살아야 하는 것에 대해 반대하려 한다.—여기서 우리는 관용이 없는 것인가? 새로운 것에 대한 광신인가?—사람들은 우리가 행하려 하는 것을 처음에는 방관하리라 : 전도된 세계에 대해 더 이상 염려하지 않는 것으로서 더

할 나위 없음.

10[E95]

우리가 인식할 수 있는 한, 세계는 우리 자신의 신경 활동일 뿐 그 이상이 아니다.

10[E96]

다른 종교들은 (부분적으로 상상된) 도덕적 악에 반대하는 기독교라는 실제의 악에 반대한다!

10[F97]

피로에는 생각하는 사람과 관련된 장점이 뒤따른다 : 피로는 그 생각들을 밖으로 뛰쳐나오게 하는데, 그 생각들은 그렇지 않을 경우 우리가 많은 몸가짐에서, 그리고 그 결과로 뒤따르는 많은 위장에서 시인하지 않을 수 있는 것들이다. 우리는 꾸밈없어야 한다. 무엇인가가 우리 자신을 속이기 위해서는, 보라! 우리를 넘어서는 진리가 온다.

10[F98]

사랑과 영혼. —시선이 너무 뻔뻔하게 감각들의 만족을 향한다면 그 즐거움은 너무 빨리 역겨운 그 무엇이 될 것이다. 신들과 환상들을 혼합하는 조야한 눈들을 덮어씌운 그리스인들처럼 그것을 이해해야 한다 ; 사람들은 망각할 수 있어야 하며, 또는 적어도 많은 것들을 곧장 명명해서는 절대 안 된다 ; 지성이 잠자거나 꿈꿀 때면 즐거움이 지성에 살그머니 다가가야 한다.

10[F99]

"너는 운이 좋군! 성질이 끓어오를 대로 끓어오를 때마다, 네 지성 역시 그러하니 말이야." B : 네가 뭘 잊어버렸군!

10[F100]

한 사물의 속성들은 우리의 감각을 자극하는데, 예를 들어 회색인 것, 형태, 운동의 방식, 무엇보다도 신체와 실체로서의 자신의 존재함이 우리의 감각을 자극한다—모든 것이 쾌감과 불쾌감과 함께 존재하며 또한 그 결과 신뢰, 경향, 접근에 대한 쾌나 두려움과 함께 존재한다. 관련시키자면. 동일한 사물이 자신이 지닌 서로 다른 속성들 때문에 우리를 유혹할 수도, 두려움을 일으킬 수도 있다.—그런데 사물의 속성들이 그러한 감각을 자극한다는 것, 그것은 판단이다—그리고 이 판단은 경험들과 경험들의 동일성에 대한 믿음을 전제한다. 그러나 결국에는 가장 오래된 경험 역시 다시 판단을, 즉 자극의 해석을 전제하게 되며, 그래서 이 판단은 매우 즐겁거나 극심하게 고통스럽다. "이 자극이 우리의 힘을 증가시키거나 감소시키는가?" 단적으로 판단은 힘의 감정이 일어나거나 감소되는 원천이다.—따라서 사물의 효과는 결국 우리가 우리 힘의 촉진을 믿든지 말든지에 따라 쾌적하거나 불쾌하다. 그러나 이러한 믿음은 다시 경험으로 되돌아갈 수 있는 것이 아니라 오히려—증가하는 힘의 감정에서 자신의 기원을 취해야만 하는 것이다. 우리는 힘의 감정을 갖는 곳에서 힘을 믿는다. 힘의 감정은 힘에 대한 증명으로 간주된다. 이 증명 뒤에 욕구 속에서 자극의 감각이 변모한다 : —그래서 : 사물의 모든 속성들은 실로 우리 안의 자극인데, 그것들은 부분적으로 힘의 감정을 증가시키고 부분적으로 감소시킨다 : 모든 사물은 판단들의(두려움들, 희망들, 몇몇은 신뢰하게 되고, 다른 것이 그렇지 않은) 총합이다. 우리가 그저 물리학만을 더 잘 인식할수록, 판단의 이 총합은 더욱 미미한 환상이 될 것이다 (그릇된 추정들은 탈락한다. 예를 들어 검고 위험한 모든 것) 결국 우리는 파악한다 : 사물은 우리 내부 자극들의 총합이다 : 그러나 확고부동한 것은 존재하지 않으며 사물 역시 확고한 총합이 아니다. 그리고 우리가 사물들에 불변성을 부여하는 것을 알면 알수록— — —

10〔F101〕

회의주의자가 나중에 다시 진정된 뒤 '혹시-그리고-혹시-역시-아닌' 땅으로 되돌아가기 위해 이따금 매우 자유분방한 도취를 필요로 한다는 것에 대한 증명들에 관해 : 나는 최근에 구름들에서 내게로 몰려드는 비둘기들을 바래다주었던 명제들을 이야기하려 한다. 첫째로 : 지식의 가장 일상적인 형태는 의식하지 않는 것이다. 의식은 지식에 대한 지식이다. 지각과 의식은 본질적인 모든 것들을 공통적으로 지닐 것이며 또한 같은 것일 수 있다. 지각의 첫 번째 발생은 지식에 대한 지식의 발생이다 : 다만 방향의 변화만을 지식에 주기 때문에—또 게다가 아마도 사람들이 추측할 수 있는 우연적인 동기들은 충분하기 때문에 어렵고 불가사의한 것을 포함하지 않은 과정. 지각이 있기 전에 벌써—더 정확히 말하자면 항상—지식이 있었다 : 그 기능들로서의 재인식과 추론이. 모든 촉진하는 힘들의 속성이 지식이다—사람들이 물질이 무엇인지 안다면, 지식이 물질의 속성이라며 이구동성으로 말하게 될 것이다 : 우리 감각들의 선입견으로서 촉진하는 힘을 고려하자면 : 그 결과 힘과 물질은 그것이 그 자체로 명명되든지 우리의 감각들에 의거해 힘에 대한 우리의 지각의 한계로서 명명되든지 간에 하나가 될 것이다. 촉진하는 힘들은 쇼펜하우어가 생각한 것처럼 최후의 것, 그리고 분석에 무조건 반하는 것이 아니다. 그는 힘들을 '의지들'로 이해했다 : 우리는 그 안에서 개념적으로 지식을 그 속성들로 분리할 수 있다 : 재인식과 추론 없이는 어떤 충동도, 촉진도, 의욕도 없다. (지각이 아니라) 지성은 '사물들의 본질에' 고유한 것이다 ; 지각은 그 성향의 역사에서 우연한 것이며 그 자체로 새로운 것이 아니다. 역학의 첫 번째 명제들을 이해하기 위해 사람들은 촉진하는 힘들에 재인식과 추론을 주어야만 한다—그러나 거기에 대한 의식이나 지각이어서는 안 된다. 그러나 재인식과 추론은 다수성을, 그에 앞서 힘들의 단일성을, 적어도 이원성을 전제한다. 재인식과 추론에서 나타나는 오류는 지각이 존재하고 나서야 비로소 가능하다. —자! 이제 돌아가라, 그대들 비둘기들이여, 그리고 구름에 속한 것을 구름에게 주라!

해설

도덕 의식의 계보학적 현상학

·

최성환

I. 유고의 성립 배경과 의의

1880년 초부터 1881년 봄까지 작성된 이 유고는 1881년에 출간된 《아침놀 *Morgenröthe*》을 위한 메모로 이루어져 있다. 니체는 이 유고에서 서구 유럽에 뿌리내린 도덕적 관습과 삶의 태도에 관한 문제를 집중적으로 다루는데, 특히 독일 사회의 허구적 도덕 의식을 비판적으로 고찰한다. 니체는 리바와 베네치아에서 시작해 마리안스테라즈녜와 나움부르크에 이르는 여정 동안 《아침놀》을 위한 메모를 계속 썼다. 1년간의 여정 끝에 제노바에서 마침내 완전한 고독을 느낄 수 있었던 니체는 이곳에서 《아침놀》을 위한 마지막 구상을 마쳤다. 니체는 본래 《아침놀》의 제목을 '쟁기의 날Die Pflugschar'로 생각했지만 가스트Peter Gast의 제안에 따라 '아침놀'로 바꾸었다.

니체 연구자들은 흔히 니체의 사상을 세 단계로 나누는데, 《아침놀》은 두 번째 단계에 속한다. 따라서 《아침놀》의 준비 작업으로 이루어진 이 유고는 여러 가지 측면에서 중요한 의미를 갖는다. 우선 니체 스스로 이 시기의 작품이 주제의 다양성과 중요성 때문에 자신의 사상적 기반을 이해하는 데 매우 의미 있다고 말한다. 니체 사상의 두 번째 단계에 속하는 작품인 《인간적인 너무나 인간적인*Menschliches, Allzumenschliches*》(1878), 《아침놀》, 《즐거운 학문*Die fröhliche Wissenschaft*》(1882)은 니체 사상이 본격적으로 형성되던 시기의 작품들이다. 또한 이 시기에는 기존의 모든 가치와, 유럽을 지배하던 인간의 이상을 전도하려는 엄청난 시도가 이루어지는 동시에 힘에의 의지에 대한 사상이 형성되었다. 이 유고에서 특히 니체는 나중에 '힘에의 의지'로 구체화되는 다양한 현상들을 인간의 삶에서 포착한다. 이런 관점에서 볼 때 니체는 이전에 그가 보여준, 세계에 대한 부정적이고 소극적인 묘사와 달리 《아침놀》에서는 적극적으로 자신의 견해를 피력했다고 말할 수 있다. 《아침놀》에 나타난 니체의 적극적인 사상들은 니체가 《인간적인 너무나 인간적인》에서 표출된 기존 세계와의 투쟁 속에서 새로운 비약을 위한 자유를 획득하고, 그 자유를 기반으로 자신의 인생관을 당당하게 제시한 결과들이다. 그래서 니체는 자신의 '도덕에 대한 투쟁'이 《아침놀》과 더불어 시작된다고 선언하는 것이다.

니체는 이 유고에서 다양한 사상가들, 예를 들어 철학자, 사회학자, 문학가, 예술가, 역사가, 정치가, 종교인 등의 관점을 비판적으로 조명하면서 사상의 토양을 확실히 다진다. 여기서 그는 문헌학자의 식견과 철학자의 통찰을 유감없이 발휘하며 자신의 철학적 입장을 분명한 어조로 밝힌다. 특히 표현된 내용들의 축약성과 잠언들의 상징성은 니체의 학문적 자신감을 대변해준다. 니체는 함축적인 표현을 통해 자신이 문제의 본질을 파악하고 있으며 무엇을 향해 나아가야 하는지를 분명히 인식하고 있다는 점을 강하게 시사한다. 이는 니체가 이 유고에서 자주 사용하는 '주의하라!'라는 표현과 감정적 표출 속에서 잘 드러난다. 아울러 니체는 이 시기에 건강이 악화되어 교수직을 그만두고 좋은 환경을 찾아다니면서 자유롭게 저술 활동을 했다. 니체는 유고의 여러 곳에서 자신이 육체적 건강의 회복과 정신적 안정을 추구하면서 작업에 매진했음을 밝힌다. 그는 《아침놀》의 서문에서 "선과 악에 대해 지금까지 이루어진 고찰은 조악하기 짝이 없는 것이었다. 선과 악에 대해 고찰하는 것은 항상 너무 위험한 일이었다"라고 말하고 있다. 그러나 유고에서는 "나는 항상 내 몸과 마음을 다해 글을 썼다"(4[285])라고 술회한다. 니체는 이 과정에서 "피투성이의 진리"(4[271])를 발견하게 되었고, 이러한 진리가 그로 하여금 새로운 각오를 갖고 전진하도록 자극했다.

II. 도덕 의식의 '계보학적 현상학'

전체적으로 유고의 주제와 내용이 너무나 다양하고 산만하기 때문에 니체가 도덕 문제에 대한 체계적인 접근을 전혀 시도하지 않은 것처럼 보일 수도 있다. 그러나 니체는 도덕과 덕 그리고 감정 형성의 역사를 '이중적 맥락'에서 추적함으로써 도덕의 본질을 규명하려 한다. 즉 니체는 역사적인 맥락과 심층적인 분석을 통해 유럽 도덕 의식의 뿌리를 밝혀내는 것이다. 그의 이러한 작업 방식을 도덕 의식의 '계보학적 현상학'이라 부를 수 있다.

니체는 《아침놀》의 서문에서 다음과 같이 말한다. "이 책에서 사람들은 '지하에서 작업하고 있는 한 사람'을 보게 될 것이다. 그는 뚫고 들어가고, 파내고, 밑을 파고들어 뒤집어엎는 사람이다. 그렇게 깊은 곳에서 행해지는 일을 보는 안목이 있는 사람들이라면 그가 얼마나 서서히, 신중하게, 부드럽지만 가차 없이 전진하는지 보게 될 것이다. 그는 오랫동안 빛과 공기를 맛보지 못하면서도 한마디 고통도 호소하지 않는다. 사람들은 그가 자신이 행하고 있는 어두운 일에 만족하고 있다고 말할 수 있을 것이다." 가스트에게 보낸 편지(1880년 7월 18일)에서 니체는 이미 '도덕의 광산'에 대해 언급했으며 '지하에 있는 듯한 느낌', '통로', '도피로' 등의 표현을 사용했다. 독자는 이 표현들에서, 니체가 근본적 회의를 통해 기존 도덕 체계의 해체를 시도했음을 알 수 있다. 그러나 더욱 중요한 것은 그가 단순한 해체와 전복을 기도한 것이 아니라 이른바 '새로운 덕성'을 수립하기 위해 노력했다는 점이다.

니체는 은폐된 '장엄한 도덕적 건축물의 지반'을 드러냄으로써 당대, 즉 그가 말하는 "다채로운 시대"(3[6])가 요구하는 새로운 덕성을 수립하려 한다. 이른바 "도덕적 편견"(4[4])과 "버려져야 할 것"(4[5])을 밝혀내고 인간에게 진실로 충족될 수 없는 욕구를 제거함으로써 개별적 인간의 진정한 욕구를 정당화하려는 것이다. 이를 위해 니체는 자유로운 노정을 확보하고 가치 판단에 대한 근원적 회의와 전복을 시도한다. 이런 시도는 인간이 처음 배우는 것은 인간과 사물에 대한 통찰이 아니라 그것들에 대한 가치 판단이라는 분석으로 나아간다(3[54]). 따라서 이미 사회적 기준이 되어버린 가치 판단의 틀이 인간으로 하여금 처음으로 세계와의 관계를 형성하게 하는 기초로 작용하는 것이다. 다시 말해 기존 도덕 문화에 대한 비판은 바로 이 틀에 대한 '계보학적 현상학'의 작업, 즉 "뚫고 들어가고, 파내고, 밑을 파고들어 뒤집어엎는" 것이다.

니체가 바라본 세계와 인간의 삶은 그야말로 '이해할 수 없는' 혼돈 그 자체라고 할 수 있다. 이 유고에는 체념의 세계, 허무주의적 경험의 보고(寶庫)라 할 수 있는 삶의 현장의 목소리가 생생히 담겨 있다. 또한 이 유고에는 서구 윤리 체계의 중심적 역할을 수행해온 그리스 · 로마적 삶의 태도, 기독교에 있어서의 죄와 벌 그리고 구원의 윤리적 상관 관계, 가족과 사랑 그리고 성의 문제, 권력 속에 표출된 개인의 욕구와 목표, 죽음 등의 다양한 주제가 녹아 있다. 니체에 따르면, 사회적 관습과 윤리 체계 때문에 본질을 상실한 인간에게 남은 것은 동정이라는 이름으로 채색된 비겁함이다. 인간은 시대의 운명을 정면으로 바라보지 못하며, 여전히 공존과 동정의 세계에 안주하기를 기대한다. 니체는 억압의 굴레 속에서 왜소해진 인간들에 대한 근원적 연민을 끊임없이 표현한다. 그는 이 연약한 인간을 구제하는 것이 오직 가치의 전도와 새로운 도덕적 원리의 수립을 통해 가능하다고 생각한다.

'전도' 란 (기존의 관점에서 볼 때) 어떤 것이 선이 아님에도 불구하고, 그것이 선이 아니라는 바로 그 점 때문에 새로운 관점에 의거해 아름다울 수 있다는, 관점의 전환을 의미한다. 이러한 관점은 진리에 대해서도 타당하다. 그러나 '전도' 가 단순히 관점의 전환만을 의미하지는 않는다. '전도' 는 본래적인 것과 근원적인 것을 제자리로 되돌리려는 시도다. 니체는 "인간의 참된 본성—금지된 표현법"(6[150])이라는 표현을 통해 자신의 일차적 목표가 인간 본성을 있는 그대로 '보이도록sehen-lassen' 드러내는 것임을 분명히 한다. 니체는 인간 본성의 복잡성을 언급하면서 인간 본성의 구조에 대한 분석이 철저하게 수행되어야 한다고 말하고(6[125]), 이를 통해 더 높고 더 낮은 질서의 사실을 구별함으로써 공동체, 국가, 인류가 아닌 개별적 인간 자신을 위한 진솔한 욕구의 세계를 열어 보이려 한다. 그는 '의무' 란 "다른 사람이 아니라 자신을 위해 하나의 목표를 원하는 것"이라고 보고 개인적 의무가 절대적 목표라고 말한다(6[135]). 그는 기존의 도덕이 열광시키는 술수를 알고 있는 일종의 마술에 숙달되어 있다고 비난한다. 기존의 도덕은 개별적 인간이 아니라 타자와 사회 그리고 국가를 위한 의무로 강요되는 것으로, 인간으로 하여금 본래의 욕구로부터 멀어지게 한다는 것이다. 니체에 따르면, 지금까지 이른바 도덕을 진작하는 것을 목표로 삼은 많은 사상들은 인간으로 하여금 환상과 환각 상태에 머물게 하는 정신적 음료에 불과하다. 니체는 특히 대부분의 철학이 궁지를 세계의 필연성으로 해석하여 궁지에 대한 표상을 지각 작용에서 변화시키기 위해 고안된 것에 불과하며, 그런 의미에서 철학은 우리가 직접 몸으로 인내해야 할 고통을 정신적으로 소화하려는 투쟁에 불과하고 따라서 반드시 파멸해야 한다고 단언한다(2[9]).

결국 공동체의 관계를 가능하게 하는 도덕은 스스로 지양되어야 할 대상이며 이러한 지양과 드러냄 위에 진정한 덕목과 새로운 가치가 수립되어야 한다. 그렇다면 과연 니체가 추구하는 새롭고 진정한 가치의 방향과 주체는 무엇인가? 그것은 개인, 특히 사회적 · 국가적 · 종교적 관계에서의 개인이 아니라 스스로 가치를 창출하고 욕구를 실현하는 개인이다. 이제 타자, 사회, 국가, 인류라는 차원에서 개인의 행위를 강제해 온 종교적 굴레를 벗어던지는 동시에 새로운 가치를 찾는 개별적 인간의 노정, 즉 투쟁이 시작된다. 특히 유럽에서 기독교가 인간의 최고 가치로 행세해온 사실과 기독교가 가치 전도라는 목표 설정을 가로막는 최고의 원흉임을 인식한 니체는 다음과 같이 처절한 투쟁을 선언한다. "영혼의 전시(戰時) 상태가 비로소 시작되었다! 이를 통해 여기서 원하는 것이 이루어질 수도 있을 것이다 : 전진하라! 허위를 경멸하기, 거기서 우리와 마주쳤던 모든 고통을 가볍게 견뎌내기, 벌거벗은 몸으로 우박 속으로 걸어가기—우리가 자신에게 행하는 그릇됨을 경멸하고 견뎌내기" (10〔B28〕).

III. 새로운 도덕의 지향점 : 개별화

니체는 유고 곳곳에서 보편적인 유적(類的) 존재로서의 인간이나 사회적 존재로서의 인간이 아니라 개인으로서의 인간을 강조한다. 따라서 이 유고뿐 아니라 《아침놀》의 많은 부분은 니체의 개인적 욕구의 분출로 간주할 수 있는 내용들로 이루어져 있다. 이러 경향은 니체가 추구하는 개별화의 목표라는 관점에서 볼 때 지극히 당연하다고 할 수 있다. 심지어 니체는 개인의 도덕이 있다면 그것은 인간에게서 보편적 특징을 벗겨내고 그것을 다른 사람들이 이해할 수 없을 정도로 특수화하는 것이라고 규정한다(6〔158〕). 니체는 "그대의 모든 힘을 발전시켜라—그러니까 무질서를 발전시켜라! 소멸해라!"(6〔159〕)라고 외친다.

개별화에 대한 니체의 강조는 거울에 대한 비유에서 드러난 것처럼 인식이란 '본질적으로 가상' 이라는(6〔441〕) 통찰에 근거한다. 니체는 우리에게 비친 매우 중요한 관계들 모두는 참된 것들이 아니라 거울에 비친 형상들의 관계에 불과하기 때문에 "우리의 모든 관계들은 세계에 대한 서술이 아니라 우리에 대한 서술이다"(6〔429〕)라고 주장한다. 따라서 니체는 이 유고의 곳곳에서 학문(과학)에 대한 불신을 여지없이 드러낸다. 결국 니체는 진리가 힘의 감정의 상승, 유용성 등과 연관되어 있다고 생각하는 것이다. 따라서 지금까지 학문과 진리로 행세해온 것은 단지 강력한 힘을 가진 어떤 해석에 불과하다는 것이다.

니체는 우리가 스스로를 극복하고 인간들과 교통하며 그들의 탐험가와 발견자로서 선과 악을 인간들에게 보여줄 수 있다고 설명한다. 이를 위해 니체는 "우리는 우리 자신에 머물 것이다. 그곳에서 우리는 성장하고 더 부유해져야 할 것이다"라고 말한다(6[450]). 또한 니체는 "나는 독립성에 열중한다. 나는 그 독립성을 위해 모든 것을 희생한다"라고 말한다(7[91]). 도취와 환각을 제공하는 정신적 음료를 멀리하고 우리 자신의 욕구를 있는 그대로 발현할 것을 갈파하는 니체의 메시지는 도덕의식의 형성과 전개가 인간성과 무관하게 진행되었으며 결국 개별 인간에게 왜곡과 억압의 굴레를 강요했다는 결론으로 나아간다. 따라서 도덕은 궁극적으로 반드시 지양되어야 할 대상인 것이다. 니체는 이러한 심정을 나타내기 위해 《리그베다*Rigveda*》를 인용한다. "아직 빛을 발하지 못한 수많은 아침놀이 있다"(9[17]).

IV. 새로운 '인식의 열정'

니체는 1880년 가을에 작성된 유고의 마지막 부분에서 《아침놀》을 이해하는 데 결정적인 내용을 제시한다(6[457]~6[461]). 이것은 앞서 묘사된 것을 요약하면서 앞으로 전개될 생각들의 방향을 나타내는 중요한 내용이다. 니체는 세 가지 제목을 이어서 쓰고 있는데, "진실성Redlichkeit의 역사로", "진실성의 열정", "새로운 열정Passion Nova 혹은 진실성의 열정에 대해"가 바로 그것이다. '진실성'은 니체가 《아침놀》을 구상하는 과정에서 중심적 의의를 부여한 덕성, 특히 가장 최근의 덕성이자 인식하는 사람의 중심적 덕성이 된다. 니체는 진실성을 아직 전혀 의식되지 못한 것이자 '생성되는 어떤 것'으로 묘사한다. 《아침놀》에서 진실성은 "인식을 추구하는 인간der Mensch der Erkenntnis"을 바그너 같은 예술가와 반대되는 인간으로 특징짓는 것이다. 이 유고에 담긴 바그너에 대한 유명한 메모는 "나는 자신에 대한 진실성과 결합되지 않은 위대함을 인정하지 않는다 : 자신에 대한 위선은 내게 혐오감을 불러일으킨다"(7[53])라는 구절로 시작한다. 진실성과 인식에 대한 열정은 "새로운 열정"이라는 표현과 밀접하게 결합된다. 새로운 열정은 바로 "진실성의 열정"인 것이다. 가장 최근의 덕성으로서 진실성은 인식의 열정을 가진 사람에게 가장 잘 어울린다. 여기서 말하는 '인식의 열정'은 단순히 체계화된 철학적 인식이 아니라 인간 본성에 대한 참된 인식에 대한 열정이다. 그런 배경에서 니체는 인간 인식의 한계를 발견하기 위해 끊임없이 노력하는 사람들에게 대항한다. 그들의 노력은 형이상학적 사변을 장애 없이 전개하기 위한 방책의 일환이었다. 니체는 사람들이 좋아하는 사물들을 위해 진리를 위조하거나, 개인의 욕구나 희망과 관계없이 사회적으로 채색된 유토피아로의 회귀를 추구하는 모든 시도를 '진실성'을 통해 거부하려 한다. 이를 통해 니체는 모든 것을 새롭게 관조할 수 있는 지평을 확보함으로써 인간의 운명에 대한 보다 높은 전망을 제시하려는 것이다.

이 책을 번역하는 데 많은 분의 도움이 있었다. 프랑스어와 라틴어 번역에는 중앙대 불어불문학과 이산호 교수님과 중앙대 사학과 차용구 교수님이 도움을 주셨고, 힘겨운 1차 번역에는 중앙대 독어독문학과의 김진열 선생님과 중앙대 철학과 대학원의 윤성진, 박헌택이 동참하였다. 니체 사상에 대한 이해를 위해 열린 자세로 대화에 임해주신 강용수 박사님과 교정 과정에서 인내심을 갖고 도와준 책세상에 감사를 표한다. 또한 니체 사상과 독일어를 새롭게 공부할 기회를 준 니체 학회에도 감사의 마음을 전한다.

연보

1844년

10월 15일, 목사였던 카를 루트비히 니체Carl Ludwig Nietzsche와 이웃 고장 목사의 딸 프란치스카 욀러Franziska Öhler 사이의 첫아들로 뢰켄에서 프리드리히 니체가 태어났다. 1846년에는 여동생 엘리자베트가, 1848년에는 남동생 요제프가 태어난다. 이듬해 아버지 카를이 사망하고 몇 달 후에는 요제프가 사망한다.

1850년

가족과 함께 나움부르크로 이사한다. 그를 평범한 소년으로 교육시키려는 할머니의 뜻에 따라 소년 시민학교Knaben-Bürgerschule에 입학한다. 하지만 학교에 적응하지 못하고 곧 그만둔다.

1851년

칸디다텐 베버Kandidaten Weber라는 사설 교육 기관에 들어가 종교, 라틴어, 그리스어 수업을 받는다.

이때 친구 쿠룩의 집에서 처음으로 음악을 알게 되고 어머니에게서 피아노를 선물받아 음악 교육을 받기 시작한다.

1853년

돔 김나지움Domgymnasium에 입학한다.

대단한 열성으로 학업에 임했으며 이듬해에 이미 작시와 작곡을 시작한다. 할머니가 사망한다.

1858년

14세 때 김나지움 슐포르타Schulpforta에 입학하여 철저한 인문계 중등 교육을 받는다. 고전어와 독일 문학에서 비상한 재주를 보였을 뿐만 아니라 작시도 했고, 음악 서클을 만들어 교회 음악을 작곡할 정도로 음악적 관심과 재능도 보인다.

1862년

〈운명과 역사Fatum und Geschichte〉라는 글을 쓴다. 이것은 이후의 사유에 대한 일종의 예견서 같은 역할을 한다. 이외에도 다양한 문학적 계획을 세운다.

이처럼 니체는 이미 소년 시절에 창조적으로 생활한다. 그렇지만 음악에 대한 천부적인 재질, 치밀한 분석 능력과 인내를 요하는 고전어에 대한 재능, 문학적 능력 등에도 불구하고 그는 행복하지는 못했던 것 같다. 아버지의 부재와 여성들로 이루어진 가정, 이 가정에서의 할머니의 위압적인 중심 역할과 어머니의 불안정한 위치 및 이들의 갈등 관계, 자신의 불안정한 위치의 심적 대체물로 나타난 니체 남매에 대한 어머니의 지나친 보호 본능 등으로 인해 그는 불안스러운 어린 시절을 보내게 되며 이런 환경에서 아버지와 가부장적 권위, 남성상에 대한 동경을 품게 된다.

1864년

슐포르타를 우수한 성적으로 졸업한다. 본Bonn 대학에서 1864/65년 겨울 학기에 신학과 고전문헌학 공부를 시작한다.

동료 도이센과 함께 '프랑코니아Frankonia' 라는 서클에 가입하며, 사교적이고 음악적인 삶을 살게 된다. 한 학기가 지난 후 《신약 성서》에 대한 문헌학적인 비판적 시각이 형성되면서 신학 공부를 포기하려 한다. 이로 인해 어머니와의 첫 갈등을 겪은 후 저명한 문헌학자 리츨F. W. Ritschl의 강의를 수강한다.

1865년

1865/66년 겨울 학기에 리츨 교수를 따라 라이프치히로 학교를 옮긴다. 라이프치히에서 리츨의 지도하에 시작한 고전문헌학 공부와 쇼펜하우어의 발견에 힘입어 학자로서의 삶을 시작한다. 하지만 육체적으로는 아주 어려운 시기를 맞게 된다. 소년 시절에 나타났던 병증들이 악화되었으며, 그는 류머티즘과 격렬한 구토에 시달리고 매독 치료를 받기도 한다. 늦가을에 우연히 고서점에서 쇼펜하우어의 《의지와 표상으로서의 세계》를 발견해 탐독한다. 그의 염세주의 철학에 한동안 매료되었으며, 이러한 자극 아래 훗날 《음악의 정신으로부터의 비극의 탄생*Die Geburt der Tragödie aus dem Geist der Musik*》(이하 《비극의 탄생》)이 씌어진다. 또한 이 시기에 그는 문헌학적 공부에 전념한다.

1866년

로데E. Rhode와 친교를 맺는다. 시인 테오그니스Theognis와 고대의 철학사가인 디오게네스 라에르티오스Diogenes Laertios의 자료들에 대한 문헌학적 작업을 시작한다. 디오게네스에 대한 연구와 니체에 대한 리츨의 높은 평가로 인해 문헌학자로서의 니체라는 이름이 알려지기 시작한다.

1867년

디오게네스 논문이 《라인문헌학지 *Rheinische Museum für Philologie*》, XXII에 게재된다. 1월에 아리스토텔레스 저작의 전통에 대해 강연한다. 호메로스와 데모크리토스에 대한 연구를 시작하고 칸트 철학을 접하게 된다. 이어 나움부르크에서 군대 생활을 시작한다.

1868년

여러 편의 고전문헌학적 논평을 쓰고 호메로스와 헤시오도스에 대한 학위 논문을 구상한다. 이렇게 문헌학적 활동을 활발히 해나가면서도 문헌학이 자신에게 맞는가에 대해 계속 회의한다. 이로 인해 그리스 문헌학과 관련된 교수 자격 논문을 계획하다가도 때로는 칸트와 관련된 철학 박사 논문을 계획하기도 하고(주제 : 칸트 이후의 유기체의 개념Der Begriff des Organischen seit Kant), 칸트의 《판단력 비판*Kritik der Urteilskraft*》과 랑게G. Lange의 《유물론의 역사*Geschichte des Materialismus*》를 읽기도 하며, 화학으로 전공을 바꿀 생각도 잠시 해본다. 이 다양한 논문 계획들은 1869년 초에 박사 학위나 교수 자격 논문 없이도 바젤의 고전문헌학 교수직을 얻을 수 있다는 리츨의 말을 들은 뒤 중단된다. 3월에는 말에서 떨어져 가슴에 심한 부상을 입고, 10월에 제대한 후 라이프치히로 돌아간다. 11월 8일, 동양학자인 브로크하우스H. Brockhaus의 집에서 바그너를 처음 만난다. 그와 함께 쇼펜하우어와 독일의 현대 철학 그리고 오페라의 미래에 대해 의견을 나눈다. 이때 만난 바그너는 니체에게 깊은 인상을 심어준다. 이 시기에 나타나는 니체의 첫 번째 철학적 작품이 〈목적론에 관하여Zur Teleologie〉다.

1869년

4월에 바젤 대학의 고전어와 고전문학 원외 교수로 위촉된다. 함부르크 대학으로 자리를 옮긴 키슬링A. Kiessling의 후임으로, 그가 이후 독일 문헌학계를 이끌어갈 선두적 인물이 될 것이라는 리츨의 적극적인 천거에 따라 초빙된 것이었다. 5월 17일에 트립센에 머물던 바그너를 처음 방문하고 이때부터 니체는 자주 트립센에 머물게 된다. 《라인문헌학지》에 발표한 논문과 디오게네스 라에르티오스의 자료들에 대한 연구를 인정받아 라이프치히 대학에서 박사 학위를 받는다. 부르크하르트Jacob Burckhardt를 존경해 그와 교분을 맺는다. 스위스 국적을 신청하지 않은 채 프로이센 국적을 포기한다.

1870년

1월과 2월에 그리스인의 악극 및 소크라테스와 비극에 대한 강연을 한다. 오버베크F. Overbeck를 알게 되고 4월에는 정교수가 된다. 7월에는 독불 전쟁에 자원 의무병으로 참가하지만 이질과 디프테리아에 걸려 10월에 다시 바젤로 돌아온다.

1871년

〈Certamen quod dicitur Homeri et Hesiodi〉를 완성하고, 새로운 《라인문헌학지》(1842~1869)의 색인을 작성한다. 2월에는 《비극의 탄생》의 집필을 끝낸다.

1872년

첫 철학적 저서 《비극의 탄생》이 출판된다. 그리스 비극 작품의 탄생과 몰락에 대해서 쓴 이 작품은 바그너의 기념비적인 문화 정치를 위한 프로그램적 작품이라고 여겨지기도 하지만 니체의 독창적이고도 철학적인 초기 사유를 제시하고 있다고 평가받는다. 그렇지만 이 시기의 유고들을 보면 그가 문헌학적 문제와 문헌학에 대한 근본적인 비판에 얼마나 전념하고 있었는지를 알 수 있다.

《비극의 탄생》에 대한 학계의 혹평으로 상심한 후 니체는 1876년 바그너의 이념을 전파하는 데 전념할 생각으로 바이로이트 축제를 기획하고 5월에는 준비를 위해 바이로이트로 간다.

1873년

다피트 슈트라우스에 대한 첫 번째 저작 《반시대적 고찰*Unzeitgemässe Betrachtungen : David Strauss, der Bekenner und der Schriftsteller*》이 출간된다. 원래 이 책은 10~13개의 논문들을 포함할 예정이었지만, 실제로는 4개의 주제들로 구성되었다. 다피트 슈트라우스에 대한 1권, 삶에 있어서 역사가 지니는 유용함과 단점에 관한 2권, 교육자로서의 쇼펜하우어를 다룬 3권은 원래의 의도인 독일인들에 대한 경고에 충실하고, 바그너와의 문제를 다룬 4권에서는 바그너에 대한 긍정적 평가가 이루어진다. 여기서 철학은 진정한 삶을 가능하게 하는 예술의 예비 절차 역할을 하며, 다양한 삶의 현상들은 문화 안에서 미적 통일을 이루는 것으로 제시된다. 이러한 시도는 반 년 후에 씌어지는 두 번째 《반시대적 고찰》에서 이루어진다.

1872년 초에 이미 바이로이트에 있던 바그너는 이 저술에 옹호적이었지만 그럼에도 양자의 관계는 점점 냉랭해진다. 이때 니체 자신의 관심은 쇼펜하우어에서 볼테르로 옮겨 간다. 이 시기에 구토를 동반한 편두통이 심해지면서 육체적 고통에 시달린다.

1874년

《비극의 탄생》 2판과 《반시대적 고찰》 2, 3권이 출간된다. 소크라테스 이전의 사상가에 대한 니체의 1873년 강의를 들었던 레P. Ree와의 긴밀한 관계가 형성되기 시작한다. 10월에 출간된 세 번째 《반시대적 고찰》인 《교육자로서의 쇼펜하우어*Schopenhauer als Erzieher*》에서는 니체가 바그너와 냉정한 거리를 유지한다는 사실이 드러난다.

1875년

《반시대적 고찰》 4권인 《바이로이트의 바그너*Richard Wagner in Bayreuth*》(1876년 출간)는 겉으로는 바그너를 위대한 개인으로 형상화하고 있지만, 그 행간에는 니체가 청년기의 이 숭배 대상을 그 스스로 이미 오래전에 멀리해버린 일종의 기념물쯤으로 생각하고 있다는 사실이 숨겨져 있다. 이것이 출판된 지 한 달 후인 1876년 8월 바이로이트 축제의 마지막 리허설 때 니체는 그곳에 있었지만, 바그너에 대한 숭배의 분위기를 더 이상 견뎌내지 못하고 축제 도중 바이로이트를 떠난다.

겨울 학기가 시작될 때 쾨젤리츠Heinrich Köselitz라는 한 젊은 음악가가 바젤로 찾아와 니체와 오버베크의 강의를 듣는다. 그는 니체의 가장 충실한 학생 중의 하나이자 절친한 교우가 된다. 니체로부터 페터 가스트Peter Gast라는 예명을 받은 그는 니체가 사망한 후 니체의 여동생 엘리자베트와 함께 《힘에의 의지》 편집본의 편집자가 된다. 이 시기에 건강이 눈에 띄게 악화된 니체는 10월 초 1년간의 휴가를 얻어 레와 함께 이탈리아로 요양을 하러 간다. 6월과 7월에 니체는 《반시대적 고찰》의 다른 잠언들을 페터 가스트에게 구술해 받아 적게 하는데, 이것은 나중에 《인간적인 너무나 인간적인*Menschliches, Allzumenschliches*》의 일부가 된다.

1876년

《인간적인 너무나 인간적인》의 원고가 씌어진다. 3월에 제네바에 있는 '볼테르의 집'을 방문하고 그의 정신을 잠언에 수록하려고 한다.

1877년

소렌토에서의 강독 모임에서 투키디데스, 〈마태복음〉, 볼테르, 디드로 등을 읽으며 8월까지 요양차 여행을 한다. 9월에는 바젤로 돌아와 강의를 다시 시작한다. 가스트에게 《인간적인 너무나 인간적인》의 내용을 받아 적게 했는데, 이 텍스트는 다음해 5월까지는 비밀로 해달라는 부탁과 함께 12월 3일에 출판사에 보내진다.

1878년

5월에 바그너가 《인간적인 너무나 인간적인》 1부를 읽으면서 니체와 바그너 사이의 열정, 갈등, 좌절로 점철된 관계는 실망으로 끝난다. 12월 말경에 《인간적인 너무나 인간적인》의 2부 원고가 완결된다.

《인간적인 너무나 인간적인》 1, 2부는 건설의 전 단계인 파괴의 시기로 진입함을 보여주며 따라서 문체상의 새로운 변화를 보여준다.

1879년

건강이 악화되어 3월 19일 강의를 중단하고 제네바로 휴양을 떠난다. 5월에는 바젤 대학에 퇴직 의사를 밝힌다. 9월에 나움부르크로 오기까지 비젠과 장크트모리츠에 머무르며, 《인간적인 너무나 인간적인》의 2부 중 한 부분인 《혼합된 의견과 잠언들*Vermischte Meinungen und Sprüche*》을 출간한다. 장크트모리츠에서 지내는 여름 동안 2부의 다른 부분인 《방랑자와 그의 그림자*Der Wanderer und sein Schatten*》가 씌어져 1880년에 출간된다.

1880년

1월에 이미 《아침놀*Morgenröthe*》을 위한 노트들을 만들고 있었으며, 이 시기에 특히 도덕 문제에 대한 독서를 집중적으로 한다. 가스트와 함께 3월에 베네치아로 간 후 여러 곳을 돌아다니다가 11월에 제노바로 간다.

1881년

다른 작품들과 마찬가지로 《아침놀》의 원고들이 가스트에 의해 옮겨 적혀 7월 1일에 출간된다. 7월 초 처음으로 질스마리아로 간다. 그곳의 한 산책길에서 영원회귀에 대한 구상이 떠올랐다는 이야기는 유명하다. 10월 1일 제노바로 다시 돌아간다. 건강 상태, 특히 시력이 더욱 악화된다. 11월 27일 처음으로 비제의 〈카르멘〉을 보고 감격한다. 《아침놀》에서 제시되는 힘의 느낌은 나중에 구체화되는 《힘에의 의지》를 준비하는 단계다.

1882년

《아침놀》에 이어 1월에 가스트에게 첫 3부를 보낸다. 이것들은 4부와 함께 8월 말에 《즐거운 학문*Die fröhliche Wissenschaft*》이라는 책으로 출판된다. 3월 말에는 제노바를 떠나 메시나로 배 여행을 하고, 그곳에 4월 20일까지 머무른다. 〈메시나에서의 전원시Idyllen aus Messina〉에 대한 소묘들은 이 여행 며칠 전에 구상되었다. 이것은 니체가 잠언적인 작품 외에 유일하게 발표한 시가로서 《인터나치오날레 모나츠슈리프트*Internationale Monatsschrift*》 5월호에 실린다(267~275쪽). 4월 24일에 메시나를 떠나 로마로 가고, 모이센부르크의 집에서 살로메를 소개받는다. 5월 중순에는 타우텐부르크에서 여동생과 살로메와 함께 지낸다. 27일 살로메가 떠난 뒤 나움부르크로 돌아온다. 10월에 라이프치히에서 살로메를 마지막으로 만난 후 11월 중순부터 제노바를 거쳐 이탈리아의 여러 곳을 돌아다니면서 《차라투스트라는 이렇게 말했다》의 첫 부분을 구상하기 시작한다.

지속적인 휴양 여행, 알프스의 신선한 공기, 이탈리아나 프랑스의 온화한 기후도 육체적인 고통을 덜어주지는 못한다. 그는 아주 한정된 사람들과 교제를 한다. 살로메와의 만남으로 인해 교제 방식이 변화의 조짐을 보였었지만, 그는 다시 고독한 삶의 방식으로 돌아갈 수밖에 없었다.

1883년

《차라투스트라는 이렇게 말했다》의 1부가 씌어진 후 아주 빠른 속도로 3부까지 씌어진다.

1884년

1월에 《차라투스트라는 이렇게 말했다》의 4부가 완성된다.

건강은 비교적 호전되었고, 정신적인 고조를 경험하면서 그의 사유는 정점에 올라 있었다. 그러나 이 시기에 여동생 및 어머니와의 화해와 다툼이 지속된다. 여동생이 푀르스터B. Förster라는, 반유대주의자이자 바그너 숭배자이며, 파라과이에 종족주의적 원칙에 의거한 독일 식민지를 세우려는 계획을 갖고 있는 사람과 약혼하기로 결정하면서, 가까스로 회복된 여동생과의 불화는 다시 심화된다.

1885년

《차라투스트라는 이렇게 말했다》의 4부를 출판할 출판업자를 찾지 못해 자비로 출판한다. 5월 22일에 여동생이 결혼하지만 그는 결혼식에 참석하지 않는다. 6월 7일부터 9월까지 질스마리아에서 지내고, 그 후 나움부르크, 뮌헨, 피렌체를 경유해 11월 11일 니차로 온다. 질스마리아에서 여름을 보내면서 《힘에의 의지》라는 책을 쓸 것을 구상한다. 이 제목 '힘에의 의지'는 1885년 8월의 노트에 처음으로 등장한다. 이후의 노트들에는 '힘에의 의지'라는 제목으로 체계적이고 일반적인 내용을 서술하겠다는 구상들이 등장한다. 이 구상은 여러 번의 변동을 거치다가 결국에는 니체 자신에 의해 1888년 8월에 포기된다.

1886년

《선악의 저편*Jenseits von Gut und Böse*》 역시 자비로 8월 초에 출판된다. 니체는 이전의 작품들을 다시 출간하는 데 관심을 가지고 이전 작품들에 대한 새로운 서문을 쓰기 시작한다. 《인간적인 너무나 인간적인》의 서문, 《비극의 탄생》을 위한 〈자기 비판의 시도Versuch einer Selbstkritik〉라는 서문, 《아침놀》과 《즐거운 학문》의 서문들이 이때 씌어진다.

1887년

악화된 그의 건강은 6월에 살로메의 결혼 소식을 접하고서 우울증이 겹치는 바람에 심각해진다. 이런 상태에도 불구하고 그의 의식은 명료했다.

6월에 《아침놀》과 《즐거운 학문》, 《차라투스트라는 이렇게 말했다》의 재판이 출간된다. 6월 12일 이후 질스마리아에서 《도덕의 계보*Zur Genealogie der Moral*》를 집필하고 11월에 자비로 출판한다.

1888년

4월 2일까지 니차에 머무르면서 '모든 가치의 전도'에 대한 책을 구상하고 이 책의 일부를 《안티크리스트*Der Antichrist*》라는 책으로 출판한다. 7월에는 《바그너의 경우*Der Fall Wagner*》를 출판사에 보낸다. 6월에 투린을 떠나 질스마리아에서 《우상의 황혼*Götzen-Dämmerung*》을 쓴다. 투린으로 다시 돌아가 《이 사람을 보라*Ecce homo*》를 11월 4일에 끝내고 12월에 출판사로 보낸다. 그사이 《바그너의 경우》가 출판된다. 《디오니소스 송가*Dionysos-Dithyramben*》를 포함한 이 시기에 씌어진 모든 것이 인쇄를 위해 보내진다.

1887~1888년이라는 그의 지적 활동의 마지막 시기의 유고들에서도 니체는 여전히 자신을 실현하고자 하는 강한 저술적 의도를 보인다. 그렇지만 그는 파괴와 건설 작업에서 그가 사용했던 모든 도구들이 더 이상은 쓸모없다는 생각을 한다.

1889년

1월 3일(혹은 1월 7일) 카를로 알베르토 광장에서 졸도하면서 심각한 정신이상 신호가 나타나기 시작한다. 오버베크는 니체를 바젤로 데리고 가서 정신병원에 입원시킨다. 1월 17일 니체는 어머니에 의해 예나 대학 정신병원으로 옮겨진다. 《우상의 황혼》, 《니체 대 바그너*Nietzsche contra Wagner*》, 《이 사람을 보라》가 출판된다.

1890년

3월 24일에 병원을 떠나 어머니 옆에서 머무르다가 5월 13일에 나움부르크로 돌아온다.

1897년

4월 20일 어머니가 71세의 나이로 사망하고, 니체는 여동생을 따라 바이마르로 거처를 옮긴다.

가스트는 1892년 니체 전집의 편찬에 들어가, 같은 해 가을에 차라투스트라 전4부를 처음으로 한 권으로 출판했다. 1894년 초에 여동생은 가스트의 전집 작업을 중지할 것을 종용하고, 니체 전집의 편찬을 담당할 니체 문서보관소Nietzsche Archiv를 설립했다.

1900년

8월 25일 정오경에 사망했다.

■ 옮긴이 최성환
중앙대학교 철학과를 졸업하고 같은 대학 대학원에서 석사학위를 받은 후 독일 본 대학에서 〈딜타이의 체계사상〉으로 박사학위를 받고, 중앙대학교 철학과 교수를 지냈다. 〈문화해석과 해석문화〉, 〈칸트와 해석학〉, 〈딜타이 철학에서의 심리학적 연구의 의의〉, 〈칸트와 셸링의 역사 구상〉 등의 논문을 썼으며 저서로는《철학 오디세이 2000》(공저)이 있다.

니체전집 11(KGW V1) 유고(1880년 초~1881년 봄)

초판 1쇄 발행 2004년 5월 30일
초판 6쇄 발행 2025년 1월 20일

지은이 프리드리히 니체
옮긴이 최성환

펴낸이 김준성
펴낸곳 책세상
등 록 1975년 5월 21일 제2017-000226호
주 소 서울시 마포구 월드컵로23길 38, 2층(04011)
전 화 02-704-1251
팩 스 02-719-1258
이메일 editor@chaeksesang.com
광고·제휴 문의 creator@chaeksesang.com
홈페이지 chaeksesang.com
페이스북 /chaeksesang **트위터** @chaeksesang
인스타그램 @chaeksesang **네이버포스트** bkworldpub

ISBN 978-89-7013-442-0 04160
978-89-7013-542-7 (세트)